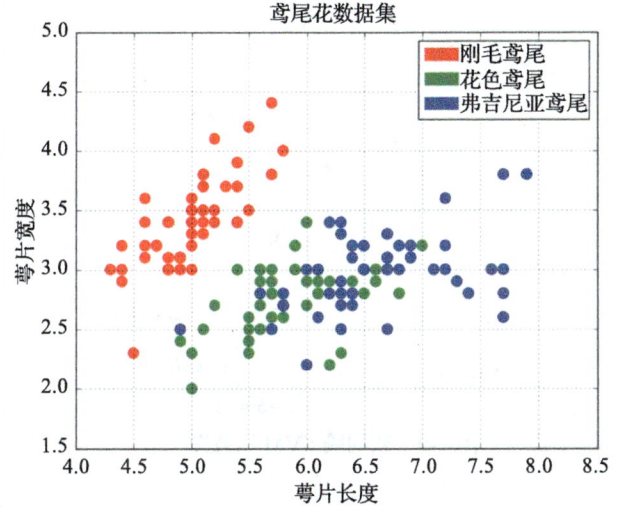

图 2-4 鸢尾花萼片长度与宽度分布散点图

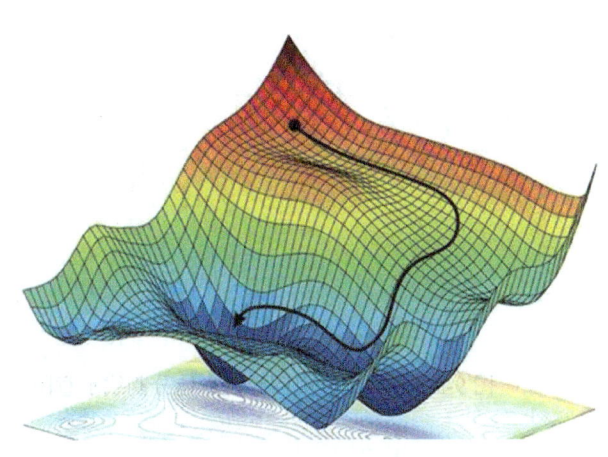

图 7-4 梯度下降示意图

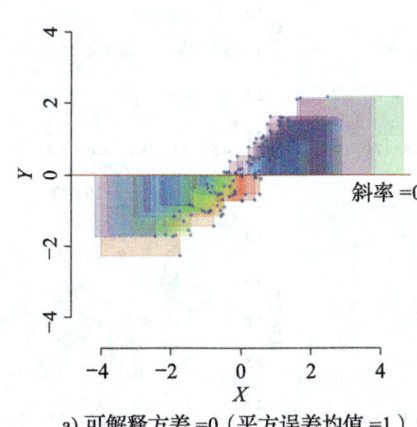

a) 可解释方差=0（平方误差均值=1）

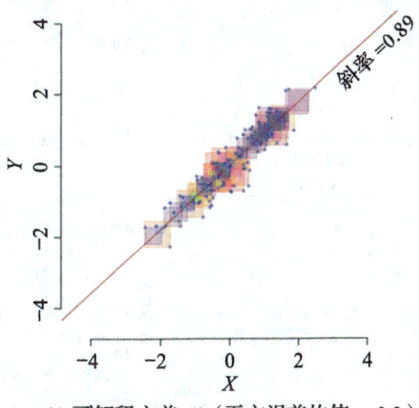

b) 可解释方差=1（平方误差均值= 0.2）

图 8-16 可解释方差的可视化

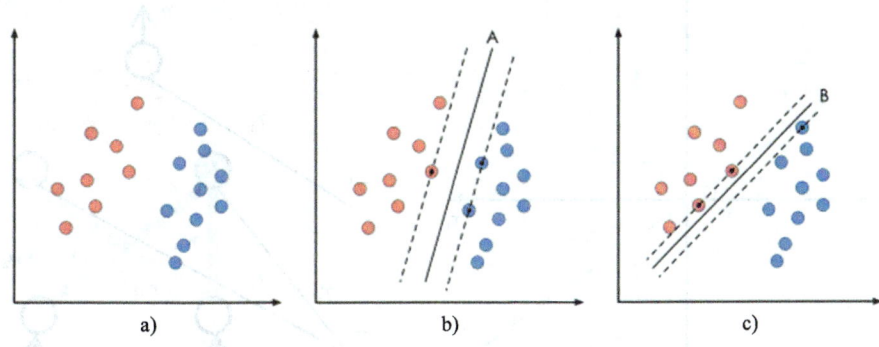

图 9-4 二分类问题分割线示意图

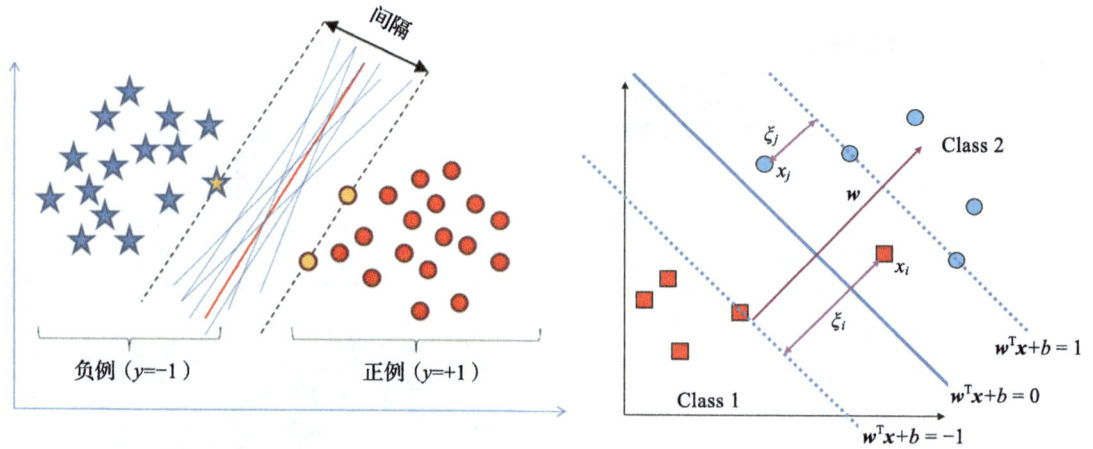

图 9-5　寻找二分类问题的最佳分割线示意图　　　图 9-9　软间隔 SVM 示意图

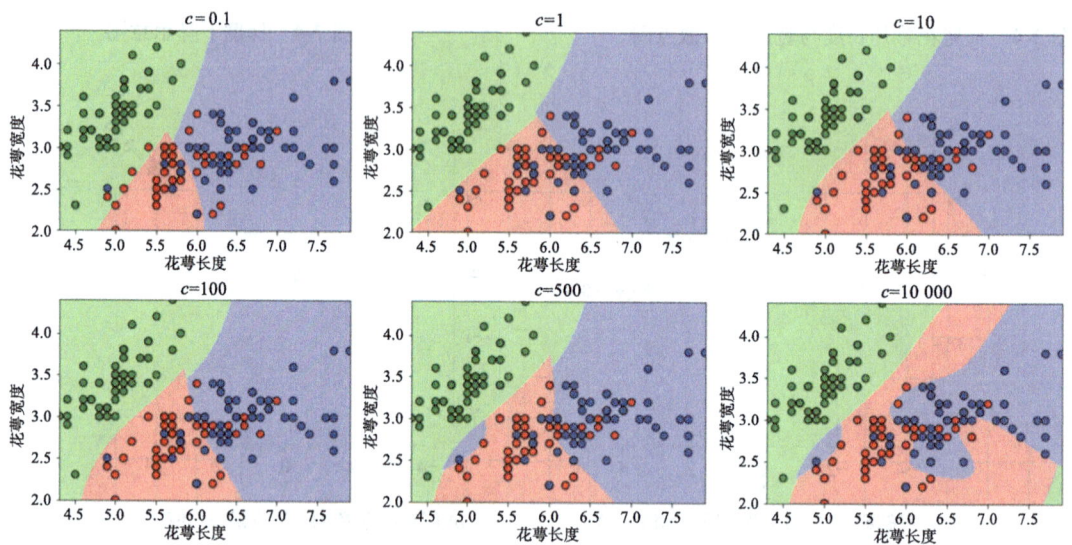

图 9-10　不同 C 值下 C-SVM 的鸢尾花数据分类可视化对比

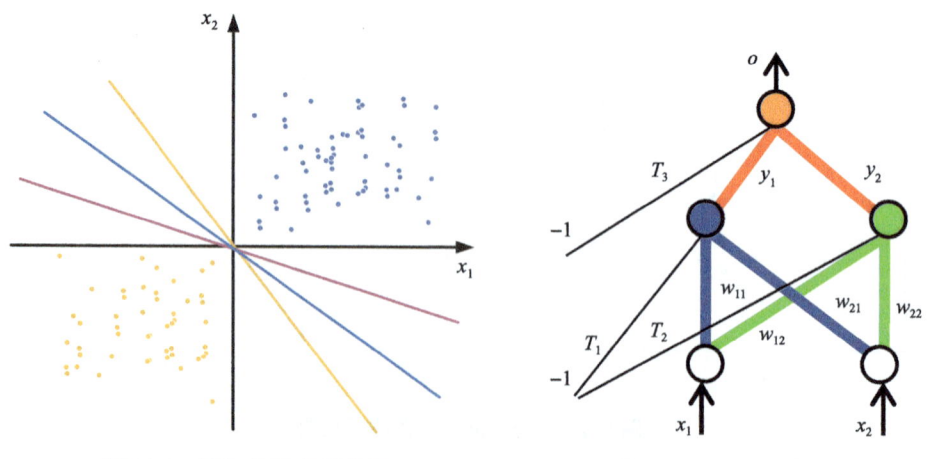

图 10-2　感知机的直观理解　　　图 10-10　双层感知机

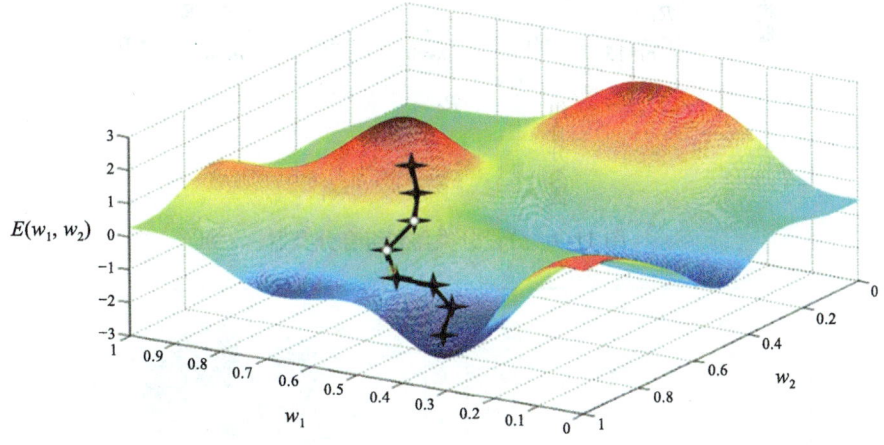

图 10-15 梯度下降示意

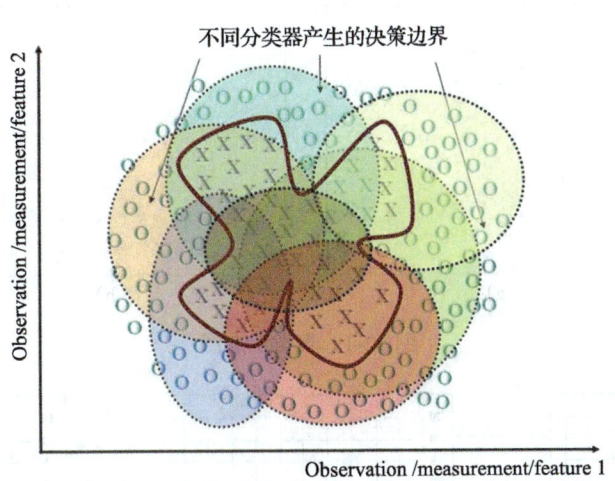

图 11-2 集成学习的分而治之（©*Polikar, 2008*）

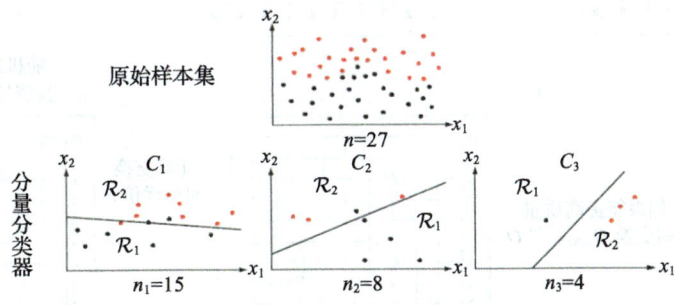

图 11-8 原始样本集和分量分类器

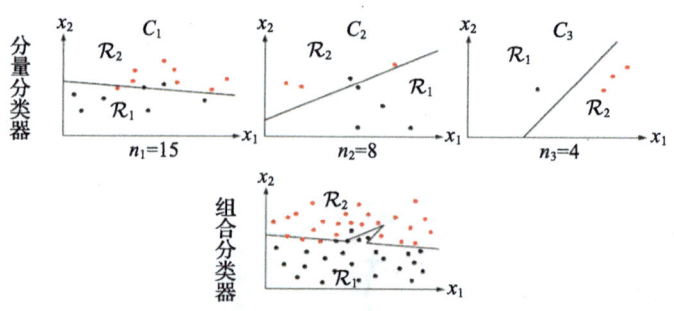

图 11-9　分量分类器和组合分类器

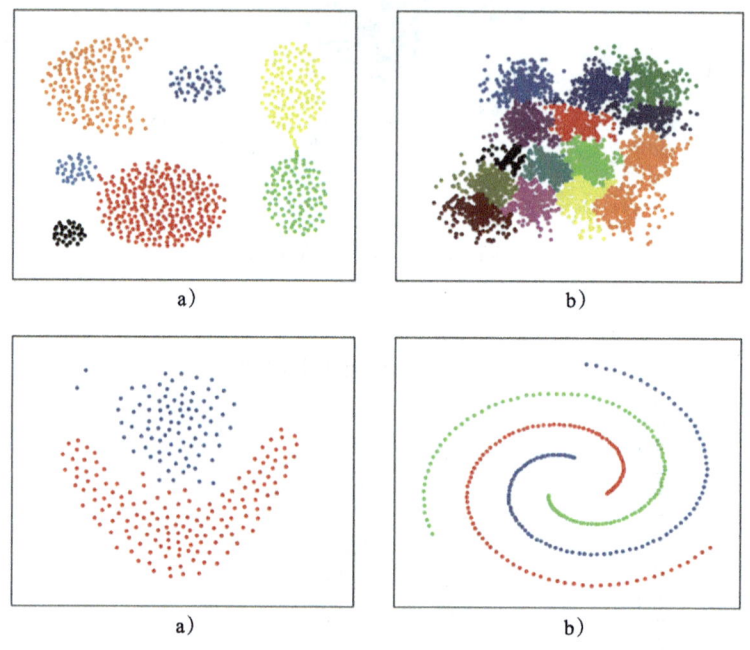

图 12-1　聚类示意图

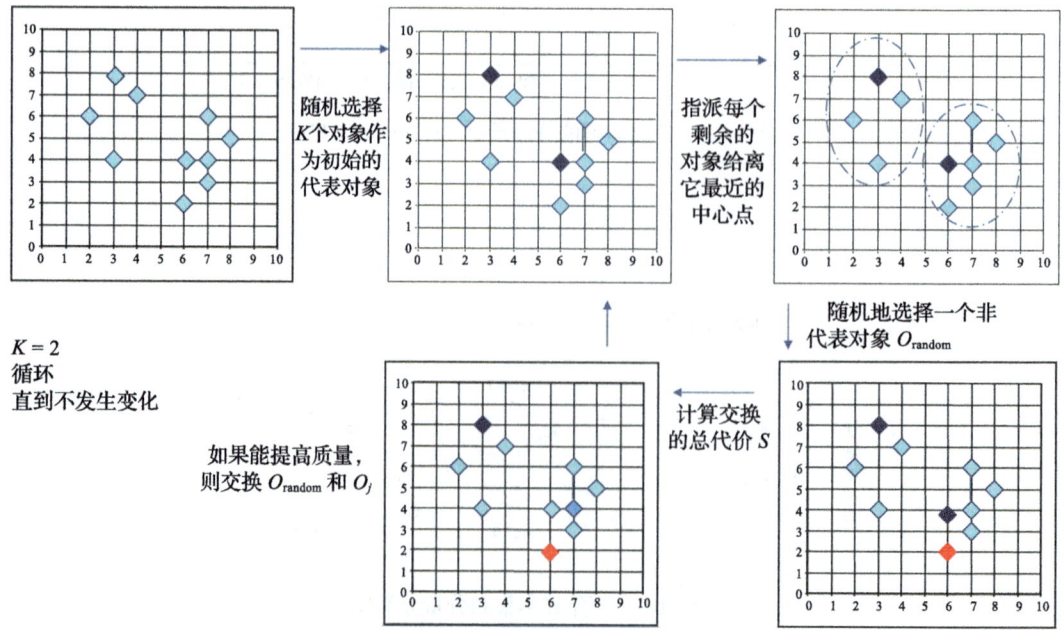

图 12-5　PAM算法示意图

数据科学与工程技术丛书

DATA MINING
PRINCIPLE AND APPLICATION

数据挖掘
原理与应用

丁兆云 周鋆 杜振国 著

机械工业出版社
China Machine Press

图书在版编目（CIP）数据

数据挖掘：原理与应用 / 丁兆云，周鋆，杜振国著. -- 北京：机械工业出版社，2022.1
（2025.2 重印）
（数据科学与工程技术丛书）
ISBN 978-7-111-69630-8

I. ①数… II. ①丁… ②周… ③杜… III. ①数据采掘 IV. ① TP311.131

中国版本图书馆 CIP 数据核字（2021）第 242642 号

　　本书结合作者多年的科研和教学经验编写而成，深入浅出地介绍了数据挖掘的原理、常用的各类算法，比较了各类算法的优缺点和适用场景，并以案例方式说明了数据挖掘算法与技术在实际中的应用。本书还包含大量从教学和 IT 招聘题中总结的试题，能够帮助读者理解、应用数据挖掘技术。本书的知识点覆盖面广，难度适中，不仅适合作为数据科学 / 大数据、人工智能、计算机及相关专业"数据挖掘"课程的教材，也可作为技术人员学习数据挖掘技术的参考书。

出版发行：机械工业出版社（北京市西城区百万庄大街 22 号　邮政编码：100037）
责任编辑：朱　劼　　　　　　　　　　　　　责任校对：殷　虹
印　　刷：固安县铭成印刷有限公司　　　　　版　　次：2025 年 2 月第 1 版第 9 次印刷
开　　本：185mm×260mm　1/16　　　　　　印　　张：18.75　　　插　　页：2
书　　号：ISBN 978-7-111-69630-8　　　　　定　　价：79.00 元

客服电话：（010）88361066　68326294

版权所有·侵权必究
封底无防伪标均为盗版

前　言

随着大数据、人工智能的快速发展，各高校越来越重视大数据相关专业与课程的建设，很多高校开设了大数据学院或数据科学/大数据专业。随着数据科学的普及，数据挖掘逐渐成为一种通用技术，广泛应用于人们社会生活的各个领域，因此掌握数据挖掘的基本概念和技术十分重要。

笔者近年来一直从事数据挖掘领域的研究以及课程的建设，通过将复杂的数据挖掘知识点与实际案例结合，形成了一套以案例为牵引的数据挖掘知识体系，使不同学科背景的本科生、研究生更容易理解和掌握数据挖掘技术。

本书以深入浅出、简要易懂的方式荟萃了数据挖掘的各类算法知识点；系统地梳理和比较了各类算法的优缺点与适用场景；以案例为驱动说明了数据挖掘算法的运用。本书知识点难度适中，适合理工科相关专业的本科生与研究生作为教材使用，也可作为相关领域的科研与工程技术人员的参考书。另外，本书选取了笔者所在高校各类数据挖掘课程的试题，这些试题不仅涵盖数据挖掘经典的知识点，而且涉及互联网公司在招聘数据挖掘、机器学习、人工智能等方向的工程师时的笔试知识点。这些试题覆盖面广、新颖性强，适合本科生与研究生进行考前复习以及应聘笔试和面试时参考。本书的组织结构如下：

第 1 章阐述为什么要学习数据挖掘、什么是数据挖掘、数据挖掘的主要技术，使读者从整体上把握本书的内容。

第 2 章从数据的基本概念、基本统计特性、可视化以及相似性计算等方面综合认识数据，让读者知道在真实数据场景中，应该从哪几个方面初步认识数据。

第 3 章主要包括数据质量的衡量因素、数据预处理的方法以及特征工程的常见方法等内容，让读者知道针对真实的质量不高的数据，如何通过数据预处理与特征工程提高数据质量。

第 4 章至第 11 章主要介绍数据分类，将从决策树分类、规则和最近邻分类、回归、支持向量机、神经网络、集成学习以及模型的评价等方面来详细阐述数据分类算法，让读者能够针对实际数据挖掘问题，深入理解数据分类算法，并且灵活运用到实践中。

第 12 章主要从划分方法、层次方法、密度方法等方面详细阐述数据聚类的算法，让读者能够深入理解聚类算法的原理，掌握算法的应用场景。

第 13 章主要从 Apriori 算法、FP-Growth 算法、关联分析评估等方面详细阐述关联规则挖掘算法，让读者能够深入理解频繁项挖掘与规则挖掘的原理，熟练运用算法解决大项事物数据库关联规则挖掘的问题。

第 14 章详细阐述了图数据中的节点影响力评估模型，让读者能够针对实际大型图数据的场景，利用影响力计算模型挖掘图中的关键节点。

第15章主要针对现实中大量的个性化推荐需求，详细阐述基于内容的信息推荐、基于协同的信息推荐以及混合推荐等内容，让读者能够熟练运用推荐算法解决现实中的推荐问题。

第16章主要针对近年来人工智能中热门的自然语言处理问题，详细阐述分布式词向量、循环神经网络、卷积神经网络、BERT模型等内容，使读者能够深入理解神经网络在自然语言处理中的模型。

附录汇编了数据挖掘的各类试题，读者可以通过试题的解答进一步理解知识点，试题答案可从机工教育网站下载。

本书在提炼数据挖掘知识点的基础上，在中国大学MOOC上开设了"数据挖掘"MOOC课程（https://www.icourse163.org/course/NUDT-1461782176），并在头歌平台上开设了"数据挖掘"实验课程（http://www.educoder.net/path/4153），读者可通过在线视频课程的学习、作业训练与编程实践加深对数据挖掘知识点的理解，提高运用能力。

本书各章重要的知识点均配备了视频讲解，读者可扫描下方二维码观看视频讲解。

数据挖掘是一个快速发展的领域，加之编写时间、作者水平所限，书中难免有疏漏之处，请各位读者、同行不吝指正。

目 录

前言

第1章 绪论 ················1
1.1 数据挖掘的出现 ················1
1.2 为什么要学习数据挖掘 ················1
1.2.1 数据爆炸但知识贫乏 ················1
1.2.2 从商业数据到商业智能的进化 ················2
1.2.3 科学发展范式 ················2
1.3 什么是数据挖掘 ················3
1.3.1 数据挖掘的出现 ················3
1.3.2 数据挖掘的定义 ················3
1.3.3 数据的含义 ················4
1.3.4 信息的含义 ················4
1.3.5 知识的含义 ················5
1.3.6 数据、信息、知识的关系 ················5
1.3.7 数据挖掘过程 ················5
1.3.8 数据挖掘的关联课程 ················6
1.4 数据挖掘的内容 ················7
1.4.1 关联规则挖掘 ················7
1.4.2 分类 ················7
1.4.3 聚类 ················9
1.4.4 回归 ················10
1.5 本章小结 ················10

第2章 认识数据 ················11
2.1 数据的基本概念 ················11
2.1.1 数据对象 ················11
2.1.2 数据属性 ················12
2.1.3 属性的类型 ················13
2.1.4 属性类型的对比 ················14
2.1.5 离散属性与连续属性 ················14
2.2 数据的基本统计方法 ················15
2.2.1 中心化趋势统计量：均值、中位数和众数 ················15
2.2.2 离散度度量 ················16
2.2.3 分布形状度量 ················17
2.3 数据的基本可视化方法 ················18
2.3.1 箱线图可视化 ················18
2.3.2 直方图可视化 ················19
2.3.3 散点图可视化 ················19
2.4 数据相似性的计算方法 ················20
2.4.1 数据相似性和相异性度量的基本概念 ················20
2.4.2 标称属性的邻近性度量 ················21
2.4.3 二值属性的邻近性度量 ················22
2.4.4 序数属性的邻近性度量 ················23
2.4.5 数值属性的邻近性度量 ················23
2.4.6 混合类型属性的邻近性度量 ················25
2.4.7 余弦相似性 ················25
2.5 本章小结 ················26

第3章 数据预处理 ················27
3.1 数据质量 ················27
3.2 数据预处理的主要任务 ················27
3.2.1 数据清理 ················27
3.2.2 数据集成 ················28
3.2.3 数据规约 ················32
3.2.4 数据规范化和数据离散化 ················37
3.3 特征构造 ················38
3.3.1 为什么需要特征构造 ················38
3.3.2 基本特征构造法 ················38

3.3.3　时间类型数据特征构造法……39
　　3.3.4　时间序列数据特征构造法……41
　　3.3.5　离散数据特征哑编码………42
3.4　本章小结………………………………43

第4章　分类的基本概念与朴素贝叶斯分类器……44

4.1　分类的基本概念………………………44
4.2　朴素贝叶斯分类的基础理论…………45
　　4.2.1　贝叶斯示例…………………45
　　4.2.2　贝叶斯定理…………………46
　　4.2.3　极大后验假设………………46
　　4.2.4　多维属性的联合概率………47
　　4.2.5　独立性假设…………………47
　　4.2.6　训练集介绍…………………47
4.3　贝叶斯分类的案例……………………48
　　4.3.1　案例一：购买电脑预测……48
　　4.3.2　案例二：垃圾邮件分类……49
4.4　连续类型数据分类……………………50
4.5　本章小结………………………………50

第5章　决策树分类……51

5.1　决策树…………………………………51
5.2　决策树构建的两个问题………………52
　　5.2.1　如何构建决策树……………52
　　5.2.2　构造什么样的决策树是合适的……………………53
5.3　决策树算法……………………………54
　　5.3.1　Hunt算法……………………54
　　5.3.2　构建决策树的关键问题……56
　　5.3.3　信息增益算法………………57
　　5.3.4　C4.5算法……………………59
　　5.3.5　CART算法……………………61
5.4　本章小结………………………………64

第6章　规则和最近邻分类器……66

6.1　基于规则的分类………………………66
　　6.1.1　基于规则的分类示例………66
　　6.1.2　规则的质量…………………68
　　6.1.3　规则分类器的特征…………68
　　6.1.4　基于规则的分类器的建立…69
　　6.1.5　规则分类的特点……………76
6.2　急切学习与惰性学习…………………76
6.3　最近邻分类器…………………………77
　　6.3.1　最近邻算法的定义…………77
　　6.3.2　K最近邻分类算法……………78
6.4　本章小结………………………………79

第7章　回归算法……80

7.1　线性回归的案例：房价预测…………80
7.2　线性回归算法…………………………81
　　7.2.1　线性回归的提出……………81
　　7.2.2　线性回归建模………………81
　　7.2.3　最小二乘法…………………82
7.3　优化求解方法…………………………83
　　7.3.1　梯度下降……………………83
　　7.3.2　梯度下降法求解……………83
　　7.3.3　学习率分析…………………84
　　7.3.4　梯度下降法收敛……………85
　　7.3.5　梯度下降法的变体…………86
7.4　逻辑回归………………………………87
　　7.4.1　逻辑回归函数………………87
　　7.4.2　逻辑回归的特点……………87
　　7.4.3　优势比………………………88
　　7.4.4　逻辑回归参数估计…………89
　　7.4.5　逻辑回归正则化……………90
　　7.4.6　逻辑回归数值优化…………91
　　7.4.7　逻辑回归训练方法的优化…93
7.5　决策树回归……………………………94
　　7.5.1　决策树回归的基本概念……94
　　7.5.2　决策树分类最佳划分点的选择……………………94
　　7.5.3　决策树回归算法……………96
7.6　本章小结………………………………96

第8章　模型的评价……97

8.1　分类模型的评价指标…………………97
　　8.1.1　混淆矩阵……………………97

8.1.2　准确率 ························· 97
　　8.1.3　精确率与召回率 ············· 98
　　8.1.4　ROC 曲线 ···················· 99
8.2　不平衡分类 ······························ 102
　　8.2.1　基于抽样的方法 ············· 103
　　8.2.2　两阶段学习 ··················· 104
　　8.2.3　代价敏感学习 ················ 104
8.3　过拟合与欠拟合 ························ 105
　　8.3.1　训练误差和泛化误差 ······ 105
　　8.3.2　噪声导致的过拟合 ········· 107
　　8.3.3　缺乏代表性样本导致的过
　　　　　 拟合 ··························· 107
　　8.3.4　解决过拟合的方法一：减少
　　　　　 泛化误差 ······················ 109
　　8.3.5　解决过拟合的方法二：使用
　　　　　 确认集估计泛化误差 ······· 110
8.4　其他模型评价指标 ···················· 113
　　8.4.1　回归模型 ······················ 113
　　8.4.2　聚类模型 ······················ 114
　　8.4.3　关联规则模型 ················ 115
8.5　本章小结 ································· 117

第 9 章　支持向量机分类器 ·············· 118

9.1　支持向量机的提出 ···················· 118
　　9.1.1　支持向量机简介 ············· 118
　　9.1.2　传统分类方法的不足 ······ 118
　　9.1.3　支持向量机的总体思想 ···· 119
　　9.1.4　从 Logistic 回归到 SVM
　　　　　 分析 ··························· 119
　　9.1.5　支持向量机的应用 ·········· 120
9.2　深入支持向量机 ······················· 121
　　9.2.1　支持向量机算法的原理 ···· 121
　　9.2.2　支持向量机建模 ············· 122
　　9.2.3　支持向量机求解 ············· 123
9.3　非线性支持向量机 ···················· 126
　　9.3.1　基于软间隔的 C-SVM ····· 126
　　9.3.2　非线性 SVM 与核变换 ···· 129
　　9.3.3　支持向量机二分类推广 ···· 131
9.4　本章小结 ································· 131

第 10 章　神经网络分类器 ················ 132

10.1　人工神经网络出现的背景 ········· 132
　　10.1.1　发展历程 ······················ 132
　　10.1.2　端到端的学习 ················ 133
　　10.1.3　神经网络的优点 ············· 133
　　10.1.4　时代的必然性 ················ 134
10.2　神经网络基础：感知机 ············· 134
　　10.2.1　感知机的直观理解 ·········· 134
　　10.2.2　感知机数学模型 ············· 135
　　10.2.3　感知机训练 ···················· 136
　　10.2.4　感知机的缺陷："异或"
　　　　　　分类问题 ······················ 136
　　10.2.5　多层感知机模型 ············· 137
　　10.2.6　多层感知机解决"异或"
　　　　　　分类问题 ······················ 138
10.3　后向传播神经网络 ··················· 139
　　10.3.1　后向传播算法的原理 ····· 139
　　10.3.2　神经元激活函数 ············· 141
　　10.3.3　后向传播算法参数学习
　　　　　　的推导 ························ 143
　　10.3.4　后向传播算法参数更新
　　　　　　案例 ··························· 147
10.4　本章小结 ······························· 150

第 11 章　集成学习 ·························· 151

11.1　集成学习简介 ························· 151
　　11.1.1　集成学习的定义和基本
　　　　　　思想 ··························· 151
　　11.1.2　集成学习过程 ················ 151
　　11.1.3　集成学习的优势 ············· 154
11.2　集成学习算法 ························· 155
　　11.2.1　Bagging 算法 ················ 155
　　11.2.2　随机森林 ······················ 156
　　11.2.3　Boosting 方法 ··············· 157
　　11.2.4　GBDT ·························· 167
11.3　Stacking 方法 ························· 168
11.4　LightGBM 方法 ······················· 169
　　11.4.1　LightGBM 简介 ············· 169
　　11.4.2　GOSS ·························· 169

11.4.3 EFB ································ 170
11.4.4 LightGBM 的一些其他
特性 ···························· 172
11.4.5 LightGBM 中的并行学习 ··· 173
11.4.6 LightGBM 中主要的调
节参数 ························ 175
11.5 本章小结 ······························ 176

第 12 章 聚类算法 ································ 177

12.1 聚类概述 ······························ 177
　　12.1.1 什么是聚类 ················ 177
　　12.1.2 分类与聚类 ················ 178
　　12.1.3 聚类的应用 ················ 178
　　12.1.4 聚类的要求 ················ 178
12.2 基本的聚类方法 ···················· 179
　　12.2.1 划分方法 ··················· 179
　　12.2.2 层次方法 ··················· 184
　　12.2.3 基于密度的方法 ········· 188
　　12.2.4 图论聚类方法 ············ 190
　　12.2.5 网格算法 ··················· 191
　　12.2.6 模型算法 ··················· 192
12.3 聚类评估 ······························ 192
　　12.3.1 估计聚类趋势 ············ 192
　　12.3.2 确定数据集中的簇数 ··· 193
　　12.3.3 聚类质量的度量 ········· 193
12.4 本章小结 ······························ 194

第 13 章 关联规则挖掘 ···························· 195

13.1 定义 ····································· 195
　　13.1.1 关联分析的概念 ········· 195
　　13.1.2 频繁项集 ··················· 196
　　13.1.3 最大频繁项集 ············ 196
　　13.1.4 关联规则挖掘问题 ······ 196
　　13.1.5 关联规则挖掘蛮力方法 ··· 197
13.2 Apriori 算法 ························ 198
　　13.2.1 Apriori 算法的过程 ····· 199
　　13.2.2 Apriori 算法的项字典序
与项连接 ···················· 200
　　13.2.3 Apriori 算法的特点 ····· 200
　　13.2.4 提高 Apriori 算法性能的
方法 ···························· 201
13.3 FP-Growth 算法 ··················· 201
　　13.3.1 构造 FP 树 ················· 201
　　13.3.2 基于 FP 树的频繁项集
挖掘 ···························· 202
　　13.3.3 FP 树结构的优点 ········ 203
13.4 挖掘关联规则 ······················· 203
　　13.4.1 关联规则生成集合 ······ 203
　　13.4.2 关联规则生成优化方法 ··· 204
13.5 关联分析评估 ······················· 204
13.6 本章小结 ······························ 205

第 14 章 计算网络节点影响力 ············· 206

14.1 基本定义 ······························ 206
　　14.1.1 有向图 ······················· 206
　　14.1.2 无向图 ······················· 206
　　14.1.3 邻接矩阵 ··················· 207
14.2 基于节点邻近的影响力计算 ··· 207
　　14.2.1 度中心性 ··················· 207
　　14.2.2 半局部中心性 ············ 208
　　14.2.3 K 壳分解法 ················ 208
14.3 基于路径的影响力计算 ········· 209
　　14.3.1 离心中心性 ················ 209
　　14.3.2 接近中心性 ················ 209
　　14.3.3 介数中心性 ················ 209
14.4 基于特征向量的影响力计算 ··· 210
　　14.4.1 特征向量中心性 ········· 210
　　14.4.2 PageRank ··················· 210
　　14.4.3 HITS 算法 ················· 212
　　14.4.4 自动信息汇集算法 ······ 214
　　14.4.5 SALSA 算法 ·············· 214
14.5 基于节点移除和收缩的影响力
计算 ····································· 215
　　14.5.1 节点删除的最短距离法 ··· 215
　　14.5.2 节点删除的生成树法 ··· 215
　　14.5.3 节点收缩法 ················ 216
　　14.5.4 残余接近中心性 ········· 216
14.6 本章小结 ······························ 217

第 15 章　信息推荐算法 ·············· 218

- 15.1　背景 ························ 218
- 15.2　基于内容的信息推荐 ········· 219
- 15.3　基于协同过滤的信息推荐 ······ 221
  - 15.3.1　基于用户的协同过滤推荐 ················ 221
  - 15.3.2　基于内容的协同过滤推荐 ················ 223
- 15.4　混合推荐方法 ··············· 224
- 15.5　信息推荐的评价指标 ········· 225
  - 15.5.1　准确性指标 ··········· 225
  - 15.5.2　排序加权指标 ········· 227
  - 15.5.3　多样性和创新性评价指标 ················ 228
  - 15.5.4　覆盖率评价指标 ······· 229
- 15.6　本章小结 ··················· 230

第 16 章　自然语言处理中常用的神经网络模型 ··············· 231

- 16.1　基于神经网络的自然语言处理基本框架 ················· 231
- 16.2　分布式词向量 ··············· 233
  - 16.2.1　CBOW 模型 ·········· 234
  - 16.2.2　Skip-gram 模型 ······· 234
  - 16.2.3　Word2Vec 的负采样训练方法 ················· 235
- 16.3　循环神经网络 ··············· 236
- 16.4　卷积神经网络 ··············· 238
- 16.5　BERT 模型 ················· 241
  - 16.5.1　预训练模型 ··········· 242
  - 16.5.2　BERT 模型的架构 ····· 243
  - 16.5.3　BERT 模型的输入表征 ··· 244
  - 16.5.4　BERT 模型的应用 ····· 244
- 16.6　本章小结 ··················· 245

附录　试题精选 ··················· 246

- 试题精选一 ····················· 246
- 试题精选二 ····················· 250
- 试题精选三 ····················· 252
- 试题精选四 ····················· 255
- 试题精选五 ····················· 259
- 试题精选六 ····················· 260
- 试题精选七 ····················· 263
- 试题精选八 ····················· 267
- 试题精选九 ····················· 270
- 试题精选十 ····················· 276
- 试题精选十一 ··················· 281
- 试题精选十二 ··················· 287

第 1 章

绪 论

扫码观看知识点讲解

为什么要进行数据挖掘？什么是数据挖掘？数据挖掘的主要内容又有哪些？本章将逐一解答这些问题。通过本章的学习，你将对数据挖掘从"为什么"到"是什么"，再到"有什么"有一个基本的了解。

1.1 数据挖掘的出现

随着大型数据库的建立和海量数据的不断涌现，人们迫切需要强有力的数据分析工具。但现实情况往往是"数据十分丰富，而信息相当贫乏"。

快速增长的海量数据被收集、存放在大型数据库中，没有强有力的工具，以人类现有的能力很难理解它们。因此，有人说大数据是数据"坟墓"。当采用数据挖掘工具进行数据分析时，可以发现隐藏在大数据之中重要的数据内容、模式，能对商务决策、知识库、科学和医学研究等做出巨大贡献。为解决数据和信息之间的鸿沟，我们应系统地学习数据挖掘知识，开发数据挖掘工具，将数据"坟墓"变成知识"金矿"。

1.2 为什么要学习数据挖掘

1.2.1 数据爆炸但知识贫乏

随着互联网爆炸式发展、数据库技术的迅速发展以及数据库管理系统的广泛应用，人们积累的数据越来越多，大量的数据背后隐藏着许多至关重要、具有丰富潜在知识的信息，能够帮助人们进行分析、决策和控制改进，人们迫切希望能够对这些数据进行更高层次的分析，以便更好地利用这些数据。

但是，目前对于这些数据仅仅应用了录入、查询、统计等简单功能，无法发现数据中存在的关系和规则，更无法根据现有的数据预测未来的发展趋势。归根到底是缺乏挖掘数据背后隐藏知识的手段，从而导致了"数据爆炸但知识贫乏"的现象。

数据挖掘技术是分析大量数据，从中寻找其规律的技术，一般有数据准备、规律寻找和规律表示3个步骤。数据准备是指从相关的数据源中选取所需的数据并整合成用于数据挖掘的数据集；规律寻找是指用某种方法找出数据集所包含的规律；规律表示是指尽可能以用户可理解的方式（如可视化）将找出的规律表示出来。通过使用数据挖掘技术，可以发现数据中隐藏的价值，挖掘更多的知识，缓解甚至解决"数据爆炸但知识贫乏"的问题。

1.2.2 从商业数据到商业智能的进化

如表 1-1 所示，从商业数据到商业智能的进化过程依次经历了 20 世纪 60 年代的数据搜集、80 年代的数据访问、90 年代的数据仓库与决策支持和当下的数据挖掘。60 年代主要为数据搜集阶段，主要解决的商业问题是"过去五年中我的总收入是多少？"，支持的技术主要包括计算机、磁带和磁盘，主要的产品厂家为 IBM 和 CDC，产品特点为提供历史性的、静态的数据信息；80 年代主要为数据访问阶段，主要解决的商业问题是"在新英格兰的分部去年三月的销售额是多少？"，支持的技术主要包括关系数据库（RDBMS）、结构化查询语言（SQL）、ODBC，主要的产品厂家为 Oracle、Sybase、Informix、IBM、Microsoft；产品特点为在记录级提供历史性的、动态数据信息；90 年代主要为数据仓库、决策支持阶段，主要解决的商业问题为"在新英格兰的分部去年三月的销售额是多少？波士顿据此可得出什么结论？"，支持的技术为联机分析处理（OLAP）、多维数据库、数据仓库，主要产品厂家为 Pilot、Comshare、Arbor、Cognos、Microstrategy，产品特点为在各种层次上提供回溯的、动态的数据信息；目前为数据挖掘时代，主要解决的商业问题为"下个月波士顿的销售会怎么样？为什么？"，支持技术为高级算法、多处理器计算机、海量数据库，产品厂家为 Pilot、Lockheed、IBM、SGI，产品特点为提供预测性的信息。

表 1-1 从商业数据到商业智能的进化过程

进化阶段	商业问题	支持技术	产品厂家	产品特点
数据搜集 （20 世纪 60 年代）	过去五年中我的总收入是多少？	计算机、磁带和磁盘	IBM CDC	提供历史性的、静态的数据信息
数据访问 （20 世纪 80 年代）	新英格兰的分部去年三月份的销售额是多少？	关系数据库 结构化查询语言 ODBC	Oracle Sybase Informix IBM Microsoft	在记录级提供历史性的、动态数据信息
数据仓库 决策支持 （20 世纪 90 年代）	新英格兰的分部去年三月份的销售额是多少？波士顿据此可得出什么结论？	联机分析处理 多维数据库 数据仓库	Pilot Comshare Arbor Cognos Microstrategy	在各种层次上提供回溯的、动态的数据信息
数据挖掘 （当前）	下个月波士顿的销售情况会怎么样？为什么？	高级算法 多处理器计算机 海量数据库	Pilot Lockheed IBM SGI	提供预测性的信息

1.2.3 科学发展范式

回望过去，科学发展范式（见表 1-2）依次经历了经验科学时代（1600 年以前）、理论科学时代（1600 年～1950 年）、计算科学时代（1950 年～1990 年）。立足当下，我们正处于数据科学的时代。自 1990 年以来的数据科学时代，以数据挖掘、人工智能、机器学习的发展为主要标志。特别是自 2010 年以来，深度学习的飞速发展，更是引发了第三次人工智能浪潮。展望未来，随着一系列新的机器学习范式的出现，数据驱动的智能还将持续发酵。而数据挖掘作为一种有效的数据分析技术，必然将继续受到关注，并不断发展。因此，从科学发展范式来看，数据挖掘作为数据科学时代的关键技术，不可或缺！

表 1-2 科学发展范式的发展

发展阶段	科学发展范式	案 例
1600 年以前	经验科学	两个铁球同时落地
1600 年～1950 年	理论科学	集合论、图论、数论和概率论
1950 年～1990 年	计算科学	人工智能 1.0（简单的优化、贪婪算法）
1990 年～现在	数据科学	数据挖掘、人工智能 2.0

1.3 什么是数据挖掘

1.3.1 数据挖掘的出现

基于数据库的知识发现（KDD）一词首次出现在 1989 年举行的国际人工智能联合大会（IJCAI-89 Workshop）上。

1995 年在加拿大蒙特利尔召开了第一届 KDD 国际学术会议（KDD'95）。

由 Kluwers Publishers 出版，1997 年创刊的 *Knowledge Discovery and Data Mining* 是该领域中的第一本学术刊物。

需要是发明之母。近年来，数据挖掘引起了产业界的极大关注，主要原因是数据库技术的迅速发展，使得可以保存更大量的数据，更广泛地使用数据，并且迫切需要将这些数据转换成有用的信息和知识。获取的信息和知识可以用于各个领域，包括商务管理、生产控制、市场分析、工程设计和科学探索等。

数据挖掘利用了来自如下一些领域的思想：

1）来自统计学的抽样、估计和假设检验。

2）来自人工智能、模式识别和机器学习的搜索算法、建模技术和学习理论。

数据挖掘也迅速接纳了来自其他领域的思想，这些领域包括最优化、进化计算、信息论、信号处理、可视化和信息检索。还有一些领域对数据挖掘起到重要的支撑作用。特别是，需要数据库系统提供有效的存储、索引和查询处理支持。源于高性能（并行）计算的技术在处理海量数据集方面是非常重要的。分布式技术也能帮助处理海量数据，并且当数据不能集中到一起处理时，分布式技术更能大展拳脚。

1.3.2 数据挖掘的定义

数据挖掘（data mining）又译为资料探勘、数据采矿，是指从大量的、不完全的、有噪声的、模糊的、随机的数据中提取隐含在其中的、人们事先不知道的但又潜在有用的信息和知识的过程。

数据挖掘通常与计算机科学有关，并通过统计、在线分析处理、情报检索、机器学习、专家系统（依靠过去的经验法则）和模式识别等诸多方法来实现上述目标。数据挖掘的任务有关联分析、聚类分析、分类分析、异常分析、特异群组分析和演变分析等。数据挖掘侧重解决四类问题：分类、聚类、关联和预测（定量、定性）。

数据挖掘的步骤会因不同领域的应用而有所变化，每一种数据挖掘技术也有各自的特性和使用步骤，针对不同问题和需求所制定的数据挖掘过程会有所差异。

1.3.3 数据的含义

数据不仅是未经加工和修饰的原料，还是可以记录、通信和能识别的符号。它通过有意义的组合，表达现实世界中的某种实体（具体对象、事件、状态或活动）的特征。

例如，表1-3是一个顾客数据表。从中我们可以看到顾客的年龄、收入、工作时间以及顾客类型等特征。具体地，收入中的"10"便是一个具体的数据。因此，通过数据，我们可以了解某种实体的一些特征。尽管如此，仅仅有直接的数据是难以窥探其中规律的。鉴于此，我们需要借助数据挖掘技术，将大量的数据进一步转化为需要的信息，乃至知识。所以说，数据是未经加工和修饰的原料。

表1-3 顾客数据表

年龄	收入（万元）	工作时间（年）	顾客类型
25	10	2	优
29	12	3	优
32	9	6	良
38	7	12	良
36	8	13	中
30	15	4	优

1.3.4 信息的含义

信息，指音讯、消息、通信系统传输和处理的对象，泛指人类社会传播的一切内容。人通过获得、识别自然界和社会的不同信息来区分不同事物，从而认识和改造世界。在一切通信和控制系统中，信息是一种普遍联系的形式。科学的信息概念可以概括如下：信息是对客观世界中各种事物的运动状态和变化的反映，是客观事物之间相互联系和相互作用的表征，表现的是客观事物运动状态和变化的实质内容。在军事方面，美军《野战条令（FM64）》定义信息是对数据经过过滤、融合、标准化、对比、翻译、分类、管理等一系列环节处理后得到的，其具体处理过程如图1-1所示。

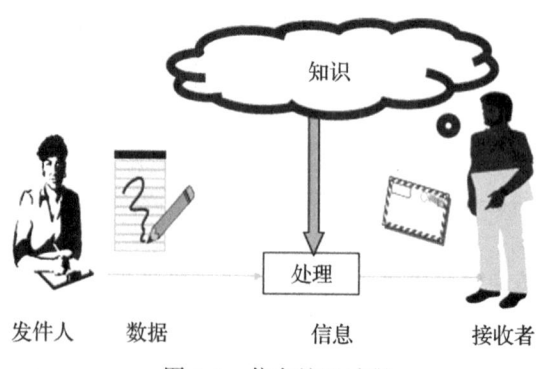

图1-1 信息处理过程

在数据挖掘领域，数据挖掘得到的信息应具有先前未知、有效和实用三个特征。例如，表 1-3 中的顾客数据表，其中数据表中的一行表示一个"顾客信息"，比如第一行表示一个年龄为 25 岁、收入 10 万元、工作 2 年时间的顾客信息。

1.3.5 知识的含义

知识是对信息内容进行提炼、比较、挖掘、分析、概括、判断和推论得到的，也是对外部客观规律的归纳和总结。例如，"25< 年龄 <30，收入 >10，工作时间 >2 年的消费者是优质顾客"表示优质客户的知识。

知识可分为简单知识和复杂知识、独有知识和共有知识、具体知识和抽象知识、显性知识和隐性知识等。在哲学中，关于知识的研究称为认识论，知识的获取涉及许多复杂的过程：感觉、交流、推理。知识也可以被视为构成人类智慧的根本的因素，知识具有一致性、公允性，判断真伪要依据逻辑，而非立场。

1.3.6 数据、信息、知识的关系

数据、信息和知识是知识工作者感知和认识客观事物的 3 个连贯的阶段。数据无处不在，聚合 / 集成后转化为信息，结构化后变成知识。如图 1-2 所示，从数据到信息，再到知识，甚至智慧，存在一个层层递进的关系。

1）数据是使用约定俗成的关键字，对客观事物的数量、属性、位置及其相互关系进行抽象表示，以适合在这个领域中用人工或自然的方式进行保存、传递和处理。

2）信息是具有时效性、有一定含义的、有逻辑的、经过加工处理的、对决策有价值的数据流。

3）通过人们的参与，利用归纳、演绎、比较等手段对信息进行挖掘，使其有价值的部分沉淀下来，并与已存在的人类知识体系结合，这部分有价值的信息就转变成知识。

4）智慧是人类基于已有的知识，针对物质世界运动过程中产生的问题，根据获得的信息进行分析、对比、演绎，找出解决方案的能力。这种能力运用的结果是将信息的有价值部分挖掘出来并使之成为知识架构的一部分。

当然，这样简单的描述过于抽象，不妨来看一个例子。例如，"8000" 和 "10 000" 是数据；"8000m 是飞机飞行最大高度"与"10 000m 的高山"是信息；"飞机无法飞越这座高山"是知识；"飞机必须飞得比山高"是智慧。

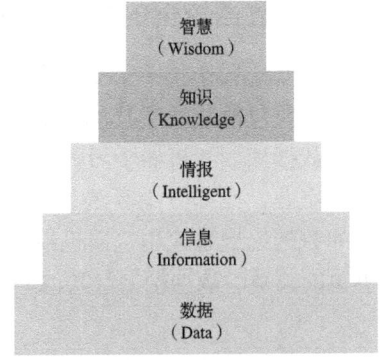

图 1-2 数据、信息与知识的关系

1.3.7 数据挖掘过程

数据挖掘的具体过程描述如下：

1）数据：进行数据挖掘首先要有数据，可以根据任务的目的选择数据集，并筛选自己需要的数据，或者根据实际情况构造自己需要的数据。

2）预处理：确定数据集后，就要对数据进行预处理，使数据能够为我们所用。数据预处理可以提高数据质量，包括准确性、完整性和一致性。进行数据预处理的方法有数据清

理、数据集成、数据规约和数据变换等。

3）变换：进行数据预处理后，对数据进行变换，将数据转换成一个分析模型，这个分析模型是针对数据挖掘算法建立的。建立一个真正适合数据挖掘算法的分析模型是数据挖掘成功的关键。

4）数据挖掘：对经过转换的数据进行挖掘，除了选择合适的挖掘算法外，其余一切工作都能自动地完成。

5）解释/评估：解释并评估结果，最终得到知识。其使用的分析方法一般视数据挖掘操作而定，通常会用到可视化技术。

数据挖掘的具体过程如图 1-3 所示。

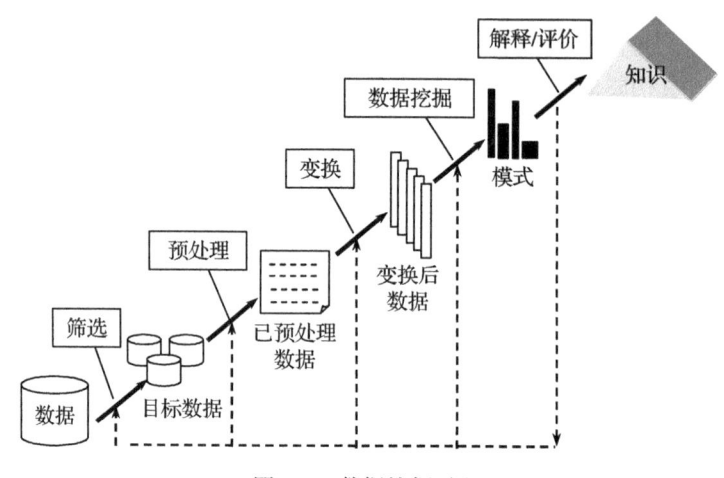

图 1-3　数据挖掘过程

1.3.8　数据挖掘的关联课程

数据挖掘作为一个交叉学科，与多门课程存在关联。如图 1-4 所示，数据挖掘的关联课程主要包括数据库技术、统计学、可视化、高性能计算、人工智能和机器学习等。此处将以数据挖掘与机器学习的关系为例进行说明。一方面，**数据挖掘与机器学习存在很多算法的重叠**，比如分类算法、聚类算法以及回归算法等；另一方面，二者又存在诸多不同，比如数据挖掘重应用，而机器学习重底层。因此，数据挖掘与机器学习是相辅相成、各有侧重的关系。数据挖掘与其他关联课程的关系与此类似。

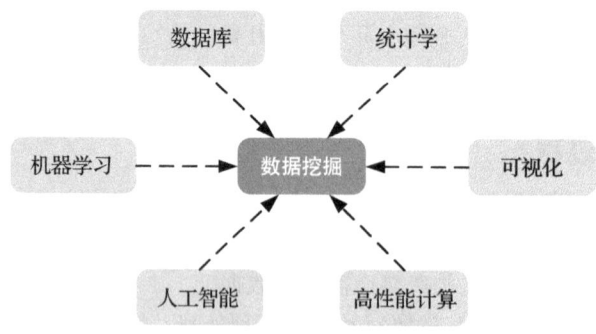

图 1-4　数据挖掘的关联课程

1.4 数据挖掘的内容

1.4.1 关联规则挖掘

从大规模数据中挖掘对象之间的隐含关系称为关联分析（Associate Analysis）或者关联规则挖掘（Associate Rule Mining），它可以揭示数据中隐藏的关联模式，帮助人们进行市场运作、决策支持等。

考察一些涉及许多物品的事务。事务 1 中出现了物品甲，事务 2 中出现了物品乙，事务 3 中同时出现了物品甲和乙。那么，物品甲和乙在事务中的出现是否有规律可循呢？在数据库的知识发现中，关联规则就是描述这种在一个事务中物品同时出现的规律的知识模式。更确切地说，关联规则通过量化的数字描述物品甲的出现对物品乙的出现有多大的影响。

一般采用可信度、支持度、期望可信度、作用度四个参数来描述一个关联规则的属性。

在关联规则的四个属性中，支持度和可信度能够比较直接地形容关联规则的性质。如果不考虑关联规则的支持度和可信度，那么在事务数据库中可以发现无穷多的关联规则。事实上，人们一般只对满足一定的支持度和可信度的关联规则感兴趣。因此，为了发现有意义的关联规则，需要给定两个阈值：最小支持度和最小可信度，前者规定了关联规则必须满足的最小支持度；后者规定了关联规则必须满足的最小可信度。

经典故事案例：关联规则挖掘经典的案例即为购物篮中的啤酒和尿布的故事。"啤酒与尿布"的故事产生于 20 世纪 90 年代的美国沃尔玛超市中，在美国有婴儿的家庭中，一般由母亲在家中照看婴儿，年轻的父亲前去超市购买尿布。父亲在购买尿布的同时，往往会顺便为自己购买啤酒，这样就会出现啤酒与尿布这两件看上去不相干的商品经常会出现在同一个购物篮的现象。

比如对于如下购物篮数据：

顾客 1：{牛奶、果酱、面包}

顾客 2：{牛奶、鸡蛋、面包、糖}

顾客 3：{面包、黄油、牛奶}

我们可以推测牛奶→面包为一组关联规则，即顾客购买了牛奶，可以推测该顾客下一步很有可能会购买面包。

1.4.2 分类

分类算法是数据挖掘中的关键技术，它通过对数据训练集的分析研究，发现分类规则，从而具备预测新数据类型的能力。分类也是监督式机器学习方法，根据训练集学习模型，进一步利用模型对新数据的类别标签进行预测。分类算法主要包括两个阶段：①构建模型阶段，通过分析学习已知的训练数据集，训练并构建一个准确率可以接受的模型，该模型用于描述特定的数据类集；②使用阶段，使用训练后的模型对未知数据对象进行分类。具体过程如下所示。

- ❑ 第一步：类别标签学习建模（参见图 1-5）。
- ❑ 第二步：类别标签分类测试（参见图 1-6）。

分类标签预测与数值预测的区别如下：数值预测根据训练集学习模型，进一步利用模型对新数据的数值进行预测，区别于分类标签预测，数值预测的输出为连续的数值。

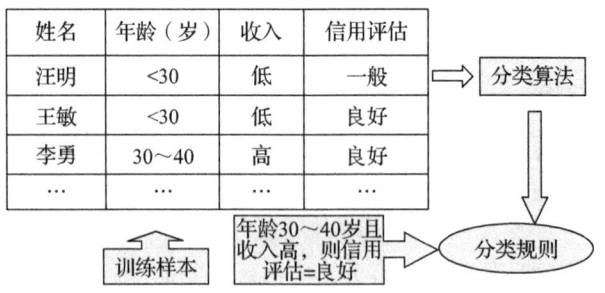

图 1-5　分类学习建模

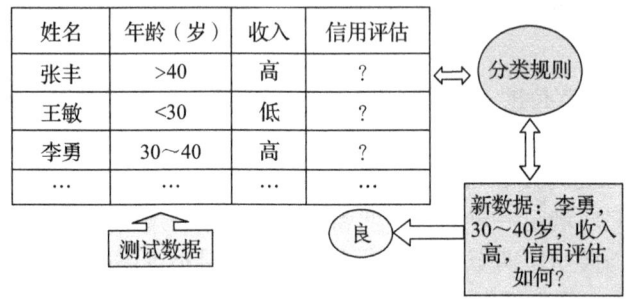

图 1-6　分类测试

数值预测学习的流程如下。

第一步：数值预测学习建模（参见图 1-7）。

姓名	年龄（岁）	收入	信用值
汪明	<30	低	65
王敏	<30	低	74
李勇	30～40	高	78
…	…	…	…

↑训练样本

图 1-7　数值预测学习建模

第二步：数值预测测试（参见图 1-8）。

姓名	年龄（岁）	收入	信用值
张丰	>40	高	?
王敏	<30	低	?
李勇	30～40	高	?
…	…	…	…

↑测试数据

图 1-8　数值预测测试

下面来看一个分类标签预测案例和一个数值预测案例。

（1）分类标签预测案例：员工离职预测

根据给定的影响员工离职的因素和员工是否离职的记录，建立一个模型预测有可能离职的员工，具体数据如表 1-4 所示。其中，Attrition 表示类别标签，也就是需要预测的离散数据。

表 1-4　员工离职数据

属　性	说　明
Age	年龄
Attrition	是否已经离职，0 表示离职，1 表示未离职
BusinessTravel	商务差旅频率
DistanceFromHome	离家距离
Education	员工的教育程度，从 1～5，5 表示教育程度最高
……	……
YearsWithCurrManager	与目前的管理者共事年数

（2）数值预测案例：房价预测

作为一个典型的数值预测案例，房价预测一直备受关注。简言之，房价预测就是综合房屋销售价格以及房屋的基本信息建立模型，从而预测其他房屋的销售价格。

我们以 Kaggle 平台房价预测的部分数据集（见表 1-5）为例进行说明。如表 1-5 所示，房屋的基本信息主要包括建筑等级、区域分类、建筑面积、主路、小巷、房屋外形、平整度、配套设施、房屋位置、地面坡度和销售价格，等等。其中，"销售价格"便是需要预测的连续数值。

表 1-5　Kaggle 房价预测数据集示例

序号	建筑等级	区域分类	建筑面积（m²）	主路	小巷	房屋外形	平整度	配套设施	房屋位置	地面坡度	销售价格（美元）
1	60	RL	8 450	Pave	NA	Reg	Lvl	AllPub	Inside	Gtl	208 500
2	20	RL	9 600	Pave	NA	Reg	Lvl	AllPub	FR2	Gtl	181 500
3	60	RL	11 250	Pave	NA	IR1	Lvl	AllPub	Inside	Gtl	223 500
4	70	RL	9 550	Pave	NA	IR1	Lvl	AllPub	Corner	Gtl	140 000
5	60	RL	14 260	Pave	NA	IR1	Lvl	AllPub	FR2	Gtl	250 000
6	50	RL	14 115	Pave	NA	IR1	Lvl	AllPub	Inside	Gtl	143 000
7	20	RL	10 084	Pave	NA	Reg	Lvl	AllPub	Inside	Gtl	307 000
8	60	RL	10 382	Pave	NA	IR1	Lvl	AllPub	Corner	Gtl	200 000
9	50	RM	6 120	Pave	NA	Reg	Lvl	AllPub	Inside	Gtl	129 900
10	190	RL	7 420	Pave	NA	Reg	Lvl	AllPub	Corner	Gtl	118 000

1.4.3　聚类

聚类为非监督式机器学习方法，不需要提供具有标签的训练集，而是直接以某种聚类准则将数据划分到不同类别中。聚类分析的结果通常受聚类准则的影响，图 1-9 所示的聚类准则如果设为"花色相同"和"符号相同",则得到两种不同的聚类结果。

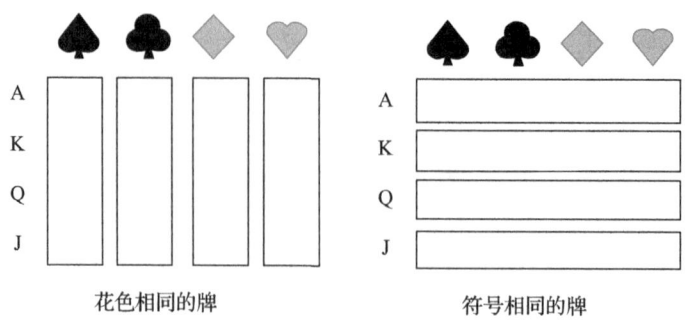

图 1-9 聚类准则影响结果示意

1.4.4 回归

回归分析(regression analysis)是一个统计预测模型,用于描述和评估应变量与一个或多个自变量之间的关系,包括一元线性回归、多元线性回归、非线性回归、逻辑回归等。具体来说,可以利用回归模型来实现数值预测的任务,比如前面提到的房价预测任务。

当自变量为非随机变量、因变量为随机变量时,分析它们的关系称为回归分析;根据回归分析可以建立变量间的数学表达式,称为回归方程。回归方程反映自变量在固定条件下因变量的平均状态变化情况。相关分析是以某一指标来度量回归方程所描述的各个变量间关系的密切程度。

回归分析方法常用于解释市场占有率、销售额、品牌偏好及市场营销效果。把两个或两个以上定距或定比例的数量关系用函数形式表示出来,就是回归分析要解决的问题。

1.5 本章小结

本章从海量数据的大背景出发,依次回答了"为什么要学习数据挖掘""什么是数据挖掘""数据挖掘的内容有哪些"等问题。通过本章的阅读,想必你已经对数据挖掘有了一个直观的认识。为了增加对数据的认识,下一章将带你深入认识数据。

第 2 章
认识数据

扫码观看知识点讲解

本章详细论述四方面内容：数据的基本概念，主要包括数据对象、数据属性、数据类型；数据的基本统计方法，主要包括中性化趋势度量、离散度度量；数据的基本可视化方法，主要包括箱线图可视化、直方图可视化、散点图可视化；数据的相似性计算方法。

2.1 数据的基本概念

2.1.1 数据对象

数据对象也称为样品、示例、实例、数据点、对象和元组。数据对象必须由软件理解的复合信息表示。数据对象可能是外部实体、事物、偶发事件或事件、角色、组织单位、地点或结构等。例如，一个人或一部车都可以被认为是数据对象，在某种意义上它们可以用一组属性来定义。数据对象描述包括数据对象及其所有属性。

数据集由数据对象组成。一个数据对象代表一个实体。数据对象所描述的属性体现在：数据库中的行表示数据对象，列表示数据属性。例如，常见的数据集有：①销售数据库——客户，商店物品，销售额；②医疗数据库——患者，治疗信息；③大学数据库——学生，教授，课程信息。

数据、数据对象、数据元素和数据项的关系如表 2-1 所示。

表 2-1　数据结构

数据							
数据对象							
数据元素		数据元素		数据元素		数据元素	
数据项 1	数据项 2	数据项 3	数据项 4	数据项 5	数据项 6	数据项 7	数据项 8

如表 2-2 和表 2-3 所示，两张表组合起来称为数据，单独一张表称为数据对象，即人员表是一个数据对象，课程表也是一个数据对象。每张表中的每一行称为数据元素，而姓名、性别、身高、课程代号和课程名被称为数据项。

表 2-2 人员表

姓名	性别	身高	课程代号
小红	女	165	A
小明	男	175	B
小白	男	180	A

表 2-3 课程表

课程代号	课程名
A	语文
B	数学

2.1.2 数据属性

数据属性是一个数据字段，代表一个数据对象的特征或功能，属性、维度（dimension）、特征（feature）、变量（variance）可以互换使用。"维度"（维）一般用在数据仓库中，"特征"一般用在机器学习中，"变量"一般用在统计学中。数据属性定义了数据对象的性质，数据属性值是定义属性的特定的特征或参数。数据属性具有以下作用：

1）为数据对象的实例命名。
2）描述这个实例。
3）建立对另一个表中的另一个实例的引用。

例如，表 2-4 中的 Passenger、Survived、Cabin 等就表示数据的属性。

另外，必须把一个或多个属性定义为标识符。也就是说，当要找到数据对象的一个实例时，标识符属性称为一个"键"。在某些情况下，标识符的值是唯一的，但不是必需的。

通过对问题环境的理解，可以恰当地确定特定数据对象的一组属性。"汽车"的属性可以用于汽车运输部门的应用系统，而汽车制造公司需要制造中的控制软件。在后一种情况下，"汽车"的属性也需要包括标识号、车体类型和颜色，但为了使汽车在制造的控制环境下成为一个有用的对象，必须增加许多其他属性（如内部代码、驱动系统类型、车内包装设计师和传动类型等）。

表 2-4 乘客数据属性表

Passenger	Survived	Pclass	Name	Sex	Age	SibSp	Parch	Ticket	Fare	Cabin	Embarked
1	0	3	Braund	male	22	1	0	A/5 21171	7.25		S
2	1	1	Cumings	female	38	1	0	PC 17599	71.2833	C85	C
3	1	3	Heikkinen	female	26	0	0	STON/O2	7.925		S
4	1	1	Futrelle	female	35	1	0	113803	53.1	C123	S
5	0	3	Allen	male	35	0	0	373450	8.05		S
6	0	3	Moran	male		0	0	330877	8.4583		Q
7	0	1	McCarthy	male	54	0	0	17463	51.8625	E46	S
8	0	3	Palsson	male	2	3	1	349909	21.075		S
9	1	3	Johnson	female	27	0	2	347742	11.1333		S

(续)

Passenger	Survived	Pclass	Name	Sex	Age	SibSp	Parch	Ticket	Fare	Cabin	Embarked
10	1	2	Nasser	female	14	1	0	237736	30.0708		C
11	1	3	Sandstror	female	4	1	1	PP 9549	16.7	G6	S
12	1	1	Bonnell	female	58	0	0	113783	26.55	C103	S

2.1.3 属性的类型

数据属性有不同类型，包括标称属性（nominal attribute）、二元属性（binary attribute）、序数属性（ordinal attribute）和数值属性（numerical attribute）。

1. 标称属性

标称意味着与"名称"有关。标称属性的值是一些符号或实物的名称，每个值代表某种类别、编码或状态。这些值不必具有顺序性，并且不是定量的。尽管标称属性的值是一些符号或"事物的名称"，但也可以用数字表示这些符号或名称。例如，对于 hair_color，可以用 0 表示黑色，1 表示黄色。但一种属性中最经常出现的值称为众数（mode），可以作为中心化趋势度量。

2. 二元属性

二元属性是一种标称属性，只有两个类别或状态：0 或 1，其中 0 通常表示不出现，1 表示出现。如果将 0 和 1 两种状态对应于 false 和 true，二元属性则为布尔属性。例如，属性 smoker 表示患者对象，1 表示患者抽烟，0 表示患者不抽烟。

如果它的两种状态具有同等价值并且具有相同的权重，即关于哪个结果应该用 0 或 1 编码并无偏好，那么一个二元属性是对称的。例如，属性 gender 的两种状态——男和女，就是对称的属性。

一个二元属性是非对称的条件是，其状态的结果不是同等重要的。例如，流感病毒化验的阳性和阴性结果。

通常在数据挖掘中用 1 对最重要的结果（通常是稀有的）编码（例如，病毒检测阳性），另一个结果用 0 编码（例如，病毒检测阴性）。

3. 序数属性

序数属性可能的取值之间具有有意义的序或秩评定，但相继值之间的差是未知的。例如，学生的成绩属性可以包括优、良、中、差四个等级，某快餐店的饮料杯具有大、中、小三个可能值，而"大"比"中"大多少是未知的。

序数属性可用于记录不能客观度量的主观质量评估。因此，序数属性常用于等级评定调查。如在某销售部门客户服务质量的评估中，0 表示很不满意，1 表示不太满意，2 表示一般，3 表示满意，4 表示非常满意。

通过数据预处理中的数据规约，序数属性可以通过将数据的值域划分成有限个有序类别，通过将数值属性离散化而得到。可以用众数和中位数表示序数属性的中性趋势，但不能定义均值。应注意的是，标称、二元和序数属性都是定性的，只描述样本的特征，而不给出实际大小或数量。

4. 数值属性

数值属性是可度量的量，用整数或实数值表示，分为区间标度属性和比率标度属性两种类型。

（1）区间标度属性

区间标度（interval-scaled）属性用相等的单位尺度度量。区间属性的值有序。所以，除了秩评定之外，这种属性允许比较和定量评估值之间的差。例如，身高是区间标度属性。假设我们有一个班学生的身高统计值，将每一个人视为一个样本，对这些学生的身高值排序，可以量化不同值之间的差。A 同学（身高 170cm）比 B 同学（身高 165cm）高 5cm。

对于没有真正零点的摄氏温度和华氏温度，零值不表示没有温度。例如，摄氏温度的度量单位是水在标准大气压下沸点温度与冰点温度之差的 1/100。尽管可以计算温度之差，但因为没有真正的零值，所以不能说 10℃比 5℃温暖 2 倍，不能用比率描述这些值。也就是说，差有意义，比值没有意义。但比率标度属性存在真正的零点。

（2）比率标度属性

比率标度（ratio-scaled）属性的度量是比率的，可以用比率来描述两个值，即一个值是另一个值的倍数，也可以计算值之间的差。例如，不同于摄氏温度和华氏温度，开氏温度具有绝对零点。在零点，构成物质的粒子具有零动能。比率标度属性的例子还包括字数和工龄等计数属性。

2.1.4 属性类型的对比

不同的属性类型的对比如表 2-5 所示。

表 2-5 不同的属性类型

属性类型		描述	例子	操作
分类的 （定性的）	标称	标称属性的值只是不同的名字，即标称值只提供足够的信息以区分对象（=，≠）	邮政编码、雇员 ID 号、眼球颜色、性别	众数、熵、列联相关、c^2 检验
	序数	序数属性的值提供足够的信息确定对象的序（<，>）	矿石硬度、{好，较好，最好}、成绩、街道号码	中值、百分位、秩相关、游程检验、符号检验
数值的 （定量的）	区间	对于区间属性，值之间的差是有意义的，即存在测量单位（+，−）	日历日期、摄氏温度或华氏温度	均值、标准差、皮尔逊相关、t 和 F 检验
	比率	对于比率变量，差和比率都是有意义的（+，−，*，/）	绝对温度、货币量、计数、年龄、质量、长度、电流	几何平均、调和平均、百分比变差

2.1.5 离散属性与连续属性

前面介绍的四种属性类型之间不是互斥的，还可以用许多其他方法来组织属性类型，使类型间不互斥。机器学习领域的分类算法常把属性分为离散属性或连续属性。不同类型的属性有不同的处理方法。

1. 离散属性

离散属性（Discrete Attribute）具有有限或无限可数个值。离散属性一般用整数类型变量（Int）表示（注意：二元属性是离散属性的特例）。

离散属性的示例包括学生成绩属性（优、良、中、差）、二元属性（1 和 0）以及年龄属性（0~110）等。如果一个属性可能取值的值集合是无限的，但可以建立与自然数的一一对应，则其也是离散属性。

2. 连续属性

连续属性（Continuous Attribute）的属性值为实数。在实践中，实数只能用有限位数字的数度量和表示。连续属性一般用浮点（float）变量表示。如果一个属性不是离散的，则它是连续的。在文献中，术语"数值属性"和"连续属性"可以互换使用，因此，"连续属性"也常称为"数值属性"。

连续属性的示例有温度、高度和重量等。

2.2 数据的基本统计方法

对于成功的数据分析而言，把握数据整体的性质是至关重要的。使用统计量来检查数据特征，主要是检查数据的集中程度、离散程度和分布形状，通过这些统计量可以识别数据集整体上的一些重要性质，对后续的数据分析有很大的参考作用。例如表2-6所示的当前薪金数据统计汇总表。

表 2-6 当前薪金数据统计汇总表

性别	薪资分组	均值	N	极小值	极大值	合计N的%
女	低收入	17 850.00	32	15 750	19 950	6.8%
	中收入	26 046.07	173	20 100	38 850	36.5%
	高收入	49 611.36	11	40 800	58 125	2.3%
	总计	26 031.92	216	15 750	58 125	45.6%
男	低收入	19 650.00	1	19 650	19 650	2%
	中收入	29 719.94	164	21 300	39 900	34.6%
	高收入	62 346.88	93	40 050	135 000	19.6%
	总计	41 441.78	258	19 650	135 000	54.4%
	低收入总计	17 904.55	33	15 750	19 950	7.0%
	中收入总计	27 833.95	337	20 100	39 900	71.1%
	高收入总计	60 999.86	104	40 050	13 500	21.9%
	总计	34 419.57	474	15 750	13 500	100.0%

用于描述数据的基本统计量主要分为三类，分别是中心化趋势统计量、离散度度量和分布形状统计量。

2.2.1 中心化趋势统计量：均值、中位数和众数

中心化趋势统计量是指表示位置的统计量，直观地说，就是给定一个属性，它的值大部分落在何处。

1. 均值

均值（mean）又称算术平均数，数学表达式为：

$$\text{mean} = \bar{x} = \frac{1}{m}\sum_{i=1}^{m}x_i \tag{2-1}$$

有时一组数据中的每个值可以和一个权重 W_i 相关联，权重反映的是依附值的重要性或出现的频率，这种均值称作加权均值。尽管均值是描述数据集中心化趋势的最有用的统计量，但它并非总是度量数据中心的最佳方法，因为均值对极端值（离群点）很敏感。为了抵

消少数极端值的影响，我们可以使用截尾均值，截尾均值是指丢弃极端值后的均值。

2. 中位数

对于倾斜（非对称）的数据，能够更好地描述数据中心的统计量是中位数（medium）。中位数是有序数据值的中间值，可避免极端数据，代表着数据总体的中等情况。例如，从小到大排序，总数是奇数，取中间的数；总数是偶数，取中间两个数的平均数。中位数的数学表达式为：

$$\text{meadian}(x) = \begin{cases} x_{(r+1)} & (\text{如果}m\text{是奇数，即 }m = 2r+1) \\ \dfrac{1}{2}(x_{(r)} + x_{(r+1)}) & (\text{如果}m\text{是偶数，即 }m = 2r) \end{cases} \qquad (2\text{-}2)$$

3. 众数

众数（mode）是变量中出现频率最高的值，通常对定性数据确定众数。例如，用户状态（正常，欠费停机，申请停机，拆机，销号）中，该变量的众数是"正常"，这种情况出现的次数最多。

均值、中位数和众数之间的经验公式为：

$$\text{mean-mode} = 3 \times (\text{mean-medium}) \qquad (2\text{-}3)$$

2.2.2 离散度度量

度量数据离散程度的统计量主要是标准差和四分位极差。

1. 标准差（或方差）

标准差用于度量数据分布的离散程度，标准差是方差的算术平方根。低标准差意味着数据观测靠近均值，高标准差表示数据散布在一个大的值域中。方差是每个样本值与全体样本值的平均数之差的平方值的平均数，具体计算公式为：

$$s^2 = \frac{(x_1 - \bar{X})^2 + (x_2 - \bar{X})^2 + (x_3 - \bar{X})^2 + \cdots + (x_n - \bar{X})^2}{n} \qquad (2\text{-}4)$$

当一组评价数据适合用算术平均数描述其规律性时，就用标准差描述其波动性。标准差能反映一个数据集的离散程度，并能反映样本数据的绝对波动状况。当测量较大的量值时，绝对误差一般较大；而测量较小的量值时，绝对误差一般较小。

$$\sigma = \sqrt{\frac{\sum_{i=1}^{n}(x_i - \bar{x})^2}{n}}$$

2. 差异系数

标准差与平均数的比率称为差异系数，又称为相对标准差，符号为 CV。

$$CV = \frac{\sigma}{\text{mean}} \times 100\%$$

差异系数不具有实际测量单位，是一种相对差异量数。要比较单位不同或单位相同但平均数相差较大的两组或多组评价数据的离散性大小时，宜用差异系数。

3. 四分位极差

极差（range）也称作值域，是一组数据中的最大值和最小值的差，即 range = Max-Min。

百分位数（quantile）是将一组数据从小到大排序，并计算相应的累计百分位后，某一百分位所对应数据的值。中位数是数据的中间位置上的数据，第一个四分位数记作 Q1，即第 25 个百分位上的数据；第三个四分位数记作 Q3，即第 75 个百分位上的数据。

四分位极差 IQR=Q3-Q1，IQR 是指第一个四分位和第三个四分位之间的距离，它给出被数据的中间一半所覆盖的范围，是表示数据离散程度的简单度量。其值越大，说明数据的变异程度越大。

例如，某数据的离散度量图如图 2-1 所示。

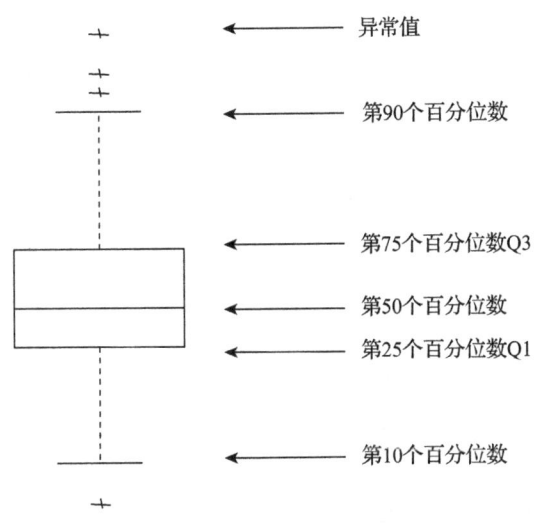

图 2-1 某数据的离散度量图

2.2.3 分布形状度量

分布形状使用偏度系数和峰度系数来度量。

1. 偏度系数

偏度是用于衡量数据分布对称性的统计量。通过对偏度系数的测量，我们能够判定数据分布的不对称程度及方向。

- 对于正态分布（或严格对称分布），偏度等于 0。
- 若偏度为负，则 x 均值左侧的离散度比右侧强。
- 若偏度为正，则 x 均值左侧的离散度比右侧弱。

偏度系数反映数据分布偏移中心位置的程度，记为 SK。偏度系数是描述分布偏离对称性程度的一个特征数。

$$SK = (mean - me)/\sigma$$

正态分布的偏度为 0，偏度小于 0 称为分布具有负偏离（左偏态），此时位于均值左边的数据比位于右边的多，有个尾巴拖到左边，说明左边有极端值。偏度大于 0 称为分布具有正偏离（右偏态）。偏度接近于 0，可认为分布对称。例如，知道分布有可能在偏度上偏离正态分布，则可用偏度来检验分布的正态性。偏度的绝对值数值越大表示其分布形态的偏斜程度越大。

2. 峰度系数

峰度是用于衡量数据分布陡峭或平滑的统计量。通过对峰度系数的测量，我们能够判定数据分布相对于正态分布而言是更陡峭还是更平缓。

峰度系数（Kurtosis）用来度量数据在中心聚集的程度，记为 K，是描述所有取值分布形态陡缓程度的统计量（与正态分布比较，就是正态分布的峰顶）。

$$K = \frac{\sum_{i=1}^{k}(x_i - x)^4 f_i}{ns^4}$$

例如，正态分布的峰度系数值是 3，峰度系数 $K>3$ 说明观察量更集中，有比正态分布更短的尾部；峰度系数 $K<3$ 说明观测量不那么集中，有比正态分布更长的尾部。

2.3 数据的基本可视化方法

2.3.1 箱线图可视化

箱线图（Box-plot）又称为盒形图、盒须图、盒式图，是一种用于显示一组数据分散情况的统计图，因形状如盒子而得名。箱线图在其他领域经常被使用，如品质管理、数据分析中的异常值检测等。箱线图能够分析多个属性数据的离散度差异性，能显示出一组数据的最大值、最小值、中位数、下四分位数及上四分位数。

- 上边缘：$Q_3 + 1.5\text{IQR}$
- 上四分位数：Q_3，75% 位数
- 中位数：Q_2，50% 位数
- 下四分位数：Q_1，25% 位数
- 下边缘：$Q_1 - 1.5\text{IQR}$
- 异常值：大于上边缘，小于下边缘的值
- 四分位距：$\text{IQR} = Q_3 - Q_1$

例如，图 2-2 给出了一个箱线图。

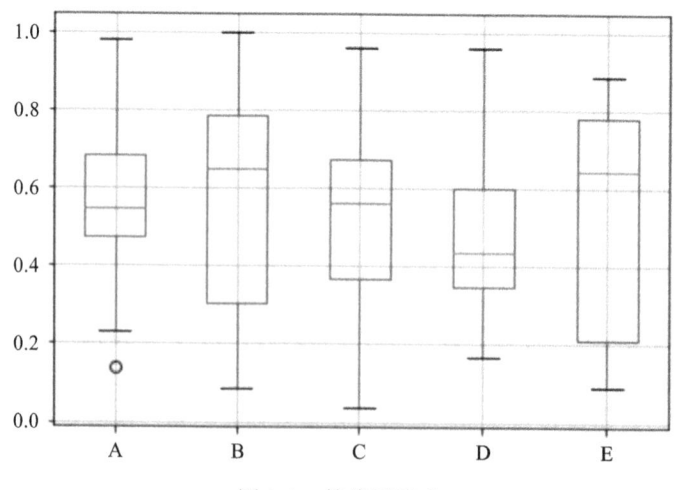

图 2-2 箱线图示意

2.3.2 直方图可视化

直方图（Histogram）是一种统计报告图，由一系列高度不等的纵向条纹或线段表示数据分布的情况。一般用横轴表示数据类型，纵轴表示分布情况。在画直方图时，首先需要把数据按照不同的范围分成几个组，分成的组的个数称为组数。直方图用来分析单个属性在各个区间的变化分布。简单来说，直方图描述的是一组数据的频次分布。直方图有助于我们了解数据的分布情况，诸如众数、中位数的大致位置、数据是否存在缺口或者异常值。

图 2-3 给出了一个身高的直方图分布。

直方图与柱状图的差别包括以下几个方面。

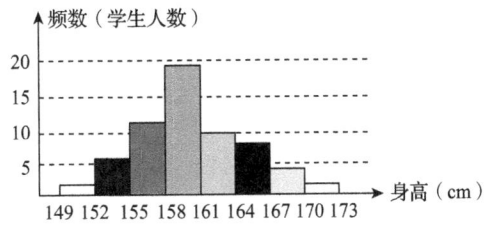

图 2-3　身高直方图分布

1）直方图展示数据的分布，柱状图比较数据的大小。

这是直方图与柱状图最根本的区别。例如，有 10 个苹果，每个苹果重量不同。如果使用直方图，可以展示重量在 0～100g 的苹果有多少个，100～200g 的苹果有多少个；如果使用柱状图，可以展示每个苹果的重量。

2）直方图 X 轴为定量数据，柱状图 X 轴为分类数据。

X 轴在直方图与柱状图中的用法是不一样的。在直方图中，X 轴上的变量是一个个连续的区间，这些区间通常表示为数字，例如代表苹果重量的 "0～100g，100～200g，…"，代表时间长度的 "0～10min，10～20min，…"。而在柱状图中，X 轴上的变量是一个个分类数据，例如不同的国家名称、不同的游戏类型。

因此，直方图上的每根柱子都是不可移动的，X 轴上的区间是连续的、固定的；而柱状图上的每根柱子是可以随意排序的，有的情况下需要按照分类数据的名称排列，有的需要按照数值的大小排列。

3）直方图柱子无间隔，柱状图柱子有间隔。

因为直方图中的区间是连续的，所以柱子之间不存在间隙，而柱状图的柱子之间存在间隔。还有一个值得注意的地方，在直方图中，第一根柱子应该和 Y 轴有一定的间隔，即使都是从 0 这个值开始的，因为 X 轴与 Y 轴上 0 的意义不同，而且很多直方图上的区间并不是从 0 开始的。

4）直方图柱子宽度可不一致，柱状图柱子宽度必须一致。

柱状图柱子的宽度因为没有数值含义，所以宽度必须一致。但是在直方图中，柱子的宽度代表了区间的长度，根据区间的不同，柱子的宽度可以不同，但理论上应为单位长度的倍数。

2.3.3 散点图可视化

散点图是指在回归分析中，数据点在直角坐标系平面上的分布图，散点图表示因变量随自变量而变化的大致趋势，据此可以选择合适的函数对数据点进行拟合。

用两组数据构成多个坐标点，考察坐标点的分布，判断两变量之间是否存在某种关联或总结坐标点的分布模式。散点图将序列显示为一组点。值由点在图表中的位置表示。类别由图表中的不同标记表示。这种方式适用于在不考虑时间的情况下量比较大的数据点。

散点图通常用来识别两个变量之间的相关性或观察它们的关系,从而发现某种趋势,对于查找异常值或理解数据分布很有效。

图 2-4 中给出了鸢尾花萼片长度与宽度分布的散点图。

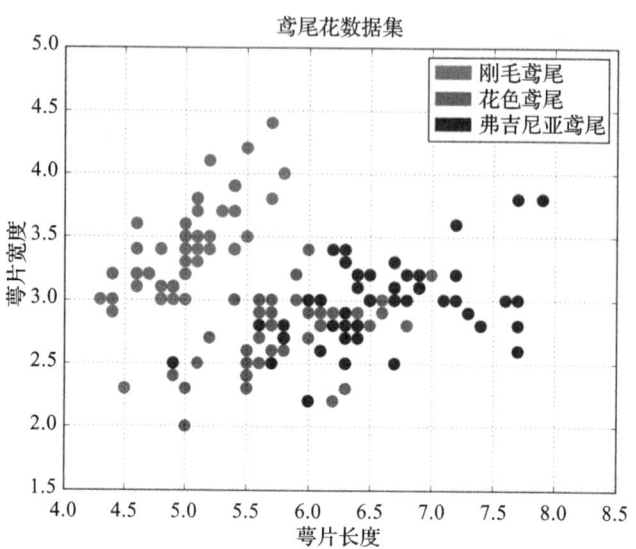

图 2-4 鸢尾花萼片长度与宽度分布散点图(见彩插)

散点图会显示不同类型的相关性,相关性即变量之间的关系。通常有正相关、负相关、不相关三种相关性。

1)正相关:数据点从低 x、y 值的点到高 x、y 值,一个变量增加,另一个变量也增加。

2)负相关:数据点从高 x、y 值的点到低 x、y 值,一个变量增加,另一个变量会减少。

3)不相关:数据没有明显的方向性,一个变量变化对另一个变量没有影响。

散点图能够有效地说明两个变量之间的相关性,但是不能有力地证明其中存在因果关系。例如,广告投放量和点击率是正相关的,但是不能说点击率高一定是因为广告投放量多造成的。但是,如果有明显的正相关性,就有足够的理由增加投放量,然后通过观察数据进行迭代。

2.4 数据相似性的计算方法

2.4.1 数据相似性和相异性度量的基本概念

在数据挖掘中,确定适用的算法模型之后,应该让数据也能适用我们的算法。例如,对于聚类、最近邻分类等算法,在这些算法中需要把相似的数据聚成一簇,不相似的数据分为不同的簇。再如,对于精准营销,商店需要建立顾客画像,得到具有类似特征(收入、居住区域和年龄、职业等)的顾客组。我们需要一个评判标准,评估对象之间的相似或不相似程度,也就是数据的相似性和相异性。下面介绍与数据相似性和相异性相关的几个重要概念。

1. 相似性

相似性(similarity)用于度量两个数据对象有多相似,值越大表示数据对象越相似。通常相似性是非负值，在 [0,1] 之间取值。

2. 相异性

相异性（dissimilarity）用于度量两个数据对象的差别程度，值越小表示数据越相似。通常相异性是非负值，最小相异性通常为 0。

3. 邻近性

邻近性（proximity）表示相似或者相异的程度。常见的邻近度有简单匹配系数、相关性、欧几里得距离、Jaccard 相似性和余弦相似性。前两者适用于时间序列这样的稠密数据，后两者适用于文本这样的稀疏数据。

4. 数据矩阵

数据矩阵（data matrix）又称为对象 - 属性结构，这种数据结构用关系表形式的 $n \times p$（n 个对象 $\times p$ 个属性）矩阵存放 n 个数据对象，如下所示：

$$\begin{bmatrix} x_{11} & \cdots & x_{1p} \\ \vdots & & \vdots \\ x_{n1} & \cdots & x_{np} \end{bmatrix}$$

5. 相异矩阵

相异矩阵（dissimilarity matrix）又称为对象 - 对象结构，这种数据结构有 n 个数据点，存放 n 个对象两两之间的邻近度。相异矩阵是三角矩阵，通常用一个 $n \times n$ 矩阵表示：

$$\begin{bmatrix} 0 & & & \\ d(2,1) & 0 & & \\ \vdots & \vdots & & \\ d(n,1) & d(n,2) & \cdots & 0 \end{bmatrix}$$

其中，$d(i, j)$ 是对象 i 和对象 j 之间的相异性或"差别"的度量。一般而言，$d(i, j)$ 是一个非负的值，对象 i 和 j 彼此高度相似或"接近"时，该值接近于 0；彼此越不同，该值越大。注意，$d(i, i)=0$，即一个对象与自己的差别为 0。此外，$d(i, j)=d(j, i)$。

2.4.2 标称属性的邻近性度量

两个对象 i 和 j 之间的相异性度量可以根据不匹配率来计算，公式如下：

$$d(i, j) = \frac{p - m}{p} \tag{2-5}$$

其中，m 是匹配的数目（即 i 和 j 取值相同状态的属性数）；p 是刻画对象的属性总数。我们可以通过赋予 m 较大的权重，或者对有较多状态的属性匹配更大的权重来增加 m 的影响。

如表 2-7 所示，ID1 和 ID2 具有的属性总数为 4，匹配次数为 1，则其标称属性的邻近性度量为 $d(1, 2) = \frac{4-1}{4} = 0.75$。

表 2-7 标称属性的列联表

ID	属性 1	属性 2	属性 3	属性 4
1	弹琴	跳高	唱歌	背诗
2	弹琴	跳远	跳舞	读书

2.4.3 二值属性的邻近性度量

对于两个二值属性之间的相异性度量,一种方法涉及由给定的二值数据计算相异性矩阵。如果所有的二值都被看作具有相同的权重,则得到一个两行两列的列联表,见表2-8,其中 q 是对象 i 和 j 都取 1 的属性数, r 是在对象 i 中取 1、在对象 j 中取 0 的属性数, s 是在对象 i 中取 0、在对象 j 中取 1 的属性数,而 t 是对象 i 和 j 都取 0 的属性数。属性的总数是 p,其中 $p=q+r+s+t$。

表 2-8 二值属性的列联表

		对象 j		
		1	0	总和
对象 i	1	q	r	$q+r$
	0	s	t	$s+t$
	总和	$q+s$	$r+t$	p

基于对称二元属性的相异性称作对称的二元相异性。如果对象 i 和 j 都用对称的二元属性刻画,则 i 和 j 的相异性为:

$$d(i,j) = \frac{r+s}{q+r+s+t} \quad (2\text{-}6)$$

对于非对称的二元属性,两个状态不是同等重要的,例如病理化验的阳性(1)和阴性(0)结果。给定两个非对称的二元属性,两个都取值 1 的情况(正匹配)被认为比两个都取值 0 的情况(负匹配)更有意义。因此,这样的二元属性经常被认为是"一元的"(只有一种状态)。基于这种属性的相异性被称为非对称的二元相异性,其中负匹配数 t 被认为是不重要的,因此在计算时被忽略,如下所示:

$$d(i,j) = \frac{r+s}{q+r+s} \quad (2\text{-}7)$$

互补地,我们可以基于相似性而不是基于相异性来度量两个二元属性的差别。例如,对象 i 和 j 之间的非对称的二元相似性可以用下式计算:

$$\text{sim}_{\text{Jaccard}}(i,j) = \frac{q}{q+r+s} \quad (2\text{-}8)$$

式(2-8)的系数 $\text{sim}(i,j)$ 被称作 Jaccard 系数(杰卡德系数),它在文献中被广泛使用。

表 2-9 为某数据的二值属性列联表,其中 Gender 是对称属性,其余都是非对称属性,假设只计算非对称属性。表中 Y 和 P 的值为 1,N 的值为 0。

表 2-9 某数据的二值属性列联表

Name	Gender	Fever	Cough	Test-1	Test-2	Test-3	Test-4
Jack	M	Y	N	P	N	N	N
Mary	F	Y	N	P	N	P	N
Jim	M	Y	P	N	N	N	N

Jack 和 Jim 之间的非对称属性为 fever(1, 1)、cough(0, 1)、test-1(1, 0)、test-2(0, 0)、test-

3(0, 0)、test-4(0, 0)，根据非对称属性相异性的算法，我们不把 (0, 0) 列入参考，$q(1, 1)$ 的个数为 1，$r(1, 0)$ 的个数为 1，$s(0, 1)$ 的个数为 1，根据非对称属性，该二值属性的邻近性度量如下所示：

$$d(\text{Jack}, \text{Mary}) = \frac{0+1}{2+0+1} = 0.33$$

$$d(\text{Jack}, \text{Jim}) = \frac{1+1}{1+1+1} = 0.67$$

$$d(\text{Jim}, \text{Mary}) = \frac{1+2}{1+1+2} = 0.75$$

2.4.4 序数属性的邻近性度量

序数属性的每个属性值都代表一种次序，所以，无论使用数字表示，还是使用文字叙述，都可以表示成数字的形式。例如，一个对象的某个属性有"大""中""小"3 个可能的属性值，我们当然可以用 1、2、3 来替代这种文字性的叙述。

当转换成对应的整数之后，为了使每个属性都有相同的权重（这个很容易理解，有些属性只有"大""中""小"3 种选项，有些却有"下""中下""中""中上""上"5 个属性，这样，不同属性之间的权重就没有可比性了），可以通过以下公式将每个整数型的属性值映射到 [0.0, 1.0] 区间上。

$$y = \frac{x-1}{m-1}$$

其中，x 为整数型的属性值，m 为这个属性总共有多少种可能的属性。像刚才说的"大""中""小"的例子，假如现在一个对象对应的属性值为"中"，那么做归一化之后的属性值就是 $y = \frac{2-1}{3-1} = 0.5$。

2.4.5 数值属性的邻近性度量

数值属性的邻近性度量包括闵可夫斯基距离、曼哈顿距离、欧几里得距离和切比雪夫距离。

1. 闵可夫斯基距离

两个 n 维变量 $a(x_{11}, x_{12}, \cdots, x_{1n})$ 与 $b(x_{21}, x_{22}, \cdots, x_{2n})$ 间的闵可夫斯基距离定义为：

$$d(i, j) = \sqrt[h]{\left|x_{i1} - x_{j1}\right|^h + \left|x_{i2} - x_{j2}\right|^h + \cdots + \left|x_{ip} - x_{jp}\right|^h} \tag{2-9}$$

其中，h 是一个变参数。根据参数的不同，闵可夫斯基距离可以表示一类的距离：

1）当 $h=1$ 时，闵可夫斯基距离就是曼哈顿距离，有

$$d(i, j) = \left|x_{i1} - x_{j1}\right| + \left|x_{i2} - x_{j2}\right| + \cdots + \left|x_{ip} - x_{jp}\right| \tag{2-10}$$

2）当 $h=2$ 时，闵可夫斯基距离就是欧几里得距离，有

$$d(i, j) = \sqrt{\left|x_{i1} - x_{j1}\right|^2 + \left|x_{i2} - x_{j2}\right|^2 + \cdots + \left|x_{ip} - x_{jp}\right|^2} \tag{2-11}$$

3）当 $h \to \infty$ 时，闵可夫斯基距离就是切比雪夫距离，有

$$d(i,j) = \lim_{h \to \infty} \left(\sum_{f=1}^{p} |x_{if} - x_{jf}|^h \right)^{\frac{1}{h}} = \max_{p,f} |x_{if} - x_{jf}| \qquad (2\text{-}12)$$

2. 数学性质

欧几里得距离和曼哈顿距离都满足如下数学性质：

1）正定性。距离是一个非负的数值，即 $d(i,j)>0$ 如果 $i \neq j$ 且 $d(i,i) = 0$。

2）对称性。i 对象到 j 对象的距离等于 j 对象到 i 对象的距离，且对象到自身的距离为 0，即 $d(i,j)=d(j,i)$ 且 $d(i,i)=0$。

3）三角不等性。从对象 i 到对象 j 的直接距离不会大于途经任何其他对象 k 的距离，即 $d(i,j) \leq d(i,k)+d(k,j)$。

满足这些条件的测度称作度量（metric）。注意，正定性被其他三个性质所蕴含。

表 2-10 为某数据的数值属性列表，其数值属性的曼哈顿距离、欧几里得距离和切比雪夫距离等邻近性度量见表 2-11～表 2-13。

表 2-10 某数据的数值属性列表

点	属性 1	属性 2
x_1	0	2
x_2	2	0
x_3	3	1
x_4	5	1

表 2-11 数值属性的曼哈顿距离（L_1）

L_1	x_1	x_2	x_3	x_4
x_1	0	4	4	6
x_2	4	0	2	4
x_3	4	2	0	2
x_4	6	4	2	0

表 2-12 数值属性的欧几里得距离（L_2）

L_2	x_1	x_2	x_3	x_4
x_1	0	2.828	3.162	5.099
x_2	2.828	0	1.414	3.162
x_3	3.162	1.414	0	2
x_4	5.099	3.162	2	0

表 2-13 数值属性的切比雪夫距离（L_∞）

L_∞	x_1	x_2	x_3	x_4
x_1	0			
x_2	3	0		
x_3	2	5	0	
x_4	3	1	5	0

2.4.6 混合类型属性的邻近性度量

一组数据可能拥有多种类型的属性,也就是混合类型属性。遇到这种情况时,一般的处理方法是按照如下公式:

$$\text{sim}(O_1, O_2) = 1 - \frac{\sum_{i=1}^{m}(1-\text{sim}(O_{1i}, O_{2i}))}{\sum_{i=1}^{m}\delta_i} = \frac{\sum_{i=1}^{m}\delta_i \cdot \text{sim}(O_{1i}, O_{2i})}{\sum_{i=1}^{m}\delta_i}$$

式中,$\text{sim}(O_1, O_2)$ 为 O_1, O_2 两个对象关于属性 i 的相似性;参数 δ_i 是个比较特殊的量,它的设计原则如下:

- 假如 O_1, O_2 中有一个对象不具有属性 i,则 $\delta_i = 0$。
- 假如 O_1, O_2 的属性是非对称二元属性 i,且对应的属性值都是 0,则 $\delta_i = 0$。
- 除了以上两种情况,$\delta_i = 1$。

2.4.7 余弦相似性

文档用数以千计的属性表示,每个属性记录文档中一个特定词(如关键词)或短语的频度。这样,每个文档都可以用一个词频向量(term-frequency vector)表示。例如,在表 2-14 中,我们看到文档 1 包含词"队"(team)的 5 个实例,而"曲棍球"(hockey)出现了 3 次。正如计数值 0 所示,"教练"(coach)在整个文档中未出现。这种数据可能是高度非对称的。

表 2-14 某文档数据

文档	队	教练	曲棍球	棒球	足球	处罚	分数	获胜	失败	赛季
文档 1	5	0	3	0	2	0	0	2	0	0
文档 2	3	0	2	0	1	1	0	1	0	1
文档 3	0	7	0	2	1	0	0	3	0	0
文档 4	0	1	0	0	1	2	2	0	3	0

词频向量通常很长,并且是稀疏的(即,它们有许多 0 值)。使用这种结构的应用包括信息检索、文本文档聚类、生物学分类和基因特征映射。对于这类稀疏的数值数据,应用传统的距离度量效果并不好。例如,两个词频向量可能有很多公共 0 值,意味着对应的文档中许多词是不共有的,而这使得它们不相似。我们需要一种度量,它关注两个文档确实共有的词,以及这种词出现的频率。换言之,我们需要忽略 0 匹配的数值数据度量。

余弦相似性是一种度量,它可以用来比较文档,或针对给定的查询词向量对文档排序。令 x 和 y 是两个待比较的向量,使用余弦度量作为相似性函数,我们有:

$$\text{sim}(\boldsymbol{x}, \boldsymbol{y}) = \frac{\boldsymbol{x} \cdot \boldsymbol{y}}{\|\boldsymbol{x}\| \|\boldsymbol{y}\|} \tag{2-13}$$

其中,$\|\boldsymbol{x}\|$ 是向量 $\boldsymbol{x} = (x_1, x_2, \cdots, x_p)$ 的欧几里得范数,从概念上讲,它就是向量的长度。类似地,$\|\boldsymbol{y}\|$ 是向量 $\boldsymbol{y}$ 的欧几里得范数。该度量计算向量 $\boldsymbol{x}$ 和 $\boldsymbol{y}$ 之间夹角的余弦。余弦值 0 意味着两个向量呈 90°(正交),没有匹配。余弦值越接近于 1,夹角越小,向量之间的匹配越大。相比距离度量,余弦相似度更加注重两个向量在方向上的差异,而非距离或长度上的差异。

对于表 2-11 所示的某文档数据而言，设 d_1、d_2 分别为文档 1、文档 2 的词频向量，则有：

$$d_1 = (5,0,3,0,2,0,0,2,0,0)$$
$$d_2 = (3,0,2,0,1,1,0,1,0,1)$$

其余弦度量为：

$$\cos(d_1, d_2) = \frac{d_1 \cdot d_2}{|d_1| \cdot |d_2|} = \frac{25}{6.481 \times 4.12} = 0.94$$

因此，如果使用余弦相似性度量这两个文档，它们会被认为是高度相似的。

当属性是二值属性时，余弦相似性函数可以用共享特征和属性来解释。假设 $x_i = 1$，则对象 x 具有第 i 个属性。于是 $x \cdot y$ 是 x 和 y 共同具有的属性数，$|x||y|$ 是 x 具有的属性个数与 y 具有的属性个数的几何均值。于是，$\text{sim}(x, y)$ 是公共属性相对拥有的一种度量。在这种情况下，余弦度量的一个简单变换如下：

$$\text{sim}(x, y) = \frac{x \cdot y}{x \cdot x + y \cdot y - x \cdot y}$$

这是 x 和 y 共有的属性个数与 x 或 y 所具有的属性个数之间的比率。这个函数被称为 Tanimoto 系数或 Tanimoto 距离，它经常应用于信息检索和生物学分类中。

2.5 本章小结

本章从数据的基本概念、基本统计方法、基本可视化方法以及相似性、相异性度量四个方面对数据进行了介绍，以便读者对数据有更清晰的认识。

第 3 章
数据预处理

扫码观看知识点讲解

本章介绍判断数据的质量标准以及提高数据质量的多种预处理方法。读者可以了解使用原始数据进行数据挖掘工作可能带来的一些问题,以及有效避免这些问题的常用数据预处理操作。通过采用适当的数据预处理操作,构造合适的特征,可以使数据更加适合后续的数据挖掘工作。

3.1 数据质量

被广泛接受的数据质量测量标准包括准确性、完整性、一致性、合时性、可信度和解释性。

- ❏ 准确性:由于采集数据的疏忽或者设备的问题,采集到的数据通常不可能是完全准确的,这些不准确的数据会影响数据挖掘的效果。
- ❏ 完整性:由于采集设备、人或计算机在数据输入时出现的问题,导致采集到的数据存在丢失的现象,即数据不完整,不完整的数据将会影响数据挖掘效果。
- ❏ 一致性:在现实数据采集中,比如对于个人信息,会采集年龄和出生年月。显然,年龄可以由出生年月计算出来。但在实际采集中,由于人的失误等原因,会导致采集到的年龄和出生年月不一致,不一致的数据也会影响数据挖掘效果。
- ❏ 合时性:对于采集的与年龄类似数据,通常一年后数据就过时了,需要更新年龄来提高数据的合时性,过时的数据会影响数据挖掘效果。

另外,数据还存在可信性、可解释性等问题。可信性反映有多少数据是用户信赖的,可解释性反映数据是否容易理解。过去的错误已经给用户造成了问题,因此他们不再相信该数据,或者数据使用了未知编码,使用单位不知如何解释它们,这样,即使数据库是准确的、完整的、一致的、合时的,但是由于可信性和可解释性很差,用户仍会将其视为低质量的数据。

3.2 数据预处理的主要任务

3.2.1 数据清理

针对缺失数据、噪声数据以及数据不一致等问题,可以进行数据清理,具体操作包括填写缺失值、平滑噪声数据、识别或删除离群点等。

1. 缺失数据

现实世界中，很多原始数据是"脏"的，即存在缺少某些属性值或只包含部分数据等现象。在处理丢失数据时，可以采用以下方法：

1）忽略元组：当缺少类标号时通常这么做，例如，在监督式机器学习中，训练集缺乏类标签时可以忽略该元组。除非元组有多个属性缺少值，否则该方法不是很有效。然而，当每个属性中缺失值比例较大时，这种处理方法的效果通常较差。

2）手动填写缺失值：如果缺失的数据较多时，手动填写的工作量较大。

3）自动填写：使用属性的平均值填充空缺值，或者使用基于贝叶斯公式、决策树推理等方法填充最有可能的属性值。

2. 噪声数据

原始数据可能存在噪声（被测量的变量的随机误差或方差）、错误或离群的现象，例如属性"年龄"等于"-10"，这显然是错误的数据。对这类数据可做如下处理：

1）离群点分析：可以通过聚类、盒形图等方法检测离群数据，进而删除原始数据中的离群点，盒形图的结构如图 3-1 所示。

2）回归：可以用一个函数拟合数据来光滑数据。线性回归可以用于拟合两个属性的"最佳"直线，使一个属性可以用来预测另一个属性。多元线性回归是线性回归的补充，涉及的属性多于两个，并将数据拟合到一个曲面上。

3. 数据不一致

数据不一致包括属性中代码不一致或名称不符。例如，某事物曾经评级为"1，2，3"，但现在评级为"A，B，C"，因为不一致的评级代码会导致数据不一致的问题。通常可以采用计算推理、替换或者全局替换的方法来处理这类问题。

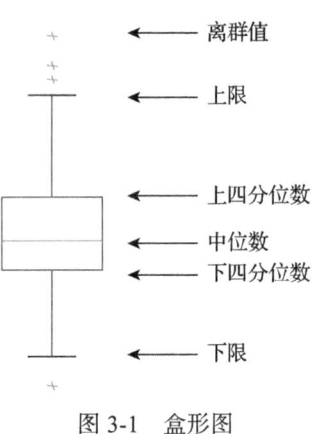

图 3-1 盒形图

3.2.2 数据集成

数据集成是将来自多个数据源的数据组合成一个连贯的数据源，如图 3-2 所示。在集成数据时，需要注意模式集成、实体识别以及数据冲突检测问题。

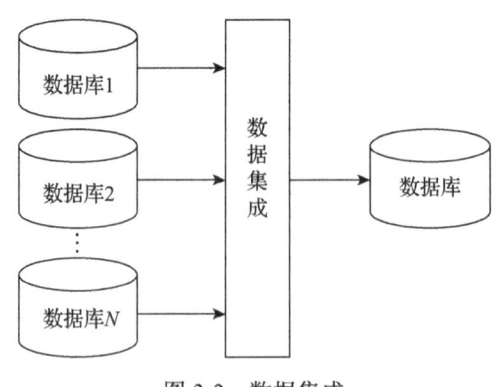

图 3-2 数据集成

（1）模式集成问题

模式集成指处理数据时需整合来自不同数据源的元数据。如图 3-3 所示，数据库 A 中的 name 是中文姓名，数据库 B 中的 name 为中文姓名的首字母，模式集成就是将数据库 A 和数据库 B 合并为一个数据库，存放在一个一致的数据存储中。

数据库A

cust-id	name	height
1	丁兆云	1.68
2	张三	1.76

数据库B

cust-id	name	height
1	dzy	5.51
2	zs	5.77

数据集成

id	nameA	heightA	nameB	heightB
1	丁兆云	1.68	dzy	5.51
2	张三	1.76	zs	5.77

图 3-3 模式集成示例

（2）实体识别问题

实体识别指识别来自多个数据源的真实世界的实体。如图 3-4 所示，丁兆云与 dzy 为同一实体，张三和 zs 为同一实体，因此在数据集成时可用丁兆云和张三表示这两个不同实体，对数据进行集成。

数据库A

cust-id	name	height
1	丁兆云	1.68
2	张三	1.76

数据库B

cust-id	name	height
1	dzy	5.51
2	zs	5.77

数据集成

id	name	heightA	heightB
1	丁兆云	1.68	5.51
2	张三	1.76	5.77

图 3-4 实体识别示例

（3）数据冲突检测问题

数据冲突检测指对于同一个真实世界的实体，来自不同源的属性值相互冲突。产生数据冲突的原因可能是采用不同的表述或者不同的尺度，例如公制与英制单位，如图 3-5 所示。

此外，整合多个数据库时经常发生数据冗余的情况，如相同的属性或对象可能在不同的数据库中有不同的名字，或者一个属性可能是"派生"的另一个表中的属性（例如年收入属性可由月收入派生而成）。通过相关性分析和协方差分析可以检测出冗余的属性。对于离散变量，我们使用卡方检验。对于连续变量，我们使用相关系数和协方差，它们都评估一个属性值如何随另一个属性值变化。

在集成来自多个数据源的数据时考虑上述问题，有助于减少甚至避免冗余和不一致的地方，并提高数据读取的速度和质量。

数据库A

cust-id	name	height
1	丁兆云	1.68
2	张三	1.76

数据库B

cust-id	name	height
1	dzy	5.51
2	zs	5.77

数据集成

id	name	height
1	丁兆云	1.68
2	张三	1.76

图 3-5 数据冲突检测示例

1. 相关性分析

对于离散变量，可用 χ_2 (chi-square) 检验来进行相关性分析，公式如下：

$$\chi_2 = \sum \frac{(\text{Observed} - \text{Expected})^2}{\text{Expected}}$$

χ_2 值越大，变量越有可能是相关的，但是相关性并不意味着变量之间存在因果关系。例如，一个城市中病人的数量和小偷的数量是相关的，与两者有因果联系的第三个变量为人口，但城市中病人的数量和小偷的数量没有因果关系。

下面来看 χ_2 检验的一个示例。

已知表 3-1 中的数据，其中 250、200、50 和 1000 为 Observed 值，通过表格中行合计乘以列合计再除以总数可计算出 Expected 值 90、360、210 和 840，计算过程如下：

$$\text{Expected}(喜欢科幻和下棋) = \frac{300 \times 450}{1500} = 90$$

$$\text{Expected}(喜欢科幻和不下棋) = \frac{1200 \times 450}{1500} = 360$$

$$\text{Expected}(不喜欢科幻和下棋) = \frac{300 \times 1050}{1500} = 210$$

$$\text{Expected}(不喜欢科幻和不下棋) = \frac{1200 \times 1050}{1500} = 840$$

$$\chi_2 = \frac{(250-90)^2}{90} + \frac{(50-210)^2}{210} + \frac{(200-360)^2}{360} + \frac{(1000-840)^2}{840} = 507.93$$

已知 Observed 值和 Expected 值后可通过 χ_2 检验来评估喜欢科幻小说和下棋是否相关。结果表明，样本数据中喜欢科幻小说和下棋相关。

表 3-1 示例数据

	下棋	不下棋	合计（行）
喜欢科幻	250（90）	200（360）	450
不喜欢科幻	50（210）	1000（840）	1050
合计（列）	300	1200	1500

对变量进行相关性分析之后，可将相关的变量进行数据集成。如图 3-6 所示，两张数

据表中的属性"是否下棋"和"是否看书"存在相关关系,可以集成为"是否兴趣爱好"。

数据库A

姓名	是否下棋
张三	1
王五	0
马六	0

数据库B

姓名	是否看书
张三	1
王五	1
马六	0

数据集成

姓名	是否兴趣爱好
张三	1
王五	1
马六	0

图 3-6 相关数据集成示例

对于连续变量,可用相关系数(也称为皮尔逊相关系数)来进行相关性分析,公式如下:

$$r_{p,q} = \frac{\sum(p-\overline{p})(q-\overline{q})}{(n-1)\sigma_p\sigma_q} = \frac{\sum(pq)-n\overline{pq}}{(n-1)\sigma_p\sigma_q}$$

其中,n 为元组的数目,p 和 q 为各自属性的值,σ_p 和 σ_q 为各自的标准偏差。通过 r 的取值可以了解变量间的相关关系:

- 当 $r=0$ 时,表示两变量间无线性相关关系。
- 当 $|r|=1$ 时,表示两变量为完全线性相关,即为函数关系。
- 当 $0<|r|<1$ 时,表示两变量存在一定程度的线性相关。而且,$|r|$ 越接近 1,两变量间线性关系越密切;$|r|$ 越接近于 0,表示两变量的线性相关越弱。
- 一般可按三级划分:$|r|<0.4$ 为低度线性相关,$0.4\leqslant|r|<0.7$ 为显著性相关,$0.7\leqslant|r|<1$ 为高度线性相关。

图 3-7 反映了 r 的取值在 $-1\sim1$ 时,即不同相关性下两个变量的散点图的显示特征。相关系数的绝对值越接近 1,散点图呈现线性的图形分布。例如,相关系数为 1 时,散点呈现从左下角到右上角的线性分布;相关系数为 -1 时,散点呈现从左上角到右下角的线性分布;相关系数越接近 0 时,散点图呈现为更分散的图形分布。图 3-7 也提示我们,除了计算变量间的相关系数,也可以通过散点图从视觉角度评估变量间的相关性。

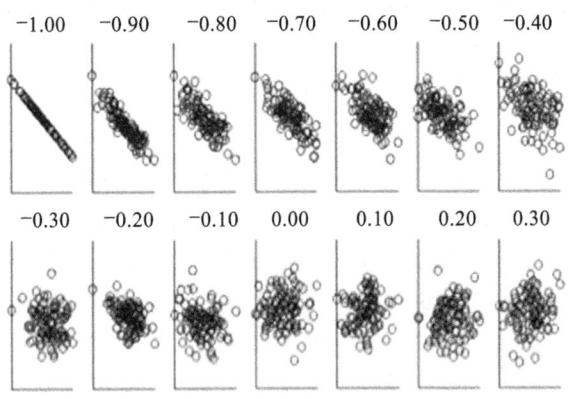

图 3-7 散点图

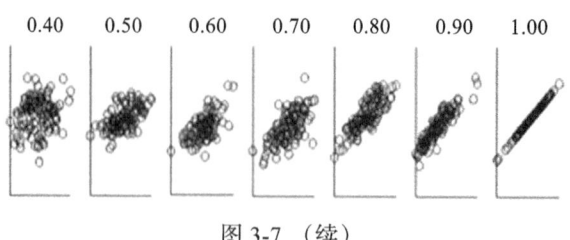

图 3-7 （续）

2. 协方差分析

在概率论与统计学中，协方差和方差是两个类似的度量，用于评估两个属性如何一起变化。两个变量之间的协方差可以利用下式进行计算：

$$\mathrm{Cov}(p,q) = E((p-\bar{p})(q-\bar{q})) = \frac{\sum_{i=1}^{n}(p_i-\bar{p})(q_i-\bar{q})}{n}$$

其中，n 为元组的数目，p 和 q 为各自属性的值，σ_p 和 σ_q 为各自的标准偏差。通过 $\mathrm{Cov}(p,q)$ 的取值可以了解变量间的相关关系：

- 正相关：$\mathrm{Cov}(p,q) > 0$。
- 负相关：$\mathrm{Cov}(p,q) < 0$。
- 独立性：$\mathrm{Cov}(p,q) = 0$。

某些随机变量对的协方差为 0，但不是独立的。在一些额外的假设下（例如数据是否服从多元正态分布），协方差为 0 意味着独立。

下面看一个协方差分析的示例。

两只股票 A 和 B 在一个星期内有以下值：（2，5），（3，8），（5，10），（4，11），（6，14），如果股票都属于同行业，判断它们的价格会一起上升还是下降。

$$E(A) = (2+3+5+4+6)/5 = 20/5 = 4$$
$$E(B) = (5+8+10+11+14)/5 = 48/5 = 9.6$$
$$\mathrm{Cov}(A,B) = (2\times5+3\times8+5\times10+4\times11+6\times14)/5 - 4\times9.6 = 4$$

结论：因为 $\mathrm{Cov}(A,B) > 0$，则 A 和 B 会一起上升。

3.2.3 数据规约

由于数据仓库可以存储 TB 级别的数据，因此在一个完整的数据集上运行时，复杂的数据分析可能需要很长的时间。通常，在数据预处理时需要进行数据规约，用较小的数据替换原数据。常见的数据规约策略有降维、降数据以及数据压缩。

1. 降维

随着维度的增加，数据变得越来越稀疏，同时子空间的可能的组合将成倍增长，例如基于规则的分类方法，建立的规则使组合成倍增长。为了避免上述问题，在数据预处理阶段需要进行降维。除此之外，类似神经网络的机器学习方法，需要学习各个特征的权值参数，特征越多，需要学习的参数也越多，模型越复杂。这导致需要更多的训练集来学习模型参数，否则模型将欠拟合。因此，如果数据集维度很高，而训练集数目很少，那么在使用复杂的机器学习模型时，可以先做降维处理。综上，需要降维处理的场景可以总结为以下几种：

- 数据稀疏，维度高。
- 高维数据采用基于规则的分类方法。
- 采用复杂模型，但是训练集数目较少。
- 需要可视化。

降维的典型方法为主成分分析法（PCA），该方法的核心思想是挖掘多个属性之间的相关关系，设法将原来众多的具有一定相关性的属性（比如 p 个属性）重新组合成一组无关的综合属性，从而代替原来的属性。通常，数学上的处理就是将原来 p 个属性做线性组合，作为新的综合属性。

如图 3-8 所示，PCA 中的线性变换等价于坐标旋转，变换的目的是使 n 个样本点在 y_1 轴方向上的离散程度最大，即 y_1 的方差达到最大。这样，变量 y_1 就代表了原始数据的绝大部分信息，即使忽略 y_2 也无损大局，从而把两个指标压缩成一个指标。正如二维椭圆有两个主轴，三维椭球有三个主轴一样，有 m 个变量就有 m 个主成分。选择的主成分越少，降维效果就越好，选择标准是这些被选的主成分所代表的主轴长度之和占主轴长度总和的大部分。

从几何上看，找主成分的问题就是找出 P 维空间中椭球体的主轴问题。从数学上也可以证明，它们分别是相关矩阵的 m 个较大的特征值所对应的特征向量。

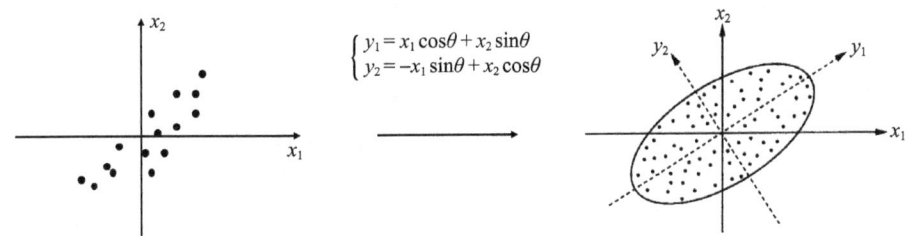

图 3-8 坐标旋转

主成分的计算步骤如下。

步骤 1 计算相关系数矩阵：

$$\boldsymbol{R} = \begin{bmatrix} r_{11} & r_{12} & \cdots & r_{1p} \\ r_{21} & r_{22} & \cdots & r_{2p} \\ \vdots & \vdots & & \vdots \\ r_{p1} & r_{p2} & \cdots & r_{pp} \end{bmatrix}$$

其中，$r_{ij}(i, j = 1, 2, \cdots, p)$ 为原变量 x_i 与 x_j 的相关系数，$r_{ij} = r_{ji}$，其计算公式为：

$$r_{ij} = \frac{\sum_{k=1}^{n}(x_{ki} - \overline{x}_i)(x_{kj} - \overline{x}_j)}{\sqrt{\sum_{k=1}^{n}(x_{ki} - \overline{x}_i)^2 \sum_{k=1}^{n}(x_{kj} - \overline{x}_j)^2}}$$

步骤 2 计算特征值与特征向量。

1）解特征方程 $|\lambda I - R| = 0$，常用雅可比法（Jacobi）求出特征值，并使其按大小顺序排列，即 $\lambda_1 \geq \lambda_2 \geq \cdots \geq \lambda_p \geq 0$。

2）分别求出对应于特征值 λ_i 的特征向量 $\boldsymbol{e}_i(i=1,2,\cdots,p)$，要求 $\|\boldsymbol{e}_i\|=1$，即 $\sum_{j=1}^{p}e_{ij}^2=1$，其中 e_{ij} 表示向量 $\boldsymbol{e}_i$ 的第 j 个分量。

3）计算主成分贡献率及累计贡献率。

贡献率的公式如下：

$$f_i = \frac{\lambda_i}{\sum_{i=1}^{p}\lambda_i}$$

累计贡献率的公式如下：

$$\alpha_k = \sum_{i=1}^{k}f_i$$

一般取累计贡献率达 85%～95% 的特征值 $\lambda_1,\lambda_2,\cdots,\lambda_m$ 所对应的第一、第二、…、第 $m(m\leq p)$ 个主成分。

4）计算主成分值。

前 k 个主成分值 $z=(X\boldsymbol{e}_1,X\boldsymbol{e}_2,\cdots,X\boldsymbol{e}_k)=(z_1,z_2,\cdots,z_k)$。

与通过保留原属性集的一个子集来减少属性集的大小不同，PCA 通过创建一个能替换的、较小的变量集"组合"属性的基本要素。原数据可以投影到该较小的集合中。PCA 常常能够揭示先前未被察觉的联系，并允许解释不寻常的结果。

下面给出一个主成分计算的示例。

对某农业生态经济系统进行主成分分析，样本数据如表 3-2 所示。

表 3-2 某农业生态经济系统样本数据

样本序号	x_1：人口密度（人/km²）	x_2：人均耕地面积（ha）	x_3：森林覆盖率（%）	x_4：农民人均纯收入（元）	x_5：人均粮食产量（kg）	x_6：经济作物占农作物播面比例（%）	x_7：耕地占土地面积比例（%）	x_8：果园与林地面积之比（%）	x_8：灌溉田占耕地面积之比（%）
1	363.912	0.352	16.101	192.11	295.34	26.724	18.492	2.231	26.262
2	141.503	1.684	24.301	1752.35	452.26	32.314	14.464	1.455	27.066
3	100.695	1.067	65.601	1181.54	270.12	18.266	0.162	7.474	12.489
4	143.739	1.336	33.205	1436.12	354.26	17.486	11.805	1.892	17.534
5	131.412	1.623	16.607	1405.09	586.59	40.683	14.401	0.303	22.932
6	68.337	2.032	76.204	1540.29	216.39	8.128	4.065	0.011	4.861
7	95.416	0.801	71.106	926.35	291.52	8.135	4.063	0.012	4.862
8	62.901	1.652	73.307	1501.24	225.25	18.352	2.645	0.034	3.201
9	86.624	0.841	68.904	897.36	196.37	16.861	5.176	0.055	6.167
10	91.394	0.812	66.502	911.24	226.51	18.279	5.643	0.076	4.477
11	76.912	0.858	50.302	103.52	217.09	19.793	4.881	0.001	6.165
12	51.274	1.041	64.609	968.33	181.38	4.005	4.066	0.015	5.402
13	68.831	0.836	62.804	957.14	194.04	9.11	4.484	0.002	5.79
14	77.301	0.623	60.102	824.37	188.09	19.409	5.721	5.055	8.413

(续)

样本序号	x_1: 人口密度 (人/km²)	x_2: 人均耕地面积 (ha)	x_3: 森林覆盖率 (%)	x_4: 农民人均纯收入 (元)	x_5: 人均粮食产量 (kg)	x_6: 经济作物占农作物播面比例 (%)	x_7: 耕地占土地面积比例 (%)	x_8: 果园与林地面积之比 (%)	x_8: 灌溉田占耕地面积之比 (%)
15	76.948	1.022	68.001	1255.42	211.55	11.102	3.133	0.01	3.425
16	99.265	0.654	60.702	1251.03	220.91	4.383	4.615	0.011	5.593
17	118.505	0.661	63.304	1246.47	242.16	10.706	6.053	0.154	8.701
18	141.473	0.737	54.206	814.21	193.46	11.419	6.442	0.012	12.945
19	137.761	0.598	55.901	1124.05	228.44	9.521	7.881	0.069	12.654
20	117.612	1.245	54.503	805.67	175.23	18.106	5.789	0.048	8.461
21	122.781	0.731	49.102	1313.11	236.29	26.724	7.162	0.092	10.078

首先计算相关系数矩阵,结果如表 3-3 所示。

表 3-3 样本相关系数矩阵

	x_1	x_2	x_3	x_4	x_5	x_6	x_7	x_8	x_9
x_1	1	−0.33	−0.71	−0.34	0.309	0.408	0.79	0.156	0.744
x_2	−0.33	1	−0.04	0.644	0.42	0.255	0.01	−0.08	0.094
x_3	−0.71	−0.04	1	0.07	−0.74	−0.755	−0.9	−0.11	−0.924
x_4	−0.34	0.644	0.07	1	0.383	0.069	−0	−0.03	0.073
x_5	0.31	0.42	−0.74	0.383	1	0.734	0.67	0.098	0.747
x_6	0.41	0.255	−0.76	0.069	0.734	1	0.66	0.222	0.707
x_7	0.79	0.009	−0.93	−0.05	0.672	0.658	1	−0.03	0.89
x_8	0.16	−0.08	−0.11	−0.03	0.098	0.222	−0	1	0.29
x_9	0.74	0.094	−0.92	0.073	0.747	0.707	0.89	0.29	1

由相关系数矩阵计算特征值,以及各个主成分的贡献率与累计贡献率,结果如表 3-4 所示。

表 3-4 主成分贡献率及累计贡献率

主成分	特征值	贡献率 (%)	累计贡献率 (%)
z_1	4.661	51.791	51.791
z_2	2.089	23.216	75.007
z_3	1.043	11.589	86.596
z_4	0.507	5.638	92.234
z_5	0.315	3.502	95.736
z_6	0.193	2.14	97.876
z_7	0.114	1.271	99.147
z_8	0.0453	0.504	99.65
z_9	0.0315	0.35	100

由表中数据可知,第一、第二、第三主成分的累计贡献率已高达 86.596%(大于 85%),故只要求出第一、第二、第三主成分 z_1, z_2, z_3 即可,结果如 3-5 所示。

表 3-5 第一、第二、第三主成分

	z_1	z_2	z_3
x_1	0.739	−0.532	−0.0061
x_2	0.123	0.887	−0.0028
x_3	−0.964	0.0096	0.0095
x_4	0.0042	0.868	0.0037
x_5	0.813	0.444	−0.0011
x_6	0.819	0.179	0.125
x_7	0.933	−0.133	−0.251
x_8	0.197	−0.1	0.97
x_9	0.964	−0.0025	0.0092

分析结果如下:

1)第一主成分 z_1 与 x_1, x_5, x_6, x_7, x_9 呈现出较强的正相关,与 x_3 呈现出较强的负相关,而这几个变量综合反映了生态经济结构状况,因此可以认为第一主成分 z_1 是生态经济结构的代表。

2)第二主成分 z_2 与 x_2, x_4, x_5 呈现出较强的正相关,与 x_1 呈现出较强的负相关。其中,除了 x_1 为人口总数外,x_2, x_4, x_5 都反映了人均占有资源量的情况,因此可以认为第二主成分 z_2 代表了人均资源量。

3)第三主成分 z_3 与 x_8 呈现出的正相关程度最高,其次是 x_6,而与 x_7 呈现出负相关,因此可以认为第三主成分在一定程度上代表了农业经济结构。

2. 降数据

降数据的典型方法为抽样法,即使用具有代表性的数据子集代替整个数据集。抽样类型包括简单随机抽样和分层抽样。其中,简单随机抽样又分为相等的概率选择、不放回抽样(sampling without replacement)和有放回抽样(sampling with replacement)。不放回抽样在选中对象后将其删除,有放回抽样则是选择对象后不会删除该对象。

分层抽样是将数据库划分成互不相交的部分,成为"层",通过对每一层进行抽样可以得到该数据库的随机抽样。分层抽样适用于偏斜数据,有助于确保样本的代表性。

在抽样时需注意,样本大小会影响数据质量。如图 3-9 所示,从 8000 个点分别抽样 2000 和 500 个点后,2000 个点的样本保留了数据集的大部分结构,而 500 个点的样本则丢失了许多结构。

8000个点

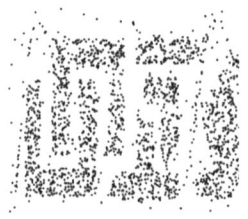
2000个点

500个点

图 3-9 抽样效果

3. 数据压缩

数据压缩分为无损压缩和有损压缩，两者的区别在于压缩后能否完全恢原始数据。数据压缩示意如图 3-10 所示。对无损压缩后的数据进行还原，还原后的数据与原始数据完全相同。而有损压缩允许压缩的过程中损失一定的信息，因此不能完全还原原始数据。

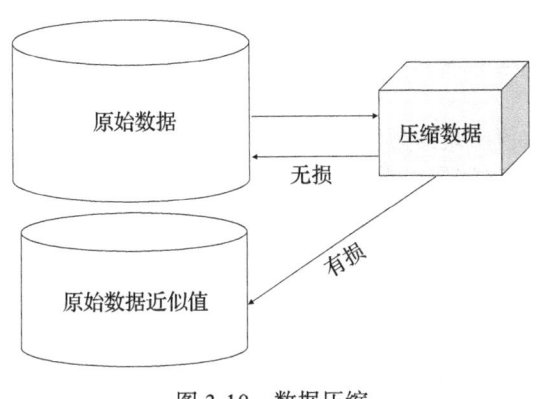

图 3-10　数据压缩

3.2.4　数据规范化和数据离散化

数据规范化和数据离散化是利用函数映射的方法，为给定的属性值更换一个新的表示方法，但是每个旧值与新值仍可以被识别。

1. 数据规范化

规范化是指将数据按比例缩放到一个具体区间，规范化的方法包括最小-最大规范化、Z-得分正常化以及小数定标规范化等。规范化数据试图赋予所有属性相等的权重。对于涉及神经网络的分类算法或基于距离度量的分类（如最近邻分类）和聚类，规范化非常有效。规范化可以防止具有较大初始值域的属性与具有较小初始值域的属性（如二元属性）相比权重过大。在没有数据的先验知识时，规范化也是有效的。

（1）最小-最大规范化

对数据进行线性变换，其公式为：

$$v' = \frac{v - \min_A}{\max_A - \min_A}(\text{new}_{\max_A} - \text{new}_{\min_A}) + \text{new}_{\min_A}$$

式中，v 为需要规范的数据，v' 为规范后的数据。

（2）z-分数规范化（或零均值规范化）

公式如下：

$$v' = \frac{v - \text{均值}_A}{\text{标准差}_A}$$

（3）小数定标规范化

移动属性 A 的小数点位置，移动位数依赖于属性 A 的最大值，公式如下：

$$v' = \frac{v}{10^j}$$

式中，j 为使 $\text{Max}(|v'|) < 1$ 的最小整数。例如一组数据的最小值为 12 000，最大值为 98 000，

那么 j 值取 5。

2. 数据离散化

由于部分数据挖掘算法只适用于离散数据,因此要将原始数据离散化,需将数值属性的原始值用区间标签或概念标签替换。例如,如图 3-11 所示将收入离散化为高、中、低三档。

常用的非监督离散方法如下:

1)等宽法:根据属性的值域来划分,使每个区间的宽度相等。

2)等频法:根据取值出现的频数将属性的值域划分成小区间,并且要求落在每个区间的样本数目相等。

3)聚类:利用聚类方法将数据划分到不同的离散类别。

常用的监督离散方法有决策树法和相关性度量。

(1) 决策树法

为分类生成分类决策树的技术可以用于离散化。这类技术使用自顶向下划分方法,利用类别标号,属于监督离散方法。其主要思想是选择划分点,使得一个给定的结果分区包含尽可能多的同类元组。熵是最常用于确定划分点的度量。

(2) 相关性度量

ID	收入
1	115
2	110
3	70
4	112
5	90
6	60
7	118
8	85
9	75
10	80

ID	收入
1	高
2	高
3	低
4	高
5	中
6	低
7	高
8	中
9	低
10	中

图 3-11 数据离散化示例

基于卡方分布的 ChiMerge 离散化方法可用于相关性度量。它采用自底向上的策略,递归地找出最佳邻近区间,然后合并它们。其主要思想是对于精确的离散化,相对类频率在一个区间内应当完全一致。因此,如果两个邻近区间具有非常类似的类分布,则这两个区间可以合并,否则它们应当保持分开。

3.3 特征构造

3.3.1 为什么需要特征构造

机器学习领域有句被奉为真理的话:**数据和特征决定了机器学习的上限,模型和算法的作用只是逼近这个上限而已**。因此,当数据质量不高、特征信息不明显时,通常需要构造新特征,常用的方法有基本特征构造法、时间类型数据特征构造法、时间序列数据特征构造法。此外,当数据中既有连续数据又有离散数据时,若采用类似神经网络这种优化机器学习方法,则需要对离散数据特征进行哑编码。

3.3.2 基本特征构造法

基本特征构造法适用于原始数据集的数据特征具有必要的信息,但其形式不适合数据挖掘算法的情况,由原特征构造的新特征可能比原特征更有用。例如,在文物数据库中,每件文物的特征包括体积和质量等,文物类别包括木材、陶土、青铜、黄金等。文物的原特征不适合分类,因此可以构造新特征,如密度(质量/体积),用于文物分类。

常用的基本特征构造法包括以下几种。

1)单调变换:将原数据通过对数变换、指数变换等构造新的特征,但该方法不适用于决策树类算法。因为对于决策树而言,指数、对数变换等之间没有差异。

2）线性组合：构造原特征的线性组合作为新特征。由于常见的决策树模型不擅长捕获不同特征之间的相关性，因此线性组合可用于决策树以及基于决策树的集成，如梯度提升（gradient boosting）、随机森林（random forest）等，但是该方法不适用于支持向量机（SVM）、线性回归、神经网络等。

3）比例特征：将原特征的比例作为新特征，例如在上述文物分类中构造出密度（质量/体积）作为新特征。

4）绝对值：将原始数据集中特征的绝对值作为新特征。

5）最大/最小值：将两个或多个原特征的最大值或者最小值作为新特征。

3.3.3 时间类型数据特征构造法

对于时间类型数据，通常可考虑数据的周期性、波动性，用于对数据进行处理分析。下面给出一个时间类型数据特征构造法示例。

光伏发电具有波动性和间歇性，大规模光伏电站并网运行可能对电力系统的安全、稳定、经济运行造成影响。对光伏电站的输出功率进行准确率预测有助于调度部门统筹安排常规能源和光伏发电的协调配合，及时调整调度计划，合理安排电网运行方式。因此，本案例旨在利用气象信息、历史数据、组件信息等，通过机器学习、人工智能方法，预测未来发电功率，为光伏发电提供准确的预测结果。

如表3-6所示，训练集数据提供了4个电场的脱敏后的环境数据、电场实际辐照度和电场发电功率。测试集数据提供了4个电场的脱敏后的环境数据，需要利用这些数据预测每个时间点的光伏发电功率。

表3-6 光伏发电数据示意

时间	辐照度	风速	温度	压强	湿度	实发辐照度	实际功率
2016-04-01 00:	−1	−0.70755	−0.09091	−0.0303	−0.15789	0	−0.01933
2016-04-01 00:	−1	−0.70755	−0.09091	−0.0303	−0.15789	0	−0.01933
2016-04-01 00:	−1	−0.71698	−0.10707	−0.0303	−0.13684	0	−0.021
2016-04-01 00:	−1	−0.72642	−0.12323	0.030303	−0.09474	0	−0.022
2016-04-01 01:	−1	−0.73585	−0.13535	0.030303	−0.07368	0	−0.022
2016-04-01 01:	−1	−0.75472	−0.14747	0.030303	−0.05263	0	−0.022
2016-04-01 01:	−1	−0.75472	−0.16364	0.030303	−0.01053	0	−0.02067
2016-04-01 01:	−1	−0.75472	−0.1798	0.030303	0.010526	0	−0.02067
2016-04-01 02:	−1	−0.76415	−0.19192	0.030303	0.031579	0	−0.02067
2016-04-01 02:	−1	−0.76415	−0.20404	0.030303	0.073684	0	−0.022
2016-04-01 02:	−1	−0.77358	−0.21616	0.030303	0.094737	0	−0.022
2016-04-01 02:	−1	−0.77358	−0.22424	0.030303	0.115789	0	−0.022
2016-04-01 03:	−1	−0.77358	−0.23636	0.030303	0.136842	0	−0.021
2016-04-01 03:	−1	−0.78302	−0.24848	0.030303	0.157895	0	−0.02067
2016-04-01 03:	−1	−0.77358	−0.25657	0.030303	0.178947	0	−0.022
2016-04-01 03:	−1	−0.77358	−0.26465	−0.0303	0.178947	0	−0.022
2016-04-01 04:	−1	−0.77358	−0.27677	−0.0303	0.2	0	−0.022
2016-04-01 04:	−1	−0.77358	−0.28485	−0.0303	0.2	0	−0.019
2016-04-01 04:	−1	−0.77358	−0.28889	−0.0303	0.2	0	−0.022

(续)

时间	辐照度	风速	温度	压强	湿度	实发辐照度	实际功率
2016-04-01 04:	−1	−0.77358	−0.29697	−0.0303	0.2	0	−0.022
2016-04-01 05:	−1	−0.77358	−0.30505	−0.0303	0.2	0	−0.02067
2016-04-01 05:	−1	−0.77358	−0.30909	−0.0303	0.2	0	−0.022
2o16-04-01 05:	−1	−0.77358	−0.31313	−0.0303	0.178947	0	−0.02067
2016-04-01 05:	−1	−0.77358	−0.31717	−0.0303	0.178947	0	−0.022
2016-04-01 06:	−1	−0.78302	−0.32121	−0.0303	0.178947	0	−0.02067
2016-04-01 06:	−1	−0.78302	−0.32525	−0.0303	0.157895	0	−0.022

1）光照强度可能因为季节的变化而变化，所以可以将一年内的 12 个月划分为 4 个季节：3、4、5 月为春季，6、7、8 月为夏季，9、10、11 月为秋季，12、1、2 月为冬季，分别给四个季节打上 0，1，2，3 的标签，增加一维季节变换特征。

2）由于一天中不同时刻的光照强度不同，导致光伏功率差别很大，因此可以增加一维时刻特征。根据光照强弱，可将一天划分为两个时间段，即上午 10 点到下午 15 点为强光照时段，其余时段为弱光照时段，并分别打上 0 和 1 的标签，增加一维光照类型特征。时刻特征和光照类型特征构成了光照强度特征。

时间类型数据特征构造如表 3-7 所示。

表 3-7 时间类型数据特征构造

时间	辐照度	风速	温度	压强	湿度	实发辐照度	实际功率	季节变换特征		光照强度特征	
								月份	日	小时	类型
2016-04-01 00:	−1	−0.70755	−0.09091	−0.0303	−0.15789	0	−0.01933	4	1	0	1
2016-04-01 00:	−1	−0.70755	−0.09091	−0.0303	−0.15789	0	−0.01933	4	1	0	1
2016-04-01 00:	−1	−0.71698	−0.10707	−0.0303	−0.13684	0	−0.021	4	1	0	1
2016-04-01 00:	−1	−0.72642	−0.12323	0.030303	−0.09474	0	−0.022	4	1	0	1
2016-04-01 01:	−1	−0.73585	−0.13535	0.030303	−0.07368	0	−0.022	4	1	1	1
2016-04-01 01:	−1	−0.75472	−0.14747	0.030303	−0.05263	0	−0.022	4	1	1	1
2016-04-01 01:	−1	−0.75472	−0.16364	0.030303	−0.01053	0	−0.02067	4	1	1	1
2016-04-01 01:	−1	−0.75472	−0.1798	0.030303	0.010526	0	−0.02067	4	1	1	1
2016-04-01 02:	−1	−0.76415	−0.19192	0.030303	0.031579	0	−0.02067	4	1	2	1
2016-04-01 02:	−1	−0.76415	−0.20404	0.030303	0.073684	0	−0.022	4	1	2	1
2016-04-01 02:	−1	−0.77358	−0.21616	0.030303	0.094737	0	−0.022	4	1	2	1
2016-04-01 02:	−1	−0.77358	−0.22424	0.030303	0.115789	0	−0.022	4	1	2	1
2016-04-01 03:	−1	−0.77358	−0.23636	0.030303	0.136842	0	−0.021	4	1	3	1
2016-04-01 03:	−1	−0.78302	−0.24848	0.030303	0.157895	0	−0.02067	4	1	3	1
2016-04-01 03:	−1	−0.77358	−0.25657	0.030303	0.178947	0	−0.022	4	1	3	1
2016-04-01 03:	−1	−0.77358	−0.26465	−0.0303	0.178947	0	−0.022	4	1	3	1
2016-04-01 04:	−1	−0.77358	−0.27677	−0.0303	0.2	0	−0.022	4	1	4	1
2016-04-01 04:	−1	−0.77358	−0.28485	−0.0303	0.2	0	−0.019	4	1	4	1

(续)

时间	辐照度	风速	温度	压强	湿度	实发辐照度	实际功率	月份	日	小时	类型
2016-04-01 04:	-1	-0.77358	-0.28889	-0.0303	0.2	0	-0.022	4	1	4	1
2016-04-01 04:	-1	-0.77358	-0.29697	-0.0303	0.2	0	-0.022	4	1	4	1
2016-04-01 05:	-1	-0.77358	-0.30505	-0.0303	0.2	0	-0.02067	4	1	5	1
2016-04-01 05:	-1	-0.77358	-0.30909	-0.0303	0.2	0	-0.022	4	1	5	1
2016-04-01 05:	-1	-0.77358	-0.31313	-0.0303	0.178947	0	-0.02067	4	1	5	1
2016-04-01 05:	-1	-0.77358	-0.31717	-0.0303	0.178947	0	-0.022	4	1	5	1
2016-04-01 06:	-1	-0.78302	-0.32121	-0.0303	0.178947	0	-0.02067	4	1	6	1
2016-04-01 06:	-1	-0.78302	-0.32525	-0.0303	0.157895	0	-0.022	4	1	6	1

3.3.4 时间序列数据特征构造法

时间序列数据特征构造可以从时间序列的统计特征（绝对值、相对值、平均值、方差等）、时间特征（最近时间、频度、稳定性等）、趋势特征、属性特征等方面进行分析。下面给出一个时间序列数据特征构造法示例。

在轴承故障检测任务中，轴承有3种故障：外圈故障、内圈故障、滚珠故障，外加正常的工作状态。如表3-8所示，结合轴承的3种直径（直径1，直径2，直径3），轴承的工作状态有10类。

表 3-8 轴承工作状态

	外圈故障	内圈故障	滚珠故障	正常
直径 1	1	2	3	0
直径 2	4	5	6	
直径 3	7	8	9	

数据集包含训练数据集和测试数据集。训练集数据如表3-9所示，1~6000为按时间序列连续采样的振动信号数值，每行数据是一个样本，共792条数据。第一列 ID 字段为样本编号，最后一列 label 字段为标签数据，即轴承的工作状态，用数字0~9表示。测试集数据共 528 条数据，同样是1~6000为按时间序列连续采样的振动信号数值，第一列 ID 字段为样本编号。除无 label 字段外，其他字段与训练集相同。

表 3-9 训练数据样本

ID	1	2	3	...	5999	6000	HVV
1	0.5636499	1.069229242	-0.837759182		-0.018273952	0.021522655	7

原始数据无法直接用来预测轴承故障，因此需根据时间序列数据来构造特征。振动的幅值、频率和相位是振动的三个基本参数，称为振动三要素。

- 幅值：幅值是振动强度的标志。
- 频率：不同的频率成分反映系统内不同的振源。

❑ 相位：利用相位关系确定共振点、测量振型、旋转件动平衡、有源振动控制、降噪等。

振动三要素能够体现轴承故障的不同特征，因此可以通过傅里叶变换（Fourier transform）以及小波变换（Wavelet transform）构造特征。

3.3.5 离散数据特征哑编码

当数据中既有连续数据又有离散数据时，若采用类似神经网络这种优化机器学习方法，则需要对离散数据特征进行哑编码，将数据类型统一后再进行数据挖掘工作。对标称类（无序）离散数据连续化特征构造通常采用哑编码方法，对序数类离散数据连续化特征构造可以直接用 $[0, m-1]$ 的整数编码。

下面给出一个离散数据特征哑编码的示例。

利用"衣服颜色"等特征来预测品味等级时，数据如表3-10所示。

表3-10 题目数据类型

用户ID	衣服颜色	其他特征	品味等级（类别标签）
1	红色	……	
2	白色	……	
3	黑色	……	
4	……	……	

假设采用神经网络分类器来预测品味等级，分类器如下：

$$\hat{y} = \mathrm{sign}(w_1 x_1 + w_2 x_2 + \cdots + w_d x_d - t)$$

神经网络分类器为各个特征的线性变换，因此要求特征为连续的值。如果通过将字符类的离散数据用0、1、2来表示，构造成神经网络可识别的连续数据，此时缺省认为红<白<黑，即**假设离散数据存在隐含的有序性**，这显然是毫无根据的，因此该方法不适用于标称类（无序）离散数据。而离散数据特征哑编码可以有效地解决这类特征构造问题，同时也适用于将多分类问题变成多个二分类问题。

标称类离散数据特征哑编码步骤如下：把 m 个整数都变换成一个二进制数，需要 $n = [\log_2 m]$ 个二进位表示这些整数，用 n 个二元属性表示这些二进制数。例如，5种颜色的分类变量需要三个二元变量 x_1、x_2、x_3，颜色哑编码如表3-11所示。

表3-11 颜色哑编码

颜色	x_1	x_2	x_3
红	0	0	0
白	0	0	1
黑	0	1	0
蓝	0	1	1
绿	1	0	0

若是利用舱位等级等有序离散特征来预测品味等级，则可以通过将字符类的离散数据用0、1、2来表示，构造成神经网络可识别的连续数据。对于序数类离散数据连续化特征

构造，可以采用 [0, m-1] 的整数。

3.4 本章小结

　　现实世界的数据极易受噪声、缺失值和不一致数据的侵扰，往往难以满足准确性、完整性、一致性、合时性、可信度以及可解释性等数据质量标准，低质量的数据将影响数据挖掘的最终效果，因此在使用之前需要进行数据预处理。学习本章后，你应该了解用于提高数据质量的多种预处理方法，让数据更好地适应后续章节将介绍的数据挖掘算法。

　　数据预处理没有标准的流程，通常针对不同的任务和数据集属性采取不同的处理方法。其中，数据清理可以清除噪声数据，解决数据缺失以及数据不一致等问题；数据集成能将来自多个数据源的数据组合成一个连贯的数据源；数据规约可以通过删除冗余或聚类来降低数据规模，精简数据量，避免在海量数据上进行复杂的数据挖掘耗时过长；数据标准化可以消除数据不同量纲和数量级的影响，将数据压缩到一个较小的区间，提高涉及距离度量的挖掘算法的准确率和效率；数据离散化能将连续型数据用于只针对离散型数据的数据挖掘算法。当原始数据的特征信息不明显时，通常需要构造新特征，常用的方法有基本特征构造法、时间类型数据特征构造法、时间序列数据特征构造法以及离散数据特征哑编码，由原特征构造的新特征可能比原特征更有用。

　　数据和特征决定了机器学习的上限，模型和算法只是用于逼近这个上限而已。因此，针对不同的数据挖掘任务和数据集属性，采取适当的数据预处理方法，构造合适的特征，往往能使模型的训练达到事半功倍的效果。

第4章
分类的基本概念与朴素贝叶斯分类器

扫码观看知识点讲解

在上一章中,我们介绍了数据预处理的相关知识,处理好的数据就可以输入分类器中进行进一步的挖掘工作。从本章开始,我们将学习不同的分类器,本章先介绍分类的基本概念,并向读者介绍一种分类器——朴素贝叶斯分类器。

分类是数据挖掘中一项非常重要的任务,在现实生活中有着广泛的应用。朴素贝叶斯分类器是一种简单高效的分类算法,在数据挖掘和模式识别中应用广泛。朴素贝叶斯分类器基于条件独立性假设,即假设一个属性对给定类的影响独立于其他属性,当条件独立性假设成立时,朴素贝叶斯分类算法的误分类率最小。尽管这一假设在一定程度上限制了朴素贝叶斯分类器的适用范围,然而在实际应用中,不仅极大降低了朴素贝叶斯模型构建的复杂度,而且在许多领域违背这种假设的条件下,朴素贝叶斯也表现出相当的健壮性和高效性,并成功地应用到分类、聚类及模型选择等数据挖掘的任务中。

4.1 分类的基本概念

分类是找出描述和区分数据类或概念的模型,以便使用模型预测类标号未知的对象类标号。

分类一般分为两个阶段:学习阶段和测试阶段。在学习阶段,建立描述预先定义的数据类或概念集的分类器。同时,训练集提供了每个训练元组的类标号,分类的学习过程也称为监督学习(supervised learning);测试阶段主要是使用定义好的分类器进行分类。

分类与数值预测是不同的概念,分类是预测分类(离散、无序)标号,而数值预测是建立连续值函数模型。分类与聚类也是不同的概念,分类是有监督学习,提供了训练元组的类标号;聚类是无监督学习,不依赖有类标号的训练实例。

分类技术在很多领域都有应用。当前,市场营销很重要的一点就是强调客户细分。采用数据挖掘中的分类技术,可以将客户分成不同的类别。例如,可以通过客户分类构造一个分类模型来对银行贷款进行风险评估;设计呼叫中心时,可以把客户分为呼叫频繁的客户、偶然大量呼叫的客户、稳定呼叫的客户、其他,从而帮助呼叫中心找出不同种类客户之间的特征。这样的分类模型可以让用户了解不同行为类别客户的分布特征。

如图 4-1 所示，在分类器的学习阶段，将图中左侧表格表示的训练数据输入分类算法中进行分类器的训练，可以得到一个分类器的模型。模型学习了训练数据中 RANK、YEARS 与 TENURED 之间的关系，学习完毕之后可以使用测试集进行分类，如图 4-2 所示。在测试阶段，图中左侧是测试数据，将测试数据输入已经训练好的分类模型中，可以对数据进行分类。同时，对于已经训练好的分类器，也可以对任意未知数据进行分类，如图 4-2 右侧所示。

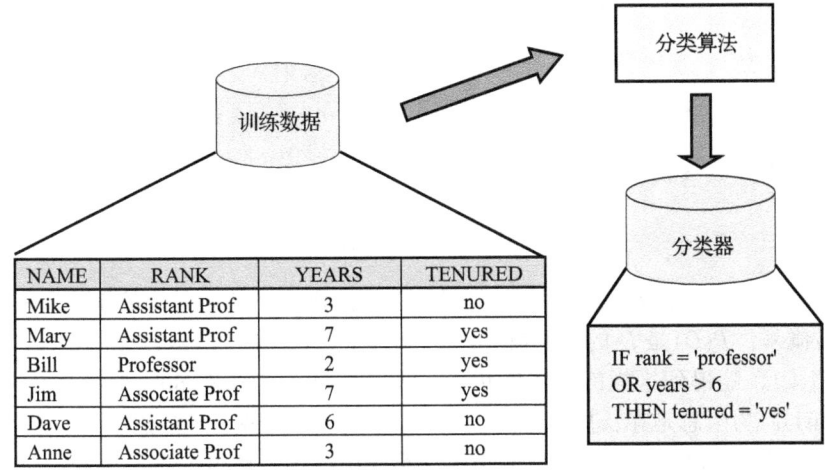

图 4-1　学习阶段

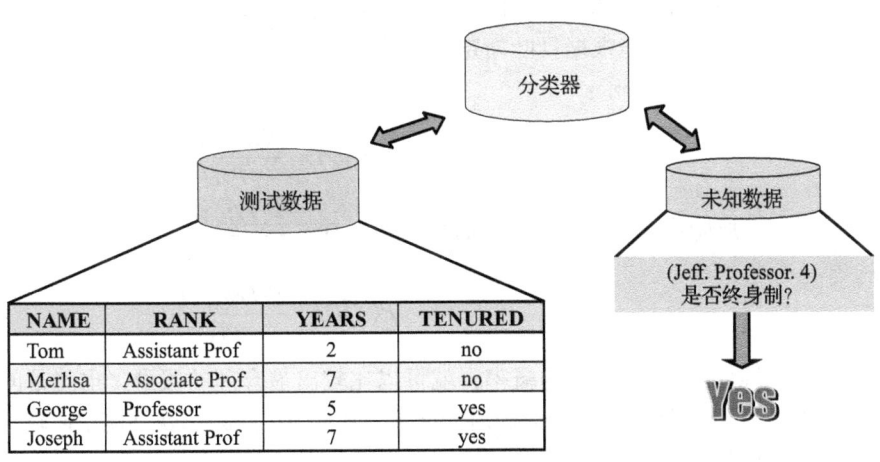

图 4-2　分类阶段

4.2　朴素贝叶斯分类的基础理论

4.2.1　贝叶斯示例

我们先来看一个关于贝叶斯的示例。

【例 4.1】　一所学校的学生中，60% 为男生（Boy），40% 为女生（Girl）。男生总是穿长裤（Pants），女生则一半穿长裤一半穿裙子。随机选取一个穿长裤的学生，他（她）是女生的概率是多大？

上述描述可形式化为：已知 $P(\text{Boy})=60\%$，$P(\text{Girl})=40\%$，$P(\text{Pants}|\text{Girl})=50\%$，$P(\text{Pants}|\text{Boy})=100\%$。求 $P(\text{Girl}|\text{Pants})$。

解答：

$P(\text{Girl} | \text{Pants})=(P(\text{Girl})P(\text{Pants}| \text{Girl}))/(P(\text{Boy})P(\text{Pants}|\text{Boy})+P(\text{Girl})P(\text{Pants}|\text{Girl}))=(P(\text{Girl})P(\text{Pants} | \text{Girl}))/(P(\text{Pants}))$

对于上述问题，直观理解就是算出学校里面有多少穿长裤的学生，然后计算这些人里有多少女生。

4.2.2 贝叶斯定理

贝叶斯定理的公式为：

$$P(h|D) = \frac{P(D|h)P(h)}{P(D)}$$

式中，D 为待测试数据假设类别，$P(D|h)$ 是 h 的似然概率，$P(h)$ 是 h 的先验概率，$P(h|D)$ 是 h 的后验概率，$P(D)$ 是 D 的先验概率。

对于例 4.1，能得到这样的观察知识：一所学校的学生中有 60% 为男生（Boy），40% 为女生（Girl）。男生总是穿长裤（Pants），女生则一半穿长裤一半穿裙子。同样，我们不能够直接观察到随机选取的一个穿长裤的学生，判断出该学生是男生还是女生。

对于不能直接观察到的部分，往往会提出假设。对于不确定的事物，往往会有多个假设。对这些假设，又涉及两个问题：①不同假设的可能性大小；②最合理的假设是什么。

对于不同假设，我们都能根据贝叶斯定理计算出它的后验概率，即问题①中提出的不同假设的可能性大小，如下所示：

$$P(h|D) = \frac{P(D|h)P(h)}{P(D)} \Rightarrow \begin{array}{l} P(h_1|D) = \dfrac{P(D|h_1)P(h_1)}{P(D)} \\[6pt] P(h_2|D) = \dfrac{P(D|h_2)P(h_2)}{P(D)} \\[6pt] P(h_n|D) = \dfrac{P(D|h_n)P(h_n)}{P(D)} \end{array}$$

根据上述公式得到不同假设下的概率，就可以比较出最合理的假设，也就是问题②中提出的问题。问题①就是计算特定假设的后验概率：$P(h|D)$；问题②就是模型比较，哪个概率更大，就认为 D 属于哪种类别更合理。

贝叶斯理论提供了一种计算假设后验概率 $P(h|D)$ 的方法，即后验概率与先验概率和似然概率的乘积成正比。

4.2.3 极大后验假设

极大后验假设定义学习器在候选假设集合 H 中寻找给定数据 D 时可能性最大的假设 h，h 被称为极大后验假设（Maximum A Posteriori，MAP）。确定 MAP 的方法是用贝叶斯公式计算每个候选假设的后验概率，公式如下：

$$h_{\text{MAP}} = \max_{h \in H} P(h | D) = \max_{h \in H} P(D | h)P(h) / P(D) = \max_{h \in H} P(D | h)P(h)$$

最后一步去掉了 $P(D)$，因为它是不依赖于 h 的常量，或认为任何数据的先验概率相等。

4.2.4 多维属性的联合概率

已知对象 D 是由多个属性组成的向量 $\boldsymbol{D}=<a_1, a_2, \cdots, a_n>$，那么结合上述极大后验假设，我们的目标可以写成：

$$h_{\text{MAP}} = \max_{h \in H} P(h | <a_1, a_2, \cdots, a_n>) = \max_{h \in H} P(<a_1, a_2, \cdots, a_n> | h) P(h)$$

但在这里我们遇到一个问题：计算 $P(<a_1, a_2, \cdots, a_n> | h)$ 时，当维度过高时，可用数据变得很稀疏，难以获得结果。这就是稀疏问题，即当维度提高时，空间的体积提高太快，导致可用数据（能用来训练的数据）变得很稀疏。

4.2.5 独立性假设

之前提到的数据稀疏的问题可以用独立性假设来解决，也就是假设 D 的属性 a_i 之间相互独立，那么上述公式可以写成：

$$P(<a_1, a_2, \cdots, a_n> | h) = \prod_i P(a_i | h)$$

$$\begin{aligned} h_{\text{MAP}} &= \max_{h \in H} P(h | <a_1, a_2, \cdots, a_n>) \\ &= \max_{h \in H} P(<a_1, a_2, \cdots, a_n> | h) P(h) \\ &= \max_{h \in H} \prod_i P(a_i | h) P(h) \end{aligned}$$

进行独立性假设后，获得估计的 $P(a_i|h)$ 比 $P(<a_1, a_2, \cdots, a_n>|h)$ 容易很多。如果 D 的属性之间不满足相互独立，那么朴素贝叶斯分类的结果是贝叶斯分类的近似。

有人对此提出了一个理论解释，并且给出了什么时候朴素贝叶斯的效果等价于非朴素贝叶斯的充要条件，这个解释的核心就是：有些独立假设在各个分类之间的分布都是均匀的，所以对于似然的相对大小不产生影响。

4.2.6 训练集介绍

表 4-1 所示的训练集描述了购买电脑的情况统计。训练集的特征包括年龄、收入、爱好、信用以及购买情况。

【例 4.2】 分类中的训练集与测试集。

表 4-1 训练集

ID	年龄	收入	爱好	信用	购买
1	青	高	否	中	否
2	青	高	否	优	否
3	中	高	否	中	是
4	老	中	否	中	是
5	老	低	是	中	是
6	老	低	是	优	否
7	中	低	是	优	是
8	青	中	否	中	否

(续)

ID	年龄	收入	爱好	信用	购买
9	青	低	是	中	是
10	老	中	是	中	是
11	青	中	是	优	是
12	中	中	否	优	是
13	中	高	是	中	是
14	老	中	否	优	否

测试案例：一个收入中等、信用度良好的青年爱好游戏顾客，是否会购买电脑呢？

4.3 贝叶斯分类的案例

4.3.1 案例一：购买电脑预测

根据表 4-1 所示的训练集，可以得到表 4-2 所示的已购买电脑的训练集。对于如下测试集，判断一个收入中等、信用度良好的青年爱好游戏的顾客是否会购买电脑。

表 4-2 购买电脑的示例

ID	年龄段	收入	爱好	信用度	购买
3	中	高	否	中	是
4	老	中	否	中	是
5	老	低	是	中	是
7	中	低	是	优	是
9	青	低	是	中	是
10	老	中	是	中	是
11	青	中	是	优	是
12	中	中	否	优	是
13	中	高	是	中	是

首先计算测试集中购买电脑的客户中不同属性的概率：

$P(\text{青年} | \text{购买}) = 2/9 = 0.222$　　　$P(\text{收入中等} | \text{购买}) = 4/9 = 0.444$

$P(\text{爱好} | \text{购买}) = 6/9 = 0.667$　　　$P(\text{信用中} | \text{购买}) = 6/9 = 0.667$

然后根据如下公式，计算出购买电脑的似然概率：

$$P(X | C_i) = \prod_{k=1}^{n} P(x_k | C_i) = P(x_1 | C_i) \times P(x_2 | C_i) \times \cdots \times P(x_n | C_i)$$

$P(X | \text{购买}) = 0.222 \times 0.444 \times 0.667 \times 0.667 = 0.044$

同样，对于表 4-1 中的数据，我们可以得到表 4-3 所示不购买电脑的训练集。

表 4-3 不购买电脑的示例

ID	年龄段	收入	爱好	信用度	购买
1	青	高	否	中	否

(续)

ID	年龄段	收入	爱好	信用度	购买
2	青	高	否	优	否
6	老	低	是	优	否
8	青	中	否	中	否
14	老	中	否	优	否

那么计算测试集中不同属性下不购买电脑的概率：

$P($青年$|$不买$) = 3/5 = 0.6$ $P($收入中等$|$不买$) = 2/5 = 0.4$

$P($爱好$|$不买$) = 1/5 = 0.2$ $P($信用中$|$不买$) = 2/5 = 0.4$

同样，利用上面的公式可以计算出不购买电脑的似然概率：

$P(X|$不买$) = 0.6 \times 0.4 \times 0.2 \times 0.4 = 0.019$

用公式 $P(X|C_i)P(C_i)$，可得

$P(C_买) = 9/14 = 0.643$ $P(C_{不买}) = 5/14 = 0.357$

$P($购买$|X) = 0.044 \times 0.643 = 0.028$ $P($不买$|X) = 0.019 \times 0.357 = 0.007$

4.3.2 案例二：垃圾邮件分类

给定一封邮件，请判定它是否属于垃圾邮件。按照先例，用 D 来表示邮件（注意，D 由 n 个单词的属性 $<a_1, a_2, \cdots, a_n>$ 组成）。用 $h+$ 表示垃圾邮件，$h-$ 表示正常邮件，即目标空间 $H=<h+, h->$。

那么对于这个问题，形式化描述为：

$P(h+|D) = P(h+)*P(D|h+)/P(D)$

$P(h-|D) = P(h-)*P(D|h-)/P(D)$

求解：$P(h+|D) = P(h+)*P(D|h+)/P(D)$。

在正式解答上述问题之前，需要说明在上述公式中，$P(h+)$ 表示计算已有训练集合中垃圾邮件的比例。$P(D|h+)=P(<a_1, a_2, \cdots, a_n>|h+)$ 表示计算垃圾邮件中完全包含 $a_1, a_2, \cdots, a_n$ 这 n 个单词的邮件比例。当 n 很大时，联合概率计算量大。利用朴素贝叶斯独立性假设，计算 $P(<a_1, a_2, \cdots, a_n>|h+) = \prod_i P(a_i|h+)$，对于每个 $P(a_i|h+)$，就是要求解单词 a_i 在垃圾邮件训练集合中出现的频率。$P(D)$ 表示单词 $a_1, a_2, \cdots, a_n$ 同时出现在一封邮件中的概率，可假设为常量。

同理，可以求解 $P(h-|D) = P(h-)*P(D|h-)/P(D)$，并比较 $P(h+|D)$ 和 $P(h-|D)$ 的大小。

假设已知训练集合中垃圾邮件的比例为 $P(h+)=0.2$，训练集合中正常邮件的比例为 $P(h-)=0.8$，单词出现频率表如表 4-4 所示。

表 4-4 单词出现频率表

分词	在垃圾邮件中出现的比例	在正常邮件中出现的比例
免费	0.3	0.01
奖励	0.2	0.01
网站	0.2	0.2

求解：判断一封邮件 $D=<$"免费""奖励""网站"$>$ 是否为垃圾邮件。

解答：若要判断是否垃圾邮件，应该计算是垃圾邮件/不是垃圾邮件的后验概率大小，如下所示：

$P(h+|D)=P(h+)*(P(D|h+))/P(D) =0.2*（0.3*0.2*0.2）/P(D) =0.0096/P(D)$

$P(h-|D)=P(h-)*(P(D|h-))/P(D) =0.8*（0.01*0.01*0.2）/P(D) =0.000016/P(D)$

比较二者的后验概率，可得

$$P(h+|D) > P(h-|D)$$

则可以判断这封邮件是垃圾邮件。

4.4 连续类型数据分类

表4-5描述的是不同收入情况下是否购买电脑的结果。那么，能否利用表格中的数据预测收入为121，无游戏爱好、信用良好的中年人是否会购买电脑呢？

表4-5 不同收入时购买电脑的情况

ID	收入	购买	ID	收入	购买
1	125	否	6	60	否
2	100	否	7	220	否
3	70	否	8	85	是
4	120	否	9	75	否
5	95	是	10	90	是

从表中数据可以看出，与表4-1不同，这里的收入使用连续数据表示，因此不能采用之前的离散数据概率估计方法。对于连续数据，我们假设不同类别的收入分别服从不同的正态分布，利用参数估计两组正态分布期望和方差，就可以计算出收入为121时不购买电脑的概率，如下所示：

$$P(X_i|c_j) = \frac{1}{\sqrt{2\pi\sigma_{ij}^2}} e^{-\frac{(x_i-\mu_{ij})^2}{2\sigma_{ij}^2}}$$

$$P(收入=121|No) = \frac{1}{\sqrt{2\pi}(54.54)} e^{-\frac{(121-110)^2}{2(2975)}} = 0.0072$$

4.5 本章小结

贝叶斯分类器同时考虑了先验概率和似然概率的重要性。它具有以下特点：
- 属性可以离散，也可以连续。
- 数学基础坚实，分类效率稳定。
- 对缺失和噪声数据不太敏感。
- 属性如果不相关，分类效果很好。

第 5 章
决策树分类

扫码观看知识点讲解

在上一章中，我们介绍和讨论了朴素贝叶斯分类算法。该算法以贝叶斯定理为基础，可以对分类及决策问题进行概率推断。本章将讨论另一种被广泛使用的分类算法——决策树。相比贝叶斯算法，决策树的优势在于构造过程不需要任何领域知识或参数设置，因此在实际应用中，更适合探测式的知识发现和决策。

5.1 决策树

决策树（decision tree）是一种基本的分类与回归方法，也是一种更为直观的风险型决策问题求解法。决策树模型呈树形结构，在分类问题中，表示基于特征对实例进行分类的过程。它可以被认为是 if-then 规则的集合，也可以被认为是定义在特征空间与类空间上的条件概率分布。决策树的主要优点是模型具有可读性，分类速度快。学习时，会利用训练数据，根据损失函数最小化的原则建立决策树模型。预测时，对新的数据，可以利用决策树模型进行分类。决策树学习通常包括 3 个步骤：特征选择、决策树的生成和决策树的修剪。这些决策树学习的思想主要来源于 Quinlan 在 1986 年提出的 ID3 算法和 1993 年提出的 C4.5 算法，以及 Breiman 等人在 1984 年提出的 CART 算法。本章首先介绍决策树的基本概念，然后通过 ID3 和 C4.5 介绍特征的选择、决策树的生成以及决策树的修剪，最后介绍 CART 算法。

分类决策树模型是一种描述对实例进行分类的树形结构。决策树由节点（node）和有向边（directed edge）组成。节点有两种类型：内部节点（internal node）和叶节点（leaf node）。内部节点表示一个特征或属性，叶节点表示一个类。用决策树分类的过程是：从根节点开始，对实例的某一特征进行测试，根据测试结果，将实例分配到其子节点；这时，每一个子节点对应该特征的一个取值。如此递归地对实例进行测试和分配，直至达到叶节点。最后将实例分到叶节点的类中。图 5-1 是一个决策树的示意图，图中的圆和三角形分别表示内部节点和叶节点。决策树

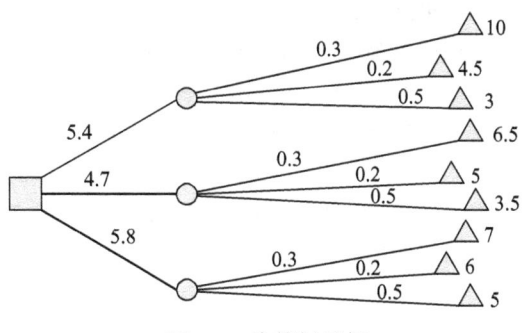

图 5-1 决策树示例

具有以下特点：树状结构，可以很好地对数据进行分类；决策树的根节点到叶节点的每一条路径构建一条规则；具有互斥且完备的特点，即每一个样本均被且只能被一条路径覆盖；只要提供的数据量足够庞大、真实，通过数据挖掘模式，就可以构造决策树。

5.2 决策树构建的两个问题

5.2.1 如何构建决策树

首先通过一个例子来说明如何构建决策树。

母亲：尼美，给你介绍个男朋友吧。

尼美：对方多大年纪？

母亲：26。

尼美：长得怎么样？

母亲：挺帅的。

尼美：收入高不？

母亲：不算很高，中等水平。

尼美：是公务员吗？

母亲：是，在税务局上班呢。

尼美：那好，我去见见。

我们回顾这个对话，这是一个假想的相亲对象分类系统。尼美（女，23 岁，企业白领）对于相亲对象的属性建模共包括 5 个属性：性别、长相、年龄、收入、职业。

如图 5-2 所示，尼美首先检测对方的性别和长相。如果性别和长相合适，则考虑进一步接触对方。如果年龄合适，则观察对方的收入水平；如果年龄不合适，此时可以说："你人很好，但是我们不合适。"如果条件全部符合，则可以把这个相亲对象列入候选名单。尼美对对象的属性建模为 <性别，长相，年龄，收入，职业>，这就是尼美对相亲对象分类系统所做的特征选择。尼美对对象的筛选过程如下：性别，男；长相，要帅的；年龄，比自己大但小于 30；收入，中等或以上；职业，收入中等则要稳定体面。尼美根据属性对相亲对象分类：见或不见。

在此基础上，相亲公司分析了尼美判断过程的基本组成：测试节点（表示某种作为判断条件的属性）、分支（根据条件属性取值选取的路径）、叶子（使判断终止的结论），如图 5-3 所示。尼美做选择时，其实用的就是决策树，尼美做选择的关键在于相亲系统的决策树如何构造。

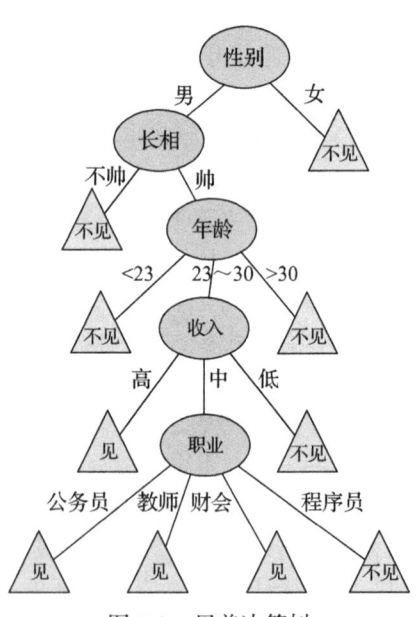

图 5-2 尼美决策树

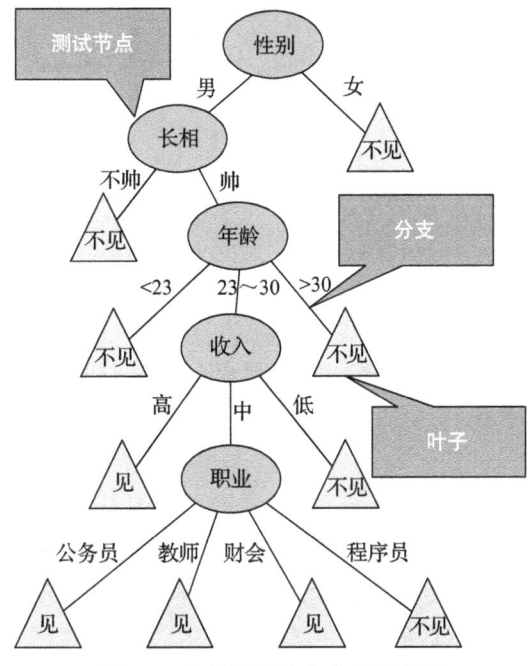

图 5-3 决策树的节点名称示意图

5.2.2 构造什么样的决策树是合适的

在了解了如何构造决策树后，下一个问题便是如何构造合适的决策树。表 5-1 为判断一个人是否存在信用卡欺诈的训练数据。根据训练数据，我们可以构建两棵不同的决策树，那么，这两棵决策树中哪一个更适合用来判断用户是否存在信用卡诈骗呢？

表 5-1 信用卡欺诈数据集

TID	Refund	MaritalStatus	TaxableIncome	Cheat
1	Yes	Single	125K	No
2	No	Married	100K	No
3	No	Single	70K	No
4	Yes	Married	120K	No
5	No	Divorced	95K	Yes
6	No	Married	60K	No
7	Yes	Divorced	220K	No
8	No	Single	85K	Yes
9	No	Married	75K	No
10	No	Single	90K	Yes

如图 5-4 所示，由于两棵决策树的属性、划分顺序不一样。到底构造哪棵决策树分类效果最好呢？为给出答案，接下来详细论述决策树的构造过程。

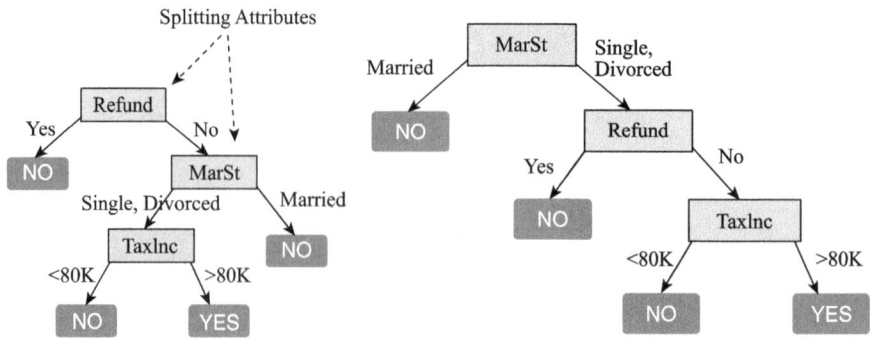

图 5-4 信用卡欺诈数据集生成的两棵不同的决策树

5.3 决策树算法

5.3.1 Hunt 算法

Hunt 算法是一种采用局部最优策略的决策树构建算法，它同时也是许多决策树算法的基础，包括 ID3、C4.5 和 CART 等。

在 Hunt 算法中，通过将训练记录相继划分成较纯的子集，以递归方式建立决策树。设 D_t 是与节点 t 相关联的训练记录集，而 $y=\{y_1, y_2, \cdots, y_c\}$ 是类标号，Hunt 算法的递归定义如下：

1）如果 D_t 中所有记录都属于同一个类，则 t 是叶节点，用 y_t 标记。

2）如果 D_t 中包含属于多个类的记录，则选择一个属性测试条件（attribute test condition），将记录划分成较小的子集。对于测试条件的每个输出，创建一个子女节点，并根据测试结果将 D_t 中的记录分布到子女节点中。然后，对于每个子女节点，递归地调用该算法。

为了详细论述该算法，我们用 5.2 节中的信用卡欺诈的例子（见表 5-2）来加以说明，我们要预测信用卡用户是会按时归还欠款，还是进行信用卡欺诈。对于这个问题，训练数据集可以通过考察以前贷款者的信用卡使用记录来构造。在表 5-2 所示的例子中，每条记录都包含信用卡的个人信息，以及贷款者是否拖欠贷款的类标号。

表 5-2 预测拖欠银行贷款的贷款者训练数据集

TID	Refund	MaritalStatus	TaxableIncome	Cheat
1	Yes	Single	125K	No
2	No	Married	100K	No
3	No	Single	70K	No
4	Yes	Married	120K	No
5	No	Divorced	95K	Yes
6	No	Married	60K	No
7	Yes	Divorced	220K	No
8	No	Single	85K	Yes
9	No	Married	75K	No
10	No	Single	90K	Yes

如表 5-2 所示，该分类问题的初始决策树只有一个节点，类标号为"欺诈＝否"（见图 5-5a），这意味着大多数用户都不会进行信用卡欺诈。该树需要进一步细化，因为根节点同时包含"欺诈＝否"和"欺诈＝是"两个类的记录。根据"Refund"测试条件，这些记录被划分为较小的子集，如图 5-5b 所示。接下来，对根节点的每个子女递归地调用 Hunt 算法。从图 5-5 给出的训练数据集可以看出，Refund 为"yes"的用户都按时偿还了欠款，因此，根节点的左子女为叶节点，标记为"欺诈＝否"（见图 5-5b）。对于右子女，我们需要继续递归调用 Hunt 算法，直到所有的记录都属于同一个类为止。每次递归调用形成的决策树显示在图 5-5c 和图 5-5d 中。

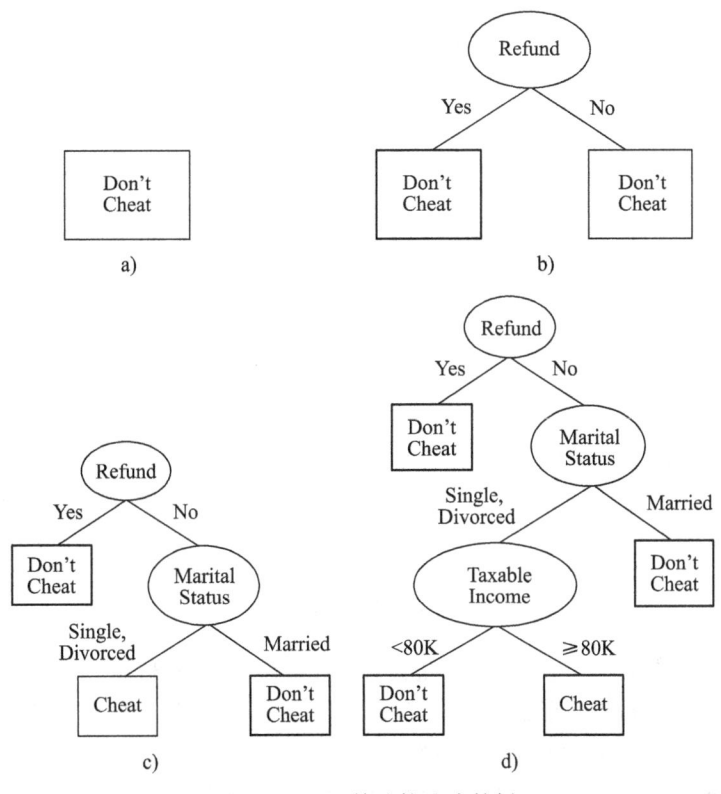

图 5-5 Hunt 算法构造决策树

Hunt 算法采用贪心策略构建决策树。在选择划分数据的属性时，采取一系列局部最优决策来构造决策树。此外，在上面这个算法过程中，你可能会疑惑：我们是依据什么原则来选取属性测试条件的？例如，为什么第一次选择"有房者"来作为测试条件？事实上，如果我们选择的属性测试条件不同，那么对于同一数据集来说建立的决策树可能相差很大。因此，在构建决策树时，我们需要关心以下问题：

1）如何分裂训练记录：包括怎样为不同类型的属性指定测试条件？怎样评估每种测试条件？树增长的每次递归都必须选择一个属性测试条件，将记录划分为更小的子集。为了更好地进行记录分割，算法必须为不同类型的属性指定测试条件的方法，并且提供评估每个测试条件优劣的客观标准。

2）如何停止分裂过程：为了终止决策树的成长，一个可能的策略是分裂节点直到所有的记录都属于同一类，或者所有的记录都具有相同的属性值为止。尽管这两个约束条件对于结束决策树成长是充分的,但是我们有时还需要其他的标准来提前停止树的生长过程。

5.3.2 构建决策树的关键问题

1. 怎样为不同类型的属性指定测试条件

决策树归纳算法必须为不同类型的属性提供表示属性测试条件和其对应输出的方法。二元属性的测试条件产生两个可能的输出。标称属性有多个属性值时,它的测试条件可以用两种方法表示:第一种方法是,对于多路划分,该属性有多少个不同的属性值就有多少个输出;第二种方法是,k个属性可以生成$2^{k-1}-1$个二元划分,如图 5-6 所示。

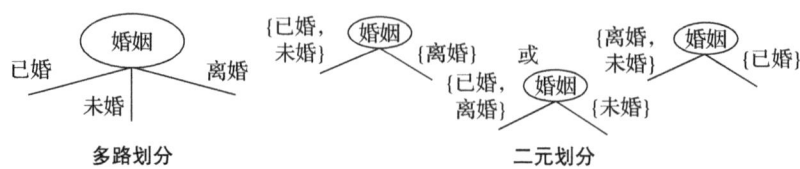

图 5-6 基于标称属性的分裂

序数属性也可以产生二元或多路划分,只要不违背序数属性值的有序性,就可以对属性值进行分组,如图 5-7 所示。

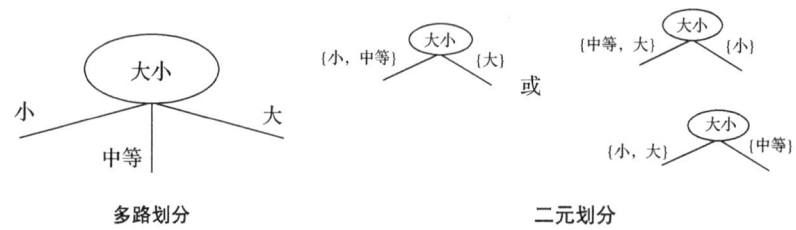

图 5-7 基于序数属性的分裂

对于连续属性来说,测试条件可以是具有二元输出的比较测试($A<v$或者$A\geq v$,v是最佳划分点),也可以是具有形如$v_i\leq A\leq v_i+1,(i=1,2,\cdots,k)$输出的范围查询产生二元或多路划分,只要不违背序数属性值的有序性,就可以对属性值进行分组。对连续性属性使用离散策略,为每个离散化区域赋予一个新的序数值,只要保持有序性,相邻的值还可以聚集成较宽的区间,如图 5-8 所示。

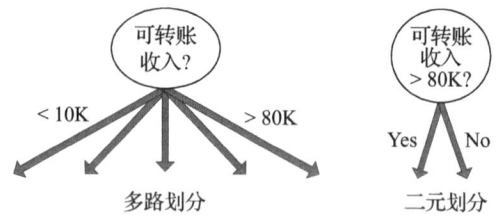

图 5-8 基于连续属性的划分

2. 怎样选择最佳划分

对于决策树来说,另一个重要问题是,选择什么样的度量来确定划分记录的最佳方式,即选择最佳划分的度量。一般而言,随着划分过程的不断进行,我们希望决策树的分支节点包含的样本尽可能属于同一类，即节点的纯度越来越高。纯度越高，类分布就越倾斜，划分结果越好。如图 5-9 所示，当节点中同时存在类 C_0 和类 C_1 且数量分别占 50% 时，该节点的纯度较小（不纯性大）；当节点中的类 C_0 的数量占总数的 90% 时，该节点的纯度较大。因此，为了确定按某个属性划分的效果，我们需要比较划分前（父亲节点）和划分后（所有儿子节点）不纯度的降低程度，降低越多，划分的效果就越好。那么，我们需要在数学上对这个不纯性进行量化。决策树有三种划分数据集的方法：信息增益算法（ID3），信息增益率（C4.5），基尼指数（CART）。

图 5-9 节点纯度的度量

5.3.3 信息增益算法

1. 信息增益算法的原理

如表 5-3 所示，假如我们有一个电脑商店，以及它的部分用户信息，图中的数据就可以认为是一个数据集，其中的年龄、收入、爱好、信用就是数据集的属性，其中"是否有购买电脑的倾向"为数据类标号，我们的目的就是通过建立一个模型来将这些用户分为两类，即有购买电脑的倾向和没有购买电脑的倾向，此时就可以利用决策树算法来解决该问题。

表 5-3 客户购买电脑数据集

ID	年龄	收入	爱好	信用	购买
1	青	高	否	中	否
2	青	高	否	优	否
3	中	高	否	中	是
4	老	中	否	中	是
5	老	低	是	中	是
6	老	低	是	优	否
7	中	低	是	优	是
8	青	中	否	中	否
9	青	低	是	中	是
10	老	中	是	中	是
11	青	中	是	优	是
12	中	中	否	优	是
13	中	高	是	中	是
14	老	中	否	优	否

1948 年，香农提出"信息熵"的概念。一条信息的信息量大小和它的不确定性有直接的关系，要搞清楚一件不确定的事就需要了解大量信息。熵（entropy）用于表示随机变量不确定性的度量，熵越大，表示不确定性越大。

假设变量 S 有 $S_i(i=1,2,\cdots,n)$ 种情况，p_i 表示第 i 情况的概率，那么随机变量 S 的熵定义为：

$$\text{Entropy}(S) = -\sum_{i=1}^{c} p_i \log_2(p_i)$$

熵的单位是比特（bit）。熵取值最大，随机变量不确定性就最大。回到买电脑的例子，在是否购买电脑这个结果中，数据集 D 有 9 个"是"，5 个"否"，因此该数据"购买电脑"的熵为：

$$\text{Info}(D) = I(9, 5) = -\frac{9}{14}\log_2\left(\frac{9}{14}\right) - \frac{5}{14}\log_2\left(\frac{5}{14}\right) = 0.940 \text{ bit}$$

在随机变量 S 给定的条件下，随机变量 A 的条件熵 $\text{Entropy}(A|S)$ 定义为：

$$\text{Entropy}(A|S) = -\sum_{i=1}^{c} p_i \cdot \text{Entropy}(A|S = s_i)$$

信息增益表示的是：得知特征 X 的信息而使得分类 Y 的信息的不确定性减少的程度。如果某个特征的信息增益比较大，就表示该特征对结果的影响较大，特征 A 对数据集 D 的信息增益表示为：

$$\text{Gain}(S, A) = \text{Entropy}(S) - \sum_{v \in A} \frac{|S_v|}{S} \cdot \text{Entropy}(S_v)$$

其中，S_v 为 A 取值为 v 时 S 的子集。以购买电脑的数据集为例，我们来计算年龄这个特征的信息增益。从图中可以看出，在 14 条数据的年龄这个特征中，青年有 5 人，中年人有 4 人，老年人有 5 人。分别计算这三种情况下的信息熵，再将信息熵相加就能得到 $\text{Info}_{\text{age}}(D)$：

$$\text{Info}_{\text{age}}(D) = \frac{5}{14}I(2, 3) + \frac{4}{14}I(0, 4) + \frac{5}{14}I(3, 2) = 0.694 \text{ bit}$$

因此，Gain(age) 的信息增益为：

$$\text{Gain}(\text{age}) = \text{Info}(D) - \text{Info}_{\text{age}}(D) = 0.246 \text{ bit}$$

ID3 算法的核心是在决策树的各个节点上应用信息增益准则进行特征选择。具体做法是：从根节点开始，对节点计算所有可能特征的信息增益，选择信息增益最大的特征作为节点的特征，并由该特征的不同取值构建子节点；对子节点递归地调用以上方法构建决策树，直到所有特征的信息增益均很小或者没有特征可选时为止。

根据上面的计算信息增量的方法，可以得出其他特征的信息增量：

Gain(income) = 0.029 bit
Gain(fancy) = 0.151 bit
Gain(credit_rating) = 0.048 bit

年龄这个特征的信息增益是最大的，为 0.246 bit，选择年龄作为第一个根节点进行分类；然后在每个子树中，根据其特征的信息增益量进行每个划分，递归地形成每个划分上的样本判定树，如图 5-10 所示。

递归划分步骤仅当下列条件之一成立时停止：①给定节点的所有样本属于同一类。②没有剩余属性可以用来进一步划分样本。③分支，当所有特征的信息增益都很小，也就是没有再计算的必要时，就创建一个树叶。

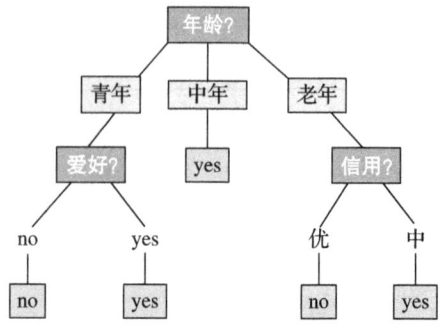

图 5-10 信息增益算法（ID3）

2. 其他节点纯度的测量

我们知道，在 ID3 算法中使用信息增益来选择特征，优先选择信息增益大的特征。ID3 基于信息论的熵模型，会涉及大量的对数运算。能不能在简化模型的同时也不至于完全丢失熵模型的优点呢？为了解决该问题，CART 分类树算法使用基尼系数来代替信息增益比。具体地，在分类问题中，基尼系数的表达式为：

$$\text{GINI}(t) = 1 - \sum_j [P(j|t)]^2$$

其中，$[P(j|t)]$ 是在节点 t 中类 j 发生的概率。当类分布均衡时，GINI 值达到最大值（$1-1/n_c$）。当只有一个类时，GINI 值达到最小值 0，纯度最大。如表 5-4 所示，当节点 t 中存在 0 个类 C_1、6 个类 C_2 时，$P(C_1)=0/6=0$，$P(C_2)=6/6=1$，则 $\text{GINI}(t)=1-P(C_1)^2-P(C_2)^2=1-0-1=0$。如图 5-5 所示，当节点 t 中存在 3 个类 C_1、3 个类 C_2 时，$P(C_1)=3/6=1/2$，$P(C_2)=3/6=1/2$，则 $\text{GINI}(t)=1-P(C_1)^2-P(C_2)^2=1-1/4-1/4=1/2$。

表 5-4 节点纯度计算示例 1

C_1	0
C_2	6

表 5-5 节点纯度计算示例 2

C_1	3
C_2	3

除此之外，分类错误（Classification Error）值也是测量节点纯度的重要方法之一。分类错误值的表达式如下：

$$\text{Error}(t) = 1 - \max_i P(i|t)$$

当类分布均衡时，Error 值达到最大（$1-1/n_c$），当只有一个类时，Error 值达到最小值 0。如表 5-4 所示，当节点 t 中存在 0 个类 C_1、6 个类 C_2 时，$\text{Error}(t)=1-\max(0,1)=1-1=0$；如表 5-6 所示，当节点 t 中存在 1 个类 C_1、5 个类 C_2 时，$\text{Error}(t)=1-\max(1/6,5/6)=1/6$。

表 5-6 节点纯度计算示例 2

C_1	1
C_2	5

图 5-11 显示了二类分类问题中基尼指数 $\text{GINI}(p)$、熵（单位比特）$H(p)$ 和分类误差率的关系。横坐标表示概率 p，纵坐标表示损失。可以看出，基尼指数和熵之半很接近，都可以近似地代表分类误差率。

5.3.4 C4.5 算法

ID3 算法虽然提出了新思路，但还是有很多值得改进的地方：① ID3 没有考虑连续特征，比如长度、密度都是连续值，无法在 ID3 运用，这大大限制了 ID3 的应用场景。② ID3 采用信息增益大的特征优先建立决策树的节点，但是，在相同条件下，取值比较多的特征比取值少的特征信息增益大。比如，一个变量有 2 个值（各为 1/2），另一个变量为 3

个值（各为 1/3），其实它们都是完全不确定的变量，但是取 3 个值的变量比取 2 个值的变量信息增益大。③ID3 算法没有考虑缺失值的情况。④没有考虑过拟合的问题。

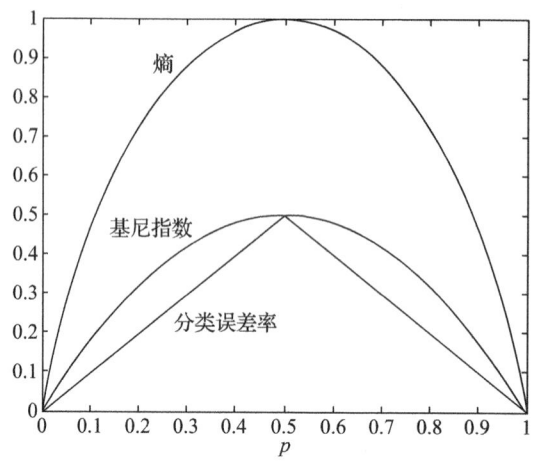

图 5-11　纯度度量之间的比较

C4.5 算法也是用于生成决策树的一种经典算法，是 ID3 算法的一种延伸和优化。C4.5 算法对 ID3 算法主要做了以下改进：①通过信息增益率选择分裂属性，克服了 ID3 算法通过信息增益倾向于选择拥有多个属性值的属性作为分裂属性的不足；②能够处理离散型和连续型的属性类型，即能将连续型的属性进行离散化处理；③构造决策树之后进行剪枝操作；④能够处理具有缺失属性值的训练数据。

对于离散特征，C4.5 算法不直接使用信息增益，而是使用增益率（gain ratio）来选择最优的分支标准，增益率的定义如下：

$$\text{GainRATIO}_{\text{split}} = \frac{\text{GAIN}}{\text{SplitINFO}}$$

其中，$\text{SplitINFO} = -\sum_{i=1}^{k} \frac{n_i}{n} \log \frac{n_i}{n}$ 称作分支标准 T 的固有值（intrinsic value）。作为分支标准的属性可取值越多，SplitINFO 的值越大。需要注意的是：增益率准则对可取值数目较少的属性有所偏好，因此 C4.5 算法并不是直接选择增益率最大的属性作为分支标准，而是先从候选属性中找出信息增益高于平均水平的属性，再从中选择增益率最高的属性。

在表 5-7 所示的训练数据集示例中，用户收入的增益率为：

$$\text{SplitINFO}_{\text{income}}(D) = -\frac{4}{14} \times \log_2\left(\frac{4}{14}\right) - \frac{6}{14} \times \log_2\left(\frac{6}{14}\right) - \frac{4}{14} \times \log_2\left(\frac{4}{14}\right) = 1.557$$

$$\text{GainRATIO}(\text{income}) = 0.029 / 1.557 = 0.019$$

C4.5 算法处理连续属性的方法是先把连续属性转换为离散属性再进行处理。虽然本质上属性的取值是连续的，但对于有限的采样数据，它是离散的。如果有 N 条样本，那么我们有 $N-1$ 种离散化的方法：小于等于 v_j 的样本分到左子树，大于 v_j 的样本分到右子树。要计算这 $N-1$ 种情况下最大的信息增益率，在离散属性上只需要计算 1 次信息增益率，而在连续属性上却需要计算 $N-1$ 次，计算量是相当大的。通过以下办法可以减少计算量：对于连续属性先按大小进行排序，只有在分类发生改变的地方才需要切开。

表 5-7 客户购买电脑数据集

ID	年龄	收入	爱好	信用	购买
1	青	高	否	中	否
2	青	高	否	优	否
3	中	高	否	中	是
4	老	中	否	中	是
5	老	低	是	中	是
6	老	低	是	优	否
7	中	低	是	优	是
8	青	中	否	中	否
9	青	低	是	中	是
10	老	中	是	中	是
11	青	中	是	优	是
12	中	中	否	优	是
13	中	高	是	中	是
14	老	中	否	优	否

5.3.5 CART 算法

分类与回归树（Classification And Regression Tree，CART）模型由 Breiman 等人在 1984 年提出，是应用广泛的决策树学习方法。CART 同样由特征选择、树的生成及剪枝组成，既可以用于分类也可以用于回归。

CART 是在给定输入随机变量 X 的条件下输出随机变量 Y 的条件概率分布的学习方法。CART 假设决策树是二叉树，内部节点特征的取值为"是"和"否"，左分支是取值为"是"的分支，右分支是取值为"否"的分支。这样的决策树等价于递归地二分每个特征，将输入空间（即特征空间）划分为有限个单元，并在这些单元上确定预测的概率分布，也就是在输入给定的条件下输出的条件概率分布。CART 算法由以下步骤组成：

1）决策树生成：基于训练数据集生成决策树，生成的决策树要尽量大。

2）决策树剪枝：用验证数据集对已生成的树进行剪枝并选择最优子树，这时用损失函数最小作为剪枝的标准。

如表 5-8 和图 5-12 所示，割草机制造商要把城市中的家庭分成愿意购买割草机和不愿意购买的两类。在这个城市中随机抽取 12 个拥有割草机的家庭和 12 个非拥有割草机的家庭作为样本。这里的自变量是收入（x_1）和草地面积（x_2），类别为拥有和非拥有。

表 5-8 割草机数据集

ID	收入	草地面积	拥有
1	60	18.4	是
2	85.5	16.8	是
3	64.8	21.6	是
4	61.5	20.8	是
5	87	23.6	是

(续)

ID	收入	草地面积	拥有
6	110.1	19.2	是
7	108	17.6	是
8	82.8	22.4	是
9	69	20	是
10	93	20.8	是
11	51	22	是
12	81	20	是
13	75	19.6	否
14	52.8	20.8	否
15	64.8	17.4	否
16	52.8	20.2	否
17	84	17.6	否
18	49.2	17.6	否
19	59.4	16	否
20	66	18.4	否
21	47.4	16.4	否
22	33	18.8	否
23	51	14	否
24	63	14.8	否

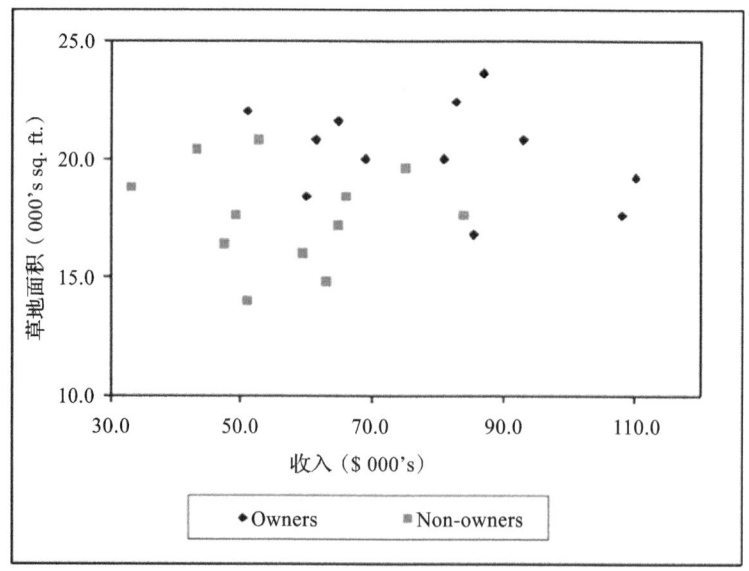

图 5-12 割草机数据集散点图

如图 5-13 所示，在使用 CART 算法时，首先使用 $x_2 = 19$ 进行分类。从图中可以直观地发现两个矩形部分更加同质（即同一类别的点更多地聚集在一起）。

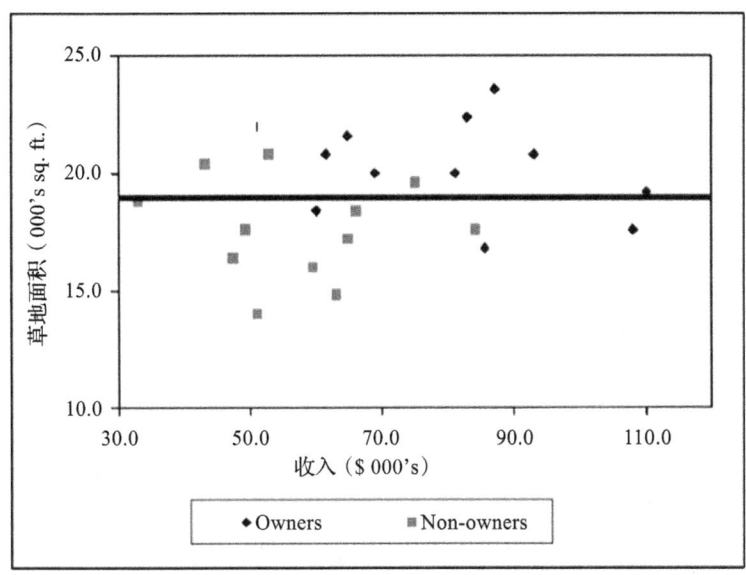

图 5-13 CART 算法第一步

通过递归地二分每个特征，多次划分后的决策图如 5-14 所示，形成如图 5-15 所示的决策树。通过观察得知，每一个矩形都是同质的，即包含一种类别的点。该算法每一次划分都将节点划分为两个子节点。

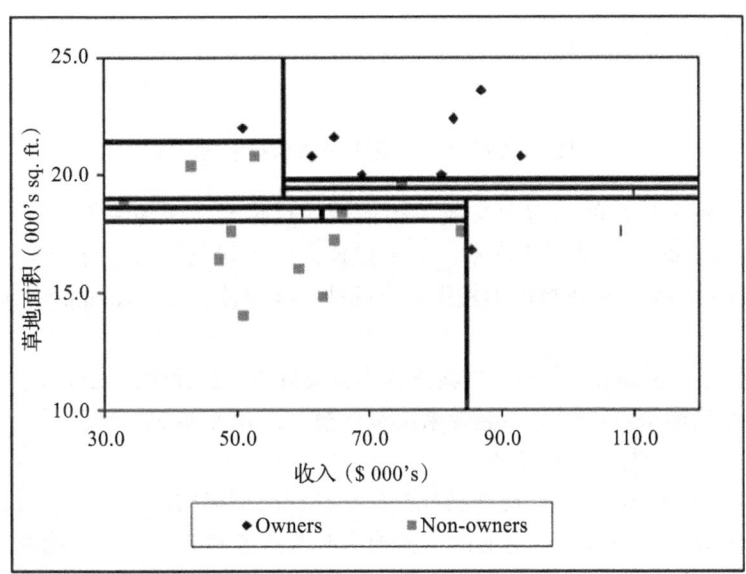

图 5-14 CART 算法分割割草机数据集

CART 还是一个回归树，回归解析用来决定分布是否终止。理想情况下，每一个叶节点里只有一个类别时分类应该停止，但是很多数据并不容易完全划分，或者完全划分需要很多次分裂，必然造成很长的运行时间。所以，CART 可以对每个叶节点里的数据分析其均值方差，当方差小于一定值可以终止分裂，以降低计算成本。CART 和 ID3 一样，存在偏向细小分割，即过度学习（过度拟合的问题），为了解决这一问题，要对特别长的树进行剪枝处理。

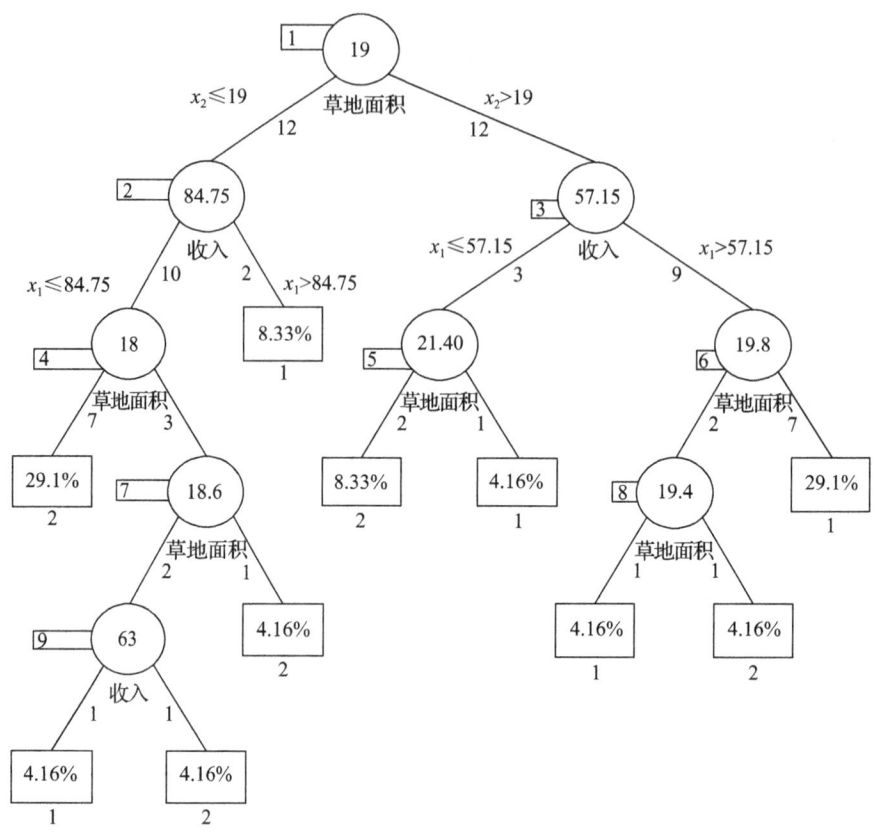

图 5-15 CART 算法在割草机数据集上的决策树

剪枝（pruning）的目的是避免会决策树模型的过拟合。因为决策树算法在学习的过程中为了尽可能正确地分类训练样本，会不停地对节点进行划分，导致整棵树的分支过多，从而导致了过拟合。决策树的剪枝策略有两种：预剪枝（pre-pruning）和后剪枝（post-pruning）。

1) 预剪枝（pre-pruning）：预剪枝就是在构造决策树的过程中，先对每个节点在划分前进行估计，如果当前节点的划分不能带来决策树模型泛化性能的提升，则不对当前节点进行划分并且将当前节点标记为叶节点。

2) 后剪枝（post-pruning）：后剪枝就是先把整棵决策树构造完毕，然后自底向上地对非叶节点进行考察，若将该节点对应的子树换为叶节点能够带来泛化性能的提升，则把该子树替换为叶节点。

5.4 本章小结

决策树是一类常见的机器学习方法，通过历史数据得到的树结构模型对新数据进行分类决策。决策树是一种基于实例的归纳学习方法，它能从给定的无序的训练样本中提炼出树形的分类模型。树中的每个非叶子节点记录了使用哪个特征来进行类别判断，每个叶子节点代表了最后判断的类别。根节点到每个叶子节点均形成一条分类的路径规则。

每次判断都是对某个属性的测试,每次判断都会缩小考虑的范围。一棵决策树包含一个根节点、若干个内部节点和若干个叶节点;叶节点对应于决策结果,其他每个节点则对应于一个属性测试;每个节点包含的样本集合根据属性测试的结果被划分到子节点;根节点包含样本全集。从根节点到每个叶节点的路径对应一个判断测试序列。决策树的生成是一个递归的过程,在三种情况下不会再分类:①当前节点包含的样本均属于同一类别;②当前属性集为空;③当前节点的样本集合为空。对于第二种情形,其类别设定为节点所含样本最多的类别。对于第三种情况,将其类别设定为其父节点所含样本最多的类别。

决策树易于理解和实现,具有很多优点。对于决策树,数据的准备往往是简单或者是不必要的,其他的技术往往要求先把数据一般化,比如去掉多余的或者空白的属性;同时,它能够处理数据型和常规型属性,在相对短的时间内能够对大型数据源做出可行且效果良好的结果;决策树具有很高的效率。它只需要一次构建,反复使用,每一次预测的最大计算次数不超过决策树的深度。最后,决策树对缺失值不敏感,可以处理不相关的特征数据。

决策树存在的问题主要有:随着树的生长,可能导致叶节点记录数太少,对于叶节点代表的类,不能做出具有统计意义的判决;子树可能在决策树中重复多次,使决策树过于复杂;决策树无法学习特征之间的线性关系。

第 6 章
规则和最近邻分类器

扫码观看知识点讲解

分类是数据挖掘领域的一种重要分析手段。在上一章中,我们介绍了什么是决策树,本章将介绍另外两种分类方法——规则和最近邻分类器。基于规则的分类方法是目前重要的一种分类技术,已得到广泛的应用。

6.1 基于规则的分类

规则是表示信息或少量知识的一种好方法,基于规则的分类器使用一组"if…then…"规则进行分类,规则为(Condition)→ y。其中,Condition 是属性测试的合取,y 是类标号。左部为规则前件或前提(Rule Antecedent),规则前件由一个或多个用逻辑连接词 AND 连接的属性测试组成;右部为规则的结论(Rule Consequent),规则的结论包含一个类预测。对于给定的元组,如果规则前件中的条件(即所有的属性测试)都成立,则称规则前件被满足,并且规则覆盖该元组。例如:(Blood Type=Warm)∧(Lay Eggs=Yes) → Birds;(Taxable Income < 50K) ∧ (Refund=Yes) → Evade =No。

6.1.1 基于规则的分类示例

1. 示例 1

在表 6-1 所示的有脊椎动物数据集中,我们可以生成规则 $r_1 \sim r_5$,依据下述规则可以判定新的动物的类标号。

$r1$:(胎生 = 否)∧(飞行动物 = 是)→ 鸟类

$r2$:(胎生 = 否)∧(水生动物 = 是)→ 鱼类

$r3$:(胎生 = 是)∧(体温 = 恒温)→ 哺乳类

$r4$:(胎生 = 否)∧(飞行动物 = 否)→ 爬行类

$r5$:(水生动物 = 半)→ 两栖类

表 6-1 有脊椎动物数据集

名称	体温	表皮覆盖	胎生	水生动物	飞行动物	有腿	冬眠	类标号
人类	恒温	毛发	是	否	否	是	否	哺乳类
蟒蛇	冷血	鳞片	否	否	否	否	是	爬行类

(续)

名称	体温	表皮覆盖	胎生	水生动物	飞行动物	有腿	冬眠	类标号
鲑鱼	冷血	鳞片	否	是	否	否	否	鱼类
鲸	恒温	毛发	是	是	否	否	否	哺乳类
青蛙	冷血	无	否	半	否	是	是	两栖类
巨蜥	冷血	鳞片	否	否	否	是	否	爬行类
蝙蝠	恒温	毛发	是	否	是	是	是	哺乳类
鸽子	恒温	羽毛	否	否	是	是	否	鸟类
猫	恒温	软毛	是	否	否	是	否	哺乳类
虹鳟	冷血	鳞片	是	是	否	否	否	鱼类
美洲鳄	冷血	鳞片	否	半	否	是	否	爬行类
企鹅	恒温	羽毛	否	半	否	是	否	鸟类
豪猪	恒温	刚毛	是	否	否	是	是	哺乳类
鳗鲡	冷血	鳞片	否	是	否	否	否	鱼类
蝾螈	冷血	无	否	半	否	是	是	两栖类

如表6-2所示,当"鹰"被规则$r1$覆盖时,得到"鹰"属于鸟类的结果;当"灰熊"被规则$r2$覆盖时,得到"灰熊"属于哺乳类的结果。上述的判断依据为如果实例的属性满足规则r的条件,则判定符合对应规则的动物为相应的类别。

表6-2 筛选后的部分表格

名称	体温	表皮覆盖	胎生	水生动物	飞行动物	有腿	冬眠	类标号
鹰	恒温	羽毛	否	否	是	是	否	鸟类
灰熊	恒温	软毛	是	否	否	是	是	哺乳类

2. 示例2

同样,通过判定待分类记录中不同实例对规则的触发情况,可以明确生成规则时需要考虑的不同情况。

如表6-3所示,通过观测规则$r1 \sim r5$可以发现,狐猴触发规则$r3$,它分到哺乳类;海龟触发规则$r4$和$r5$冲突;狗鲨未触发任何规则。因此,基于规则的分类在生成规则时需要考虑不同情况下生成的规则有正确的响应。

表6-3 待分类记录表

名称	体温	胎生	飞行动物	水生动物	类
狐猴	恒温	是	否	否	?
海龟	冷血	否	否	半水生	?
狗鲨	冷血	是	否	是	?

$r1$:(胎生 = 否)$\land$(飞行动物 = 是)$\rightarrow$ 鸟类
$r2$:(胎生 = 否)$\land$(水生动物 = 是)$\rightarrow$ 鱼类
$r3$:(胎生 = 是)$\land$(体温 = 恒温)$\rightarrow$ 哺乳类

r4：（胎生 = 否）∧（飞行动物 = 否）→ 爬行类

r5：（水生动物 = 半）→ 两栖类

6.1.2 规则的质量

规则的质量一般用覆盖率和准确率度量，规则的覆盖率（coverage）表示满足规则前件的记录所占的比例；规则的准确率（accuracy）表示在满足规则前件的记录中满足规则后件的记录所占的比例。如表 6-4 所示，规则 (Status=Single) –>No，它的覆盖率为 4/10=40%，准确率为 2/4=50%。

表 6-4 示例表

Tid	Refund	Marital Status	Taxable Income	Class
1	Yes	Single	125K	No
2	No	Married	100K	No
3	No	Single	70K	No
4	Yes	Married	120K	No
5	No	Divorced	95K	No
6	No	Married	60K	No
7	Yes	Divorced	220K	No
8	No	Single	85K	No
9	No	Married	75K	No
10	No	Single	90K	No

6.1.3 规则分类器的特征

互斥规则集里的每个记录最多被一个规则覆盖。如果规则是相互独立的，那么分类器包含互斥规则；如果规则集不是互斥的，那么一个记录可能被多个规则触发。为了处理这一情况，我们将规则集分为有序规则集和无序规则集。其中，规则定序方案包括基于规则的序和基于类的序。基于有序规则的分类器对规则排序非常敏感，但是，对记录分类比较容易，不必把记录与每一条规则的前件进行比较，而基于无序规则的分类器正好相反。在应用中，计算量是一个需要重点考虑的问题，因此一般基于规则的分类器采用有序规则。在无序规则方案中，允许一条记录触发多条规则，规则被触发时视为对其相应类的一次投票，然后计算不同类的票数（可以使用加权方式）来决定记录的类所属。除此之外，还有穷举规则集，在穷举规则集中，每个记录至少被一个规则覆盖。如果规则集涵盖了属性值的所有可能组合，则规则集具有穷举覆盖。如果规则集不是穷举的，那么一个记录可能不被任何规则触发，这时可以使用缺省类。

1. 有序规则集

有序规则集根据规则优先权将规则排序定秩（rank），有序规则集又称决策表（decision list）。如图 6-1 所示，当一个测试记录出现时，该记录的类标号由它触发的最高优先级的规则决定，这就避免了预测类冲突的问题；如果没有命中任何规则，记录的类标号为缺省类。

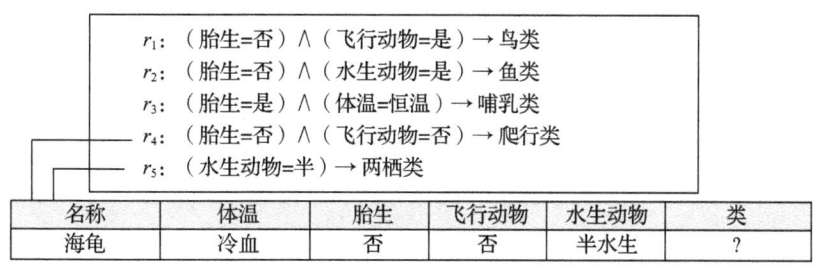

图 6-1 记录分类示意图

2. 规则的排序方案

基于规则的序就是根据规则的质量排序,即覆盖率和准确率,它确保每个测试记录都是由覆盖它的最好的规则类分类,但每个规则都假设排在它前面的规则不成立,规则量大时,解释后面的规则很麻烦。如表 6-5 所示,基于类的序将属于同一类的规则放在一起,根据基于类信息(如类的分布、重要性)对每类规则排序。同一个类的规则的相对顺序不重要,只要触发一个规则,就赋予测试记录类标号,它的缺点是导致高质量的规则被忽略。

表 6-5 基于不同标准对规则排序

基于规则的排序	基于类的排序
(表皮覆盖=羽毛,飞行动物=是) ⇒ 鸟类	(表皮覆盖=羽毛,飞行动物=是) ⇒ 鸟类
(体温=恒温,胎生=是) ⇒ 哺乳类	(体温=恒温,胎生=否) ⇒ 鸟类
(体温=恒温,胎生=否) ⇒ 鸟类	(体温=恒温,胎生=是) ⇒ 哺乳类
(水生动物=半) ⇒ 两栖类	(水生动物=半) ⇒ 两栖类
(表皮覆盖=鳞片,水生动物=否) ⇒ 爬行类	(表皮覆盖=无) ⇒ 两栖类
(表皮覆盖=鳞片,水生动物=是) ⇒ 鱼类	(表皮覆盖=鳞片,水生动物=否) ⇒ 爬行类
(表皮覆盖=无) ⇒ 两栖类	(表皮覆盖=鳞片,水生动物=是) ⇒ 鱼类

6.1.4 基于规则的分类器的建立

建立基于规则的分类器的直接方法是直接由数据提取规则,如 RIPPER、CN2、Holte's 1R;间接方法是由其他分类模型提取规则(如从决策树等),如 C4.5 规则。

1. 直接方法:顺序覆盖

顺序覆盖算法经常被用来从直接数据中提取规则,规则基于某种评估度量以贪心的方式增长。该算法从包含多个类的数据集中一次提取一个类的规则。决定哪一个类的规则最先产生的标准取决于多种因素,如类的普遍性(即训练记录中属于特定类的记录的比例),或者给定类中误分类记录的代价。它的基本思想是开始决策表为空,用留一规则提取类 y 的覆盖当前训练记录集的最佳规则。在提取规则时,类 y 的所有训练记录被看作正例,其他类的训练记录被看作反例。如果一个规则覆盖大多数正例,那么该规则是可取的,这时删除它所覆盖的训练记录,把新规则追加到决策表中。重复这个过程,直到满足终止条件。顺序覆盖对第 i 类建立规则:

1)第 i 类记录为正例,其余为反例。

2)建立一个第 i 类的规则 r,尽可能地覆盖正例,而不覆盖反例(即构建一个正例的规则)。

3）删除 r 覆盖的所有记录，在剩余数据集上学习下一个规则，直到所有第 i 类记录都被删除。

该算法每次提取一个类的规则，完成一个类的规则提取后进行下一个类的规则提取。哪个类优先提取规则需要依据一定的原则，例如依据类包含的记录比例，比例高的类优先提取规则，或者依据类中记录的误分类率高低等。顺序覆盖（sequential covering）算法的流程如下：

1： 令 E 是训练记录，A 是属性 - 值对的集合 $\{(A_j, v_j)\}$
2： 令 Y_0 是类的有序集 $\{y_1, y_2, \cdots, y_k\}$
3： 令 $R = \{\}$ 是初始规则列表
4： for 每个类 $y \in Y_0 - \{y_k\}$ do
5：　　while 终止条件不满足 do
6：　　　　$r \leftarrow$ Learn-One-Rule (E, A, y)
7：　　　　从 E 中删除被 r 覆盖的训练记录
8：　　　　追加 r 到规则列表尾部：$R \leftarrow R \vee r$
9：　　end while
10： end for
11： 把默认规则 $\{\} \rightarrow y_k$ 插入到规则列表 R 尾部

图 6-2 所示为在包含一组正例和反例的数据集上顺序覆盖算法是怎样工作的。规则 R1（其覆盖如图 6-2b 所示）首先被提取出来，因为它覆盖的正例最多。接下来去掉 R1 覆盖的所有训练记录，算法继续寻找下一个最好的规则，即 R2。

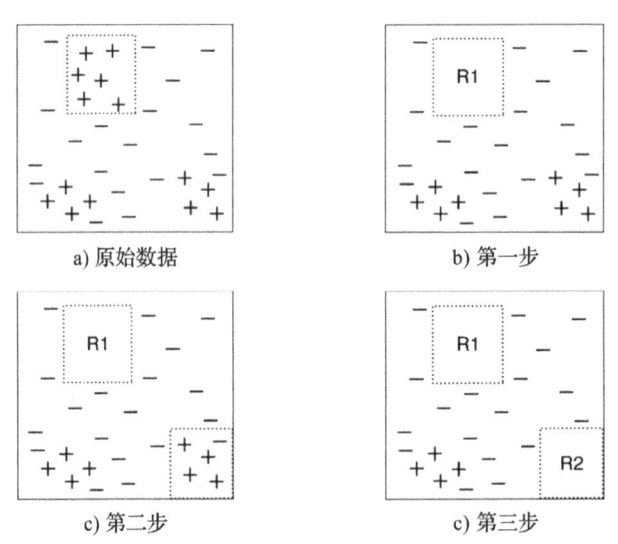

图 6-2　顺序覆盖算法执行过程图

2. 删除实例

删除实例是为了防止下一个规则与前面的规则相同（规则可能重复）。删除正实例是为了防止高估后面规则的准确率，确保下一个规则不同。删除负实例是为了防止过拟合错误训练集，防止低估后面规则的准确率。表 6-6～表 6-9 演示了建立基于规则的分类器时删除实例的过程。

表6-6 有脊椎动物数据集

名称	体温	表皮覆盖	胎生	水生动物	飞行动物	有腿	冬眠	类标号
人类	恒温	毛发	是	否	否	是	否	哺乳类
蟒蛇	冷血	鳞片	否	否	否	否	是	爬行类
鲑鱼	冷血	鳞片	否	是	否	否	否	鱼类
鲸	恒温	毛发	是	是	否	否	否	哺乳类
青蛙	冷血	无	否	半	否	是	是	两栖类
巨蜥	冷血	鳞片	否	否	否	是	否	爬行类
蝙蝠	恒温	毛发	是	否	是	是	是	哺乳类
鸽子	恒温	羽毛	否	否	是	是	否	鸟类
猫	恒温	软毛	是	否	否	是	否	哺乳类
虹鳟	冷血	鳞片	是	是	否	否	否	鱼类
美洲鳄	冷血	鳞片	否	半	否	是	否	爬行类
企鹅	恒温	羽毛	否	半	否	是	否	鸟类
豪猪	恒温	刚毛	是	否	否	是	是	哺乳类
鳗鲡	冷血	鳞片	否	是	否	否	否	鱼类
蝾螈	冷血	无	否	半	否	是	是	两栖类

从表6-6开始，当触发规则 $r1$：（胎生 = 否）∧（飞行动物 = 是）→ 鸟类时，删除所有的正例（鸽子），如表6-7所示。

表6-7 有脊椎动物数据集

名称	体温	表皮覆盖	胎生	水生动物	飞行动物	有腿	冬眠	类标号
人类	恒温	毛发	是	否	否	是	否	哺乳类
蟒蛇	冷血	鳞片	否	否	否	否	是	爬行类
鲑鱼	冷血	鳞片	否	是	否	否	否	鱼类
鲸	恒温	毛发	是	是	否	否	否	哺乳类
青蛙	冷血	无	否	半	否	是	是	两栖类
巨蜥	冷血	鳞片	否	否	否	是	否	爬行类
蝙蝠	恒温	毛发	是	否	是	是	是	哺乳类
猫	恒温	软毛	是	否	否	是	否	哺乳类
虹鳟	冷血	鳞片	是	是	否	否	否	鱼类
美洲鳄	冷血	鳞片	否	半	否	是	否	爬行类
企鹅	恒温	羽毛	否	半	否	是	否	鸟类
豪猪	恒温	刚毛	是	否	否	是	是	哺乳类
鳗鲡	冷血	鳞片	否	是	否	否	否	鱼类
蝾螈	冷血	无	否	半	否	是	是	两栖类

接下来，当触发规则 $r2$：（胎生 = 否）∧（水生动物 = 是）→ 鱼类时，删除所有的正例（鲑鱼、鳗鲡）。此时，存在的反例为虹鳟，我们同样将其删除，如表6-8所示。

表 6-8 有脊椎动物数据集

名称	体温	表皮覆盖	胎生	水生动物	飞行动物	有腿	冬眠	类标号
人类	恒温	毛发	是	否	否	是	否	哺乳类
蟒蛇	冷血	鳞片	否	否	否	否	是	爬行类
鲸	恒温	毛发	是	是	否	否	否	哺乳类
青蛙	冷血	无	否	半	否	是	是	两栖类
巨蜥	冷血	鳞片	否	否	否	是	否	爬行类
蝙蝠	恒温	毛发	是	否	是	是	是	哺乳类
猫	恒温	软毛	是	否	否	是	否	哺乳类
美洲鳄	冷血	鳞片	否	半	否	是	否	爬行类
企鹅	恒温	羽毛	否	半	否	是	否	鸟类
豪猪	恒温	刚毛	是	否	否	是	是	哺乳类
蝾螈	冷血	无	否	半	否	是	是	两栖类

然后，当触发规则 $r3$：（胎生 = 是）∧（体温 = 恒温）→ 哺乳类时，删除所有的正例（人类、鲸、猫、蝙蝠、豪猪），如表 6-9 所示。

表 6-9 有脊椎动物数据集

名称	体温	表皮覆盖	胎生	水生动物	飞行动物	有腿	冬眠	类标号
蟒蛇	冷血	鳞片	否	否	否	否	是	爬行类
青蛙	冷血	无	否	半	否	是	是	两栖类
巨蜥	冷血	鳞片	否	否	否	是	否	爬行类
美洲鳄	冷血	鳞片	否	半	否	是	否	爬行类
企鹅	恒温	羽毛	否	半	否	是	否	鸟类
蝾螈	冷血	无	否	半	否	是	是	两栖类

当触发规则 $r4$：（胎生 = 否）∧（飞行动物 = 否）→ 爬行类时，删除所有的正例（蟒蛇、巨蜥、美洲鳄），此时，存在的反例为企鹅，我们同样将其删除，如表 6-10 所示。

表 6-10 有脊椎动物数据集

名称	体温	表皮覆盖	胎生	水生动物	飞行动物	有腿	冬眠	类标号
青蛙	冷血	无	否	半	否	是	是	两栖类
蝾螈	冷血	无	否	半	否	是	是	两栖类

当触发规则 $r5$：（水生动物 = 半）→ 两栖类时，删除所有的正例（青蛙、蝾螈），表中所有实例被全部删除。

3. Learn-One-Rule 函数

Learn-One-Rule 函数的目标是提取一个分类规则，该规则覆盖训练集中的大量正例，没有或仅覆盖少量反例。然而，由于搜索空间呈指数大小，要找到一个最佳规则的计算开销很大。

Learn-One-Rule 函数通过一种贪心方式的增长规则来解决指数搜索问题。它产生一个初始规则 r，并不断对该规则求精，直到满足某种终止条件为止。然后，修剪该规则，以改进它的泛化误差。Learn-One-Rule 算法包括 4 个步骤：规则增长、规则评估、停止准则、规则剪枝。

（1）规则增长

常见的分类规则增长策略有两种：从一般到特殊和从特殊到一般。在从一般到特殊的策略中，先建立一个初始规则 $r:\{\} \to y$，其中左边是一个空集，右边包含目标类。该规则的质量很差，因为它覆盖训练集中的所有样例。接着，加入新的合取项来提高规则的质量，直到满足终止条件为止（例如，加入的合取项已不能提高规则的质量）。对于从特殊到一般的策略，可以随机地选择一个正例作为规则增长的初始种子。在求精步骤中，通过删除规则的一个合取项，使其覆盖更多的正例来范化规则。重复求精步骤，直到满足终止条件为止（例如，当规则开始覆盖反例时为止）。

由于规则以贪心的方式增长，以上方法可能会产生次优规则。为了避免这种问题，可以采用束状搜索（beam search）。算法维护 k 个最佳候选规则，各候选规则通过在其前件中添加或删除合取项而独立地增长。评估候选规则的质量，选出 k 个最佳候选进入下一轮迭代。

在表 6-11 所示的数据集中，规则增长（一般到特殊）中规则 r 的后件为（好瓜 = 是），前件从空开始，依次添加一个（属性，值），计算覆盖的部分记录编号及它的分类准确率。

表 6-11 示例数据集

编号	色泽	根蒂	敲声	纹理	脐部	触感	好瓜
1	青绿	蜷缩	浊响	清晰	凹陷	硬滑	是
2	乌黑	蜷缩	沉闷	清晰	凹陷	硬滑	是
3	乌黑	蜷缩	浊响	清晰	凹陷	硬滑	是
4	青绿	蜷缩	沉闷	清晰	凹陷	硬滑	是
5	浅白	蜷缩	浊响	清晰	凹陷	硬滑	是
6	青绿	稍蜷	浊响	清晰	稍凹	软黏	是
7	乌黑	稍蜷	浊响	稍糊	稍凹	软黏	是
8	乌黑	稍蜷	浊响	清晰	稍凹	硬滑	是
9	乌黑	稍蜷	沉闷	稍糊	稍凹	硬滑	否
10	青绿	硬挺	清脆	清晰	平坦	软黏	否
11	浅白	硬挺	清脆	模糊	平坦	硬滑	否
12	浅白	蜷缩	浊响	模糊	平坦	软黏	否
13	青绿	稍蜷	浊响	稍糊	凹陷	硬滑	否
14	浅白	稍蜷	沉闷	稍糊	凹陷	硬滑	否
15	乌黑	稍蜷	浊响	清晰	稍凹	软黏	否
16	浅白	蜷缩	浊响	模糊	平坦	硬滑	否
17	青绿	蜷缩	沉闷	稍糊	稍凹	硬滑	否

（2）规则评估

在规则的增长过程中，需要一种评估度量来确定应该添加（或删除）哪个合取项。准确率就是一个很明显的选择，因为它明确地给出了被规则正确分类的训练样例的比例。然而，把准确率作为标准的一个潜在的局限性是它没有考虑规则的覆盖率。例如，考虑一个训练集，它包含 60 个正例和 100 个反例。假设有如下两个候选规则：

- 规则 $r1$：覆盖 50 个正例和 5 个反例。
- 规则 $r2$：覆盖 2 个正例和 0 个反例。

$r1$ 和 $r2$ 的准确率分别为 90.9% 和 100%。然而，$r1$ 是较好的规则，尽管其准确率较低。$r2$ 的高准确率具有潜在的欺骗性，因为它的覆盖率太低了。

通过下面的方法可以处理该问题。

1）可以使用统计检验剪除覆盖率较低的规则。例如，我们可以计算下面的似然比（likelihood ratio）统计量：

$$R = 2\sum_{i=1}^{k} f_i \log(f_i / e_i)$$

其中，k 为类的个数，f_i 为被规则覆盖的类 i 的样本的观测频度，e_i 为规则做随机猜测的期望频度。注意，R 是满足自由度为 $k-1$ 的 χ_2 分布。R 值较大说明该规则做出的正确预测数显著地大于随机猜测的结果。简单理解就是当前规则分类效果相比随机效果值越大，说明规则越好。

2）Laplace 估计，公式如下：

$$\text{Laplace} = \frac{n_+ + 1}{n + k}$$

式中，k 为类的个数，n_+ 为被规则覆盖的正例数，n 为被规则覆盖的样例数。可以简单地将 Laplace 估计理解为准确率的平滑。

3）FOIL 信息增益。

信息增益是类似决策树的信息增益，规则的支持度计数对应于它所覆盖的正例数。假设规则 $r:A \to$ 覆盖 n_{0+} 个正例和 n_{0-} 个反例，增加新的合取项 B 后，扩展的规则 $r:B \to$ 覆盖 n_{1+} 个正例和 n_{1-} 个反例，此时扩展规则后 FOIL 信息增益定义为：

$$\text{FOIL}(r) = n_{1+} \times \left[\log_2 \frac{n_{1+}}{n_{1+} + n_{1-}} \log_2 \frac{n_{0+}}{n_{0+} + n_{0-}} \right]$$

两个对数值分别计算的是使用规则 1 后的数据熵值以及使用规则 2 后的数据熵值。该度量倾向于选择那些高覆盖率和高准确率的规则。

对于上面所说的示例，其他三个规则评估计算值如下所示。

1）似然比 LRS：

$$\text{LRS}(r_1) = 2 \times \left[50 \times \log_2 \frac{50}{55 \times 60/160} + 5 \times \log_2 \frac{5}{55 \times 100/160} \right] = 99.99$$

$$\text{LRS}(r_2) = 2 \times \left[2 \times \log_2 \frac{2}{2 \times 60/160} + 0 \times \log_2 \frac{0}{2 \times 100/160} \right] = 5.66$$

2）Laplace 估计：

$$\text{Laplace}(r_1) = \frac{50+1}{55+2} = 0.8947$$

$$\text{Laplace}(r_1) = \frac{2+1}{2+2} = 0.75$$

3）FOIL 信息增益：

$$\mathrm{FOIL}(r_1) = 50 \times \left[\log_2 \frac{50}{50+5} - \log_2 \frac{60}{60+100} \right] = 63.87$$

$$\mathrm{FOIL}(r_2) = 2 \times \left[\log_2 \frac{2}{2} - \log_2 \frac{60}{60+100} \right] = 2.83$$

（3）停止准则与规则剪枝

Learn-One-Rule 函数的停止条件为计算增益，如果增益不显著，则丢弃新规则。规则剪枝可以对 Learn-One-Rule 函数产生的规则进行剪枝，以改善它们的泛化误差。规则剪枝类似于决策树后剪枝，为降低错误剪枝，规则剪枝采取删除规则中合取项的措施，然后比较剪枝前后的错误率，如果降低了错误率，则剪掉该合取项。

4. RIPPER 算法

为了阐明规则提取的直接方法，考虑一种广泛使用的规则归纳算法，叫作 RIPPER 算法。该算法的复杂度几乎随训练样例的数目线性地增长，并且特别适合为类分布不平衡的数据集建立模型。RIPPER 也能很好地处理噪声数据集，因为它使用一个确认数据集来防止模型过分拟合。

对于二类问题，RIPPER 方法选定一个类为正类，另一个为负类，从正类学习规则，负类时缺省类。多类问题按类的大小（属于特定类的实例所占的比例）对诸类排序，从最小的类开始学习规则，其余类都看作负类对次小类学习规则，如此进行。如果从最大的类开始学习规则，在删除规则覆盖实例的过程中，就可能误删其他类的实例。RIPPER 方法规则增长由空规则开始，只要能够提高 FOIL 信息增益，就增加一个合取项，当规则不再覆盖负实例时就停止（该规则都是正类）。剪枝度量 $v=(p-n)/(p+n)$，其中 p 是验证集中被规则覆盖的正实例数，n 是验证集中被规则覆盖的负实例数。如果剪掉合取项可以提高 v 就剪枝。

（1）规则增长

RIPPER 算法使用从一般到特殊的策略进行规则增长，使用 FOIL 信息增益来选择最佳合取项添加到规则前件中。当规则开始覆盖反例时，停止添加合取项。新规则根据其在确认集上的性能进行剪枝。计算下面的度量来确定规则是否需要剪枝：$(p-n)/(p+n)$，其中 p 和 n 分别是被规则覆盖的确认集中的正例和反例数目。关于规则在确认集上的准确率，该度量是单调的。如果剪枝后该度量增加，那么就去掉该合取项。剪枝是从最后添加的合取项开始的。例如给定规则 $ABCD \rightarrow y$，RIPPER 算法先检查 D 是否应该剪枝，然后是 CD、BCD 等。尽管原来的规则仅覆盖正例，但是剪枝后的规则可能会覆盖训练集中的一些反例。

（2）建立规则集

规则生成后，它覆盖的所有正例和反例都要被删除。只要该规则不违反基于最小描述长度的终止条件，就把它添加到规则集中。如果新规则把规则集的总描述长度增加了至少 d 个比特，那么 RIPPER 就停止把该规则加入到规则集（默认的 d 是 64 比特）。RIPPER 使用的另一个终止条件是规则在确认集上的错误率不超过 50%。

RIPPER 算法也采用其他优化步骤来决定规则集中现存的某些规则能否被更好的规则替代。

5. 规则提取的间接方法

这是一种由决策树生成规则集的方法。原则上，决策树从根节点到叶节点的每一条路径都可以表示为一个分类规则。路径中的测试条件构成规则前件的合取项，叶节点的类标号赋给规则后件。注意，规则集是完全的，包含的规则是互斥的。

如图 6-3 所示,当 Q 是 Yes 时,总是预测正类,那么可以把规则简化为 Q=Yes → +。

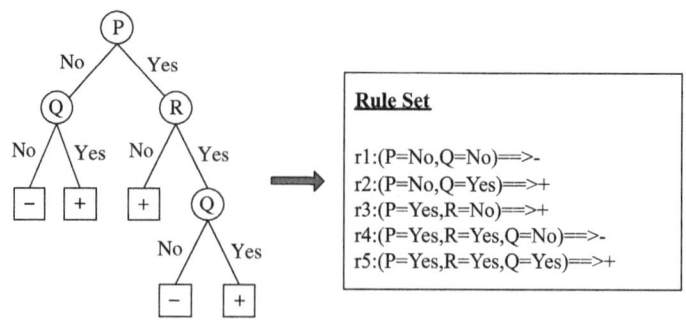

图 6-3 决策树规则提取示意图

(1) 规则产生

决策树中从根节点到叶节点的每一条路径都产生一条分类规则。给定一个分类规则 $r: A \to y$,考虑简化后的规则 $r': A' \to y$,其中 A' 是从 A 去掉一个合取项后得到的。只要简化后规则的误差率低于原规则的误差率,就保留其中悲观误差率最低的规则。重复规则剪枝步骤,直到规则的悲观误差不能再改进为止。由于某些规则在剪枝后会变得相同,因此必须丢弃重复规则。

(2) 规则排序

产生规则集后,C4.5 规则算法使用基于类的排序方案对提取的规则定序。预测同一个类的规则分到同一个子集中。计算每个子集的总描述长度,然后各类按照总描述长度由小到大排序。具有最小描述长度的类优先级最高,因为期望它包含最好的规则集。类的总描述长度等于 Lexception+g×Lmodel,其中 Lexception 是对误分类样例编码所需的比特数,Lmodel 是对模型编码所需要的比特数,而 g 是调节参数,默认值为 0.5。调节参数的值取决于模型中冗余属性的数量,如果模型含有很多冗余属性,那么调节参数的值很小。

6.1.5 规则分类的特点

基于规则的分类器有如下特点:

1) 规则集的表达能力几乎等价于决策树,因为决策树可以用互斥和穷举的规则集表示。基于规则分类器和决策树分类器都对属性空间进行直线划分,并将类指派到每个划分。然而,如果基于规则的分类器允许一条记录触发多条规则的话,就可以构造一个更加复杂的决策边界。

2) 基于规则的分类器通常用来产生更易于解释的描述性模型,而模型的性能可与决策树分类器相媲美。

3) 被很多基于规则的分类器(如 RIPPER)所采用的基于类的规则定序方法非常适合处理类分布不平衡的数据集。

6.2 急切学习与惰性学习

急切学习方法也叫作积极学习方法,这种学习方法是指在利用算法进行判断之前,先利用训练集数据通过训练得到一个目标函数,在需要进行判断时利用已经训练好的函数进行决策。这种方法在开始的时候需要进行一些工作，到后期使用时会很方便。例如，以决策树为例，通过决策树进行判断之前，先通过对训练集的训练建立起一棵树。假设要利用决策树判断一个新发现的物种是否为哺乳动物，首先根据已知的训练集进行训练，提炼出哺乳动物的各种特征，这就是一个建立模型的过程；模型建立好之后，需要对新物种进行判断时，只需要按照训练好的模型对照新物种逐一对比，就能很容易地得到判断结果。急切学习（eager learner）包括两个步骤：①归纳，②演绎。

惰性学习（lazy learner）则把训练数据建模过程推迟到需要对样本分类时。例如，Rote-learner（死记硬背）记住所有的训练数据，仅当记录的属性值与一个训练记录完全匹配才对它分类。最近邻（nearest neighbor）使用"最近"的 k 个点（最近邻）进行分类。

惰性学习方法也叫作消极学习方法，这种学习方法在开始的时候不会根据已有的样本创建目标函数，只是简单地把训练用的样本存储好，后期需要对新的样本进行判断时才开始分析新样本与已存在的训练样本之间的关系，并据此确定新实例（新进入样本）的目标函数值。例如，消极学习的典型算法 k-NN，不会根据训练集主动学习或者拟合出一个函数来对新的样本进行判断，而是单纯地记住训练集中所有的样本。它并没有像决策树那样先对训练集数据进行训练得出一套规则，所以它实际上没有所谓的"训练"过程，而是在需要进行预测时从自己的训练集样本中查找与新样本最相似的样本，即寻找最近邻来获得预测结果。

急切学习方法在训练时考虑到了训练集中所有数据，训练时间比较长，有新样本时进行判断决策的时间短，但也是由于这个原因，做增量拓展的时候比较慢。惰性学习方法几乎没有训练时间，在对新样本做判断时计算开销大，时间长，但是天生支持增量学习。

6.3 最近邻分类器

6.3.1 最近邻算法的定义

最近邻算法是一种基于实例的学习，或者是局部近似和将所有计算推迟到分类之后的惰性学习。如图 6-4 和图 6-5 所示，最近邻算法的工作原理是存在一个样本数据集合，也称作训练样本集，并且样本集中每个数据都存在标签，即我们知道样本集中每一数据与所属分类的对应关系。输入没有标签的新数据后，将新数据的每个特征与样本集中数据对应的特征进行比较，然后算法提取样本集中特征最相似数据（最近邻）的分类标签。最近邻分类器的基本思想可以通俗地描述为"如果走路像鸭子，叫声像鸭子，看起来还像鸭子，那么它很可能就是一只鸭子"。最近邻算法要求存放训练记录，计算记录间距离的度量，并计算最近邻数 k 值。对未知记录分类依靠计算域各训练记录的距离，找出 k 个最近邻，使用最近邻的类标号决定未知记录的类标号（例如，多数表决）。

图 6-4 最近邻分类器基本思想的形象化表示

在分类阶段，k 是一个用户定义的常数。一个没有类别标签的向量（查询或测试点）将被归类为最接近该点的 k 个样本点中最频繁使用的一类。

一般情况下，将欧氏距离作为距离度量，但是这只适用于连续变量。在文本分类这种离散变量情况下，另一个度量——重叠度量（或海明距离）可以用来作为度量。如图6-6所示，对于基因表达微阵列数据，k-NN 也可以与 Pearson 和 Spearman 相关系数结合使用。通常情况下，如果运用一些特殊的算法来计算度量的话，k 近邻分类精度可显著提高，如运用大间隔最近邻居或者邻里成分分析法。

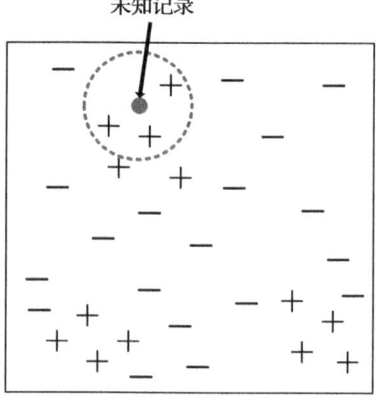

图 6-5 最近邻分类器的基本思想

"多数表决"分类会在类别分布偏斜时出现缺陷。也就是说，出现频率较多的样本将会主导测试点的预测结果，因为它们很可能出现在测试点的 k 邻域，而测试点的属性又是通过 k 邻域内的样本计算出来的。解决这个缺点的方法之一是在进行分类时将样本到 k 个近邻点的距离考虑进去。k 近邻点中每一个的分类（对于回归问题来说，是数值）都乘以与测试点之间距离的成反比的权重。另一种克服偏斜的方式是通过数据表示形式的抽象。例如，在自组织映射（SOM）中，每个节点是相似的点的一个集群的代表（中心），而与它们在原始训练数据的密度无关。

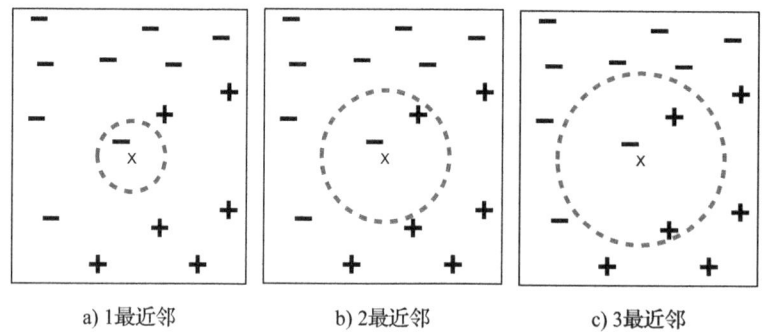

a) 1最近邻　　　　b) 2最近邻　　　　c) 3最近邻

图 6-6 记录 x 的 K 最近邻是与 x 之间距离最小的 k 个训练数据点

6.3.2 K最近邻分类算法

最近邻算法是比较简单的一种机器学习算法。一般来说，我们只选择样本数据集中前 k 个最相似的数据，这就是 k 近邻算法中 k 的出处，通常 k 是不大于20的整数。最后，选择 k 个最相似数据中出现次数最多的分类，作为新数据的分类。K 最近邻分类算法的流程如下所示：

1：令 k 是最近邻数目，D 是训练实例的集合
2：for 每个测试样例 $z=(x',y')$ do
3：　　计算 z 和每个样例 $(x,y)\in D$ 之间的距离 $d(x',x)$
4：　　选择离 z 最近的 k 个训练样例的集合 $D_z\subseteq D$
5：　　$y'=\underset{v}{\operatorname{argmax}}\sum_{(x_i,y_i)\in D_z}I(v=y_i)$
6：end for

距离加权表决：$y'=\underset{v}{\operatorname{argmax}}\sum_{(x_i,y_i)\in D_z}w_i\times I(v=y_i)$

其中，第3步计算开销大，可以用两种特殊的数据结构提前对训练集进行优化存储，分别是 Kd-Tree 和 Kd-Ball。如图 6-7 所示，对于 k 值的选择，如果 k 太小，则对噪声点敏感；如果 k 太大，邻域可能包含很多其他类的点。对于定标问题（规范化），属性可能需要规范化，防止距离度量被具有很大值域的属性所影响。

KNN 是机器学习中相对简单的一个入门算法，它的原理简单，但使用时需要存储大量样本（即使有数据精简），而且计算成本很高。它没有显式的训练过程，是一种"懒惰学习"算法。这个算法最初由 Cover 和 Hart 于 1968 年提出，虽然历史久远，但是仍能应用于当今的很多实际问题上，并且性能不差：它的泛化错误率不超过贝叶斯最优分类器错误率的 2 倍。

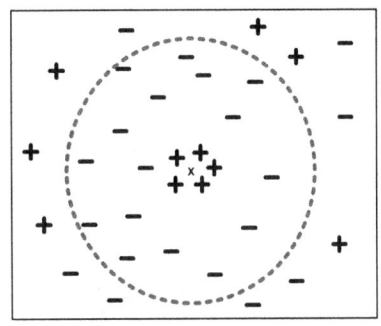

图 6-7　k 值选择对于分类结果的影响

6.4　本章小结

本章主要分为两个部分，首先通过对基于规则的分类器的介绍，讲解了基于规则的分类器的特征及建立方法等，梳理了规则分类的特点；其次，通过区分急切学习与惰性学习，引出了常用的惰性学习模型——最近邻分类器。

第 7 章
回归算法

扫码观看知识点讲解

回归算法是监督型算法的一种,通过利用训练集数据来建立模型,再利用这个模型测试集中的数据进行处理。线性回归旨在找到线性函数,这个线性函数到达所有样本点的距离之和是最小的,常用在预测和分类领域。

7.1 线性回归的案例:房价预测

假如有一个房屋价格的数据如表 7-1 所示。

表 7-1　房屋价格销售表

面积(m^2)	销售价钱(万元)	面积(m^2)	销售价钱(万元)
123	250	102	220
150	320	…	…
87	160		

对于上述数据,我们可以用一条直线去尽量准确地拟合这些数据,从而找到房屋面积与房价之间的因果关系:直线的斜率就是每平方米的销售价格,如图 7-1 所示。

具体地,实际房屋销售问题中对应的相关概念如表 7-2 所示。其中,房屋销售记录表作为训练集或者训练数据,一般为模型的输入数据;训练数据由一组输入和输出数据组成;房屋的销售价格为模型的输出数据;拟合出的函数表示房屋销售价格与房屋销售记录之间的关系。

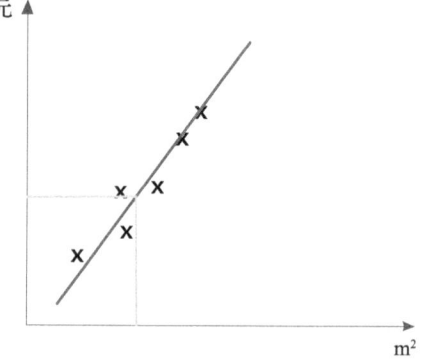

图 7-1　房屋面积与房价之间的因果关系

表 7-2　实际房屋销售问题中对应的相关概念

房屋销售记录表	训练数据的条目数	房屋销售价格	拟合的函数(假设或者模型)
训练集或者训练数据,是我们流程中的输入数据,一般称为 x	一条训练数据是由一对输入数据和输出数据组成的,输入数据的维度 n(特征的个数,#features)	输出数据,一般称为 y	一般写作 $y = h(x)$

7.2 线性回归算法

7.2.1 线性回归的提出

1. 回归分析

如果把一些因素（房屋面积）作为自变量，另一些随自变量的变化而变化的变量作为因变量（房价），研究它们之间的非确定因果关系，这种分析就称为回归分析。

回归分析是研究一个或多个自变量与一个因变量之间是否存在某种线性关系或非线性关系的统计学方法。

2. 回归问题的来源

英国著名的统计学家F.Galton研究了1078对夫妇及其一个成年儿子的身高关系。他们以儿子的身高作为纵坐标、夫妇的平均身高为横坐标作散点图，结果发现二者的关系近似于一条直线。经计算得到了如下方程：

$$y = 0.8567 + 0.516x$$

于是，Galton引进"回归"(regression)一词来表达这种方程关系。

7.2.2 线性回归建模

线性回归假设特征和结果满足线性关系，一元线性回归问题的函数关系可表示为：

$$y = a + bx$$

根据上式，在确定 a、b 的情况下，给定一个 x 值，我们就能够得到一个确定的 y 值，但根据上式得到的 y 值与实际的 y 值存在一个误差。a、b 为参数（parameter），或称回归系数（regression coefficient）。

模型刻画

针对具体问题，用什么样的线性关系刻画更好呢？用什么样的方法刻画点与直线的距离更方便有效？

设直线方程为 $y=a+bx$，样本点 $A(x_i, y_i)$。

方法一 点到直线的距离公式如下（见图7-2）：

$$d = \frac{|bx_i - y_i + a|}{\sqrt{b^2 + 1}}$$

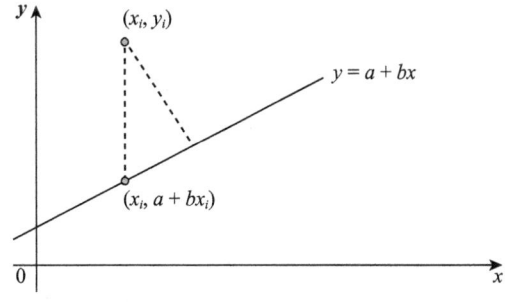

图7-2 点到直线距离求解示意图

方法二 使用以下公式：

$$d = [y_i - (a + bx_i)]^2$$

显然，方法二能有效地表示点 A 与直线 y=a+bx 的距离，而且比方法一更容易计算，所以我们用它来表示二者之间的接近程度。

7.2.3 最小二乘法

❑ 基本思想：保证直线与所有点都近。
❑ 详细做法：

若有 n 个样本点 (x_1, y_1)，…，(x_n, y_n)，可以用下面的表达式来刻画这些点与直线 y=a+bx 的接近程度：

$$[y_1 - (a + bx_1)]^2 + \cdots + [y_n - (a + bx_n)]^2$$

使上式达到最小值的直线 y=a+bx 就是所求的直线，这种方法称为最小二乘法。

如果用 $\bar{x}$ 表示 $\frac{x_1 + x_2 + \cdots + x_n}{n}$，用 $\bar{y}$ 表示 $\frac{y_1 + y_2 + \cdots + y_n}{n}$ 则可得到：

$$b = \frac{x_1 y_1 + \cdots + x_n y_n - n\bar{x}\,\bar{y}}{x_1^2 + \cdots + x_n^2 - n\bar{x}^2}, a = \bar{y} - b\bar{x}$$

【例 7.1】从某大学随机选出 8 名女大学生，其身高和体重数据如表 7-3 所示。

表 7-3 身高与体重数据

编号	1	2	3	4	5	6	7	8
身高 /cm	165	165	157	170	175	165	155	170
体重 /kg	48	57	50	54	64	61	43	59

求根据一名女大学生的身高预测体重的回归方程，并预测身高为 172cm 的女大学生的体重。

解答：

身高 y 为自变量，体重 x 为因变量。

利用最小二乘法，计算 a=85.172，则 b=0.849，y=0.849x−85.172，故身高 172cm 的女大学生体重为：

$$\hat{y} = 0.849 \times 172 - 85.712 = 60.316 \text{（kg）}$$

图 7-3 所示为体重与身高之间的关系图。

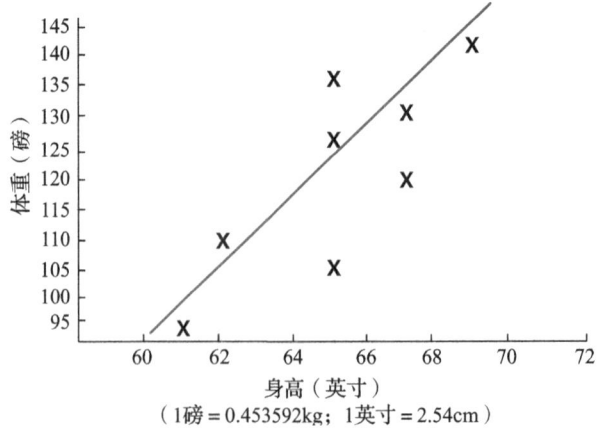

（1磅 = 0.453592kg；1英寸 = 2.54cm）

图 7-3 体重与身高之间的关系

7.3 优化求解方法

7.3.1 梯度下降

梯度的本意是一个向量（矢量），表示某一函数在该点处的方向导数沿着该方向取得最大值，即函数在该点处沿着该方向（此梯度的方向）变化最快，变化率最大（为该梯度的模）。

梯度下降的基本思想是向着梯度的反方向调整，步长不能太大，也不能太小，公式为：

$$\Theta^1 = \Theta^0 - \alpha \nabla J(\Theta)$$

图 7-4 给出了梯度下降的示意图。

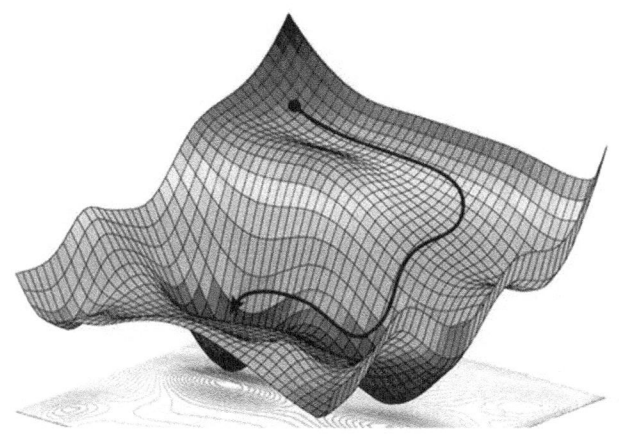

图 7-4 梯度下降示意图（见彩插）

7.3.2 梯度下降法求解

下面介绍在不同情况下，梯度下降法求解的步骤。

情况一：当误差对权值的偏导数小于零时，权值调整量为正，实际输出少于期望输出，权值向增大方向调整，使得实际输出与期望输出的差减少（见图 7-5）。

$$\frac{\partial e}{\partial W_{ho}} < 0 \ (\Delta W_{ho} > 0)$$

情况二：当误差对权值的偏导数大于零时，权值调整量为负，实际输出大于期望输出，权值向减小方向调整，使得实际输出与期望输出的差减少（见图 7-6）。

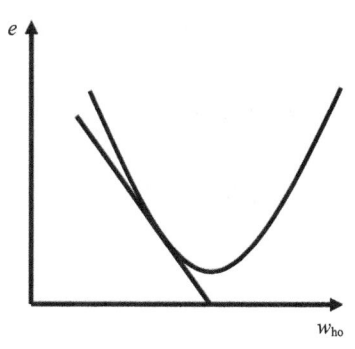

图 7-5 情况一示意图

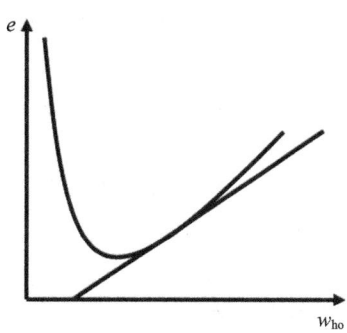

图 7-6 情况二示意图

$$\frac{\partial e}{\partial W_{ho}} > 0 \quad (\Delta W_{ho} < 0)$$

下面给出梯度下降法求解的两个示例。

【例 7.2】

原函数：$J(\Theta) = \theta^2$

函数的微分：$J'(\Theta) = 2\theta$

初始条件：$\Theta^0 = 1, \alpha = 0.4$

调整过程：

$$\theta^0 = 1$$
$$\theta^1 = \theta^0 - \alpha * J'(\theta^0)$$
$$\quad = 1 - 0.4 * 2$$
$$\quad = 0.2$$
$$\theta^2 = \theta^1 - \alpha * J'(\theta^1)$$
$$\quad = 0.04$$
$$\theta^3 = 0.008$$
$$\theta^4 = 0.0016$$

【例 7.3】

原函数：$J(\Theta) = \theta_1^2 + \theta_2^2$

函数的微分：$\nabla J(\Theta) = <2\theta_1, 2\theta_2>$

初始条件：$\Theta^0 = (1, 3), \alpha = 0.1$

调整过程：

$$\Theta^0 = (1, 3)$$
$$\Theta^1 = \Theta^0 - \alpha \nabla J(\Theta)$$
$$\quad = (1, 3) - 0.1(2, 6)$$
$$\quad = (0.8, 2.4)$$
$$\Theta^2 = (0.8, 2.4) - 0.1(1.6, 4.8)$$
$$\quad = (0.64, 1.92)$$
$$\Theta^3 = (0.512, 1.536)$$
$$\Theta^4 = (0.4096, 1.2288000000000001)$$
$$\vdots$$
$$\Theta^{10} = (0.10737418240000003, 0.32212254720000005)$$
$$\vdots$$
$$\Theta^{50} = (1.1417981541647683e^{-05}, 3.425394462494306e^{-05})$$
$$\vdots$$
$$\Theta^{100} = (1.6296287810675902e^{-10}, 4.888886343202771e^{-10})$$

求解过程如图 7-7 所示。

7.3.3 学习率分析

学习率的作用是指导我们在梯度下降法中，如何使用损失函数的梯度调整网络权重的超参数。

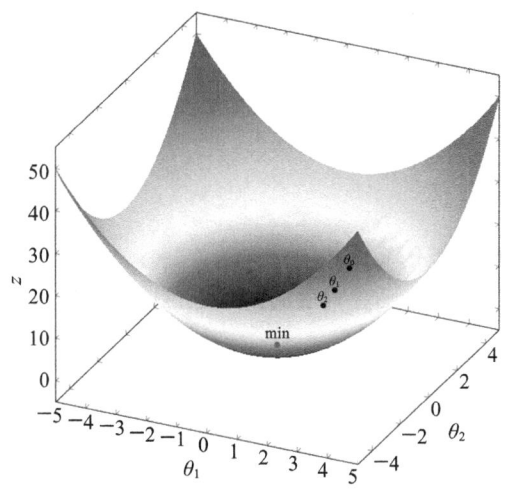

图 7-7 求解示意图

如果学习率过小,损失函数的变化速度很慢,会大大增加网络的收敛复杂度,并且很容易被困在局部最小值或者鞍点,如图 7-8 所示。

如果学习率过大,可能会使损失函数直接越过全局最优点,此时表现为 loss 过大,如图 7-9 所示。

图 7-8 学习率过小,收敛速度太慢　　图 7-9 学习率过大,不会收敛

7.3.4 梯度下降法收敛

梯度下降法不能保证一定收敛到全局最优值,如图 7-10 所示,θ_1 对应的值为局部最优,并不是全局最优。

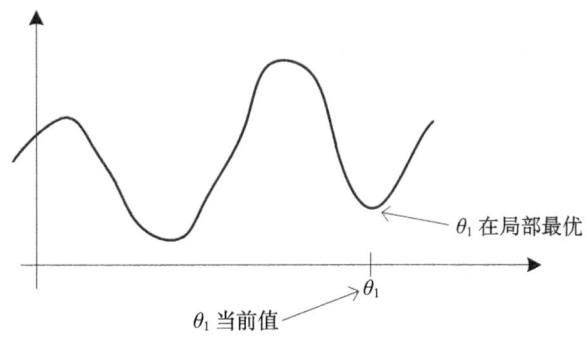

图 7-10 梯度下降法收敛示意图

其中，参数 θ_1 的计算公式如下：

$$\theta_1 := \theta_1 - \alpha \frac{\mathrm{d}}{\mathrm{d}\theta_1} J(\theta_1)$$

7.3.5 梯度下降法的变体

1. 自动调整学习率的梯度下降法

如图 7-11 所示，学习率 α 会随着梯度的大小进行调整，以适应不同的梯度。

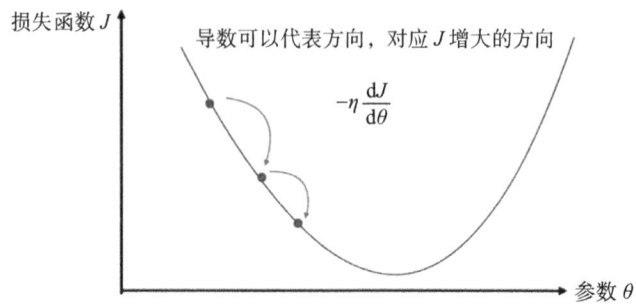

图 7-11 自动调整学习率的梯度下降法

$$\theta_1 := \theta_1 - \alpha \frac{\mathrm{d}}{\mathrm{d}\theta_1} J(\theta_1)$$

其中，α 为学习率随梯度大小调整。

2. 批处理梯度下降法

批处理梯度下降法的优点是由全数据集确定的方向能够更好地代表样本总体，从而更准确地朝向极值所在的方向，易并行。缺点是当样本数目 m 很大时，每迭代一步都需要计算所有样本，训练过程会很慢。

算法流程如下：

```
Repeat until convergence {
    θ_j := θ_j + α ∑_{i=1}^{m} (y^{(i)} - h_θ(x^{(i)})) x_j^{(i)}   (for every j)
}
```

3. 随机梯度下降法

随机梯度下降法的优点是每一轮参数更新快；缺点是准确度下降，可能会收敛到局部最优，不易于并行。

算法流程如下：

```
Loop {
    for i = 1 to m, {
        θ_j := θ_j + α(y^{(i)} - h_θ(x^{(i)})) x_j^{(i)}   (for every j)
    }
}
```

7.4 逻辑回归

7.4.1 逻辑回归函数

1838 年,比利时学者 Verhulst 首次提出逻辑回归函数。1920 年,美国学者 Bearl & Reed 在研究果蝇的繁殖时使用该函数,并在人口估计和预测中推广使用。

从图 7-12 可以看出,逻辑回归函数的值域为 [0, 1],逻辑回归函数形式如下:

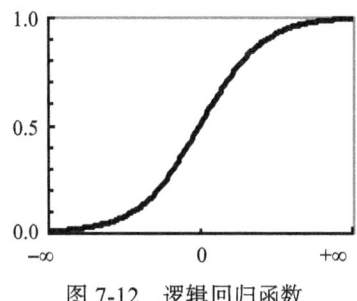

图 7-12 逻辑回归函数

$$f(x) = \frac{e^x}{1+e^x}$$

用 $p_i = P(y_i = 1 | x_{i1}, x_{i2}, \cdots, x_{ip})$ 作为因变量,得到逻辑回归模型,p_i 的公式表达如下:

$$p_i = \frac{\exp(\alpha + \beta_1 x_{i1} + \beta_2 x_{i2} + \cdots + \beta_p x_{ip})}{1 + \exp(\alpha + \beta_1 x_{i1} + \beta_2 x_{i2} + \cdots + \beta_p x_{ip})}$$

$$\ln \frac{p_i}{1-p_i} = \alpha + \beta_1 x_{i1} + \beta_2 x_{i2} + \cdots + \beta_p x_{ip}$$

7.4.2 逻辑回归的特点

在机器学习领域,分类的目标是指将具有相似特征的对象聚集起来。一个线性分类器通过特征的线性组合来做出分类决定,以达到目标。对象的特征通常被描述为特征值,在向量中则描述为特征向量,线性分类如图 7-13 所示。

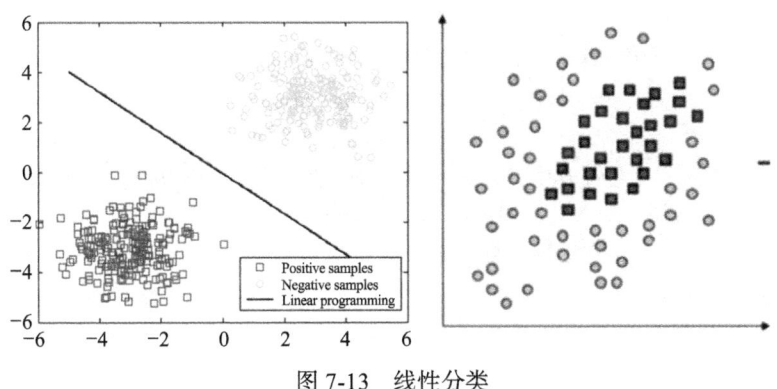

图 7-13 线性分类

Logit 变换(见图 7-14)的定义如下:

$$\text{Logit}(p_i) = \ln \frac{p_i}{1-p_i}$$

得到:

$$\text{Logit}(p_i) = \alpha + \beta_1 x_{i1} + \beta_2 x_{i2} + \cdots + \beta_p x_{ip} + \varepsilon_i$$

Logit 变换的特点如下:

1)当 $\text{Logit}(p_i) = \ln \frac{p_i}{1-p_i} \in (0, +\infty)$ 时,属于正类变换。

2）当 $\text{Logit}(p_i) = \ln \dfrac{p_i}{1-p_i} \in (-\infty, 0)$ 时，属于负类变换。

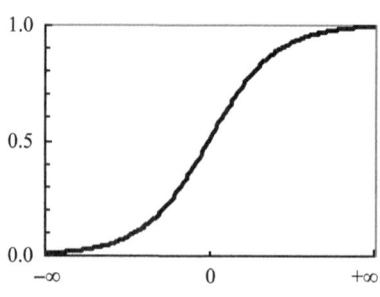

图 7-14 Logit 变换特点曲线

7.4.3 优势比

优势比（Odds Ratio，OR）是流行病学中衡量危险因素作用大小的比例指标，计算公式为：

$$OR_j = \frac{P_1/(1-P_1)}{P_0/(1-P_0)}$$

即表示自变量变化以后，发病概率的变化情况。式中的 p_1 和 p_0 分别为在第 j 个特征 X_j 取值为 c_1 及 c_0 时的发病概率；OR_j 称作多变量调整后的优势比，表示扣除了其他自变量影响后危险因素的作用。

对比某一危险因素在两个不同暴露水平 $X_j = c_i$ 与 $X_j = c_0$ 的发病情况（假定其他因素的水平相同），其优势比的自然对数为：

$$\begin{aligned}
\ln OR_j &= \ln \left[\frac{\dfrac{P_1}{1-P_1}}{\dfrac{P_0}{1-0}} \right] = \text{logit}P_1 - \text{logit}P_0 \\
&= \left(\beta_0 + \beta_j c_1 + \sum_{t \neq j}^{m} \beta_t X_t \right) - \left(\beta_0 + \beta_j c_0 + \sum_{t \neq j}^{m} \beta_t X_t \right) \\
&= \beta_j (c_1 - c_0)
\end{aligned}$$

即 $OR_j = \exp[\beta_j(c_1 - c_0)]$。

若

$$X_j = \begin{cases} 1 & \text{暴露} \\ 0 & \text{非暴露} \end{cases}, \quad c_1 - c_0 = 1$$

则有

$$OR_j = \exp\beta_j, \quad \beta_j \begin{cases} = 0 & \text{当 } OR_j = 1, \text{无作用} \\ > 0 & \text{当 } OR_j > 1, \text{危险因子} \\ < 0 & \text{当 } OR_j < 1, \text{保护因子} \end{cases}$$

【例 7.4】 主妇工作状态对家庭收入的影响。

如表 7-4 所示，在一个具有 17 个家庭的样本里，有 3 家的收入为 10 000 元，5 家的收入为 11 000 元，9 家的收入为 12 000 元。在收入为 10 000 元的家庭里，1 个主妇不工作，2 个主妇工作；在收入为 11 000 元的家庭里，1 个主妇不工作，4 个主妇工作；在收入为 12 000 元的家庭里，1 个主妇不工作，8 个主妇工作。

表 7-4 主妇工作状态对家庭收入的影响

收入（千元）	主妇工作状态		总计
	0（不工作）	1（工作）	
10	1	2	3
11	1	4	5
12	1	8	9
总计	3	14	17

解答：

$$OR_j = \frac{P_1/(1-P_1)}{P_0/(1-P_0)}$$

X 分别取 10 和 11 时，odd= 收入为 11 的人数 / 收入为 10 的人数 =4/2=2；X 分别取 12 和 11 时，odd= 收入为 12 的人数 / 收入为 11 的人数 =8/4=2。

收入每增加 1 个单位，主妇工作的 odd 增加到原来的 2 倍，说明收入对工作状态有正关系，收入越高，工作概率越高。

7.4.4 逻辑回归参数估计

【例 7.5】根据表 7-5，建立冠心病的逻辑回归模型。

表 7-5 冠心病 8 个可能的危险因素与赋值

因素	变量名	赋值说明
年龄/岁	X_1	小于 45=1，45~54=2，55~64=3，大于 65=4
高血压史	X_2	无=0，有=1
高血压家族史	X_3	无=0，有=1
吸烟	X_4	不吸=0，吸=1
高血脂史	X_5	无=0，有=1
动物脂肪摄入	X_6	低=0，高=1
体重指数（BMI）	X_7	小于 24=1,24-26=2,大于 26=3
A 型性格	X_8	无=0，有=1
冠心病	Y	对照=0，病例=1

表 7-5 中各变量的实际对应值见表 7-6。

表 7-6 各变量实际对应的数值

序号	X_1	X_2	X_3	X_4	X_5	X_6	X_7	X_8	Y
1	3	1	0	1	0	0	1	1	0
2	2	0	1	1	0	0	1	0	0
3	2	1	0	1	0	0	1	0	0
4	2	0	0	1	0	0	1	0	0

(续)

序号	X_1	X_2	X_3	X_4	X_5	X_6	X_7	X_8	Y
5	3	0	0	1	0	1	1	1	0
6	3	0	1	1	0	0	2	1	0
7	2	0	1	0	0	0	1	0	0
8	3	0	1	1	1	0	1	0	0
9	2	0	0	0	0	0	1	1	0
10	1	0	0	1	0	0	1	0	0
…	…	…	…	…	…	…	…	…	…
51	2	0	1	1	0	1	2	1	1
52	2	1	1	1	0	0	2	1	1
53	2	1	0	1	0	0	1	1	1
54	3	1	1	0	1	0	3	1	1

根据表 7-6 即可以建立冠心病的逻辑回归模型。

【例 7.6】 某医院为了研究导致手术切口感染的原因，收集了 295 例手术患者的情况。其中，手术时间小于或等于 5h 的有 242 例，感染者 13 例；手术时间大于 5h 的有 53 例，感染者 7 例，如表 7-7 所示。试建立手术切口感染（y）关于手术时间（x）的逻辑回归模型。

表 7-7 手术时间与感染数据

y \ x	1（>5h）	0（≤5h）
1（感染）	7	13
0（未感染）	46	229
总和	53	242

逻辑回归参数估计方法如下：记一个实际观测值 $y_i(i=1,2,\cdots,n)$ 的概率为 $P(y_i) = p_i^{y_i}(1-p_i)^{1-y_i}$，则似然函数为 $L = \prod_{i=1}^{n} p(y_i) = \prod_{i=1}^{n} p_i^{y_i}(1-p_i)^{1-y_i}$，两边取对数，得

$$\ln L = \sum_{i=1}^{n}[y_i \ln p_i + (1-y_i)\ln(1-p_i)] = \sum_{i=1}^{n}\left[y_i \ln \frac{p_i}{1-p_i} + \ln(1-p_i)\right]$$

最后得到：

$$\ln L = \sum_{i=1}^{n}[y_i(\alpha + \beta x_i) - \ln(1+\exp(\alpha + \beta x_i))]$$

当使 $\ln L$ 取得最大值时，$-\dfrac{1}{m}\ln L$ 最小时，利用前述梯度下降法估计参数值即为所求。

7.4.5 逻辑回归正则化

问题引入（见图 7-15）：$w_1 x_1 + w_2 x_2 + w_0 = 0$ 对应于平面的一根直线，下述两个公式描述同一条直线，哪个描述的效果更好？

$$0.5x_1 + 0.4x_2 + 0.3 = 0$$
$$5x_1 + 4x_2 + 3 = 0$$

w 在数值上越小越好，因为这样能更好地抵抗数据的扰动。重写常用的均方误差函数，λ 是 w 的权重。

$$E = \sum_{i=1}^{n} \left(y_i - \frac{1}{1 + e^{-(w_1 x_{i1} + w_2 x_{i2} + w_0)}} \right)^2 + \lambda L_1$$

$$E = \sum_{i=1}^{n} \left(y_i - \frac{1}{1 + e^{-(w_1 x_{i1} + w_2 x_{i2} + w_0)}} \right)^2 + \lambda L_2$$

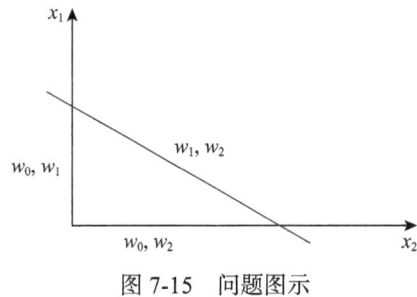

图 7-15　问题图示

其中，正则化表达式为

$$L_1 = \sum_{i=0}^{m} |w_i|$$

$$L_2 = \sum_{i=0}^{m} w_i^2$$

惩罚项：若学习到大权值使得误差减小，但是加上正则化式子以后会使上面 E 值变大。因此，最小化 E 值使求解的权值尽可能小。

由此可以得到以下结论（如图 7-16 所示）：

- L_1 倾向于使得 w 要么取 1，要么取 0 稀疏编码。
- L_2 倾向于使得 w 整体偏小岭回归。

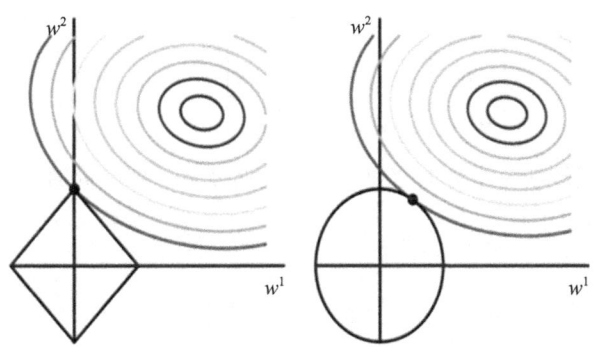

图 7-16　L_1 和 L_2 倾向值示意图

它们的适用场景如下：

- L_1 适合降低维度。
- L_2 也称为岭回归，有很强的概率意义。

7.4.6　逻辑回归数值优化

【例 7.7】　找出某个地区的生态环境和动物数量的关系（见表 7-8）。

表 7-8　动物数量表格

老虎数量	麻雀数量	是否污染
2	50 640	1
3	55 640	0

(续)

老虎数量	麻雀数量	是否污染
1	62 020	0
0	54 642	1

分析过程：

1）各个维度的输入如果在数值上差异很大，那么会引起正确的 w 在各个维度上数值差异很大。

2）寻找 w 的时候，对各个维度的调整基本上是按照同一个数量级来进行。

可见，上述两个结论发生了矛盾。

解决方法：

引入 Logistic 函数，计算误差函数具体权重的数值，计算过程如下：

$$f(x) = \frac{e^x}{1+e^x}$$

$$E = \sum_{i=1}^{n}\left(y_i - \frac{1}{1+e^{-(w_1 x_{i1} + w_2 x_{i2} + w_0)}}\right)^2$$

$$\frac{\partial E}{\partial w} = -\sum_{i=1}^{n} 2\left(y_i - \frac{1}{1+e^{-w^T x_i}}\right) \frac{e^{-w^T x_i}}{(1+e^{-w^T x_i})} x_i$$

$$w^{t+1} = w^t + \alpha \frac{\partial E}{\partial w} = w^t + \alpha A x_i$$

$$\begin{pmatrix} w^{t0+1} \\ w^{t1+1} \\ w^{t2+1} \end{pmatrix} = \begin{pmatrix} w^t \\ w^{t1} \\ w^{t2} \end{pmatrix} + \alpha A \begin{pmatrix} 1 \\ x_{i1} \\ x_{i2} \end{pmatrix}$$

注意：w_1 和 w_2 只能朝一个方向变化。要么同时变大，要么同时变小，如图 7-17 所示。

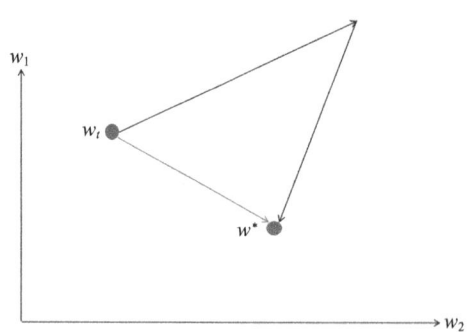

图 7-17　示意图

【例 7.8】 动物的数量如表 7-9 所示。

表 7-9　动物数量表格

老虎数量	麻雀数量	是否污染
2	50 640	1
3	62 020	0

(续)

老虎数量	麻雀数量	是否污染
1	55 640	0
0	54 642	1

对得分进行规范,得到表7-10。

表7-10 对得分进行规范后的动物数量表格

老虎数量	麻雀数量	是否污染
1.33	10.7	1
2	13.15	0
0.67	11.80	0
0	11.59	1

对表7-10数据进行均值归一化,得到表7-11。

表7-11 均值归一化后的动物数量表格

老虎数量	麻雀数量	是否污染
0.33	−1.17	1
1	−0.01	0
−0.33	1.28	0
−1	−0.22	1

7.4.7 逻辑回归训练方法的优化

梯度下降法是一种经典的优化目标损失函数的方法,使用步骤如下:
1)通过随机初始化为需要求解的参数赋初始值,以作为优化的起点。
2)使用模型对所有的样本进行预测,计算总体的损失值。
3)利用损失值对模型参数进行求导,得到相应的梯度。
4)基于梯度调整参数,得到迭代之后的参数。

逻辑回归一般采用如下两种梯度:
1)SGD
2)L-BFGS

其中,L-BFGS为SGD的优化方法,它的训练速度比SGD快,二者的对比如表7-12所示。

表7-12 L-BFGS和SGD方法的对比

	数值归一化	正则化	梯度下降法	分类个数	数据选择
L-BFGS	需要均值归一化,算法融入方差归一化	支持L2	L-BFGS(收敛快,考虑二阶导数)	支持多分类	加载所有数据,都参与训练
SGD	不归一化,需要专门另进行归一化	支持L1,L2	SGD	不支持多分类	随机从训练集选取(支持MiniBatch Fraction)

7.5 决策树回归

7.5.1 决策树回归的基本概念

决策树实际上是将空间用超平面进行划分的一种方法,每次分割时,都将当前的空间一分为二,这样使每一个叶子节点都处于空间中的一个不相交的区域。在进行决策时,可以根据输入样本每一维 feature 的值,一步一步往下,最后使样本落入 N 个区域中的一个(假设有 N 个叶子节点),如图 7-18 所示。

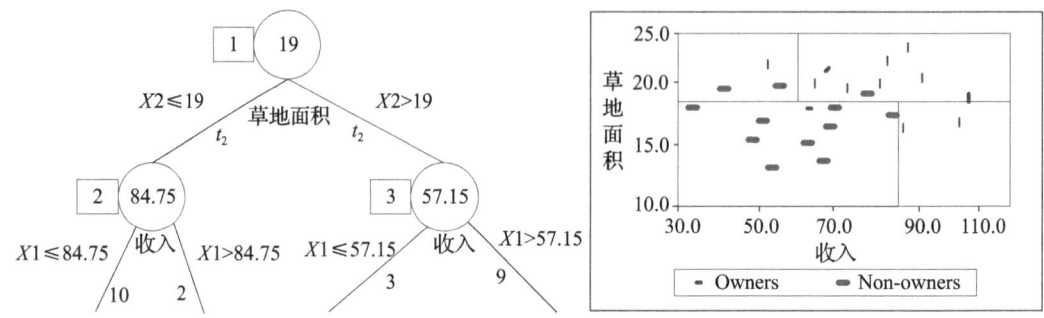

图 7-18 决策树与样本示意图

既然是决策树,那么必然存在以下两个核心问题:如何选择划分点?如何决定叶节点的输出值?

一个回归树对应输入空间(即特征空间)的一个划分以及在划分单元上的输出值。分类树中采用信息增益等方法,通过计算选择最佳划分点。而在回归树中,采用的是启发式的方法。

7.5.2 决策树分类最佳划分点的选择

为了使决策树分类达到最佳划分点,可以从最小值开始建立分割区间,计算各自的信息增益,选择信息增益最大的一个分割区间作为最佳划分点。

假如有 n 个特征,每个特征有 $s_i(i\in(1, n))$ 个取值,则遍历所有特征,尝试该特征所有取值,对空间进行划分,直到取到特征 j 的值 s,使损失函数最小,这样就得到了一个划分点。

为了更好地说明上述问题,来看如下例子。

【例 7.9】 x 的取值范围为 $[0.5, 10.5]$,y 的取值范围为 $[5.0, 10.10]$,用树桩做基函数,得到

x_i	1	2	3	4	5	6	7	8	9	10
y_i	5.56	5.70	5.91	6.40	6.80	7.05	8.90	8.70	9.00	9.05

求 $f_1(x)$ 回归树 $T_1(x)$:

$$\min_s[\min_{c_1}\sum_{x_i\in R_1}(y_i-c_1)^2+\min_{c_2}\sum_{x_i\in R_2}(y_i-c_2)^2]$$

求切分点 s:

$$R_1 = \{x \mid x \leq s\}, R_2 = \{x \mid x > s\}$$

求在 R_1, R_2 内部使平方损失误差达到最小值的 c_1, c_2：

$$c_1 = \frac{1}{N_1} \sum_{x_i \in R_1} y_i, \quad c_2 = \frac{1}{N_2} \sum_{x_i \in R_2} y_i$$

解题过程。各切分点为

$$1.5, 2.5, 3.5, 4.5, 5.5, 6.5, 7.5, 8.5, 9.5$$

$$m(s) = \min_{c_1} \sum_{x_i \in R_1} (y_i - c_1)^2 + \min_{c_2} \sum_{x_i \in R_1} (y_i - c_2)^2$$

当 $s = 1.5$ 时，$R_1 = \{1\}$, $R_2 = \{2, 3, \cdots, 10\}$, $c_1 = 5.56$, $c_2 = 7.50$，则

$$m(s) = \min_{c_1} \sum_{x_i \in R_1} (y_i - c_1)^2 + \min_{c_2} \sum_{x_i \in R_1} (y_i - c_2)^2 = 0 + 15.72 = 15.72$$

全部结果为：

s	1.5	2.5	3.5	4.5	5.5	6.5	7.5	8.5	9.5
$m(s)$	15.72	12.07	8.36	5.78	3.91	1.93	8.01	11.73	15.74

回归树 T_1 为：

$$T_1(x) = \begin{cases} 6.24, & x < 6.5 \\ 8.91, & x \geq 6.5 \end{cases}$$

$$c_1 = \frac{1}{N_1} \sum_{x_i \in R_1} y_i, \quad c_2 = \frac{1}{N_2} \sum_{x_i \in R_2} y_i$$

$$f_1(x) = T_1(x)$$

x_i	1	2	3	4	5	6	7	8	9	10
y_i	5.56	5.70	5.91	6.40	6.80	7.05	8.90	8.70	9.00	9.05

$$r_{2i} = y_i - f_1(x_i)$$

x_i	1	2	3	4	5	6	7	8	9	10
r_{2i}	-0.68	-0.54	-0.33	0.16	0.56	0.81	-0.01	-0.21	0.09	0.14

第一步 用 f_1 拟合数据的平方误差：

$$L(y, f_1(x)) = \sum_{i=1}^{10} (y_i - f_1(x_i))^2 = 1.93$$

第二步 求 T_2，有

$$T_2(x) = \begin{cases} -0.52 & x < 3.5 \\ 0.22 & x \geq 3.5 \end{cases}$$

$$f_2(x) = f_1(x) + T_2(x) = \begin{cases} 5.72 & x < 3.5 \\ 6.46 & 3.5 \leq x \leq 6.5 \\ 9.13 & x \geq 6.5 \end{cases}$$

$$L(y, f_2(x)) = \sum_{i=1}^{10} (y_i - f_2(x_i))^2 = 0.79$$

则接下来：

$$T_3(x) = \begin{cases} 0.15 & x < 6.5 \\ -0.22 & x \geq 6.5 \end{cases} \qquad L(y, f_3(x)) = 0.47$$

$$T_4(x) = \begin{cases} -0.16 & x < 4.5 \\ 0.11 & x \geq 4.5 \end{cases} \qquad L(y, f_4(x)) = 0.30$$

$$T_5(x) = \begin{cases} 0.07 & x < 6.5 \\ -0.11 & x \geq 6.5 \end{cases} \qquad L(y, f_5(x)) = 0.23$$

$$T_6(x) = \begin{cases} -0.15 & x < 2.5 \\ 0.04 & x \geq 2.5 \end{cases}$$

$$f_6(x) = f_5(x) + T_6(x) = T_1(x) + \cdots + T_5(x) + T_6(x) = \begin{cases} 5.63 & x < 2.5 \\ 5.82 & 2.5 \leq x < 3.5 \\ 6.56 & 3.5 \leq x < 4.5 \\ 6.83 & 4.5 \leq x < 6.5 \\ 8.95 & x \geq 6.5 \end{cases}$$

$$L(y, f_6(x)) = \sum_{i=1}^{10} (y_i - f_6(x_i))^2 = 0.17$$

此时已满足误差要求，那么 $f(x) = f_6(x)$ 即为所求提升树。

7.5.3 决策树回归算法

每一次进行回归树生成时采用的训练数据 r 都是上次预测结果 $f_m - l(x)$ 与训练数据值 y_i 之间的残差，这个残差会逐渐减小。

算法流程如下：

1) 初始化 $f_0(x) = 0$。

2) 对于 $m = 1, 2, \cdots, M$，有

① 按照 $r = y_i - f_m - l(x)$ 计算残差作为新的训练数据的 y。

② 拟合残差 r 学习一棵回归树，得到这一轮的回归树 $T(x_i; \Theta_m)$。

③ 更新 $f_M(x) = \sum_{m=1}^{M} T(x_i; \Theta_m)$。

3) 得到回归提升树：$f_m(x) = f_{m-1}(x) + T(x_i; \Theta_m)$。

7.6 本章小结

本章介绍了三种类型的回归方法，分别为线性回归、逻辑回归和决策树回归。在线性回归算法中介绍了最小二乘法，同时介绍了相关优化求解的具体方法，包括梯度下降和相关变种方法等。在逻辑回归算法中介绍了逻辑回归函数、逻辑回归的特点和相关优化与训练方法。在决策树回归算法中介绍了决策树回归的基本概念、决策树分类最佳划分点的选择和决策树回归算法。

第 8 章
模型的评价

扫码观看知识点讲解

本章首先介绍和对比一般分类模型的常见评价指标,包括混淆矩阵、准确率、精确率与召回率以及 ROC 曲线等;之后,针对不平衡分类问题,介绍常见的不平衡分类方法,包括基于抽样的方法、两阶段学习和代价敏感学习等方法;接下来,进一步讨论模型过拟合与欠拟合的基本概念及相应的解决方法;最后,对其他数据挖掘模型(回归模型、聚类模型、关联规则模型)的评价指标进行介绍。

8.1 分类模型的评价指标

8.1.1 混淆矩阵

混淆矩阵也称为误差矩阵,是表示精度评价的一种标准格式,用 n 行 n 列的矩阵来表示,主要包括如下 4 个要素:

1)若一个实例是正类,且被预测为正类,即为真正类(True Positive, TP)。
2)若一个实例是负类,且被预测为负类,即为真负类(True Negative, TN)。
3)若一个实例是负类,但是被预测为正类,即为假正类(False Positive, FP)。
4)若一个实例是正类,但是被预测为负类,即为假负类(False Negative, FN)。

8.1.2 准确率

准确率是一个常见的评价指标,即被准确分类的样本数占总样本数的比例。一般而言,准确率越高,分类器性能越好。如表 8-1 所示,$a+d$ 表示所有样本中被正确分类的样本的数量,$a+b+c+d$ 为样本总数目。

表 8-1 混淆矩阵(本表贯穿本章模型评价的全部定义)

		预测类	
		Class=Yes	Class=No
实际类	Class=Yes	a(TP)	b(FN)
	Class=No	c(FP)	d(TN)

准确率是一个分类器性能的直观评价指标,有时候准确率高并不能代表一个分类器具备较高性能。比如,要预测某个地区某天是否会地震,假设我们有一系列特征作为地震分

类的属性，类别只有两个，0 为不发生地震、1 为发生地震。如果一个分类器对于每一个测试用例，都将类别划分为 0，那么它可能达到 99% 的准确率，但如果真的发生地震，这个分类器毫无察觉，这种分类带来的损失是巨大的。为什么准确率 99% 的分类器不是我们想要的？因为这里的数据分布不均衡，类别 1 的数据太少，完全错分类别 1 可以达到很高的准确率，但忽视了我们关注的重要类别。在正负样本不平衡的情况下，准确率这个评价指标有很大的缺陷。比如，在互联网广告里面，点击的数量是很少的，一般只有千分之几，即使全部预测成负类，准确率也高达 99%，但这个准确率对预测点击没有任何帮助。因此，单纯靠准确率来评价一个算法模型是不科学的。准确率的定义如下：

$$\text{准确率（accuracy）} = \frac{a+d}{a+b+c+d} = \frac{TP+TN}{TP+TN+FP+FN}$$

8.1.3 精确率与召回率

精确率（precision）是针对预测结果而言，它表示的是预测为正的样本中有多少是真正的正样本。预测为正有两种可能，一种是把正类预测为正类（TP），另一种是把负类预测为正类（FP），也就是：

$$\text{精确率（precision）} = \frac{TP}{TP+FP}$$

召回率（recall）是针对测试样本而言，它表示样本中的正例有多少被预测正确了。这里有两种可能，一种是把原来的正类预测成正类（TP），另一种是把原来的正类预测为负类（FN）：

$$\text{召回率（recall）} = \frac{TP}{TP+FN}$$

【例 8.1】 假设我们有 60 个正样本，40 个负样本，要找出所有的正样本。系统查找出 50 个，其中只有 40 个是真正的正样本，计算上述各指标。

TP：将正类预测为正类数 = ？
FN：将正类预测为负类数 = ？
FP：将负类预测为正类数 = ？
TN：将负类预测为负类数 = ？
准确率（accuracy）= 预测对的 / 所有 = (TP+TN)/(TP+FN+FP+TN) = ？
精确率（precision）= TP/(TP+FP) = ？
召回率（recall）= TP/(TP+FN) = ？
解答：

> TP：将正类预测为正类数 = 40
> FN：将正类预测为负类数 = 20
> FP：将负类预测为正类数 = 10
> TN：将负类预测为负类数 = 30
> 准确率（accuracy）= 预测对的 / 所有 = (TP+TN)/(TP+FN+FP+TN) = 70%
> 精确率（precision）= TP/(TP+FP) = 80%
> 召回率（recall）= TP/(TP+FN) = 2/3

下面用两个场景来解释特定指标的重要性。

对于地震的预测,我们希望召回率(recall)非常高。也就是说,我们希望预测出每一次地震。这个时候我们可以牺牲精确率(precision)。我们情愿发出 1000 次警报,把 10 次地震都预测正确了(此时 recall 是 100%,precision 是 1%),也不要发出 100 次警报,只有 8 次地震预测对了,但漏报 2 次地震(此时 recall 是 80%,precision 是 8%)。

以买西瓜为例,可能存在一些不甜的西瓜,但我们不可能把所有的西瓜都尝一遍。根据我们的常识选择一个西瓜,这时买到的甜西瓜是非常准确的(precision 高),即使有时候放过了一些不甜的西瓜(recall 低),但也是值得的。

在一些场景下要兼顾精确率和召回率,于是就有了 F_1 值(F_1 score)。F_1 值就是精确率和召回率的调和均值。

$$F_1 = \frac{2rp}{r+p} = \frac{2 \times \text{TP}}{2 \times \text{TP} + \text{FP} + \text{FN}}$$

8.1.4 ROC 曲线

1. ROC 曲线的定义

ROC 曲线的全称是"受试者工作特征"(Receiver Operating Characteristic)曲线,它是由第二次世界大战中的电子工程师和雷达工程师发明的,用来侦测战场上的敌军载具(飞机、船舰)。之后很快被引入了心理学领域,用于进行信号的知觉检测,并被引入机器学习领域,用来评判分类、检测结果的好坏。ROC 曲线是一种重要和常用的统计分析方法,它根据一系列不同的二分类方式(分界值或决定阈),以真阳性率(真正类率,True Positive Rate)为纵坐标,假阳性率(也称假正类率,False Positive Rate)为横坐标绘制曲线,可以用于:

1)选择最佳的分类模型、舍弃次佳的模型。
2)在同一模型中设定最佳阈值。

给定一个二元分类模型和它的阈值,就能从所有样本的(阳性/阴性)真实值和预测值计算出一个(X = FPR, Y = TPR)坐标点。FPR 和 TPR 是构建 ROC 曲线时最重要的两个统计量,其公式定义如下:

$$\text{TPR} = \frac{\text{TP}}{\text{TP} + \text{FN}}$$

$$\text{FPR} = \frac{\text{FP}}{\text{FP} + \text{TN}}$$

公式中各项的含义见表 8-2。

表 8-2 定义 ROC 坐标点

A/P	C	¬C	
C	TP	FN	P
¬C	FP	TN	N
	P'	N'	All

在 ROC 曲线图中,每个点以对应的 FPR 值为横坐标,以 TPR 值为纵坐标。(FPR, TPR)不同取值的解释如下:

1)(FPR, TPR) = (0, 0)：任何分类都是阴性。
2)(FPR, TPR) = (1, 1)：任何分类都是阳性。
3)(FPR, TPR) = (0, 1)：理想分类。

2. ROC 曲线的构建

构建 ROC 曲线的步骤如下：

1）利用分类器计算每个数据记录的后验概率 $P(+|A)$。
2）将这些数据记录对应的 $P(+|A)$ 从高到低排列。
3）由低到高，对于每个 $P(+|A)$ 值（threshold，阈值），把对应的记录以及那些值高于或等于阈值的记录指派为阳性类（positive），把那些值低于阈值的记录指派为阴性类（negative）。
4）统计 TP, FP, TN, FN。

计算 TPR = TP/(TP+FN) 和 FPR = FP/(FP + TN)。

绘出每个点 (FPR, TPR) 并连接它们。

下面举例说明如何画一条 ROC 曲线。表 8-3 中是 20 个测试样本，第一列代表样本 ID，第二列代表它们的真实类别（p 表示正样本，n 表示负样本），最后一列代表训练好的模型认为每个样本是正样本的概率。

下面就可以在训练好的模型 A 上作 ROC 曲线。

按照属于正样本的概率将所有样本排序（见表 8-3）。

表 8-3　计算 ROC 曲线每个点对应的概率值

Inst#	Class	Score	Inst#	Class	Score
1	p	0.9	11	p	0.4
2	p	0.8	12	n	0.39
3	n	0.7	13	p	0.38
4	p	0.6	14	n	0.37
5	p	0.55	15	n	0.36
6	p	0.54	16	n	0.35
7	n	0.53	17	p	0.34
8	n	0.52	18	n	0.33
9	p	0.51	19	p	0.3
10	n	0.505	20	n	0.1

把分类阈值设为最大，即把所有样例均预测为反例，此时得到精确率和召回率均为 0，即 (0, 0)。

依次看每个样本：对于样本 1，如果将它的 score 值作为阈值，也就是说，只有 score 大于等于 0.9 时，我们才把样本归类到正样本。在图 8-1 中，样本 1 对应的混淆矩阵（confusion matrix）为表 8-4。第一个样本 score=0.9，所以预测为正样本，其本身也为正样本；其他样本的 score 都小于 0.9，所以都预测为负样本。从混淆矩阵中，我们可以计算出 X 轴坐标（FPR）= 0/(0+10) = 0 和 Y 轴坐标（TPR）= 1/(1+9) = 0.1，所以第一个点为 (0, 0.1)。

第 8 章 模型的评价　101

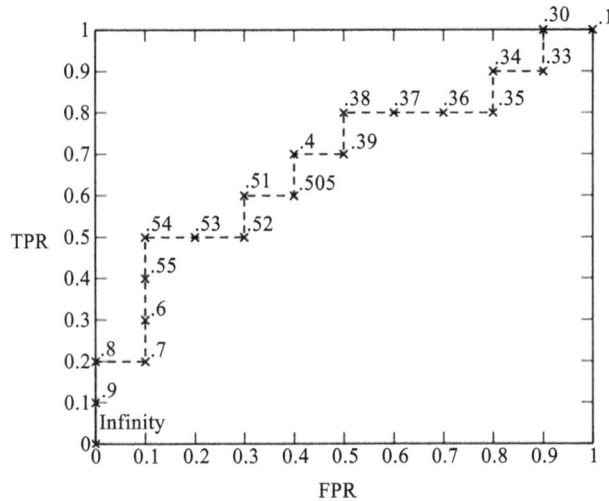

图 8-1　ROC 曲线图

表 8-4　ROC 图第一个点的混淆矩阵值

真实情况	预测结果	
	正例	反例
正例	1（TP）	9（FN）
反例	0（FP）	10（TN）

对于样本 2，如果我们将它的 score 值作为阈值，score≥0.8 时，我们才把样本归到正样本。这样，在 ROC 曲线图中，样本 2 对应的混淆矩阵见表 8-5，第二个点的坐标计算过程如表 8-6 所示。

表 8-5　ROC 图第一个点的混淆矩阵值

真实情况	预测结果	
	正例	反例
正例	2（TP）	8（FN）
反例	0（FP）	10（TN）

表 8-6　计算 ROC 曲线的第二个点坐标

Inst#	Class	Score	预测 Class	结果	Inst#	Class	Score	预测 Class	结果
1	p	0.9	p	TP	11	p	0.4	n	FN
2	p	0.8	p	TP	12	n	0.39	n	TN
3	n	0.7	n	TN	13	p	0.38	n	FN
4	p	0.6	n	FN	14	n	0.37	n	TN
5	p	0.55	n	FN	15	n	0.36	n	TN
6	p	0.54	n	FN	16	n	0.35	n	TN
7	n	0.53	n	TN	17	p	0.34	n	FN
8	n	0.52	n	TN	18	n	0.33	n	TN
9	p	0.51	n	FN	19	p	0.3	n	FN
10	n	0.505	n	TN	20	n	0.1	n	TN

从混淆矩阵中，我们可以算出 X 轴坐标（反例）= 0/(0+10) = 0 和 Y 轴坐标（正例）= 2/(2+8) = 0.2，所以第二个点为（0, 0.2）。

样本 3～20 依次采用上面的步骤计算，直到连接成完整的折线图。当样本点足够多时，就形成了一条平滑曲线。

3. ROC 曲线的评价

（1）主要作用

1）ROC 曲线能很容易地查出任意阈值对学习器的泛化性能影响。

2）ROC 曲线有助于选择最佳的阈值。ROC 曲线越靠近左上角，模型的准确性就越高。最靠近左上角的 ROC 曲线上的点是分类错误最少的最好阈值，其假正例和假反例总数最少。

3）可以比较不同学习器的性能。通过将各个学习器的 ROC 曲线绘制到同一坐标中，可以直观地鉴别其优劣，靠近左上角的 ROC 曲线代表的学习器准确性最高。

（2）优点

ROC 曲线简单、直观，通过图示可观察、分析学习器的准确性，并可用肉眼做出判断。ROC 曲线将真正例率和假正例率以图示方法结合在一起，可准确反映某种学习器真正例率和假正例率的关系，是检测准确性的综合代表。

由于 ROC 曲线不固定阈值，允许中间状态的存在，因此便于使用者结合专业知识，权衡相关的影响，选择一个更加合理的阈值作为参考值。

（3）缺点

在进行学习器的比较时，若两个学习器的 ROC 曲线发生交叉，则难以断言两者孰优孰劣。因此，提出 AUC 指标来弥补这一缺点。

4. AUC：ROC 曲线的面积

AUC（Area Under Curve）是衡量二分类模型优劣的一种评价指标，表示预测的正例排在负例前面的概率。AUC 被定义为 ROC 曲线下与坐标轴围成的面积，如图 8-2 所示，显然这个面积的数值不会大于 1。由于 ROC 曲线一般都处于 $y=x$ 这条直线的上方，因此 AUC 的取值范围在 0.5 和 1 之间。AUC 越接近 1.0，检测方法真实性越高；AUC 等于 0.5 时，真实性最低，没有应用价值。

在进行学习器的比较时，若一个学习器的 ROC 曲线被另一个学习器的曲线完全"包住"，则可断言后者的性能优于前者；若两个学习器的 ROC 曲线发生交叉，则难以断言两者孰优孰劣。此时如果一定要进行比较，则比较合理的判断依据是比较 ROC 曲线下的面积，即 AUC。因此我们更多地使用 AUC 值作为模型的评价标准。

也可将 ROC 曲线和 AUC 作为多分类的评价指标，将多分类转换成二分类，即属于某类别和不属于某类别。

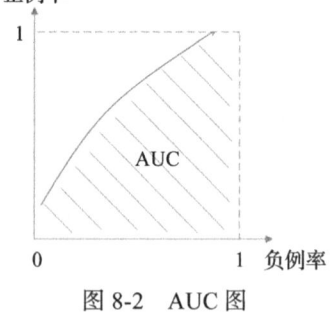

图 8-2　AUC 图

8.2　不平衡分类

类别不平衡问题（class imbalance）指的是数据类别不对等，如二分类问题。我们通常会遇到正负样本极不均衡的情况，如垃圾邮件的分类等；在目标检测中，也经常遇到数据不平衡的情况，检测器需要在每张图像中评价 1 万个到 10 万个候选位置，然而其中只有很少的点真的含有目标物体。这就导致训练效率低下和简单的负面样本引发整个模型表现下降的问题，图 8-3 展示了标签样本不平衡的情况。

图 8-3　样本类别不平衡的示例

8.2.1　基于抽样的方法

基于抽样的方法着眼于对样本数量的调整，试图通过一些方法平衡原始数据集，然后在"平衡化"的新数据集上采用分类算法进行分类学习。下面通过一个包含 100 个正样本和 1000 个负样本的数据集来阐述基于抽样的方法。

1. 过采样

过采样（oversampling）方法是指通过增加少数类样本的数量来实现样本的平衡，从而提高少数类的分类准确率。

如图 8-4 所示，复制正样本，直到训练集中正样本和负样本一样多。不足之处在于可能导致模型过拟合，因为一些噪声样本可能被复制多次。

2. 欠采样

欠采样（undersampling）方法是指通过减少多数类样本的数量来实现样本的平衡，从而提高少数类的分类准确率。如图 8-5 所示，随机抽取 100 个负样本，与所有的正样本一起形成训练集。

欠采样容易出现的问题是一些有用的负样本可能没有被选出来用于训练，因此可能导致产生一个不太好的模型。

解决上述问题的方法是多次执行不充分采样，并归纳类似于组合学习方法的多分类器。

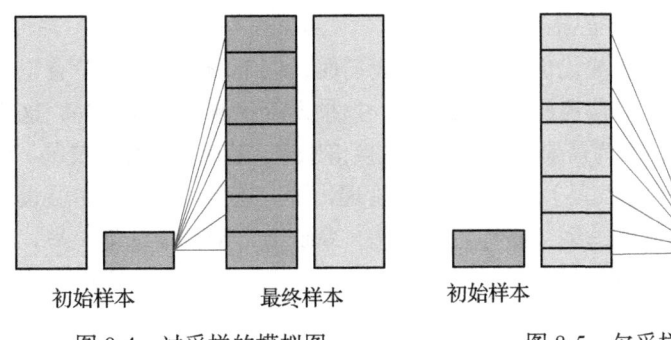

图 8-4　过采样的模拟图　　　　图 8-5　欠采样的模拟图

8.2.2 两阶段学习

将传统的联合训练方式（单阶段学习）拆分成两阶段学习方式：特征学习阶段和分类器学习阶段。对于每个阶段，都使用多种策略进行训练或调整模型权重，将这些前后阶段的不同策略进行两两结合，可得到多种两阶段训练策略组合，在多个数据集上比较这些策略组合的表现，并且与联合方式训练的模型进行比较，经过实验得出在特征学习阶段和分类器学习阶段表现比较好的策略。

（1）两阶段学习：PN-Rules
- 基于规则的分类。
- 学习分两个阶段，每个阶段学习一组规则。

（2）训练

训练包括两个阶段，如图 8-6 所示。
- 阶段 I：学习一组规则，尽可能覆盖正类（少的那一类）。
- 阶段 II：使用阶段 I 覆盖的正类和负类样本以及部分其他负类样本，学习一组规则。

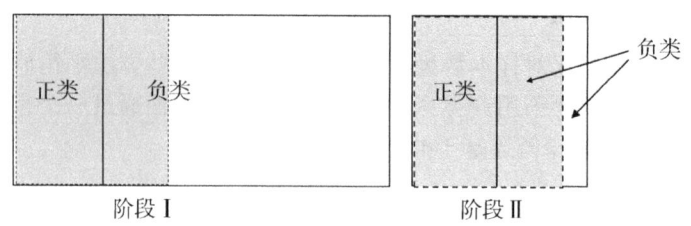

图 8-6 两阶段学习图

（3）分类
- 用第一组规则对 x 分类，如果分到负类，则 x 属于负类。
- 用第二组规则确定 x 所属的类。

8.2.3 代价敏感学习

传统分类模型假定所有的误分类具有相同的代价，而代价敏感模型认为不同分类模型间和不同样本间的代价都不同。

例如，在信用卡交易中，未经持卡人授权的交易被视为欺诈性交易（通常在所有交易中占很小的一部分）。信用卡欺诈检测系统应自动识别和阻止此类欺诈交易，同时不要阻止合法交易。

那么，每种分类问题的相关代价是多少？让我们假设以下场景：系统没有识别到欺诈交易，钱款丢失，持卡人需要偿还所有交易金额。如果系统检测到欺诈交易，这笔交易就会被阻止。在这种情况下，因为需要联系持卡人更换信用卡（若确实是欺诈交易）或者重新激活信用卡（若实际上是合法交易），所以会产生管理代价。还可以做个简单假设，即管理代价总是一致的。如果系统将一笔交易标记为合法，系统会自动批准这笔交易，不会产生任何代价。表 8-7 列出了每一种预测方案的相关代价。

表 8-7 代价敏感混淆矩阵

	Actual Fraud $y_{true}=1$	Actual Legitimate $y_{true}=0$
Predicted Fraud $y_{pred}=1$	True Positive $cost_{TP}$=Admin	False Positive $cost_{FP}$=Admin
Predicted Legitimate $y_{pred}=0$	False Negative $cost_{FN}$=Transaction	True Negative $cost_{TN}$=0

代价敏感学习的核心是将这些基于实例的代价考虑在内，再做出预测，尽量降低总代价而不是降低误分类。

考虑以下两种方法：第一种是用损失函数训练模型，降低实际代价而不是误分类。在这种情况下，需要为损失函数提供四种情形下（假阳 FP 类、假阴 FN 类、真阳 TP 类和真阴 TN 类）的代价数据，以便模型可以学会并相应地做出最佳预测。

第二种是训练一种常规模型，在根据最低的预期代价进行预测时，对每个样本进行分类。在这种情况下，训练集不需要付出代价。然而，这一方法只适用于预测概率的模型，这一模型常用于计算预期代价。

接下来参考两种模型——运用代价敏感损失函数的模型和预测时会降低预计代价的模型，即"代价敏感模型"和"代价分类模型"。

为了评估结果，采用了两种不同的统计量。第一种是 F1-score，它强调精确率和召回率，但不考虑误分类所产生的代价。另一种统计量是 G-mean。

$$F1\text{-}score = \frac{2 \times precision \times recall}{precision + recall}$$

$$G\text{-}mean = \sqrt{Recall \times Specificity}$$

为了从代价的角度评估模型的性能，首先根据模型预测出的假阳 FP 类、假阴 FN 类、真阳 TP 类和真阴 TN 类这四种情况，以及与每种情况相关的代价，计算预测产生的总代价：

$$costs = \sum_i (c_{FP} * FP_i + c_{FN_{(i)}} * FN_{(i)} + c_{TP} * TP_i + c_{TN} * TN_i)$$

然后，计算所有结果都为负类（即代价最大时）时产出的总代价是多少，并将成本节约定义为实际预测中降低代价的分数。

$$costs\text{-}savings = 1 - \frac{costs}{costs_{max}}$$

8.3 过拟合与欠拟合

8.3.1 训练误差和泛化误差

训练误差是指在训练记录上误分类样本比例。泛化误差是指模型在未知记录上的期望误差。

一个好的分类模型不仅能够很好地拟合训练数据，而且能对未知样本准确分类。

换句话说,一个好的分类模型必须具有低训练误差和低泛化误差。

当训练数据拟合太好的模型(较低训练误差),其泛化误差可能比具有较高训练误差的模型高,这种情况称为模型过分拟合。

以决策树算法为例,当决策树很小时,训练和检验误差都很大,这种情况称为模型拟合不足。出现拟合不足的原因是模型尚未学习到数据的真实结构。

随着决策树中节点数的增加,模型的训练误差和泛化误差都会随之下降。当树的规模变得太大时,即使训练误差还在继续降低,但是随着泛化误差开始增大,也会导致模型过分拟合(见图8-7)。

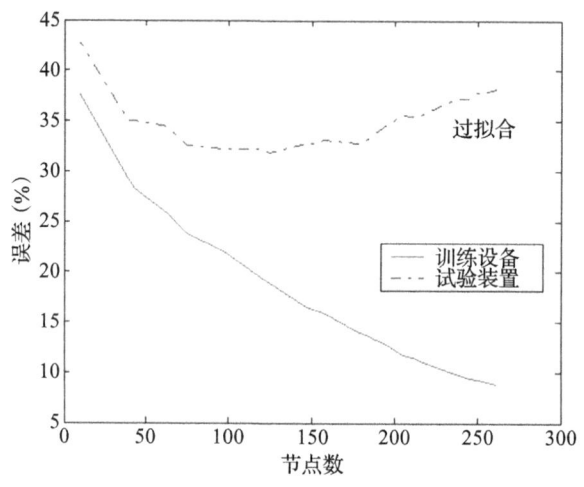

图8-7 决策树过拟合示意图

表8-8和表8-9是哺乳类动物分类的训练数据集和检验数据集样本,从表中的数据可知,图8-8中的决策树模型M1的训练误差为0,但它在检验数据上的误差达30%;决策树M2的训练误差为20%,但它在检验数据上的误差仅达10%。导致过拟合的原因是训练集中存在大量噪声数据,训练集规模太小,训练模型过于复杂。

表8-8 哺乳类动物分类的训练数据集样本(*代表错误标记)

名称	体温	胎生	4条腿	冬眠	类标号
豪猪	恒温	是	是	是	是
猫	恒温	是	是	否	是
蝙蝠	恒温	是	否	是	否*
鲸	恒温	是	否	否	否*
蝾螈	冷血	否	是	是	否
科莫多巨蜥	冷血	否	是	否	否
蟒蛇	冷血	否	否	是	否
鲑鱼	冷血	否	否	否	否
鹰	恒温	否	否	否	否
虹鳟	冷血	是	否	否	否

表 8-9 哺乳类动物分类的检验数据集样本

名称	体温	胎生	4 条腿	冬眠	类标号
人	恒温	是	否	否	是
鸽子	恒温	否	否	否	否
象	恒温	是	是	否	是
豹纹鲨	冷血	是	否	否	否
海龟	冷血	否	是	否	否
企鹅	冷血	否	否	否	否
鳗	冷血	否	否	否	否
海豚	恒温	是	否	否	是
针鼹	恒温	否	是	是	是
希拉毒蜥	冷血	否	是	是	否

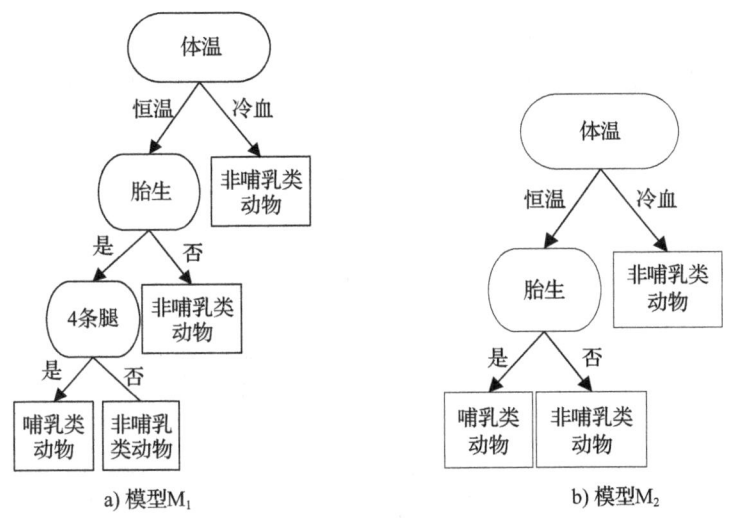

图 8-8 决策树分类图

8.3.2 噪声导致的过拟合

当噪声数量在训练集中占有相当大的比例时，就会与正常数据一起影响训练集的分布。分类器算法在学习过程中，把正常数据和噪声数据同时拟合，学习到了一个正常数据与噪声数据共同决定的模型，用此模型去预测从正常数据分布上取得的未知数据，就很可能得到不理想的泛化效果。

如图 8-9 所示，数据噪声会导致模型过分拟合，影响最终的结果。

8.3.3 缺乏代表性样本导致的过拟合

由于训练数据缺乏具有代表性的样本，在训练记录较少的情况下，如果学习算法继续细化模型，就会出现这种过拟合的情况。例如，当决策树的叶节点没有足够的代表性样本时，很可能做出错误的预测。

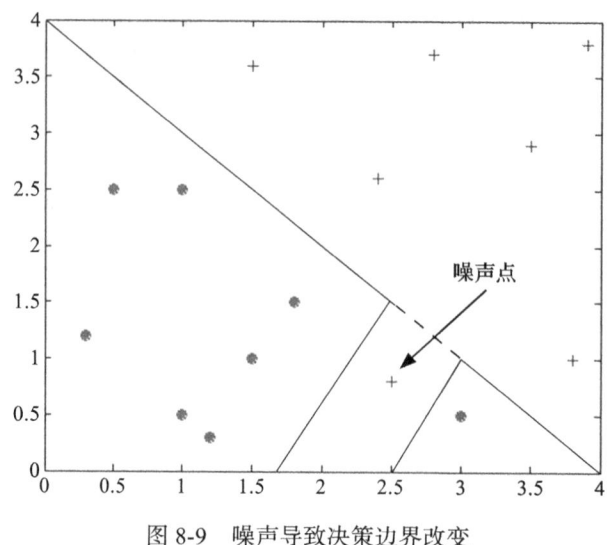

图 8-9 噪声导致决策边界改变

根据少量训练记录做出分类决策的模型也容易受过分拟合的影响。由于训练数据缺乏具有代表性的样本，在没有多少训练记录的情况下，学习算法仍然细化模型就会产生过拟合（见图 8-10 和表 8-10）。

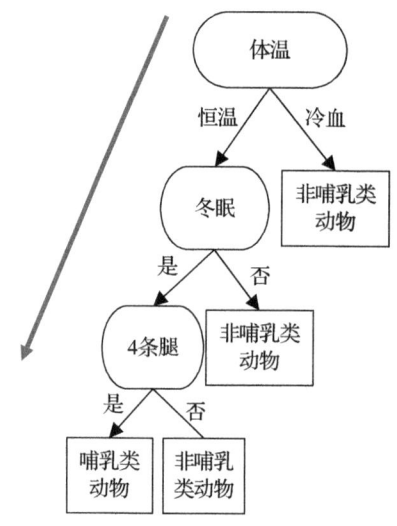

图 8-10 根据表中的数据建立的决策树（训练集太少，模型太复杂）

表 8-10 哺乳动物分类的训练集样本

名称	体温	胎生	4 条腿	冬眠	类标号
蝾螈	冷血	否	是	是	否
虹鳟	冷血	是	否	否	否
鹰	恒温	否	否	否	否
弱夜鹰	恒温	否	否	是	否
鸭嘴兽	恒温	否	是	是	是

8.3.4 解决过拟合的方法一：减少泛化误差

过拟合的主要原因目前仍在讨论中，但数据挖掘研究界普遍认为模型的复杂度对模型的过拟合有影响。

如何确定正确的模型复杂度？理想的复杂度是能产生最低泛化误差的模型的复杂度。

1. 奥卡姆剃刀定律

奥卡姆剃刀（Occam's Razor），拉丁文为 lex parsimoniae，意思是简约之法则。这个概念是由 14 世纪逻辑学家威廉奥卡姆（William of Occam，约 1287 年～1347 年）提出的一个解决问题的法则。如图 8-11 所示，他说"切勿浪费较多东西，去做用较少的东西同样可以做好的事情"。奥卡姆剃刀定律是被广泛运用在多个学科的逻辑定律，它的简单表述为"如无必要，勿增实体"。

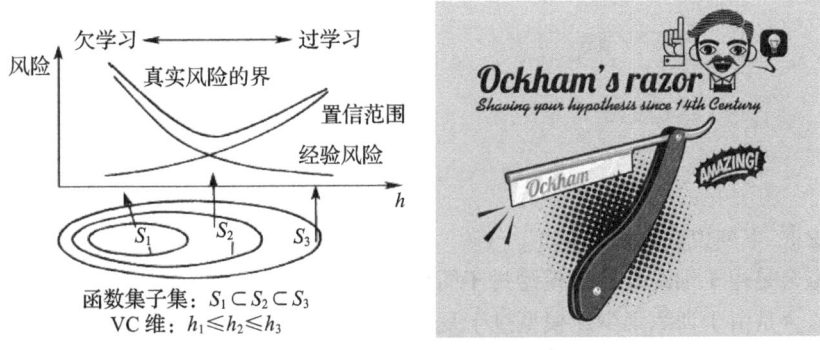

图 8-11 奥卡姆剃刀定律图

2. 减少泛化误差

根据奥卡姆剃刀原则，引入惩罚项，可以使较简单的模型比复杂的模型更可取。主要步骤包括：

1）引入正则项。

2）在神经网络中引入 dropout 机制，如图 8-12 所示。

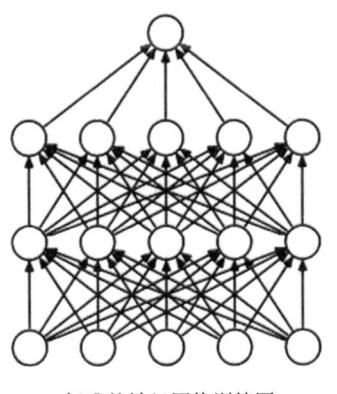
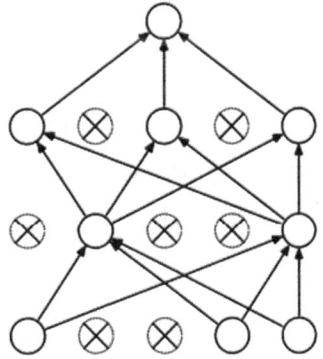

a) 标准的神经网络训练图　　　b) 应用 dropout 机制的训练图

图 8-12 神经网络训练图

3. 使用确认集方法

在该方法中，不是用训练集估计泛化误差，而是把原始的训练数据集分为两个较小的子集，一个子集用于训练，另一个子集称为确认集（见图 8-13），用于估计泛化误差。

该方法为评估模型在未知样本上的性能提供了较好办法。

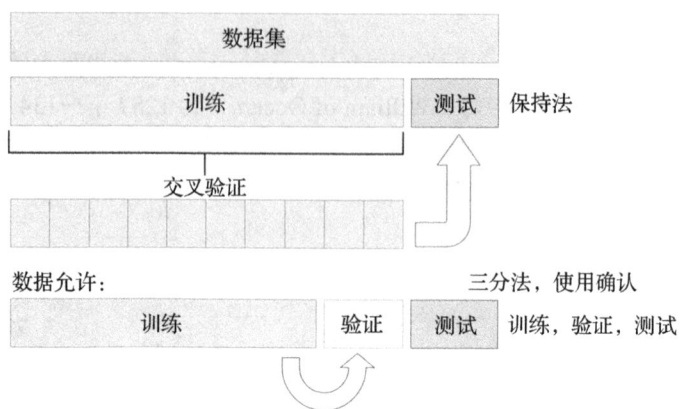

图 8-13 使用确认集的流程图

【例 8.2】 下列说法正确的是（ ）。
A. 过拟合是由于训练集多，模型过于简单。
B. 过拟合是由于训练集少，模型过于复杂。
C. 欠拟合是由于训练集多，模型过于简单。
D. 欠拟合是由于训练集少，模型过于简单。
答案：BC

8.3.5 解决过拟合的方法二：使用确认集估计泛化误差

1. 正则化方法

正则化方法是指在进行目标函数或代价函数优化时，在目标函数或代价函数后面加上一个正则项，一般有 L1 正则与 L2 正则。

（1）L1 正则

$$L(w) = \frac{1}{N}\sum_{i=1}^{N}(f(x_i;w)-y_i)^2 + \lambda\|w\|_1$$

L1 正则是在原有的损失函数的基础上添加参数向量的 L1 范数，正则项的系数用于平衡原有损失函数和正则项之间的关系。

（2）L2 正则

$$L(w) = \frac{1}{N}\sum_{i=1}^{N}(f(x_i;w)-y_i)^2 + \frac{\lambda}{2}\|w\|_2$$

L2 正则是在原有的损失函数的基础上添加参数向量的 L2 范数。

在损失函数中添加正则项符合奥斯卡姆剃刀原理，即在所有可能选择的模型中，能够很好地解释已知数据并且十分简单的模型才是最好的模型。

2. 交叉验证

另一种常用的减少过拟合的方法是交叉验证。

如果给定的样本数据充足，进行模型选择的一种简单方法是随机地将数据集切分为三部分：训练集、验证集和测试集。训练集用来训练模型，验证集用于模型的选择，测试集用于方法的评估。在学习到不同复杂度的模型中，选择对验证集有最小预测误差的模型。交叉验证有以下几种方法：

1）简单交叉验证。随机地将已给数据分为两部分，一部分作为训练集，一部分作为测试集，然后用训练集在各种条件下训练模型，从而得到不同的模型。之后，在测试集上评价各个模型的测试误差，选出测试误差最小的模型。

2）S 折交叉验证。首先随机地将已给数据切分为 S 个互不相交的大小相同的子集，然后利用 $S-1$ 个子集的数据训练模型，利用余下的子集测试模型，对可能的 S 种选择重复进行这一过程，最后选出 S 次评测中平均测试误差最小的模型。

3）留一交叉验证。这是 S 折交叉验证的一种特殊情况，即 $S=N$（N 为训练集样本的数量）。

3. 提前停止

对模型进行训练的过程也是对模型的参数进行学习更新的过程，这个过程往往会用到一些迭代方法，如梯度下降（gradient descent）学习算法。提前停止（early stopping）便是用一种迭代次数（epoch）截断的方法来防止过拟合，即在模型对训练数据集迭代收敛之前停止迭代以防止过拟合。

提前停止方法的具体做法是：在每一个迭代结束时（一个迭代集为对所有的训练数据的一轮遍历）计算验证数据的正确率，当正确率不再提高时，就停止训练。这种做法很符合直观感受，因为正确率都不再提高了，再继续训练也是无益的，只会增加训练的时间。该做法的一个重点是怎样才能认为验证正确率不再提高了呢？并不是说验证正确率一降下来便认为不再提高了，因为可能经过这个迭代后，正确率降低了，但是随后的迭代又让正确率升高了，所以不能根据一两次的连续降低就判断正确率不再提高。一般的做法是，在训练的过程中，记录到目前为止最好的验证正确率，当连续 10 次迭代（或者更多次）没达到最佳正确率时，则可以认为正确率不再提高了。此时便可以提前停止迭代。这种策略也称为 "No-improvement-in-n"，n 即迭代的次数，可以根据实际情况选择该值，如 10、20、30。

4. 数据集扩充

在数据挖掘领域流行着这样一句话，"有时候拥有更多的数据胜过一个好的模型"。因为我们在使用训练数据训练模型，通过这个模型对将来的数据进行拟合。而这里的另一个假设是，训练数据与将来的数据是独立同分布的，即使用当前的训练数据来对将来的数据进行估计与模拟，而更多的数据往往使估计与模拟的结果更准确。因此，更多的数据有时候更有利于得到好的结果。但是往往因为条件有限，如人力、物力、财力不足，而不能收集到更多数据。例如，在进行分类的任务中，需要对数据进行打标，并且很多情况下都是人工进行打标，因此一旦需要打标的数据过多，就会导致效率低下以及可能出错的情况。所以，这时候需要采取一些计算方式与策略在已有的数据集上进行处理，以得到更多的数据。

通俗地讲，数据集扩充需要获得更多的符合要求的数据，即和已有的数据是独立同分

布的,或者是近似独立同分布的。一般有以下方法:
- 从数据源采集更多数据。
- 复制原有数据并加上随机噪声。
- 重采样。
- 根据当前数据集估计数据分布参数,使用该分布产生更多数据等。

5. 丢弃

正则是指通过在代价函数后面加上正则项来防止模型过拟合。而在神经网络中,有一种方法是通过修改神经网络本身的结构来实现的,其名为丢弃(dropout)。如图 8-14 所示。

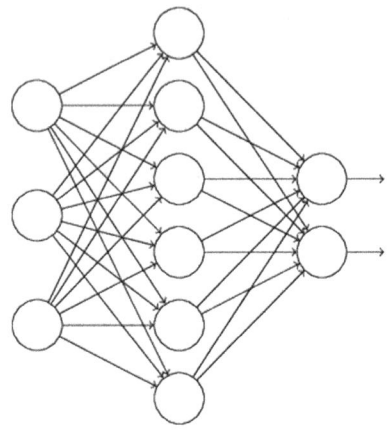

图 8-14 标准神经网络训练图

该方法是在对网络进行训练时使用一种技巧,比如对于图 8-15 所示的三层人工神经网络,在训练开始时,随机删除一些(可以设定为一半,也可以为 1/3、1/4 等)隐藏层神经元,即认为这些神经元不存在,同时保持输入层与输出层神经元的个数不变,这样便得到如下的 ANN(见图 8-15)。

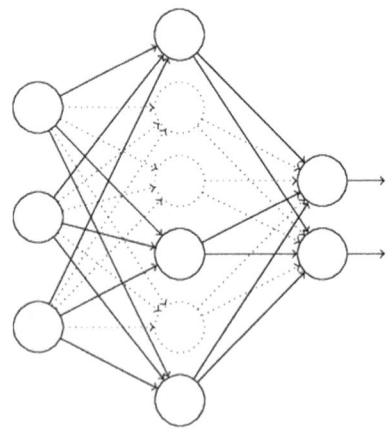

图 8-15 Dropout 之后的 ANN

然后,按照 BP 学习算法对 ANN 中的参数进行学习更新(虚线连接的单元不更新,因为这些神经元已经被认为是临时删除了)。这样一次迭代更新便完成了。在下一次迭代中,同样随机删除一些神经元，与上次不一样的是，这里是做随机选择。这样一直进行迭代，直至训练结束为止。

简言之，dropout 方法是通过修改 ANN 中隐藏层的神经元个数来防止 ANN 的过拟合。

8.4 其他模型评价指标

本节列举常用的其他模型评价指标，包括回归模型、聚类模型和关联规则模型。

8.4.1 回归模型

在建立回归模型时需要对模型的效果进行评测，选择哪一种指标作为评估指标也会影响最终模型的效果。

1. 平均绝对误差

平均绝对误差（Mean Absolute Error，MAE）用来描述预测值和真实值的差值，数值越小越好。假设 y_i 是真实值，f_i 是对应的预测值，则 n 个样本的 MAE 可由下式给出：

$$\text{MAE} = \frac{1}{n}\sum_{i=1}^{n}|f_i - y_i|$$

使用 MAE 虽然能够获得一个评测值，但我们并不知道这个值代表模型拟合是优还是劣，只有通过对比才能达到效果。

2. 均方误差

均方误差（Mean Squared Error，MSE）计算的是预测值和实际值的平方误差。同样，其数值越小越好。

假设 y_i 是真实值，f_i 是对应的预测值，则 n 个样本的 MSE 由下式给出：

$$\text{MSE} = \frac{1}{n}\sum_{i=1}^{n}(f_i - y_i)^2$$

但 MSE 与我们的目标变量的量纲不一致，为保证量纲一致性，我们需要对 MSE 进行开方，即得到均方根误差。

3. 均方根误差

均方根误差（Root Mean Squared Error，RMSE）亦称标准误差，用来衡量观测值同真实值之间的偏差。它对一组测量中的特大或特小误差非常敏感，因此，均方根误差能够很好地反映回归效果，其计算公式如下：

$$\text{RMSE} = \sqrt{\frac{1}{n}\sum_{i=1}^{n}(f_i - y_i)^2}$$

由 RMSE 与 MAE 对比可知：RMSE 相当于 L2 范数，MAE 相当于 L1 范数。开方次数越高，计算结果就与较大的值关系越大，从而忽略较小的值，这就是 RMSE 针对异常值更敏感的原因（即，若存在与真实值相差很大的预测值，则 RMSE 就会很大）。

4. R 平方

R 平方（R^2 Score）又称为决定系数，可判断预测模型和真实数据的拟合程度，最佳值为 1，也可为负值。

假设 y_i 是真实值，f_i 是对应的预测值，则 n 个样本的 R^2 可由下式给出：

$$R^2 = 1 - \frac{\sum_{i=1}^{n}(y_i - f_i)^2}{\sum_{i=1}^{n}(y_i - \bar{y})^2}$$

其中，$\bar{y}$ 是 y 的均值，即 $\bar{y} = \frac{1}{n}\sum_{i=1}^{n} y_i$。

若 $R^2 = 0$，说明模型效果很差；若 $R^2 = 1$，说明模型无任何错误；若 $R^2 \in (0,1)$，越接近于 1 代表模型效果越好，越接近于 0 代表模型效果越差；若 $R^2 < 0$，则说明模型效果极差。

5. 可解释方差

假设 y 是真实值，f 是对应的预测值，Var 是方差，则可解释方差（Explained Variance）由下列公式给出：

$$可解释方差 = 1 - \frac{\text{Var}(y-f)}{\text{Var}(y)}$$

其中，$\frac{\text{Var}(y-f)}{\text{Var}(y)}$ 为平方误差均值（Average of Squared Error）。由上式可以看出，该值最大为 1，越接近 1 越好。

图 8-16 用图形化方式说明了可解释方差。

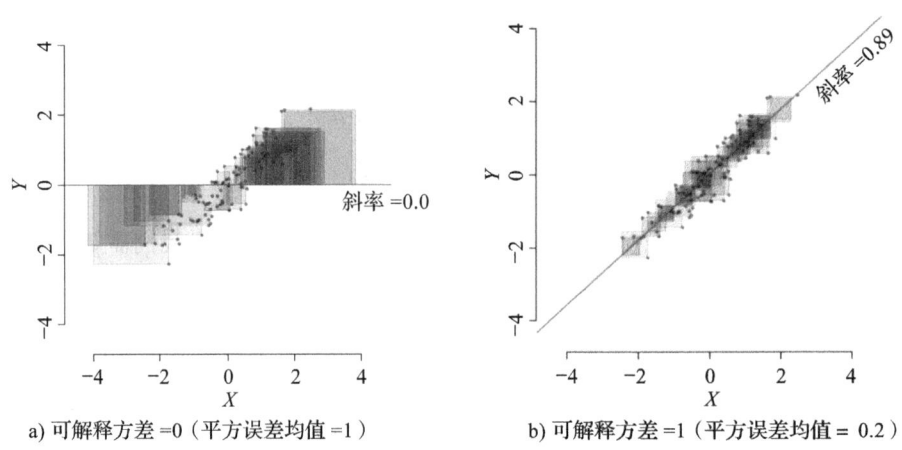

图 8-16　可解释方差的可视化（见彩插）

8.4.2　聚类模型

聚类模型的评价指标主要包括调整兰德系数（adjusted Rand index）和互信息评分（mutual information based score）。

1. 调整兰德系数

（1）数学原理

兰德系数（Rand index）需要给定实际类别信息 C，假设 K 是聚类结果，a 表示在 C 与 K 中都是同类别的元素对数，b 表示在 C 与 K 中都是不同类别的元素对数，则兰德指数为：

$$\mathrm{RI} = \frac{a+b}{C_{n_{\text{sample}}}^2}$$

上式中，分子表示属性一致的样本数，即同属于这一类或都不属于这一类；分母表示任意两个样本为一类有多少种组合，是数据集中可以组成的总元素对数；RI 取值范围为 [0, 1]，值越大意味着聚类结果与真实情况越吻合。

对于随机结果，RI 并不能保证分数接近零。为了实现"在聚类结果随机产生的情况下，指标应该接近零"，调整兰德系数被提出，它具有更高的区分度：

$$\mathrm{ARI} = \frac{\mathrm{RI} - E[\mathrm{RI}]}{\max(\mathrm{RI}) - E[\mathrm{RI}]}$$

ARI 取值范围为 [-1, 1]，值越大意味着聚类结果与真实情况越吻合。从广义的角度来讲，ARI 衡量的是两个数据分布的吻合程度。

（2）优缺点

ARI 的优点包括以下几点：

- 能准确检测随机聚类，即对任意数量的聚类中心和样本数，随机聚类的 ARI 都接近于 0。
- 衡量标准明确，其取值在 [-1, 1] 之间，负数代表结果不好，越接近于 1 越好。
- 可用于聚类算法之间的比较。

ARI 的缺点是 ARI 需要真实标签。

2. 互信息评分

（1）数学原理

互信息（Mutual Information，MI）用来衡量两个数据分布的吻合程度。假设 U 与 V 是对 N 个样本标签的分配情况，则两种分布的熵（不确定程度）分别为：

$$H(U) = \sum_{i=1}^{|U|} P(i) \log(P(i))$$

$$H(V) = \sum_{j=1}^{|V|} P'(j) \log(P'(j))$$

其中，$P(i) = |U_i|/N$，$P'(j) = |V_j|/N$。U 与 V 之间的互信息定义为：

$$\mathrm{MI}(U, V) = \sum_{i=1}^{|U|} \sum_{j=1}^{|V|} P(i, j) \log\left(\frac{P(i, j)}{P(i)P'(j)}\right)$$

其中，$P(i, j) = |U_i \cap V_j|/N$。由上式可以看出，不管标签分配之间的"互信息"的实际数量如何，互信息的值不会因此而调整，而会随着标签（簇）数量的增加而增加。

（2）互信息的优缺点

- 优点：除取值范围在 [0, 1] 之间外，其他同 ARI，可用于聚类模型选择。
- 缺点：需要先验知识。

8.4.3 关联规则模型

关联规则模型的评价指标可通过一个例子来说明，我们分析一个购物篮数据中购买游戏光碟和购买影片光碟之间的关联关系。交易数据集共有 10 000 条记录，其中 6000 条记录包含游戏光碟，7500 条记录包含影片光碟，4000 条记录既包含游戏光碟又包含影片光碟。

数据集如表 8-11 所示。

表 8-11 关联规则模型数据集

	买游戏光碟	不买游戏光碟	行总计
买影片光碟	4000	3500	7500
不买影片光碟	2000	500	2500
列总计	6000	4000	10 000

1. 相关性系数

在关联规则挖掘中，支持度（support）用于确定项集的频繁程度，置信度（confidence）用于确定 B 在包含 A 的事务中出现的频繁程度。设事件 A 表示买游戏光碟，事件 B 表示买影片光碟，由表 8-11 可得：

$$支持度 = \text{support}(\{A\} \cup \{B\}) = \frac{4000}{10\,000} \times 100\% = 40\%$$

$$置信度 = \frac{\text{support}(\{A\} \cup \{B\})}{\text{support}(\{A\})} = \frac{4000}{6000} \times 100\% = 66.7\%$$

这条规则的支持度和置信度似乎都满足要求，但事实上它误导了我们。在整个数据集中，买影片光碟的概率 $p(B) = \frac{7500}{10\,000} \times 100\% = 75\%$，而买游戏光碟也买影片光碟的概率只有 66.7%，66.7%<75% 说明买游戏光碟抑制了影片光碟的购买，这才是符合实际情况的。

从上面的例子可以看到，支持度和置信度并不能成功滤掉那些我们不感兴趣的规则，因此提出相关性系数 lift 作为关联规则挖掘的评价指标：

$$\text{lift} = \frac{P(A \cup B)}{P(A)P(B)}$$

若计算得出 $\text{lift}(A, B) > 1$，则认为是关联规则；若 $\text{lift}(A, B) < 1$，则认为是反关联规则。对于上例：

$$\text{lift}(A, B) = \frac{4000/10\,000}{6000/10\,000 \times 7500/10\,000} = 0.89 < 1$$

$$\text{lift}(A, \neg B) = \frac{2000/10\,000}{6000/10\,000 \times 2500/10\,000} = 1.33 > 1$$

因此在购买游戏光碟的条件下购买影片光碟并不是正确的关联规则。

2. 卡方系数

卡方分布是数理统计中的一个重要分布，利用卡方系数可以确定两个变量是否相关，从而将其作为关联规则的评价标准。卡方系数的定义如下：

$$\chi^2 = \sum \frac{(\text{observed} - \text{expected})^2}{\text{expected}}$$

上式中的 observed 表示数据的实际值，expected 表示期望值。仍以上例进行说明。表 8-12 括号中表示的是期望值 expected，（买影片光碟，买游戏光碟）的期望值

$$\text{expected}(A, B) = 6000 \times \frac{7500}{10\,000} = 4500（总体记录中有 75\% 的人买影片光碟，而买游戏光碟$$

的有 6000 人，于是我们期望这 6000 人中有 75% 的人买影片光碟）。其他三个期望值可以通过类似计算得到。于是，可得到买游戏光碟与买影片光碟的卡方系数：

$$\chi^2(A,B) = \frac{(4000-4500)^2}{4500} + \frac{(3500-3000)^2}{3000} + \frac{(2000-1500)^2}{1500} + \frac{(500-1000)^2}{1000} = 555.6$$

表 8-12　关联规则模型数据集（加期望值）

	买游戏光碟	不买游戏光碟	行总计
买影片光碟	4000（4500）	3500（3000）	7500
不买影片光碟	2000（1500）	500（1000）	2500
列总计	6000	4000	10 000

卡方系数需要查表才能确定值的意义，原假设为 A、B 独立。根据自由度查表，在上例的四格表资料中，自由度如下：

$$v = (r-1)\times(c-1)$$

上式中，r 为表格的行数，c 为表格的列数。上例中，自由度 =(2-1) × (2-1)=1。查表得到相应的值为 6.63，555.6 > 6.63，因此拒绝 A、B 独立的原假设，即认为 A、B 是相关的，而根据数据的期望值和实际值的关系 expected(A,B) = 4500 > 4000，认为 A、B 呈负相关，即买游戏光碟的人不可能买影片光碟。

8.5　本章小结

为了对模型的效果进行评估，需要好的评估方法，还需要衡量模型泛化能力的评价标准。模型评价是数据挖掘任务中非常重要的一环。不同的任务可能对应不同的评价方式，针对同一任务也可能存在不同的评价指标，在对比不同模型的能力时，使用不同的评价指标可能导致不同的结果。

通过本章的学习，可以对比分析不同的分类模型评价指标，如混淆矩阵、准确率、精准率、召回率以及 ROC 曲线等。针对不平衡分类问题，本章还介绍了几种主流的不平衡分类方法，主要包括基于抽样的方法、两阶段学习以及代价敏感方法等。之后，本章进一步分析讨论了常见模型过拟合以及欠拟合的原因并提出了相应的解决办法。最后，依次介绍了回归模型、聚类模型、关联规则模型的常用评价指标。

第 9 章
支持向量机分类器

扫码观看知识点讲解

本章介绍支持向量机算法是什么及其基本原理、数学模型和求解方法等重要知识,本章以现实场景中的分类问题为背景,逐步展开支持向量机算法分析。本章不仅介绍支持向量机的基本原理,还借助数学模型及其求解方法辅助读者理解支持向量机的深层原理。此外,本章也阐述了支持向量机算法在线性不可分的数据分类问题以及多分类问题的应用,拓展了支持向量机算法的使用场景。

9.1 支持向量机的提出

9.1.1 支持向量机简介

支持向量机(Support Vector Machine,SVM)是在 1995 年提出的一种二分类模型,它是特征空间上间隔最大的线性分类器,其学习策略是间隔最大化,可形式化为一个凸二次规划问题求解,也等价于正则化损失函数的最小化问题。

9.1.2 传统分类方法的不足

传统的统计模式识别方法在进行机器学习时,强调经验风险最小化,而单纯的经验风险最小化会产生"过学习问题",其推广能力较差。所谓推广能力是指学习机器(即预测函数,或称学习函数、学习模型)对未来输出进行正确预测的能力。所谓"过学习问题"是指在某些情况下,训练误差过小反而会导致推广能力的下降。

根据统计学习理论,学习机器的实际风险由经验风险值和置信范围值两部分组成。基于经验风险最小化准则的学习方法只强调了训练样本的经验风险最小误差,没有最小化置信范围值,因此其推广能力较差。为解决上述问题,统计学习理论提出一种新的风险最小化策略:结构风险最小化准则(Structural Risk Minimization,SRM),如图 9-1 所示。

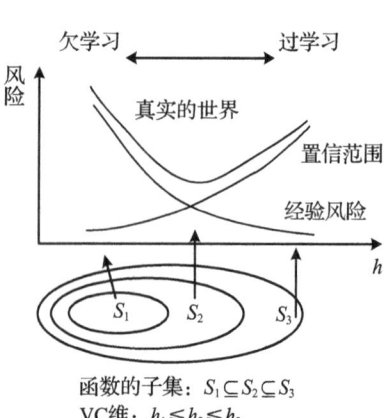

图 9-1 结构风险最小化示意图

这种策略将函数集构造为一个函数子集 S_i 序列，使各个子集按照 VC 维（Vapnik-Chervonenkis Dimension）的大小排列，在每个子集中寻找最小经验风险，折中考虑经验风险和置信风险，最终使得实际风险最小。SVM 实际上就是这种想法的体现。其中，VC 维是用于描述模型复杂性的度量，用整数 h_i 表示，h 越大，真实风险与期望风险的误差越大。

9.1.3 支持向量机的总体思想

前面说过，支持向量机以训练误差作为优化问题的约束条件，以置信范围值最小化作为优化目标，即 SVM 是一种基于结构风险最小化准则的学习方法，其推广能力明显优于一些传统的学习方法。由于 SVM 的求解最后会转化成二次规划问题的求解，因此 SVM 的解是全局唯一的最优解。

9.1.4 从 Logistic 回归到 SVM 分析

面对输入变量是连续值的情况，自变量取值为 $-\infty \sim +\infty$，可以使用 Logistic 函数（也称作 sigmoid 函数）将函数输出限制在（0，1）之间。Logistic 函数的曲线如图 9-2 所示，其表达式为：

$$h_\theta(\boldsymbol{x}) = g(\boldsymbol{\theta}^T \boldsymbol{x}) = \frac{1}{1-e^{-\boldsymbol{\theta}^T \boldsymbol{x}}}$$

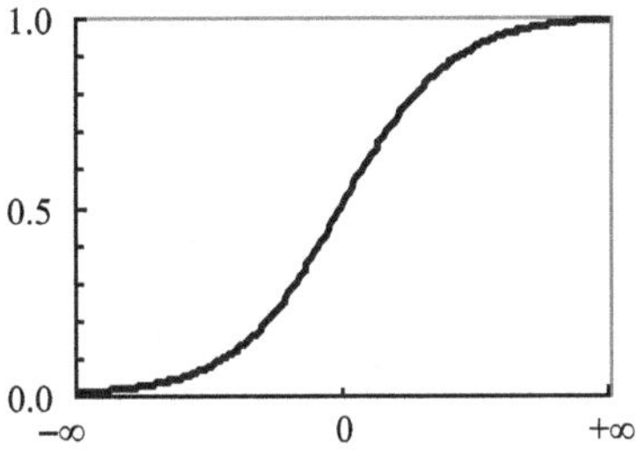

其中，$\boldsymbol{x}$ 是 n 维度特征向量，g 是 Logistic 函数。由于 Logistic 将无穷映射到了（0，1），而假设函数就是特征属于 $y=1$ 的概率，因此有：

$$P(y=1|\boldsymbol{x};\boldsymbol{\theta}) = h_\theta(\boldsymbol{x})$$
$$P(y=0|\boldsymbol{x};\boldsymbol{\theta}) = 1 - h_\theta(\boldsymbol{x})$$

图 9-2 Logistic 曲线

因此，当我们要判别一个新的特征属于哪个类时，只需求 $h_\theta(\boldsymbol{x})$ 即可。若 $\boldsymbol{\theta}^T \boldsymbol{x} > 0$，则 $h_\theta(\boldsymbol{x}) > 0.5$，$x$ 属于 $y=1$ 的类；若 $\boldsymbol{\theta}^T \boldsymbol{x} \leq 0$，则 $h_\theta(\boldsymbol{x}) \leq 0.5$，$x$ 属于 $y=0$ 的类。Logistic 回归就是要学习得到 $\boldsymbol{\theta}$，使得正例的特征远大于 0，负例的特征远小于 0，而且要在全部训练实例上达到这个目标。

如果将 Logistic 的输出值 $y=0$ 和 $y=1$ 替换为 $y=-1$ 和 $y=1$，将 $\boldsymbol{\theta}^T \boldsymbol{x} = \theta_0 + \theta_1 x_1 + \cdots + \theta_n x_n (x_0=1)$ 中的 θ_0 替换为 b，$\theta_1 x_1 + \cdots + \theta_n x_n$ 替换为 $\boldsymbol{w}^T \boldsymbol{x}$，则可以得到 $\boldsymbol{\theta}^T \boldsymbol{x} = \boldsymbol{w}^T \boldsymbol{x} + b$。也就是说，线性分类函数类似于 Logistic 回归的形式化表示为：$h_\theta(\boldsymbol{x}) = g(\boldsymbol{\theta}^T \boldsymbol{x}) = g(\boldsymbol{w}^T \boldsymbol{x} + b)$。将上述函数 $g(f(x))$ 映射到 $y=-1$ 和 $y=1$ 上，可得：

$$g(z) = \begin{cases} 1 & f(x) \geq 0 \\ -1 & f(x) < 0 \end{cases}$$

二分类问题可以用数学方法描述为：假设 x 表示数据点，y 表示类别（-1，1），分类目标就是要找一个超平面（hyperplane）把数据分成 $y=1$ 和 $y=-1$ 两类，超平面方程可表示为 $\boldsymbol{w}^T \boldsymbol{x} + b = 0$。$\boldsymbol{w}^T$ 是权重向量，x 为训练实例，b 代表 bias 偏置。因此，这可以表示为图 9-3 的形式，并可以描述为寻找一条分类函数将数据分为两类。

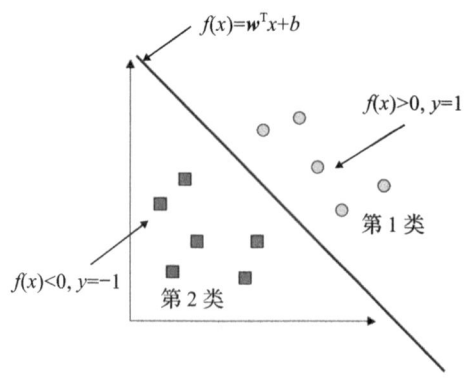

图 9-3 二分类问题示意图

然而，如图 9-4 所示，对两类样本进行分割有很多可以选择的线性分类函数，我们选取哪一个？因此，需要进一步研究如何选择最佳的分割线的问题。显然图 9-4b 具有更好的鲁棒性。直观上看，最好的超平面应该是位于两类训练样本"正中间"的划分超平面，因为该划分超平面对训练样本局部扰动的容忍性最好，这个划分超平面所产生的分类结果鲁棒性最好，对未见示例的泛化能力最强。

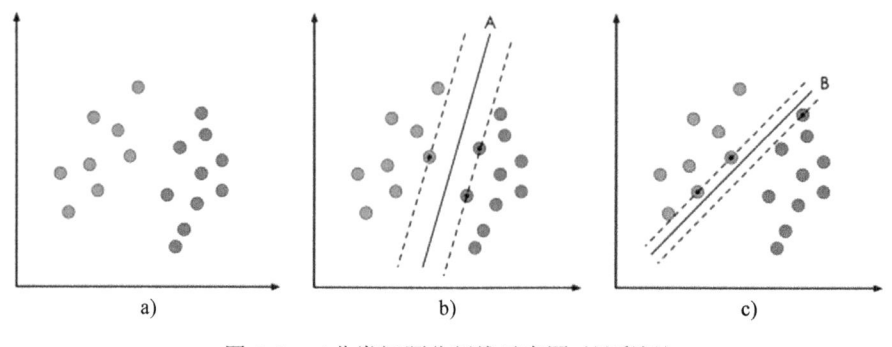

图 9-4 二分类问题分割线示意图（见彩插）

9.1.5 支持向量机的应用

SVM 在解决小样本、非线性及高维模式识别问题中表现出许多特有的优势，并能够推广应用到函数拟合等其他机器学习问题中。贝尔实验室率先在美国邮政手写数字库识别研究中应用了 SVM 方法，取得了较大的成功。在随后的近几年内，有关 SVM 的应用研究得到了很多领域学者的重视，在人脸检测、验证和识别、说话人/语音识别、文字/手写体识别、图像处理及其他应用研究方面取得了大量的研究成果，从简单模式输入的直接的 SVM 方法研究到多种方法取长补短的联合应用研究，SVM 方法有了很多改进。

SVM 算法在应用中的优势可以总结为以下几个方面：

1）**高维度**：SVM 可以高效地处理高维度特征空间的分类问题。这在实际应用中意义深远。比如，在文章分类问题中，单词或是词组组成了特征空间，特征空间的维度高达 10^6 以上。

2）**节省内存**：尽管训练样本点可能有很多，但 SVM 做决策时，仅仅依赖有限个样本（即支持向量）。因此，计算机内存仅仅存储这些支持向量就可以了，从而大大降低了内存占用率。

3）**应用广泛**：实际应用中的分类问题往往需要非线性的决策边界。通过灵活运用核函数，SVM可以方便地生成不同的非线性决策边界，从而保证它在不同问题上都有出色的表现（当然，对于不同的问题，如何选择最适合的核函数是一个需要使用者解决的问题）。

9.2 深入支持向量机

9.2.1 支持向量机算法的原理

SVM 的目标是在给定的正样本和负样本上训练得到一个最佳分类器，能够对新样本进行分类。如图9-5所示，寻找最佳分类器就是要找到一个最佳的分割线（二维空间），以后有了新的点时，通过这条线也能做出恰当的分类。实际情况中，样本的特征很可能是高维的，此时样本空间的划分就需要"超平面"。

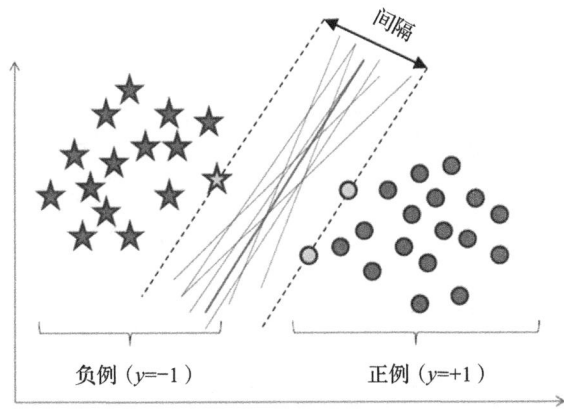

图 9-5　寻找二分类问题的最佳分割线示意图（见彩插）

由图9-5可见，最佳的分割线应该是在两类样本产生的间隔的中间位置画出，与此同时，分割线的方向应该是能够使两个样本之间的间隙最大的间隙带的方向。SVM将会寻找可以区分两个类别并且能使边际最大的超平面，即划分超平面。所谓边际（margin），就是某一条线距离它两侧最近的点的距离之和。如图9-6所示，两条虚线构成的带状区域就是边际，虚线是由距离中央实线最近的两个点所确定的。图9-6a中的边际比较小，如果用图9-6b所示的方式画，边际明显变大，也更接近我们的目标。

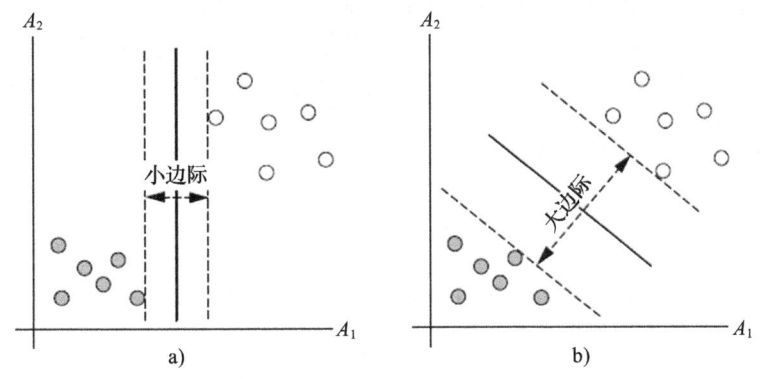

图 9-6　不同边际的分类效果示意图

9.2.2 支持向量机建模

给定训练样本 $x_1, x_2, \cdots, x_N \in R^n$，$x_1$ 到 x_N 表示它们的特征向量，其中 N 表示样本的个数，n 表示样本的特征维度，图 9-7 中特征维度 $n=2$。针对 N 个样本，每一个样本 x_i 对应一个类别 y_i，则有 $y_1, y_2, \cdots, y_N \in \{-1, +1\}$，其中 +1 表示样本为正样本的类别，-1 表示负样本的类别。将决策超平面定义为：$w \cdot x + b = 0$，其中 $w = (w_1, w_2, \cdots, w_d)$ 为法向量，决定了超平面的方向；b 为位移项，决定了超平面与原点之间的距离。那么，能找到两个与决策超平面平行的线：$w \cdot x + b = 1$ 和 $w \cdot x + b = -1$。前者恰好通过最靠近超平面的正样本，后者通过最靠近超平面的负样本，如图 9-7 所示。

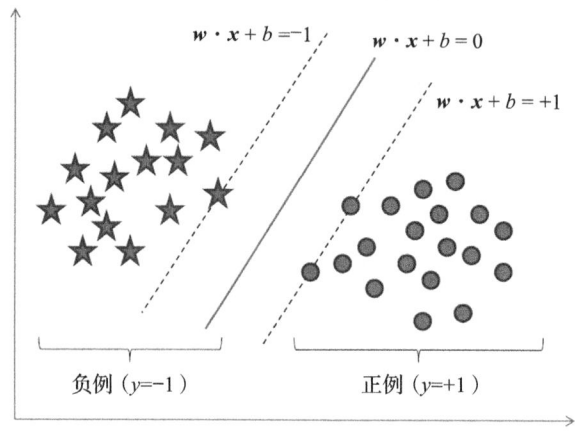

图 9-7 分割超平面的数学表达

可见，要找到最优分割面，只要确定权重向量 w 和常数 b 即可。划分超平面两侧的边际超平面称为支持面，支持面上的点称为支持点（支持向量）。因此，权重向量 w 和常数 b 可由这些支持点确定，决策超平面的表达公式如下：

$$g(x) = (w, x) + b$$

假设样本点 $P(x_i, y_i)$，则根据点到平面之间的距离公式，可计算样本点到平面的距离：

$$d_i = \frac{y_i(w \cdot x_i + b)}{\|w\|}$$

然后，寻找基于此超平面的最小间隔 $d = \min(d_i)$ 作为支持向量到超平面的距离。每个可以用 w 和常数 b 表示的超平面都有一个对应的最小间隔 d。我们可以根据两个分别位于超平面两侧的异类支持向量计算获得两个向量之间的距离，因为两个异类支持向量到超平面的距离和为 $\frac{2}{\|w\|}$，所以最小间隔为：

$$d = \frac{1}{2}\left(\frac{2}{\|w\|}\right)$$

SVM 寻找最大边际就可以表示为有约束条件下的最优化问题：

$$\begin{cases} \max\limits_{w,b}(d) \\ \text{subject to } \dfrac{y_i(w \cdot x_i + b)}{\|w\|} \geqslant d, i = 1, 2, 3, \cdots, N \end{cases}$$

因为 d 和 $\|w\|$ 是标量，且最大化 $\dfrac{1}{\|w\|}$ 等价于最小化 $\dfrac{1}{2}\|w\|^2$，化简后可得：

$$\begin{cases} \min\limits_{w,b}\left(\dfrac{1}{2}\|w\|^2\right) \\ \text{subject to } y_i(w\cdot x_i+b)\geqslant 1,\ i=1,2,3,\cdots,N \end{cases}$$

如此，边际最大化问题就转换成 $\|w\|$ 的最小化问题，即 $\|w\|^2$ 的最小化问题。之所以转化成 $\|w\|^2$ 的最小化问题，是因为这样能够把问题变成二次规划问题，而二次规划问题有通用的解法。

9.2.3 支持向量机求解

1. 有约束的最小化问题求解

至此，分类问题也被转化成一个有约束的最小化的问题，该最小化问题的约束为所有负样本满足 $g(x)\leqslant -1$，所有正样本满足 $g(x)\geqslant 1$，即可以将该最优化问题表示为：

$$\begin{cases} \min\left(\dfrac{1}{2}\|w\|^2\right) \\ \text{subject to } y_i(w\cdot x_i+b)\geqslant 1,\ i=1,2,3,\cdots,N \end{cases}$$

其中，自变量是 w，目标函数是 w 的二次函数，所有的约束条件都是 w 的线性函数，这种规划问题称为二次规划。由于它的可行域是一个凸集，因此，它是一个易于求解的凸二次规划问题。将有约束的原始目标函数转换为无约束的新构造的拉格朗日目标函数，即用惩罚项来替换限制条件，将有约束的优化问题转化为无限制的优化问题。

$$\min_{w,b}\dfrac{1}{2}\|w\|^2+\text{惩罚项}$$

为训练数据中的每个数据样本，定义惩罚项如下：

$$\begin{cases} 0 & y_i(w^\mathrm{T}x_i+b)\geqslant 1 \\ \infty & \text{其他} \end{cases}=\max_{\alpha_i\geqslant 0}\alpha_i(1-y_i(w^\mathrm{T}x_i+b))$$

其中，α_i 为拉格朗日算子，且满足 $\alpha_i\geqslant 0$。可以重写 SVM 的优化问题为：

$$\min\left\{\dfrac{1}{2}\|w\|^2+\sum_{i=1}^n\max_{\alpha_i\geqslant 0}\alpha_i(1-y_i(w^\mathrm{T}x_i+b))\right\}$$

$$=\min_{w,b}\max_{\{\alpha_i\geqslant 0\}}\left\{\dfrac{1}{2}\|w\|^2+\sum_{i=1}^n\alpha_i(1-y_i(w^\mathrm{T}x_i+b))\right\}$$

通过交换"max"和"min"，形式化为对偶问题：

$$\min_{w,b}\max_{\{\alpha_i\geqslant 0\}}\left\{\dfrac{1}{2}\|w\|^2+\sum_{i=1}^n\alpha_i(1-y_i(w^\mathrm{T}x_i+b))\right\}$$

$$=\max_{\{\alpha_i\geqslant 0\}}\min_{w,b}\underbrace{\left\{\dfrac{1}{2}\|w\|^2+\sum_{i=1}^n\alpha_i(1-y_i(w^\mathrm{T}x_i+b))\right\}}_{L(w,\ b,\ \alpha)}$$

要使交换后保持相等，需要满足两个条件：第一，优化问题是凸优化问题；第二，满足 KKT 条件。本优化问题显然是一个凸优化问题，所以条件一满足；要使得以上问题可以

转化为对偶问题求最优解,还需满足 KKT(Karush-Kuhn-Tucker) 条件,即

$$\begin{cases} \alpha_i \geqslant 0 \\ y_i(\boldsymbol{w} \cdot \boldsymbol{x}_i + b) \geqslant 1 \\ \alpha_i(y_i(\boldsymbol{w} \cdot \boldsymbol{x}_i + b) - 1) = 0 \end{cases}$$

2. 对偶问题求解

在满足以上条件的情况下,求解该对偶问题,就是在每一个固定的拉格朗日乘子 α_i 下,求解满足最小化 $L(\boldsymbol{w}, b; \alpha)$ 的 $\boldsymbol{w}$ 和 b。

$$\frac{\partial L}{\partial \boldsymbol{w}} L(\boldsymbol{w}, b, \alpha) = \boldsymbol{w}^{\mathrm{T}} - \sum_{i=1}^{n} \alpha_i y_i \boldsymbol{x}_i^{\mathrm{T}} = 0$$

$$\frac{\partial L}{\partial b} L(\boldsymbol{w}, b, \alpha) = -\sum_{i=1}^{n} \alpha_i y_i = 0$$

将 $\boldsymbol{w} = \sum_{i=1}^{n}(\alpha_i y_i \boldsymbol{x}_i)$ 和 $\sum_{i=1}^{n} \alpha_i y_i = 0$ 代入拉格朗日目标函数,消去 $\boldsymbol{w}$ 和 b 求解:

$$L(\boldsymbol{w}, b, \alpha) = \sum_{i=1}^{n} \alpha_i - \frac{1}{2} \sum_{i,j=1}^{n} \alpha_i \alpha_j y_i y_j (\boldsymbol{x}_i^{\mathrm{T}} \boldsymbol{x}_j)$$

$$\max_{\{\alpha_i \geqslant 0\}} \left\{ \sum_{i=1}^{n} \alpha_i - \frac{1}{2} \sum_{i,j=1}^{n} \alpha_i \alpha_j y_i y_j (\boldsymbol{x}_i^{\mathrm{T}} \boldsymbol{x}_j) \right\}$$

$$s.t. \alpha_i \geqslant 0, \ \forall i$$

即可获得问题的解:

$$\boldsymbol{w} = \sum_{i=1}^{n} \alpha_i y_i \boldsymbol{x}_i$$

$$b = y_i - \boldsymbol{w}^{\mathrm{T}} \boldsymbol{x}_i$$

这仍然是一个二次规划问题,可以用序列最小优化(SMO)算法得到全局最优解。一般来说,其解仅包含部分非零向量。支持向量对应非零向量,所有非支持向量 ($\alpha_i(y_i(\boldsymbol{w}^{\mathrm{T}} \boldsymbol{x}_i + b) - 1)$) 对应的系数 α 都等于 0。

$$\mathcal{L}(\omega, b, \alpha) = \frac{1}{2} \|\omega\|^2 - \sum_{i=1}^{n} \alpha_i (y_i(\boldsymbol{w}^{\mathrm{T}} \boldsymbol{x}_i + b) - 1)$$

所以最终的求解模型为:

$$f(x) = \boldsymbol{w}^{\mathrm{T}} \boldsymbol{x}_i + b = \sum_{i=1}^{m} \alpha_i y_i \boldsymbol{x}_i^{\mathrm{T}} \boldsymbol{x} + b$$

3. 考虑 KKT 条件的 SVM 模型

前面的推导都是在假设满足 KKT 条件下成立的,KKT 条件如下:

$$\begin{cases} \alpha_i \geqslant 0 \\ y_i(\boldsymbol{w} \cdot \boldsymbol{x}_i + b) \geqslant 1 \\ \alpha_i(y_i(\boldsymbol{w} \cdot \boldsymbol{x}_i + b) - 1) = 0 \end{cases}$$

由以上公式可知, $\alpha_i = 0$ 或者 $y_i(\boldsymbol{w} \cdot \boldsymbol{x}_i + b) = 1$ 可以使 KKT 条件满足。若 $\alpha_i = 0$,则该样本不会在最后求解模型参数的式子中出现;若 $\alpha_i > 0$,则必有 $y_i(\boldsymbol{w} \cdot \boldsymbol{x}_i + b) = 1$,所对应的

样本点位于最大间隔边界上，是一个支持向量。可知支持向量机的一个重要性质：训练完成后，大部分训练样本都不需要保留，最终模型仅与支持向量有关，这称为支持向量机的解的稀疏性。

假设需要对数据 x 进行分类预测，第一步将被预测样本 $\boldsymbol{x}$ 代入 $f(x)=\boldsymbol{w}^{\mathrm{T}}\boldsymbol{x}_i+b$，计算出 $f(x)$ 的结果，根据其结果的正负号判断其类别。根据前面的推导 $\omega^*=\sum_{i=1}^{n}a_i y_i x_i$，可得分类函数为：

$$f(x)=\left(\sum_{i=1}^{n}a_i y_i x_i\right)^{\mathrm{T}}x+b=\sum_{i=1}^{n}a_i y_i <x_i x>+b$$

可见，对新点 x 进行类别预测，实际上只需要计算 x 与训练数据点的内积即可。

4. 数据分类预测案例

首先，需要通过训练数据获得 w, b，以得出分类超平面的公式。获得 w 和 b 过程如下，假设已有如下数据，其中 x_i 表示训练数据，y_i 代表其标签值，x_i 在二维平面的分布如图 9-8 所示。

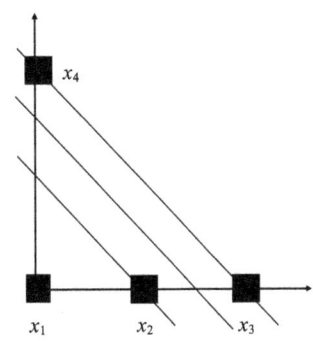

图 9-8 训练数据 x_i 在二维平面的分布图

$$\begin{cases} x_1=(0,0),\ y_1=+1 \\ x_2=(1,0),\ y_2=+1 \\ x_3=(2,0),\ y_3=-1 \\ x_4=(0,2),\ y_4=-1 \end{cases}$$

将以上数据代入拉格朗日目标函数，$\max\limits_{\{\alpha_i \geqslant 0\}}\left\{\sum_{i=1}^{n}\alpha_i-\frac{1}{2}\sum_{i,j=1}^{n}\alpha_i\alpha_j y_i y_j(\boldsymbol{x}_i^{\mathrm{T}}\boldsymbol{x}_j)\right\}$，则可以获得关于 α_i 的函数 $Q(\alpha)=(\alpha_1+\alpha_2+\alpha_3+\alpha_4)-\frac{1}{2}(\alpha_2^2-4\alpha_2\alpha_3+4\alpha_3^2+4\alpha_4^2)$。然后，调用二次规划程序，可以求得 $\alpha_1,\alpha_2,\alpha_3,\alpha_4$ 的值，进而求得 w 和 b 的值。如上述数据所示，可以求得 $\alpha_1,\alpha_2,\alpha_3,\alpha_4$ 的值为：

$$\begin{cases} \alpha_1=0 \\ \alpha_2=1 \\ \alpha_3=3/4 \\ \alpha_4=1/4 \end{cases}$$

然后，依据 9.2.3 节对偶问题求解过程来求解 w 和 b 的值，如下：

$$\boldsymbol{w}=\begin{bmatrix}1\\0\end{bmatrix}-\frac{3}{4}\begin{bmatrix}2\\0\end{bmatrix}-\frac{1}{4}\begin{bmatrix}0\\2\end{bmatrix}=\begin{bmatrix}-\frac{1}{2}\\-\frac{1}{2}\end{bmatrix}$$

$$b=-\frac{1}{2}\begin{bmatrix}-\frac{1}{2},-\frac{1}{2}\end{bmatrix}\begin{bmatrix}3\\0\end{bmatrix}=\frac{3}{4}$$

进而，可以获得分割超平面的公式为 $f(x)=3-2x_1-2x_2=0$。

最后，将被预测样本 $\boldsymbol{x}$ 代入上式，计算出 $f(x)$ 的结果，即可根据结果的正负号判断其类别。

9.3 非线性支持向量机

9.3.1 基于软间隔的 C-SVM

经典 SVM 的基本假设是样本之间线性可分，但在实践中，线性不可分更普遍。线性不可分意味着某些样本点不能满足函数间隔大于等于 1 的约束条件。为了解决线性不可分的情况，引入了"软间隔"的概念，即允许某些点不满足约束，如图 9-9 所示。其核心思想不再像经典 SVM 那样要求所有的训练样本均能被正确划分，而是允许一定数量的训练样本有分类错误，即训练过程容忍一定程度的分类误差。这样，训练过程挑选的是一个尽可能正确划分训练样本的超平面，而训练的目标仍然是使该超平面与分类正确的、最近的正负训练样本之间的距离最大化。

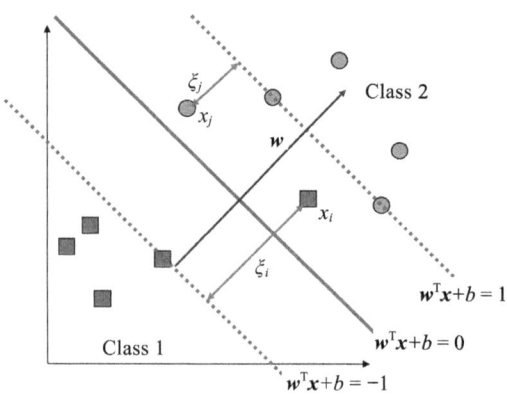

图 9-9 软间隔 SVM 示意图（见彩插）

具体来说，前面介绍的支持向量机形式要求所有样本均划分正确，这称为硬间隔（hard margin）。与此对应，软间隔则允许某些样本不满足约束：$y_i(\boldsymbol{w}^\mathrm{T}\boldsymbol{x}_i+b)\geqslant 1$。

当然，在最大化间隔的同时，不满足约束的样本应该尽可能少。于是，最优化目标可写为：

$$\min_{w,b}\frac{1}{2}\|\boldsymbol{w}\|^2 + C\sum_{i=1}^{m} l_{0/1}(y_i(\boldsymbol{w}^\mathrm{T}\boldsymbol{x}_i+b)-1)$$

其中，$C>0$ 是一个常数，$l_{0/1}$ 是"0/1 损失函数"。

$$l_{0/1} = \begin{cases} 1 & z < 0 \\ 0 & 其他 \end{cases}$$

显然，当 C 为无穷大时，优化目标会使所有样本均满足约束 $y_i(\boldsymbol{w}^\mathrm{T}\boldsymbol{x}_i+b)\geqslant 1$，于是优化目标函数等价于下式：

$$\min_{w,b}\frac{1}{2}\|\boldsymbol{w}\|^2$$

$$s.t\ y_i(\boldsymbol{w}^\mathrm{T}\boldsymbol{x}_i+b)\geqslant 1,\ i=1,2,3,\cdots,m$$

当 C 取有限值时，优化目标函数允许一些样本不满足约束。

其中，不同的 C 值情况下，分类效果对比如图 9-10 所示。可见，当 C 值太小时，会使松弛变量过大，导致样本误分类较多，但模型泛化能力强。C 值太大时，会使松弛变量过小，导致过分拟合训练数据（导致过拟合）。

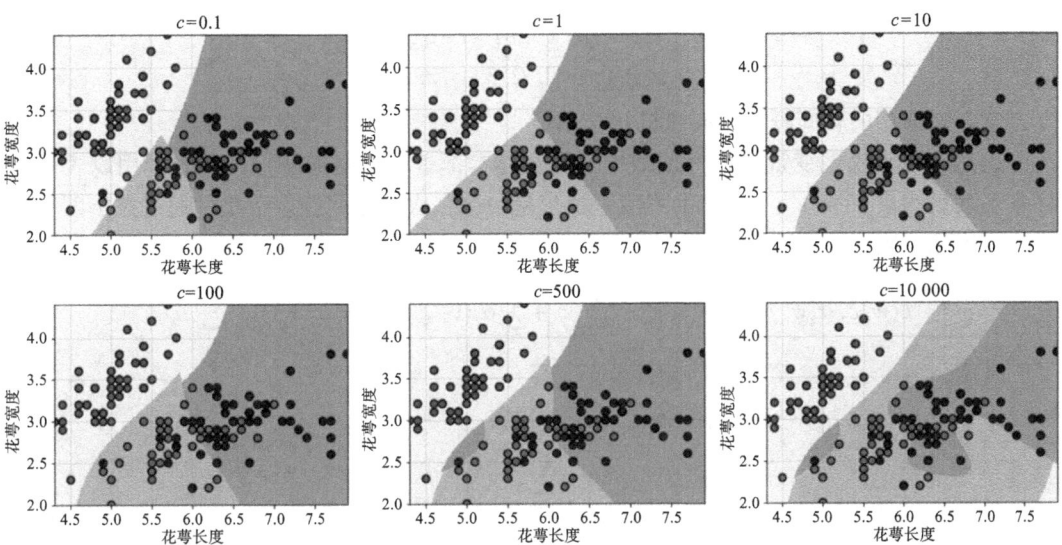

图 9-10　不同 C 值下 C-SVM 的鸢尾花数据分类可视化对比（见彩插）

然而，$l_{0/1}$ 非凸、非连续，数学性质不太好，这使得目标函数不易直接求解。于是，人们通常用其他一些函数来代替 $l_{0/1}$，称为替代损失（surrogate loss）函数。替代损失函数一般具有较好的数学性质，它们通常是凸的连续函数且是 $l_{0/1}$ 的上界，图 9-11 给出了三种常用的替代损失函数：

- hinge 损失：$l_{\text{hinge}}(z) = \max(0, 1-z)$
- 指数损失：$l_{\exp}(z) = \exp(-z)$
- 对数损失：$l_{\log}(z) = \log(1+\exp(-z))$

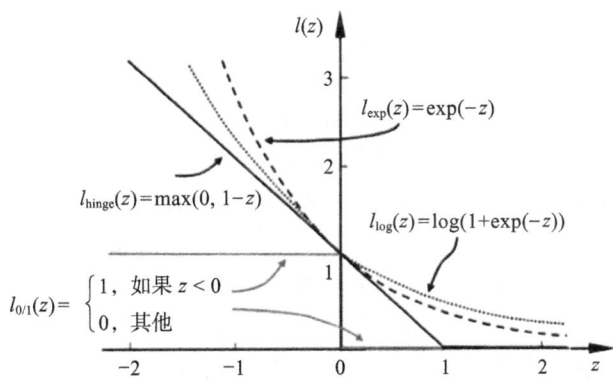

图 9-11　三种常见的替代损失函数：hinge 损失、指数损失、对数损失

若采用 hinge 损失，则目标函数变成：

$$\min_{w,b} \frac{1}{2}\|w\|^2 + C\sum_{i=1}^{m} \max(0, 1-y_i(w^T x_i + b))$$

引入松弛变量 $\xi_i \geqslant 0$，可将目标函数写为：

$$\min_{w,b} \frac{1}{2}\|w\|^2 + C\sum_{i=1}^{m}\xi_i$$

$$s.t \ y_i(w^T x_i + b) > 1 - \xi_i,$$

$$\xi_i \geqslant 0, i = 1, 2, 3, \cdots, m$$

这就是通用的软间隔支持向量机。

显然，引入松弛变量的目标函数中，每个样本都有一个对应的松弛变量，用以表征该样本不满足约束 $y_i(w^T x_i + b) \geqslant 1$ 的程度，这仍是一个二次规划问题。于是，通过拉格朗日乘子法可得到对应的拉格朗日函数：

$$L(w,b,\alpha,\xi,\mu) = \frac{1}{2}\|w\|^2 + C\sum_{i=1}^{m}\xi_i + \sum_{i=1}^{m}\alpha_i(1-\xi_i - y_i(w^T x_i + b)) - \sum_{i=1}^{m}\mu_i \xi_i$$

其中，$\alpha_i \geqslant 0, \mu_i \geqslant 0$ 是拉格朗日乘子。

令 $L(w,b,\alpha,\xi,\mu)$ 对 w, b, ξ_i 的偏导为 0，可得：

$$w = \sum_{i=1}^{m}\alpha_i y_i x_i$$

$$0 = \sum_{i=1}^{m}\alpha_i y_i$$

$$C = \alpha_i + \mu_i$$

将上式代入拉格朗日函数即可得到带松弛变量的优化目标函数的对偶问题：

$$\max_{w,b} \sum_{i=1}^{m}\alpha_i - \frac{1}{2}\sum_{i=1}^{m}\sum_{j=1}^{m}\alpha_i \alpha_j y_i y_j x_i^T x_j$$

$$s.t \ \alpha_i y_i = 0$$

$$0 \leqslant \alpha_i \leqslant C, i = 1, 2, 3, \cdots, m$$

对比上式与硬间隔下的对偶问题可看出，两者唯一的差别就在于对偶变量的约束不同：前者是 $0<\alpha_i<C$，后者是 $0<\alpha_i$。对软间隔支持向量机，KKT 条件要求如下：

$$\begin{cases} \alpha_i \geqslant 0, \mu_i \geqslant 0 \\ y_i f(x_i) - 1 + \xi_i \geqslant 0 \\ \alpha_i(y_i f(x_i) - 1 + \xi_i) = 0 \\ \xi_i \geqslant 0, \mu_i \xi_i = 0 \end{cases}$$

于是，对任意训练样本 (x_i, y_i)，总有 $\alpha_i = 0$ 或 $y_i f(x_i) = 1 - \xi_i$。若 $\alpha_i = 0$，则该样本不会对 $f(x)$ 有任何影响；若 $\alpha_i > 0$，则必有 $y_i f(x_i) = 1 - \xi_i$，即该样本是支持向量。由式 $C = \alpha_i + \mu_i$ 可知，若 $\alpha_i < C$，则 $\mu_i = 0$，进而有 $\xi_i = 0$，即该样本恰在最大间隔边界上；若 $\alpha_i = C$，则有 $\mu_i = 0$。此时，若 $\xi_i \leqslant 1$，则该样本落在最大间隔内部；若 $\xi_i > 1$，则该样本被错误分类。由此可看出，软间隔支持向量机的最终模型仅与支持向量有关，即通过采用 hinge 损失函数保持了稀疏性。

$$\min_{w,b} \frac{1}{2}\|w\|^2 + C\sum_{i=1}^{m}l_{0/1}(y_i(w^T x_i + b) - 1)$$

我们还可以把上式中的 0/1 损失函数换成别的替代损失函数以得到其他学习模型，这些模型的性质与所用的替代函数直接相关，但它们具有一个共性：优化目标中的第一项用来描述划分超平面的"间隔"大小，另一项 $\sum_{i=1}^{m}l(f(x_i), y_i)$ 用来表述训练集上的误差，可写为更一般的形式：

$$\min \Omega(f) + C\sum_{i=1}^{m} l(f(x_i), y_i)$$

其中，$\Omega(f)$ 称为结构风险（structural risk），用于描述模型 f 的某些性质；第二项 $\sum_{i=1}^{m} l(f(x_i), y_i)$ 称为经验风险（empirical risk），用于描述模型与训练数据的契合程度；C 用于对二者进行折中。从经验风险最小化的角度来看，$\Omega(f)$ 描述了我们希望获得具有何种性质的模型（例如希望获得复杂度较小的模型），这为引入领域知识和用户意图提供了途径；另一方面，该信息有助于削减假设空间，从而降低最小化训练误差的过拟合风险。从这个角度来说，上式称为正则化（regularization）问题，$\Omega(f)$ 称为正则化项，C 则称为正则化常数，L_p 范数（norm）是常用的正则化项，其中 L_2 范数 $\|w\|_2$ 倾向于 w 的分量取值尽量均衡，即非零分量个数尽量稠密，而 L_0 范数 $\|w\|_0$ 和 L_1 范数 $\|w\|_1$ 倾向于 w 的分量尽量稀疏，即非零分量个数尽量少。

9.3.2 非线性 SVM 与核变换

1. 非线性 SVM

上述分类问题都是训练样本（大致）线性可分的情形，这时分类器为线性函数，即分类超平面。但现实情况中，训练样本往往非线性可分，即任何超平面都无法较好地分开两类训练样本，或者说使用任何超平面带来的对训练样本的分类误差都是不可容忍的。比如，以下是三种线性不可分的情况，如图 9-12 所示。

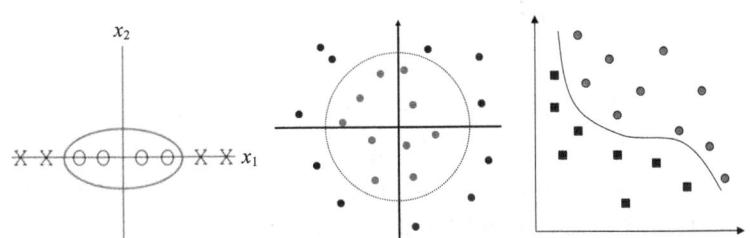

图 9-12 线性不可分的三种示例

由于特征维度的提高一般能提升样本之间的可区分性，因此针对以上问题可以考虑将原始样本特征描述映射至某个高维空间中，使得映射后的样本之间线性可分，如图 9-13 所示。此映射可以表示为 $\Phi: x \to \varphi(x)$，其中 $x \in R^p$，而 $z = \varphi(x) \in R^q$，且通常有 $q \gg p$。这样，原始的训练样本集合 D 被映射为线性可分的高维空间中的集合：

$$D' = \{(z_i, y_i) \mid z_i \in R^q, y_i \in \{-1, 1\}\}_{i=1}^{n}$$

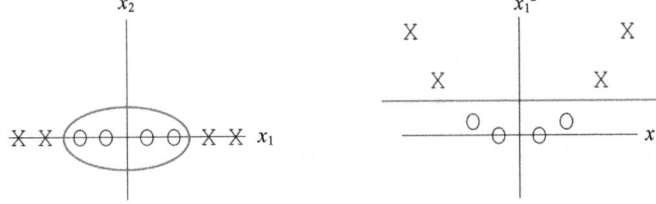

图 9-13 线性不可分转换为高维空间线性可分的示例

在 R^q 空间中,因为 D' 是线性可分的,所以其判别函数和最优分类平面求解的对偶形式分别为:

$$f(z) = \text{sign}(wz + b - 1) = \text{sign}\left(\sum_{i=1}^{n} \alpha_i y_i z_i^T z + b - 1\right)$$

$$\max_{\alpha \geq 0, \sum_{i=1}^{n} \alpha_i y_i = 0} \left\{\sum_{i=1}^{n} \alpha_i - \frac{1}{2}\sum_{i=1}^{n}\sum_{j=1}^{n} \alpha_i \alpha_j y_i y_j z_i^T z_j\right\}$$

观察以上两个式子可知,无论是判别函数还是对偶形式中的目标函数都只涉及高维空间中两个矢量之间的内积,而不需要知道它们的具体坐标。由于在线性支持向量机学习的对偶问题里,目标函数和分类决策函数都只涉及实例和实例之间的内积,因此不需要显式地指定非线性变换,而是用核函数替换其中的内积。核函数表示通过一个非线性转换后的两个实例间的内积。具体地说,$K(x_i, x_j)$ 是一个函数(或正定核),意味着存在一个从输入空间到特征空间的映射 $\varnothing(x)$,对任意输入空间中的 x_i 和 x_j,有 $K(x_i, x_j) = \varnothing(x_i) \cdot \varnothing(x_j)$。然后,用核函数 $K(x_i, x_j)$ 替代内积 $z_i^T z_j$,求解得到的就是非线性支持向量机。

$$\sum_{i=1}^{l} \alpha_i - \frac{1}{2}\sum_{i,j=1}^{l} \alpha_i \alpha_j y_i y_j K(x_i \cdot x_j)$$

核函数的定理如下:令 X 为输入空间,$K(...)$ 是定义在 $X \times X$ 上的对称函数,则 K 是核函数当且仅当对于任意数据 $D = \{x_1, x_2, ..., x_m\}$,核矩阵(kernel matrix)$K$ 总是半正定的:

$$K = \begin{bmatrix} K(x_1, x_1) & \cdots & K(x_1, x_m) \\ \vdots & \ddots & \vdots \\ K(x_m, x_1) & \cdots & K(x_m, x_m) \end{bmatrix}$$

只要一个对称函数对应的核矩阵半正定,它就能作为核函数使用。事实上,对于一个半正定核矩阵,总能找到一个与之对应的映射。换言之,任何一个核函数都隐式地定义了一个称为再生核希尔伯特空间(Reproducing Kernel Hilbert Space,RKHS)的特征空间。通过前面的讨论可知,我们希望样本在特征空间内线性可分,因此特征空间的好坏对支持向量机的性能至关重要。需要注意的是,在不知道特征映射的形式时,我们并不知道什么样的核函数是合适的,而核函数也只是隐式地定义了这个特征空间,于是,核函数选择成为支持向量机的最大变数。若核函数选择不合适,则意味着将样本映射到了一个不合适的特征空间,很可能导致性能不佳。

2. 常见的核函数

常见的核函数有以下 4 种:

❑ 高斯 RBF(Radial Basis Function)核

$$K(x_i, x_j) = \exp(-\gamma \|x_i - x_j\|^2) = \exp(-\|x_i - x_j\|^2 / 2\sigma^2)$$

❑ 齐次多项式(homogeneous polynomial)核

$$K(x_i, x_j) = (x_i \cdot x_j)^d$$

❑ 非齐次多项式(inhomogeneous polynomial)核

$$K(x_i, x_j) = (x_i \cdot x_j + 1)^d$$

❑ sigmoid 核

$$K(x_i, x_j) = \tanh(\kappa x_i \cdot x_j + \theta)^d$$

9.3.3 支持向量机二分类推广

将 SVM 二分类问题推广到多分类问题，主要方法有两种：①一对一：对 N 类训练数据两两组合，构建 $C_N^2 = N(N-1)/2$ 个支持向量机，分类的时候采取"投票"的方式决定分类结果。②一对多：对 N 分类问题构建 N 个支持向量机，每个支持向量机负责区分本类数据和非本类数据。最后结果由输出离分界面距离 $(w, x)+b$ 最大的那个支持向量机决定。

9.4 本章小结

本章由浅及深地介绍了支持向量机算法的提出和发展，较为全面地介绍 SVM 的原理和应用场景，可以帮助读者理解和使用 SVM。9.1 节介绍了 SVM 算法是如何被提出的；9.2 节深入地介绍支持向量机算法的原理、数学模型和求解方法；9.3 节针对现实场景中的数据线性不可分的现象，介绍了基于软间隔的 SVM 算法和非线性 SVM 算法，并拓展了 SVM 从解决二分类问题到解决多分类问题的主要思路。

第 10 章
神经网络分类器

扫码观看知识点讲解

人工神经网络在人工智能领域具有重要的地位,特别是近年来深度学习的提出,带动神经网络井喷式发展。各种基于前馈神经网络、卷积神经网络和循环神经网络的模型被提出,有效地解决了计算机视觉和自然语言处理中的相关任务,在某些任务中取得的效果甚至超越人类。同时,人工神经网络也在其他领域发挥着越来越重要的作用。

人工神经网络是机器学习和人工智能研究的重要内容,并将在可预见的未来占据主体地位。人工神经网络的学习能为未来从事相关科学研究工作及具体应用落地提供扎实的理论功底和基础。

10.1 人工神经网络出现的背景

10.1.1 发展历程

机器被发明是为了服务人类,做人类不擅长的事情,比如做规律性、重复、复杂的运算。但是,机器的作用依然局限在机械性运算上,人类发明电"脑"是希望机器能成为真正的"类人脑"。在生物领域不断取得突破的前提下,我们破译人脑的工作逐步深入,最终将人脑运行机制复制到电脑,从而产生"类人思维",这就是人工神经网络的重要思想来源。

图 10-1 给出了人工神经网络的发展历程(三起两落)。

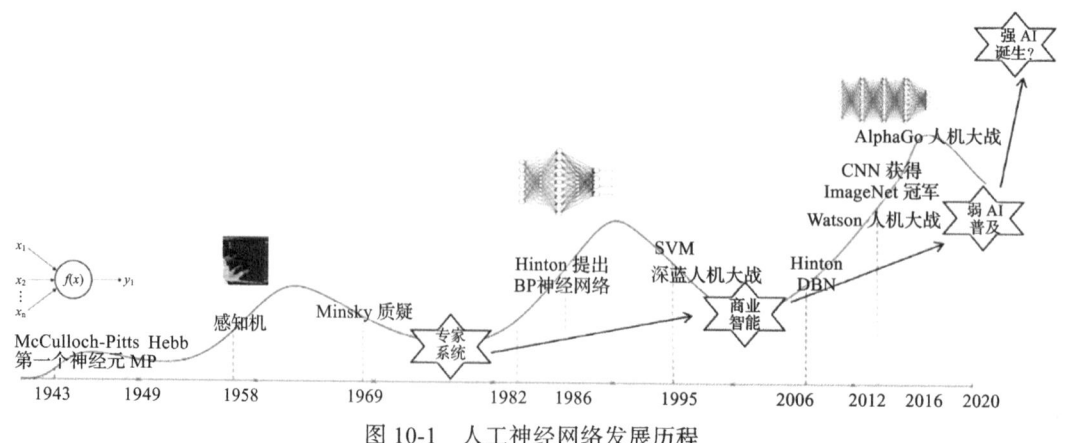

图 10-1 人工神经网络发展历程

- 起点：1943 年，人工神经网络研究的先锋麦卡洛克和皮茨提出一种叫作似脑机器（mindlike machine）的思想。这种机器可由基于生物神经元特性的互连模型来制造，这就是神经网络的最初概念。
- 第一起：1958 年，罗森·布拉特提出感知器的概念，并提出一种接近于人类学习过程的学习算法，推动了人工神经网络的第一次研究高潮。
- 第一落：1969 年，Marvin Minsky 出版《感知机》一书，指出感知机的两大问题：无法处理异或问题和计算能力不足。之后的十多年，神经网络的研究一直没有太大进展，人工神经网络的研究进入第一次低谷期。
- 第二起：1986 年，Hinton 等人将重新改进的后向传播算法引入多层感知器，神经网络重新成为热点，人工神经网络迎来了第二次研究高潮。后向传播算法是神经网络中极为重要的学习算法，直到现在仍然占据重要地位。
- 第二落：1995~2006 年，由于计算机性能无法支持大规模的神经网络训练且因训练数据匮乏，SVM 和线性分类器等简单的方法反而更流行。
- 第三起：2006 年，杰弗里·辛顿以及他的学生鲁斯兰·萨拉赫丁诺夫正式提出了深度学习的概念，引发了人工神经网络第三次研究和应用高潮。其背后的原因是大规模并行计算和 GPU 计算能力的提高以及数据量的爆炸式增长，这为人工神经网络的发展创造了重要的条件。

迄今为止，人工神经网络，特别是深度学习仍然是学术界和工业界研究的重要内容，它在计算机视觉和自然语言处理领域取得了巨大的成功，有力地推动了人工智能的发展。

10.1.2 端到端的学习

端到端的学习是指不经过复杂的中间建模过程，直接从输入端到输出端得到一个预测的结果。传统的机器学习方法往往由多个独立的模块组成。比如，一个典型的自然语言处理问题包括分词、词性标注、句法分析、语义分析等多个步骤，每个步骤是一个独立的任务，其结果的好坏会影响下一步骤，进而影响整个训练的结果，这是非端到端的。同时，非端到端的学习需要大量人力的参与，比如特征工程等，不仅消耗人工开销，而且模型的输出结果也受到人为因素的影响。此外，海量的数据中往往蕴含着人类无法直接发现的隐性知识，这些知识通常是无法提取特征的。人工神经网络是端到端的学习，可以省略大量中间步骤，让模型自己学习数据中的规则和知识，在节省大量人工开销的同时可以减少人为因素的干扰，从而提高模型输出的准确率，有利于发现模型中的隐性知识，具有巨大的优势。

10.1.3 神经网络的优点

神经网络具有以下优点。

1）并行分布处理：神经网络具有高度的并行结构和并行实现能力，因而具有较好的耐故障能力和较快的总体处理能力，这一特性特别适合用于实时和动态处理。

2）非线性映射：神经网络具有固有的非线性特性，这源于其近似任意非线性映射（变换）能力，这一特性给处理非线性问题带来了新的希望。

3）通过训练进行学习：神经网络是通过研究系统过去的数据记录来进行训练的，一个经过适当训练的神经网络具有归纳全部数据的能力。因此，神经网络能够解决那些由数学模型或描述规则难以处理的问题。

4）适应与集成：神经网络能够适应在线运行，并能同时进行定量和定性操作。神经网络的强适应和信息融合能力使得它可以同时输入大量不同的控制信号，解决输入信息间的互补和冗余问题，并实现信息集成和融合处理。这些特性特别适合复杂、大规模和多变量系统。

5）硬件实现：神经网络既能够通过软件也可以借助硬件实现并行处理。近年来，一些超大规模集成电路实现硬件已经问世，而且可以从市场上购买到，这使得神经网络成为具有快速和大规模处理能力的网络。

10.1.4 时代的必然性

人工智能经过几十年的发展，主要形成了三大流派：以人工神经网络为代表的连接主义、以知识工程为代表的符号主义和以强化学习为代表的行为主义。目前来说，人工神经网络在人工智能领域仍然占据着重要的地位，学习人工神经网络是目前进入人工智能研究领域的重要基础。

此外，深度学习模型已经能在图像和语音识别等感知智能领域超过人类的水平，人工智能逐渐向认知智能（知识、推理）发展，而三大流派的结合被认为是实现认知智能的重要方式，因此学习人工神经网络是适应未来人工智能发展潮流的必然要求。

10.2 神经网络基础：感知机

10.2.1 感知机的直观理解

感知机是机器学习算法中最简单的一种，其原理如图 10-2 所示。

在图 10-2 中，横轴为 x_1，竖轴为 x_2。图中的每一个点都是由坐标（x_1，x_2）决定的。如果用该图来判断零件是否合格，x_1 表示零件长度，x_2 表示零件质量，坐标轴表示零件的均值长度和均值重量，主要包括两种不同类型产品：右上部分为合格产品、左下部分为劣质产品（需要检测剔除）。那么很显然，如果零件的长度和重量都大于均值，说明这个零件是合格的。也就是说，第一象限的所有点表示合格产品。反之，如果两项都小于均值，就说明是劣质的零件，比如在第三象限的点为劣质产品。

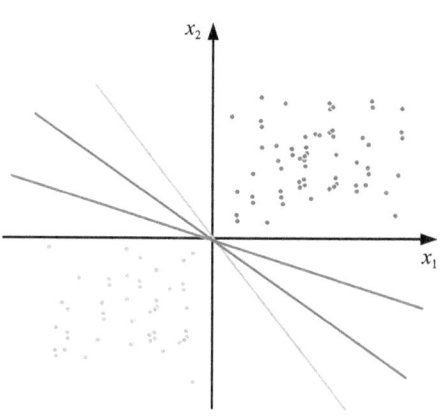

图 10-2 感知机的直观理解（见彩插）

可见，预测其实很简单：拿到一个新的零件，我们测出它的长度 x_1、质量 x_2，如果两项都大于均值，则说明零件合格。

那么程序如何判定长度和重量都大于均值的零件就是合格的呢？或者说它是怎么学会这个规则的呢？

程序训练时输入的是当前图里所有点的信息和类别标签，也就是说，它知道所有样本 x 的坐标为（x_1，x_2），并且知道它所属类别标签。对于目前的这些点，要是能找到一条直线把它们分开就好了,这样我们拿到一个新的零件,并知道了它的质量和重量时,通过判断它在线的哪一侧,就可以知道它属于好的零件还是坏的零件了。例如,图 10-2 中的三条线,都可以完美地把当前的两种情况划分开,甚至 x_1 坐标轴或 x_2 坐标轴都能成为一个划分直线,这两个直线均能把所有点正确地分开。

对于图中的两堆数据点,有无数条直线可以将其划分开。事实上,我们不光要能划分当前的点,还要正确地对新来的点进行划分,所以哪条线最好呢?也就是说,一条什么样的直线属于最佳的划分直线?实际上,感知机无法找到一条最佳的直线,它找到的可能是图中所有画出来的线,只要能把所有的点都分开就好了。

因此,如果一条直线能够不错分任何一个点,那它就是一条好的直线。这也告诉我们,对于一个机器学习问题,基本上不存在"最好的一个模型"的说法。

进一步来说,如果我们把所有分错的点到直线的距离求和,让分错点的距离和最小,即最好是 0,这样就表示没有分错的点,那么这条直线就是我们要找的"一条好的直线"。

10.2.2 感知机数学模型

感知机是基础的线性二分类模型(即输出为两个状态),由两层神经元组成。其输入是实例的特征向量,输出的是实例的类别,分别是 +1 和 −1,属于判别模型。假设训练数据集是线性可分的,感知机学习的目标是求得一个能够将训练数据集正实例点和负实例点完全正确分开的分离超平面。如果是线性不可分的数据,则无法获得超平面。

图 10-3 所示为感知机神经元的数学模型示意图,它由三个部分组成:权重值、偏置项和激活函数。神经元的激活函数为 sign 函数,即

$$\text{sign}(x) = \begin{cases} +1 & x \geq 0 \\ -1 & x < 0 \end{cases}$$

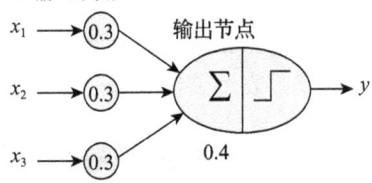

图 10-3 感知机的数学模型示意图

仍以上面的零件合格与否为例,并引入变量表面粗糙度,用 x_3 表示,并规定如果 3 个指标中有 2 个及以上合格,则认为该零件合格,利用表 10-1 所示的数据训练感知机。

表 10-1 感知机输入数据

x_1	x_2	x_3	Y
1	0	0	−1
1	0	1	1
1	1	0	1
1	1	1	1
0	0	1	−1
0	1	0	−1
0	1	1	1
0	0	0	−1

训练所得感知机可以写成如下模型表达式:

$$\hat{y} = \begin{cases} 1 & 0.3x_1 + 0.3x_2 + 0.3x_3 - 0.4 > 0 \\ -1 & 0.3x_1 + 0.3x_2 + 0.3x_3 - 0.4 < 0 \end{cases}$$

将表 10-1 中的数据代入感知机模型表达式中，可以发现每一条数据都能满足模型表达式，进而我们可以用这个模型表达式预测未知零件是否为合格的零件。

感知机模型表达式提炼为如下一般形式：

$$\widehat{y} = \text{sign}(w_1 x_1 + w_2 x_2 + \cdots + w_d x_d - t)$$

即

$$\widehat{y} = \text{sign}\left(\sum_i w_{ij} x_i - t\right)$$

事实上，在高维空间中，x_1、x_2、x_3 表示三维空间中的点，感知机是在三维空间中找到了一个二维平面，将合格零件与不合格零件区分开。

10.2.3 感知机训练

感知机的具体算法流程如表 10-2 所示。

表 10-2 感知机训练算法

初始：用随机值初始化权值向量 $w^{(0)}$
循环：直到输出和实例一致（所有的样本都能正确分类）
{
对每个训练样例 (X_i, y_i)，按照 $w^{(k)}$ 计算输出值 $\widehat{y}_i^{(k)}$
For 每个权重 $w^{(k)}$
更新权重值 $w^{(k+1)} = w^{(k)} + \lambda(y_i - \widehat{y}_i^{(k)})x_i$ }

需要指出的是，在训练样例 (X_i, y_i) 中，X_i 为向量，它可能是任意的维度数据。λ 为学习速率，表示了参数每一步更新的大小。

10.2.4 感知机的缺陷："异或"分类问题

F.Rosenblatt 证明了对"线性可分"的问题，感知机通过有限次训练就能学会正确的分类。简单地说，如果用一个线性函数可以将两类样本完全分开，就称这些样本是线性可分的。具体而言，线性可分是指可以用一个线性函数把两类样本分开，比如二维空间中的直线、三维空间中的平面以及高维空间中的线性函数。所谓"可分"指可以没有误差地分开。

"与门""与非门"和"或门"都是线性可分问题，其真值表如图 10-4 所示，将其表示在二维坐标中如图 10-5 所示，通过线性函数 Line（表示直线）将两种类型的节点完全分开。

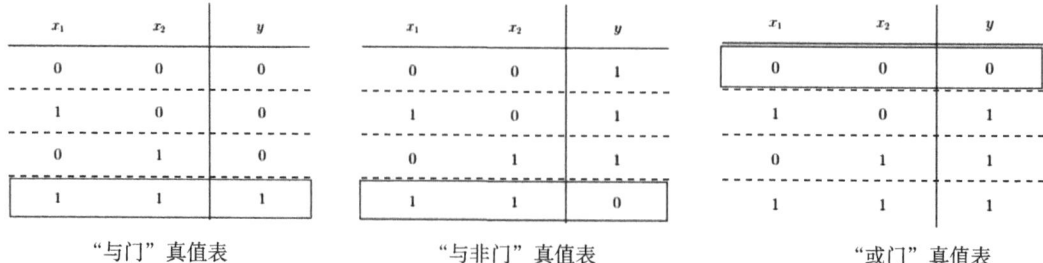

图 10-4 "与门""与非门"和"或门"真值表

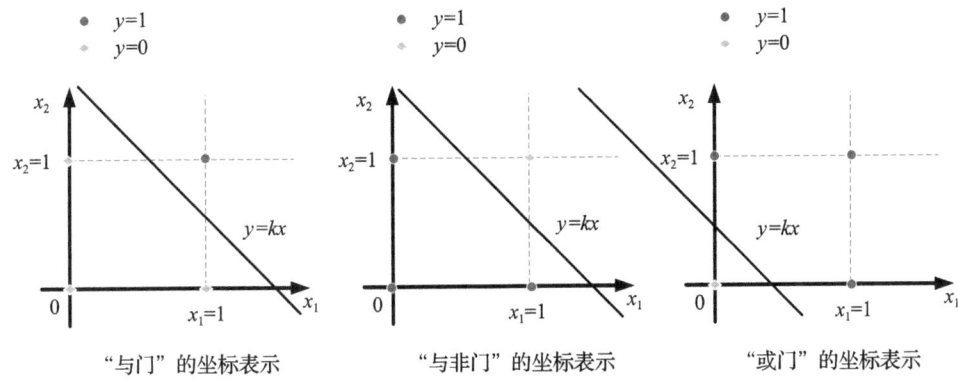

图 10-5 "与门""与非门"和"或门"的坐标表示

引申到更复杂的三维空间,如图 10-6 所示。三维实值空间中有两种类型的点(分别在图中用○和＋表示),感知机在经过有限次训练之后,即可找到一个二维平面将两种不同类型的点完全分开。感知机可以处理"线性可分问题"。

感知机的局限性在于处理不了线性不可分的问题,线性不可分指有部分样本用线性分类面划分时会产生分类误差的情况。"异或问题"是典型的线性不可分问题。Marvin Minsky 证明了感知器无法执行"异或问题"(见图 10-7)。

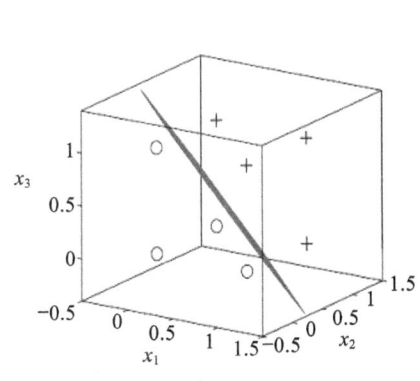

x_1	x_2	y
0	0	0
1	0	1
0	1	1
1	1	0

图 10-6 线性可分问题示例　　　　图 10-7 异或门示意图

通过异或门的图像化表示(见图 10-8)我们发现,它们的位置无法用一条直线分割成两类(通过观察感知机的数学公式,我们知道上面的感知机只能被画成直线或超平面)。

要想正确地把异或门的结果分开,只能使用曲线。如图 10-9 所示,在坐标系中有两种类型的点,分别是圆形和三角形。前面讲到,感知机在二维平面内表示为一条直线,在这种情况下,通过一条直线将两种类型的点分割开是不可能的,这也就是为什么感知机处理不了异或问题的原因,可以采用一条曲线或多条直线来实现分割的目的。

10.2.5　多层感知机模型

多层感知机是将多个感知机叠加在一起,形成更复杂的模型,图 10-10 所示为一个双层感知机。

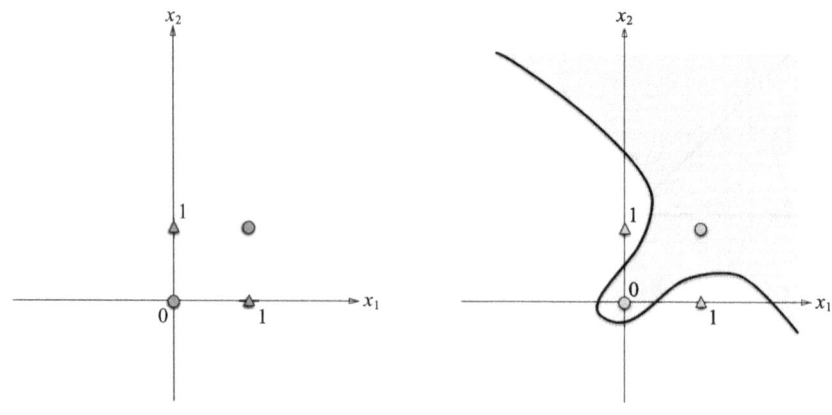

图 10-8　异或门的图像化表示　　　图 10-9　异或门的曲线分割

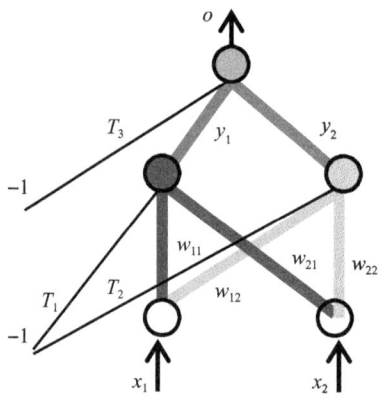

图 10-10　双层感知机（见彩插）

10.2.6　多层感知机解决"异或"分类问题

单个感知机只能解决线性可分的问题，无法解决线性不可分的情况，多层感知机可以弥补这一缺陷，使用图 10-10 所示的双层感知机就可以解决异或问题。如图 10-11 所示，双层感知机可以分解为 3 个单个感知机来进行分析。根据图中"异或门"的真值表，可以得到感知机 1 和感知机 2 的输出值，将其表示在坐标轴中，如图 10-11b～图 10-11d 所示。感知机 1 和感知机 2 均在对一个线性可分问题进行划分，这在前面已经介绍过，感知机具备处理线性可分问题的能力。将感知机 1 和感知机 2 的输出作为感知机 3 的输入，从真值表和坐标系中均可以看到，感知机 3 也是在进行一个线性可分问题的分类任务。

事实上，两层感知机通过多个感知机的协同把原本线性不可分的问题转化为多步的线性可分问题。在解释感知机的几何意义时，我们讲到，感知机模型相当于在平面上寻找一条直线，可以将待分类的两者区分开来。

单个感知机可以表示一条直线，那么双层感知机是否可以表示两条直线呢？答案是肯定的，通过训练双层感知机，可以得到图 10-11 中右下角图中所示的两条直线，进而可以将两种不同的点分开。这就是双层感知机解决"异或"问题的方法。

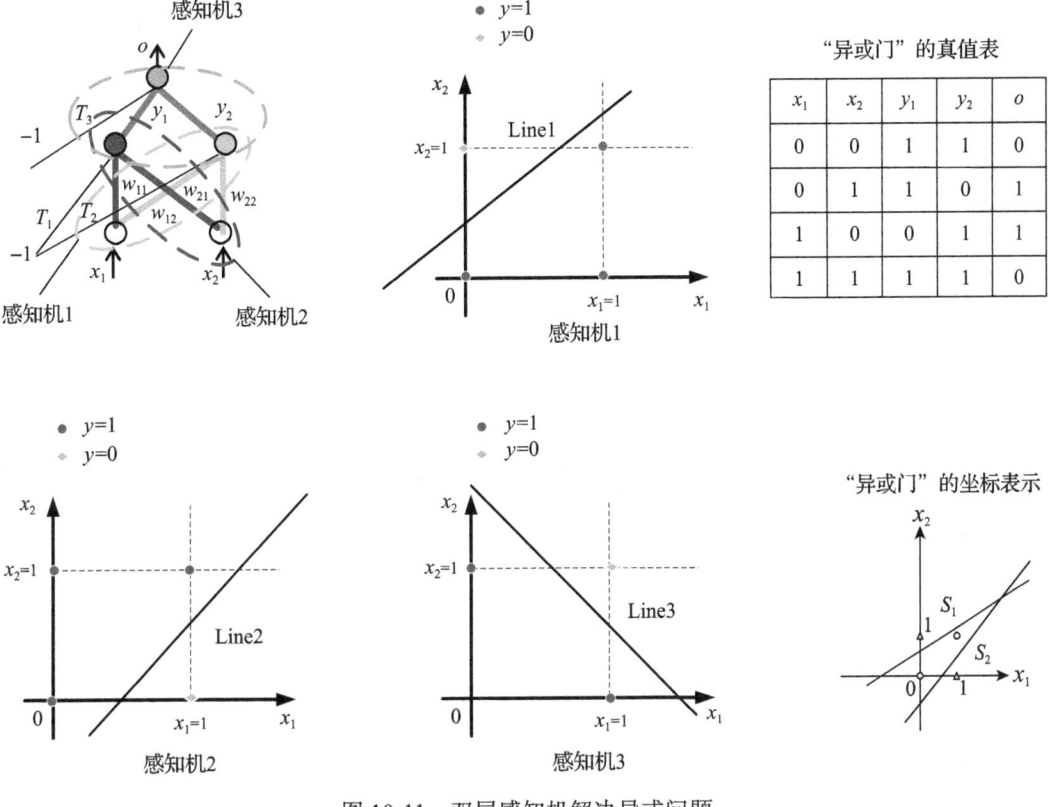

图 10-11 双层感知机解决异或问题

10.3 后向传播神经网络

10.3.1 后向传播算法的原理

后向传播算法的核心思想是将输出误差以某种形式通过隐藏层向输入层逐层反传,如图 10-12 所示。

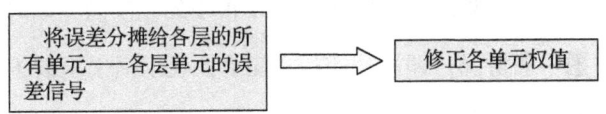

图 10-12 误差后向传播核心思想

后向传播算法在整个神经网络训练的过程中发挥着重要的作用,它调整神经元之间的参数来学习样本中的规则,事实上权重存储了数据中存在的特征。在训练过程中,前向传播和后向传播相辅相成,如图 10-13 所示。

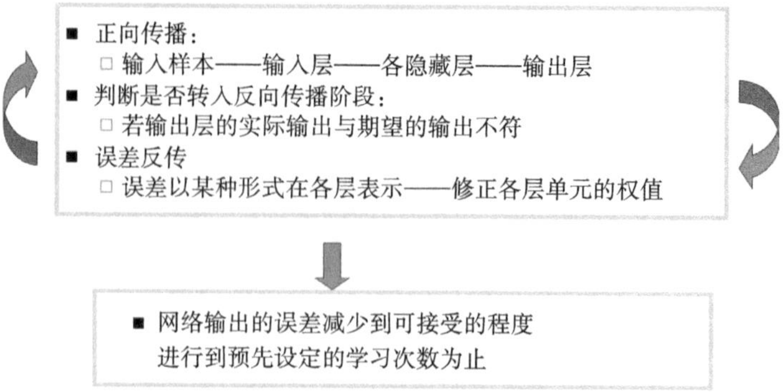

正向传播：
输入样本——输入层——各隐藏层——输出层
判断是否转入反向传播阶段：
若输出层的实际输出与期望的输出不符
误差反传
误差以某种形式在各层表示——修正各层单元的权值
网络输出的误差减少到可接受的程度
进行到预先设定的学习次数为止

图 10-13　正向传播与后向传播相辅相成

后向传播由 Hinton 于 1986 年在 Nature 的论文中提出。简单来说，后向传播主要解决神经网络在训练模型时的参数更新问题。假设神经网络如图 10-14 所示，为了简化推导过程，输入层只使用了一个特征。同样，输出层也只有一个节点，隐藏层使用了两个节点。注意，在实际的神经网络中，常把 z_1 和 h_1 当作一个节点来画图（其中 $z_1=xw_1$，$h_1=\text{sigmoid}(z_1)$，注意也可以是其他激活函数），这里为了方便推导才把两者分开。

隐藏层
输出层
x
w_1
w_2
z_1
h_1
z_2
h_2
w_3
w_4
z_3
y

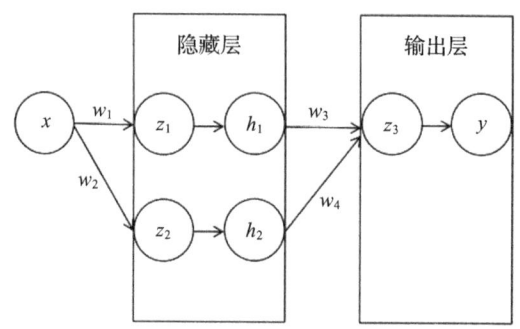

图 10-14　神经网络

后向传播算法需要解决每条边对应的权值如何更新才能使得整个输出的损失函数最小。在后向传播算法中，对于每个输出节点，给定一个输入样例，会得到一个预测值，而这个预测值和真实值之间的差距可以定义为误差（类比“欠的钱”），是谁影响了欠钱的多少呢？很明显，在神经网络模型中，只有待求的参数 $\{w_1, w_2, \cdots, w_n\}$ 了。如何衡量每个参数对误差的影响？我们定义一个敏感度：当参数 w_i 在某个很小的范围内变动时，误差变动了多少，数学表示为 $\frac{\Delta L}{\Delta w_i}$。考虑一般情况，即微分 $\frac{\partial L}{\partial w_i}$，其中 L 表示损失函数（即误差），ΔL, ∂L 均表示因为参数变化而引起的损失函数的微小变化。

这样我们有了基础的微分表达式，也是后向传播所有推导公式的基础，为什么这个敏感度能更新权值呢？其实 $\frac{\Delta L}{\Delta w_i}$ 很有意思，因为不管最终 $L(w)$ 是什么样子，$\frac{\Delta L}{\Delta w_i}=$定值。所以，假设 $\Delta w_i>0$，那么该定值为负数的情况下，w_i 增大的方向上，$L(w_i)$ 将减小，而该定值为正数时，w_i 增大的方向上，$L(w_i)$ 将增大。

梯度下降的更新算法有 $w:=w-\eta\frac{\partial L}{\partial w_i}$，可以结合图 10-15 所示加以理解。所谓梯度，

其本意是一个向量（矢量），表示某一函数在该点处的方向导数沿着该方向取得最大值，即函数在该点处沿着该方向（此梯度的方向）变化最快，变化率最大（为该梯度的模）。图 10-15 中，$E(w_1, w_2)$ 表示损失函数，w_1 和 w_2 表示两个参数，利用梯度下降算法对 $E(w_1, w_2)$ 优化取最小值相当于从起始点开始总是沿着梯度最大的反方向（反方向用负号表示）移动一定的距离，移动距离的大小由学习率决定，正如图中黑色折线代表的路径，一步一步达到 $E(w_1, w_2)$ 的最小值或局部最小值。

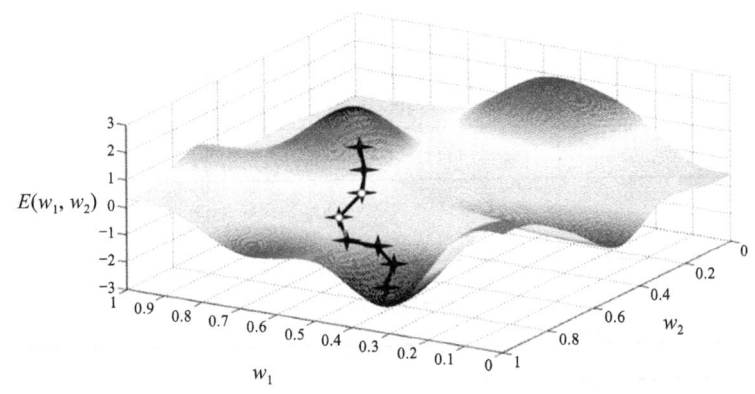

图 10-15　梯度下降示意（见彩插）

10.3.2　神经元激活函数

梯度消失是指在神经网络的后向传播过程中，梯度逐渐趋于 0。这是传统神经网络训练中非常致命的一个问题，本质上是由于链式法则的乘法特性导致的。梯度消失可能由多种原因导致，其中激活函数是比较重要的一个原因。例如，前面一直使用 sigmoid 函数，其表达式如下：

$$f(z) = \frac{1}{1+e^{-z}}$$

在后向传播的过程中每经过一个神经元都要计算其梯度，该激活函数的导数为：

$$f'_z = f(z)(1-f(z))$$

sigmoid 的图像如图 10-16 所示。

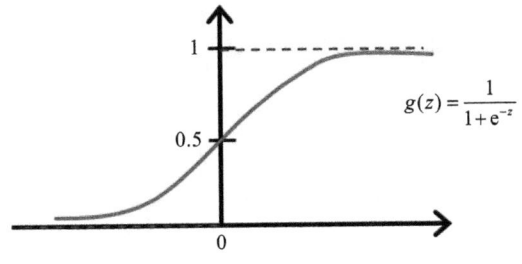

图 10-16　sigmoid 函数图像

经过简单计算可发现，sigmoid 的导数在 0 处取得最大值，最大值为 0.25。也就是说，每经过一层神经元，后向传播的误差最多只能是上一层的 0.25 倍，经过若干层神经元之后，后向传播的梯度将非常接近于 0，这就是激活函数对后向传播的影响。

为了尽可能地消除梯度下降问题，已经提出许多性能更优异的激活函数，如表 10-3 所示。

表 10-3 激活函数

激活函数	函数	导数
Logistic 函数	$f(x)=\dfrac{1}{1+\exp(-x)}$	$f'(x)=f(x)(1-f(x))$
Tanh 函数	$f(x)=\dfrac{\exp(x)-\exp(-x)}{\exp(x)+\exp(-x)}$	$f'(x)=1-f(x)^2$
ReLU	$f(x)=\max(0,x)$	$f'(x)=I(x>0)$
ELU	$f(x)=\max(0,x)+\min(0,\gamma(\exp(x)-1))$	$f'(x)=I(x>0)+I(x\leqslant 0)\cdot\gamma\exp(x)$
SoftPlus 函数	$f(x)=\log(1+\exp(x))$	$f'(x)=\dfrac{1}{1+\exp(-x)}$

Logistic 激活函数即 sigmoid 函数，其求导过程如下所示：

$$f(x)=\frac{1}{1+\mathrm{e}^{-x}}$$

$$f'(x)=\frac{\mathrm{e}^{-x}}{(1+\mathrm{e}^{-x})^2}=\frac{1+\mathrm{e}^{-x}-1}{(1+\mathrm{e}^{-x})^2}=\frac{1}{1+\mathrm{e}^{-x}}-\frac{1}{(1+\mathrm{e}^{-x})^2}=f(x)(1-f(x))$$

sigmoid 激活函数是最早开始使用的激活函数之一，具有连续、平滑、便于求导的优点。其缺点也较为明显，其一是非零均值，sigmoid 函数的输出值恒大于 0，这会使训练收敛速度变慢；其二是梯度消失问题，由于 sigmoid 的导数最大处是 1/4，因此当层数增加之后，会使回传的梯度越来越小，导致梯度消失问题；其三是由于采用了幂函数计算，导致计算量大。

为了弥补 sigmoid 函数的不足，提出了 Tanh 函数，其表达式如下，图像如图 10-17 所示。

$$\mathrm{Tanh}(x)=\frac{\mathrm{e}^x-\mathrm{e}^{-x}}{\mathrm{e}^x+\mathrm{e}^{-x}}$$

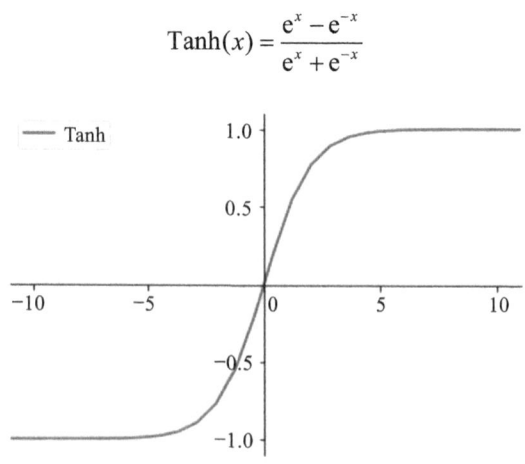

图 10-17 Tanh 函数图像

它的求导过程如下：

$$\mathrm{Tanh}(x) = \frac{e^x - e^{-x}}{e^x + e^{-x}}$$

$$\mathrm{Tanh}'(x) = \frac{(e^x - e^{-x})' \times (e^x + e^{-x}) - (e^x - e^{-x}) \times (e^x + e^{-x})'}{(e^x + e^{-x})^2} = 1 - \left(\frac{e^x - e^{-x}}{e^x + e^{-x}}\right)^2 = 1 - \mathrm{Tanh}^2(x)$$

通过观察其函数图像，可以发现它的优点是解决了非零均值问题，缺点依然是梯度消失，计算消耗大。如果和上面的 sigmoid 激活函数相比，Tanh 的导数的取值范围为 (0, 1)，而 sigmoid 的导数的取值范围为 (0,1/4)。显然，Tanh 的收敛速度比 sigmoid 快，且在一定程度上缓解了梯度消失的问题。

为了进一步解决梯度消失和计算消耗大的问题，提出了修正线性单元激活函数（Rectified Linear Unit，ReLU），并取得了较好的效果，它的表达式为：

$$f(z) = \max(0, z)$$

其图像如图 10-18 所示，从图像中很容易看出，ReLU 在非负区间的导数为常数，即恒等于 1，在负区间的导数也为常数，即恒等于 0。ReLU 函数虽然简单，但它具有很大的优势。对于线性函数而言，ReLU 的表达能力更强，在深度网络中体现尤为明显；对于非线性函数而言，ReLU 由于非负区间的梯度为常数，因此不存在梯度消失问题。此外，ReLU 在前向传播的过程中会使一部分神经元的输出为 0，这样就造成了网络的稀疏性，并且减少了参数的相互依存关系，缓解了过拟合问题发生的概率。

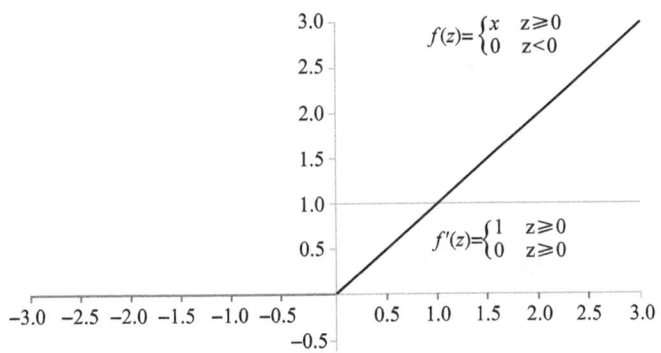

图 10-18　ReLU 图像

10.3.3　后向传播算法参数学习的推导

本节依然使用图 10-14 所示的神经网络进行计算和推导。这个简单的神经网络图有助于理解后向传播算法的构建过程。虽然与真实的神经网络有一定的差距，但分析过程是大同小异的。

由图可知：

$$z_1 = w_1 x$$
$$z_2 = w_2 x$$
$$h_1 = \frac{1}{1 + e^{-z_1}}$$

$$h_2 = \frac{1}{1+e^{-z_2}}$$

$$z_3 = w_3 h_1 + w_4 h_2$$

$$y = \frac{1}{1+e^{-z_3}}$$

假设已知输入 x，我们就能根据这一系列公式求得 y。接下来，我们需要定义损失函数，使用平方误差函数（只针对一次输入）：

$$L = \frac{1}{2}(y-t)^2$$

式中，t 表示真实值，y 表示预测值，根据前面的介绍，模型训练实际上是更新 w_i，既然要更新 w_i，就需要求解 $\frac{\partial L}{\partial w_i}$。于是，对于 w_i，根据链式求导法则，可以求得：

$$\frac{\partial L}{\partial w_1} = \frac{\partial L}{\partial y} \frac{\partial y}{\partial z_3} \frac{\partial z_3}{\partial h_1} \frac{\partial h_1}{\partial z_1} \frac{\partial z_1}{\partial w_1}$$

我们再求 w_3：

$$\frac{\partial L}{\partial w_3} = \frac{\partial L}{\partial y} \frac{\partial y}{\partial z_3} \frac{\partial z_3}{\partial w_3}$$

从中我们可以看到一些模式（规律）。实际上，对于 w_1 的更新，在它相关的路径上，每条边的后继和前继节点对应的就是偏导的分子和分母。w_3 同样如此，它的相关边有三条（最后 y 指向 L 的关系边没有画出来），对应的链式法则也恰好有三个偏导。

继续细化上述公式，目前来看，这与后向传播并没有什么关系。的确，根据这些性质还不足以引出后向传播，让我们继续往下看。

因为偏导数中的每个函数映射都是确定的（函数已经确定），所以我们可以求出所有偏导数，于是有：

$$\frac{\partial L}{\partial w_1} = (y-t) \cdot y \cdot (1-y) \cdot w_3 \cdot h_1 \cdot (1-h_1) \cdot x$$

式中，x, t 由样本给定，而 y, h_1, w_3 都在计算 y 时能够得到，这就意味着所有变量都是已知的，可以直接求出 $\frac{\partial L}{\partial w_1}$。那怎么会有前向和后向"传播"呢？

宏观上，可以考虑一个非常大型的神经网络，它的参数 w_i 可能有成千上万个，对于每一个参数我们都要列出一个偏导公式吗？这显然不现实。因此，我们需要进一步挖掘它们共同的模式。

继续看图 10-19。

假设我们加入第二个特征 x_2，那么对应的 w_5 的更新，我们有如下公式：

$$\frac{\partial L}{\partial w_5} = \frac{\partial L}{\partial y} \frac{\partial y}{\partial z_3} \frac{\partial z_3}{\partial h_1} \frac{\partial h_1}{\partial z_1} \frac{\partial z_1}{\partial w_5}$$

对比一下 w_1：

$$\frac{\partial L}{\partial w_1} = \frac{\partial L}{\partial y} \frac{\partial y}{\partial z_3} \frac{\partial z_3}{\partial h_1} \frac{\partial h_1}{\partial z_1} \frac{\partial z_1}{\partial w_1}$$

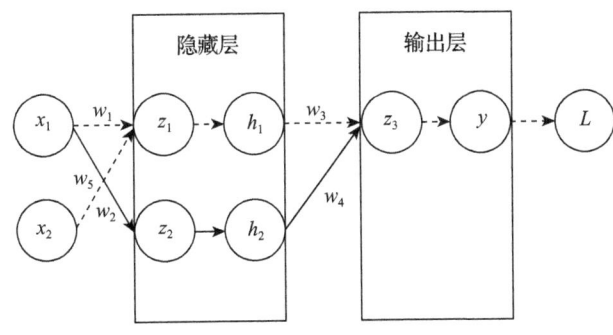

图 10-19 神经网络

发现不同了吗？实际上，只有最后一个偏导的分母发生了变化。我们刚才也总结出了一个重要结论，每个偏导代表一条边，所以对于 w_5 的更新，前面四个偏导值都需要重新计算一遍，也就是虚线指出的部分，为了计算 w_5，需要重新走过 w_1 的部分路径。

即使我们用输入 (x_1, x_2) 求出了每个节点（如 z_1, h_1, z_2, h_2, z_3, y）的值，为了求出每个 w_i 的偏导，需要多次代入这些变量，于是产生了大量的冗余。

另外，对于每个 w_i 都需要手工求偏导吗？庞大的神经网络太复杂了，对于每一个参数都手工求偏导成本太高。事实上，在上面例子计算偏导的过程中，如果有中间变量

$$\delta_j = \frac{\partial L}{\partial y} \frac{\partial y}{\partial z_3} \frac{\partial z_3}{\partial h_1} \frac{\partial h_1}{\partial z_1}$$

那么计算 w_1 和 w_5 时，只要有对应的 $\delta_j \cdot \frac{\partial z_1}{\partial w_1}$ 和 $\delta_j \cdot \frac{\partial z_1}{\partial w_5}$，对于中间的子状态只需要计算一次，而不是指数型增长。这大大减少了重复计算，降低了计算的成本。

这和递归记忆化搜索（自顶向下）以及动态规划（自底向上）的两种对偶形式很像，为了解决重复子问题，我们可以采用后向传播。如果能够定义出合适的子状态，且得出递推式，那么工作事就完成了。

再来对比下 w_1 和 w_3 的偏导，继续寻找规律：

$$\frac{\partial L}{\partial w_1} = \frac{\partial L}{\partial y} \frac{\partial y}{\partial z_3} \frac{\partial z_3}{\partial h_1} \frac{\partial h_1}{\partial z_1} \frac{\partial z_1}{\partial w_1}$$

$$\frac{\partial L}{\partial w_3} = \frac{\partial L}{\partial y} \frac{\partial y}{\partial z_3} \frac{\partial z_3}{\partial w_3}$$

这两个式子中，只有前两部分是一样的，所以可以令 $\delta^1 = \frac{\partial L}{\partial y} \frac{\partial y}{\partial z_3}$，这样处理的好处在于，求 w_3 时，可以有：

$$\frac{\partial L}{\partial w_3} = \delta^1 \frac{\partial z_3}{\partial w_3}$$

求 w_1 时，可以有：

$$\frac{\partial L}{\partial w_1} = \delta^1 \frac{\partial z_3}{\partial h_1} \frac{\partial h_1}{\partial z_1} \frac{\partial z_1}{\partial w_1}$$

结合图来理解，δ^1 表示聚集在 z_3 的误差，为什么是 z_3 呢？因为在这里刚好可以求出

w_3 的偏导；结合公式理解，就是公式中的公共部分（重复子问题）。

我们可以同样定义第二层的误差 δ_1^2 表示聚集在 z_1 的误差，δ_2^2 表示聚集在 z_2 的误差。所以有：

$$\delta_1^2 = \delta^1 \frac{\partial z_3}{\partial h_1} \frac{\partial h_1}{\partial z_1} = \delta^1 \cdot w_3 \cdot \frac{\partial h_1}{\partial z_1}$$

对应地，w_1 的偏导公式可以有：

$$\frac{\partial L}{\partial w_1} = \delta_1^2 \frac{\partial z_1}{\partial w_1}$$

对比 w_1, w_5, w_3，可以得到：

$$\frac{\partial L}{\partial w_1} = \delta_1^2 \frac{\partial z_1}{\partial w_1}$$

$$\frac{\partial L}{\partial w_5} = \delta_1^2 \frac{\partial z_1}{\partial w_5}$$

$$\frac{\partial L}{\partial w_3} = \delta^1 \frac{\partial z_3}{\partial w_3}$$

它们都属于同一种形式，而 δ^2 是由 δ^1 加上对应的 w_i 求得，所以我们首要的目标是求出最后一层的 δ^1，接着就能根据前一层的权值 w_i 求出前一层每个节点的 δ^2。更新公式都一样，用 δ^2 乘以上一层的输出值而已，因为 $y=h_1w_1+h_2w_2$ 是线性的，求偏导 h_1 得到 w_1，求偏导 w_1 得 h_1。

至此，离真正的后向传播推导出的公式还差一点，继续看图 10-20。

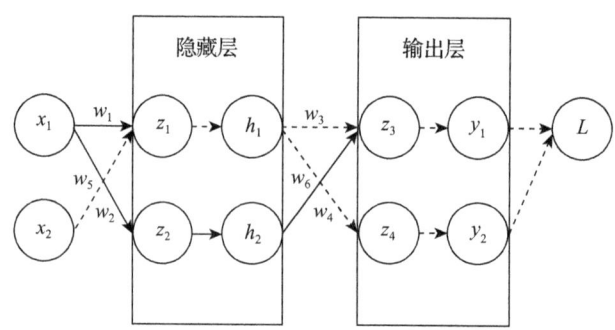

图 10-20 神经网络

我们按照关系边的概念，可以知道 w_5 的关系边应该由虚线的边组成。所以 δ_1^2 的更新不只和 z_3 有关系，还和 z_4 有关。为什么？此时损失函数由两部分组成，对应一个输入样例 (x_1, x_2)，有：

$$L = \frac{1}{2}(y_1 - t_1)^2 + \frac{1}{2}(y_2 - t_2)^2$$

所以对 L 求偏导，由加法法则可以得到 $\frac{\partial L}{\partial w_5} = \frac{\partial L}{\partial y_1} + \frac{\partial L}{\partial y_2}$，即多个节点指向同一个节点时，把它们的偏导值加起来即可（损失函数就这么定义）。故 $\delta_j^2 = \frac{\partial h_j}{\partial z_j} \sum w_{ij} \cdot \delta_i^1$。

10.3.4 后向传播算法参数更新案例

如图 10-21 所示的三层神经元网络，其激活函数为 sigmoid 函数，表 10-4 为神经网络输出、权重和偏置的初始化参数，根据前面讲到的前向传播算法，可以很容易地计算出表 10-5 中所示的神经元输出。下面以这个简单的三层神经元为例，计算后向传播算法。

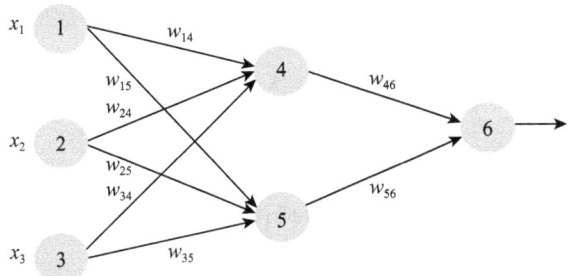

图 10-21　神经网络示意

表 10-4　神经网络输入、权重及偏置项初始值

x_1	x_2	x_3	w_{14}	w_{15}	w_{24}	w_{25}	w_{34}	w_{35}	w_{46}	w_{56}	θ_1	θ_1	θ_1
1	0	1	0.2	−0.3	0.4	0.1	−0.5	0.2	−0.3	−0.2	−0.4	0.2	0.1

表 10-5　神经元前向传播

Unit j	Net input, I_j	Output, O_j
4	0.2+0−0.5−0.4=−0.7	$1/(1+e^{0.7})=0.332$
5	−0.3+0+0.2+0.2=0.1	$1/(1+e^{-0.1})=0.525$
6	(−0.3)(0.332)−(0.2)(0.525)+0.1=−0.105	$1/(1+e^{0.105})=0.474$

根据前面关于后向传播算法的简单推导，结合实例，可以进一步推出这个神经网络的后向传播公式如下：

$$\text{Err}_O = O_j(1-O_j)(T_j-O_j)$$
$$\text{Err}_j = O_j(1-O_j)\sum_k \text{Err}_k w_{jk}$$

其中，Err_O 表示输出层的误差，Err_j 表示中间隐藏层的误差，O_j 表示当前神经元的输出值，T_j 表示该数据样本的真实值（即标签）。应当明确，后向传播的目的是调整神经网络的权重和偏置，让模型学习到数据中的规律，因此，计算误差只是中间环节，最重要的是权重的更新，如下式所示：

$$w_{ij} = w_{ij} + \lambda \text{Err}_j O_i$$
$$t_j = t_j + \lambda \text{Err}_j$$

其中，w_{ij} 为权重，t_j 为偏置，λ 为学习率。后向传播的具体步骤如下。

1）计算输出层的误差：

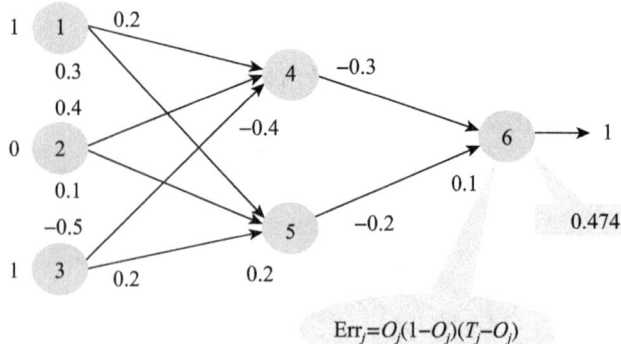

$$\text{Err}_6 = O_6(1-O_6)(T_j - O_6) = 0.474 \times (1-0.474) \times (1-0.474) = 0.1311$$

2）计算隐藏层误差：

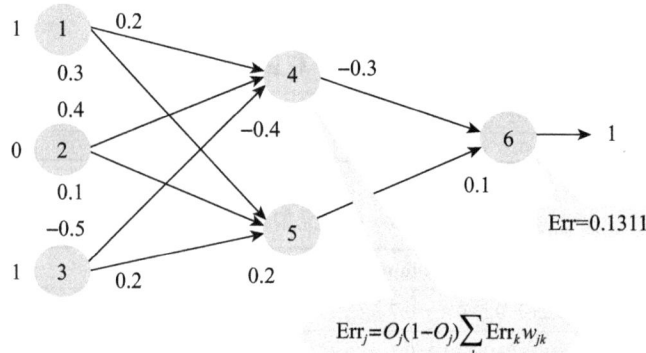

$$\text{Err}_4 = O_4(1-O_4)\text{Err}_6 w_{46} = 0.332 \times (1-0.332) \times 0.1311 \times (-0.3) = -0.0087$$

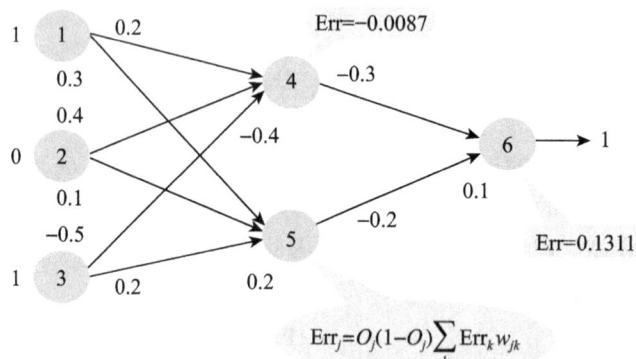

$$\text{Err}_5 = O_5(1-O_5)\text{Err}_6 w_{56} = 0.525 \times (1-0.525) \times 0.1311 \times (-0.2) = -0.0065$$

3）根据神经元误差，更新神经元间偏置和神经元间的连接权重：

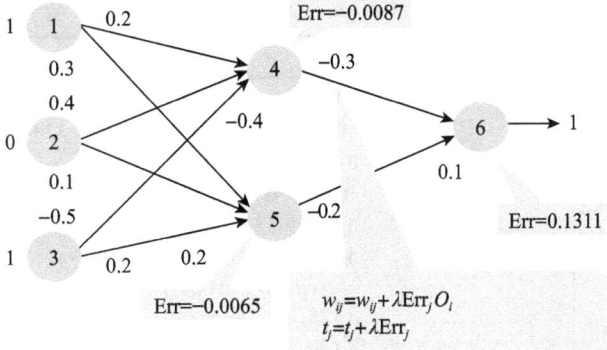

$$w_{46} = w_{46} + \lambda \mathrm{Err}_6 O_4 = -0.3 + 0.9 \times 0.1311 \times 0.332 = -0.261$$

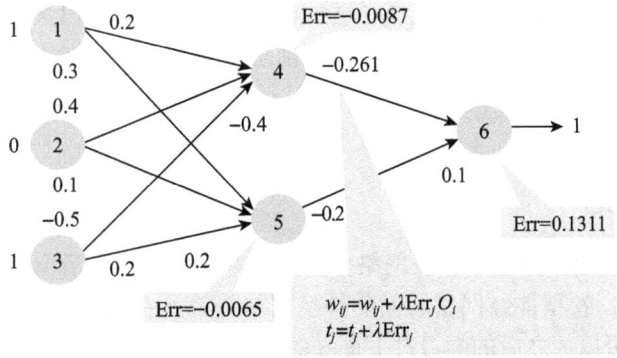

$$w_{56} = w_{56} + \lambda \mathrm{Err}_6 O_5 = -0.2 + 0.9 \times 0.1311 \times 0.525 = -0.138$$

4）进一步后向传播：

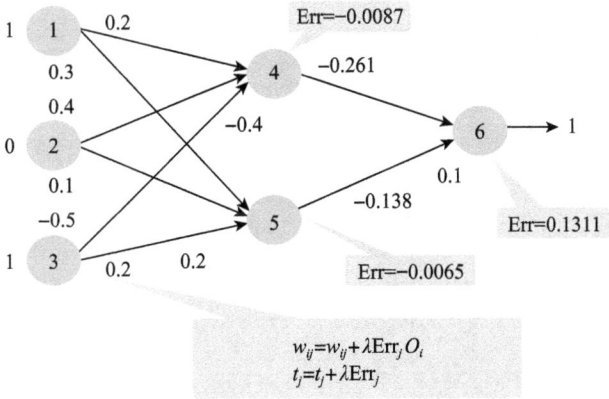

$$w_{35} = w_{35} + \lambda \mathrm{Err}_5 O_3 = 0.2 + 0.9 \times (-0.0065) \times 1 = 0.194$$

按照相同的方法进一步计算其他参数更新后的值，如表10-6所示。

表 10-6 参数更新

Weight or bias	New value
w_{46}	−0.3+(0.9)*(0.1311)*(0.332)=−0.261
w_{56}	−0.2+(0.9)*(0.1311)*(0.525)=−0.138
w_{14}	0.2+(0.9)*(−0.0087)*(1)=0.192
w_{15}	−0.3+(0.9)*(−0.0065)*(1)=−0.306
w_{24}	0.4+(0.9)* (−0.0087)*(0)=0.4
w_{25}	0.1+(0.9)* (−0.0065)*(0)=0.1
w_{34}	−0.5+(0.9)* (−0.0087)*(1)=−0.508
w_{35}	0.2+(0.9)*(−0.0065)*(1)=0.194
θ_6	0.1+(0.9)*(0.1311)=0.218
θ_5	0.2+(0.9)*(−0.0065)=0.194
θ_4	−0.4+(0.9)* (−0.0087)=−0.408

上述就是后向传播算法的实例。该三层神经网络虽然简单,但是后向传播的原理同样适用于更复杂的网络。神经网络的后向传播是训练神经网络的重要方法,也是理解神经网络的重点内容,需要认真学习,研究透彻。

10.4 本章小结

本章从感知机讲起,介绍了神经网络分类器,并简单推导了后向传播算法。这些知识是深度学习的基础,卷积神经网络、循环神经网络等都是在此基础上进一步发展而来的,透彻理解这些内容可以为之后的学习打下良好的基础。

第 11 章 集成学习

扫码观看知识点讲解

集成学习是用来改进单模型性能的一种常用方法，集成学习的基本思想是将几种机器学习技术组合成一个预测模型的算法，以达到减小方差、偏差或改进预测的效果。

本章从集成学习的概念开始，逐步介绍集成学习如何改进模型性能、其蕴藏的基本原理、构建方法、学习和训练过程，重点介绍集成学习中的 Bagging、随机森林、Boosting 以及 Stacking 方法。

11.1 集成学习简介

11.1.1 集成学习的定义和基本思想

集成学习是指策略性地生成和组合多个模型以更好地解决特定机器学习问题的过程。

在机器学习中，直接建立一个高性能的分类器是很困难的。但是，如果能找到一系列弱的分类器，并把它们集成起来，就可能得到更好的分类器（见图 11-1）。集成学习旨在提高单分类器的性能。

集成学习属于有监督学习分类算法中的一种用于提升单个弱分类器分类能力的方法，主要包括 Boosting、Bagging 和 Stacking 方法。集成学习的基本思想是分而治之，集成学习模型能够根据不同的单分类器产生的分类决策边界，产生一个集成分类器的边界，集成模型中的单个分类器起到了"分"的作用。如图 11-2 所示。

11.1.2 集成学习过程

如图 11-3 所示，集成学习模型利用输入的特征训练多个分类器，并将多个分类器各自的预测结果进行组合，得到最终的集成模型的预测结果。

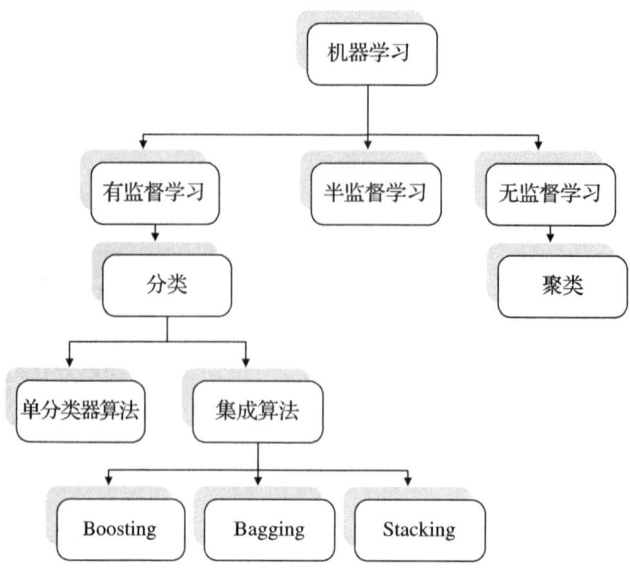

图 11-1　集成学习在机器学习中的地位

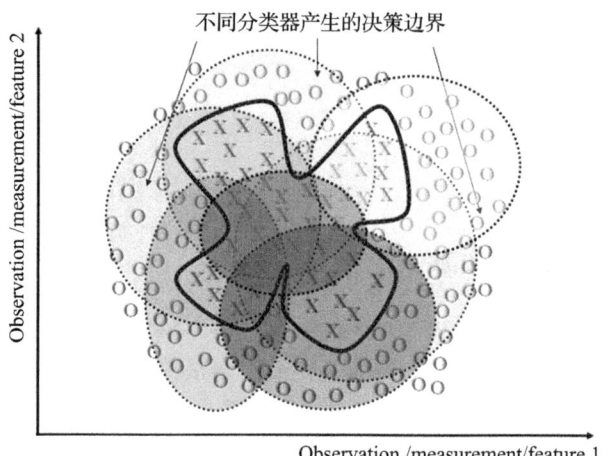

图 11-2　集成学习的分而治之（©*Polikar, 2008*）（见彩插）

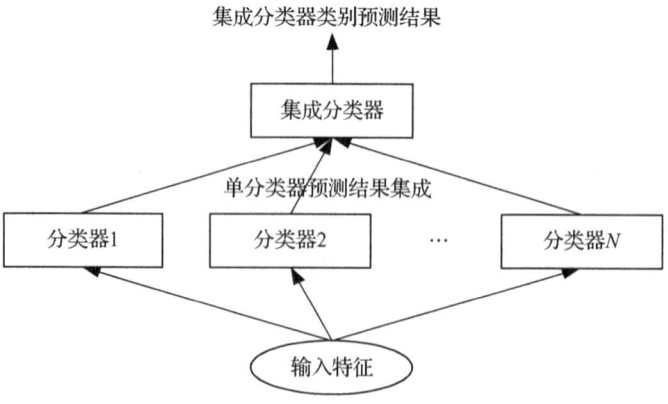

图 11-3　集成学习的集成方式

(1)训练阶段

如图 11-4 所示,在集成学习的训练阶段,使用训练数据集来训练多个学习算法,得到多个学习模型。

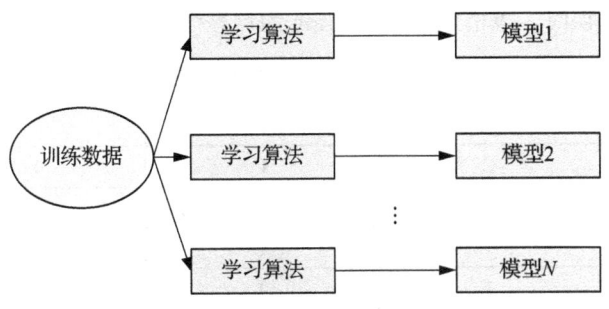

图 11-4 集成学习的训练阶段

(2)测试阶段

如图 11-5 所示,在集成学习的测试阶段,集成分类器中的多个学习模型分别对需要预测的模型生成预测结果,多个预测结果组合生成最终的集成预测结果。

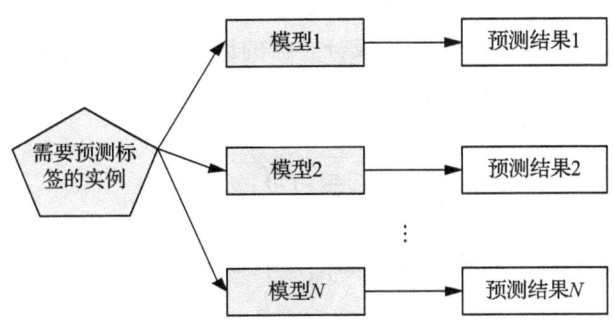

图 11-5 集成学习的测试阶段

集成分类器构建的方式主要有以下几种。

(1)平均法

在一般的数值类的回归预测问题中,通常使用的结合策略是平均法,即对多个弱学习器的输出结果进行简单平均运算,得到的综合结果作为集成分类器的最终预测输出。

(2)投票法

分类问题的预测通常使用的策略是投票法。最简单的投票法是相对多数投票法,遵循少数服从多数的原则,弱学习器对样本的预测结果中,获得票数相对最多的类别为最终的集成决策类别。常用的多数投票法有 Bagging 方法。另外,还有带权重的多数投票法,每个弱学习器的分类票数要乘以一个权重,最终将各个类别的加权票数求和,最大的值对应的类别为最终类别,常用的有 Adaboost 方法。

(3)学习组合器方法

对弱学习器进行组合虽然能够减小分类器的随机误差,但是其依然依赖于单个分类器的性能,学习组合器的代表方法是 Stacking 方法、RegionBoost 方法等。将弱学习器结果作为输入,输入到下一级的学习器中重新进行训练来得到最终结果。

11.1.3 集成学习的优势

集成分类器能够有效减少单个分类器模型的预测误差。假设一个集成分类器包含三个单分类器，其中每个分类器的错误率为40%。如表11-1所示，若模型预测正确，对应的表格选项为C，预测错误时，表格选项为I，prob为计算模型得到的预测结果概率。

表 11-1 集成学习模型误差表

模型 1	模型 2	模型 3	prob
C	C	C	0.6*0.6*0.6=0.216
C	C	I	0.6*0.6*0.4=0.144
C	I	C	0.6*0.4*0.6=0.144
C	I	I	0.6*0.4*0.4=0.096
I	C	C	0.4*0.6*0.6=0.144
I	C	I	0.4*0.6*0.4=0.096
I	I	C	0.4*0.4*0.6=0.096
I	I	I	0.4*0.4*0.4=0.064

只有当三个分类器中至少有两个预测错误时，集成分类器才会得出错误的结果。因此，包含三个错误率为0.4的单分类器的集成分类器的误差为 0.096+0.096+0.096+0.064=35%。这时，错误率由单分类器的40%下降到35%。

通用的误差计算公式为：

$$p(\text{error}) = \sum_{i=(m+1)/2}^{m} \binom{m}{i} r^i (1-r)^{m-i}$$

其中，m 为模型数量，r 为模型的错误率。当 $r=0.4$ 时，误差曲线如图11-6所示。

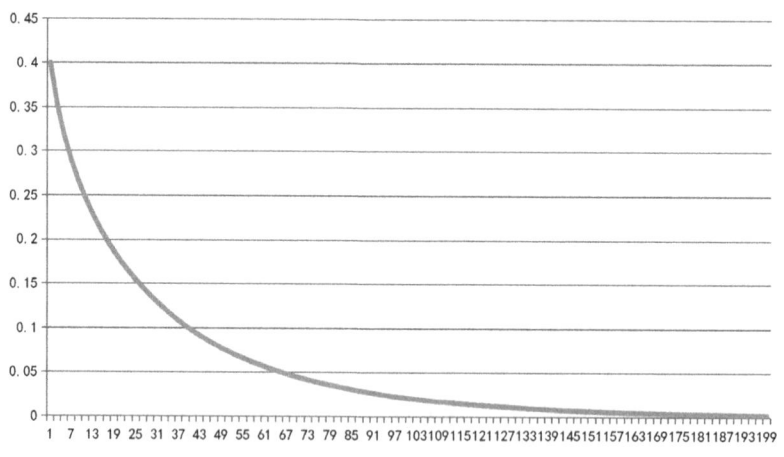

图 11-6 集成学习模型规模和误差曲线

从图11-6可以得知，通过提高模型的集成分类器数量，能够有效地降低模型的错误率。

然而，通过集成学习提高分类器的整体泛化能力，降低集成分类器误差要满足以下条件：

1）分类器之间应该具有预测差异性，只有模型的预测结果具有差异性，才能提高模型的集成精确度。

2）每个个体分类器的分类精度必须大于 0.5，否则集成模型将会起到负面效果。

11.2 集成学习算法

11.2.1 Bagging 算法

1. Bagging：有放回重采样

Bagging 采用的是有放回重采样的方法。用原始训练集构建多个训练样本集合，并训练多个不同的分类器，保证每个分类器之间的差异性，并最终通过组合投票的方式构建集成分类器（ensemble classifier）。Bagging 方法的学习过程如图 11-7 所示。

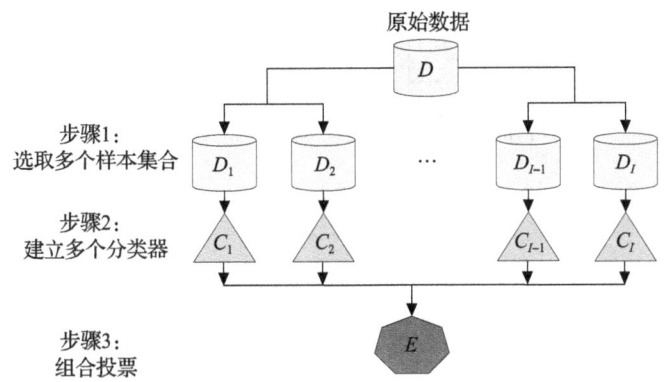

图 11-7　Bagging 方法学习过程

2. Bootstrap 随机采样

Bagging 的有放回重采样采用的是随机采样（bootstrap）。随机采样是指从训练集里采集固定个数的样本，每采集一个样本后，都将样本放回。也就是说，之前采集的样本在放回后有可能再次被采集到。对于 Bagging 算法，一般会随机采集和训练集样本数 m 同样个数的样本。这样得到的采样集和训练集样本个数相同，但是样本内容不同。如果我们对有 m 个样本的训练集做 T 次随机采样，则由于随机性，T 个采样集各不相同。

对于一个样本，它在某一次含 m 个样本的训练集的随机采样中，每次被采集到的概率是 $1/m$，不被采集到的概率为 $1-1/m$，如果 m 次都没被采样到的概率为 $(1-1/m)^m$，当 $m \to \infty$ 时，$\lim\limits_{m \to \infty}\left(1-\dfrac{1}{m}\right)^m$ 约等于 $1/e=0.368$。也就是说，在 Bagging 的每轮随机采样中，训练集中大约有 36.8% 的数据没有被选中。这意味着，在样本训练集中，约 37% 的非采样样本将被忽略，这种采样方式的优点是降低噪声数据对模型性能的影响。

3. Bagging 方法示例

如图 11-8 所示，上图为原始样本集数据的分布图，样本数量为 27，下面三幅图为分量分类器采样的样本集，数量分别为 15，8，4。根据样本数量得到了训练后的分量分类器决策边界（图中实线）。

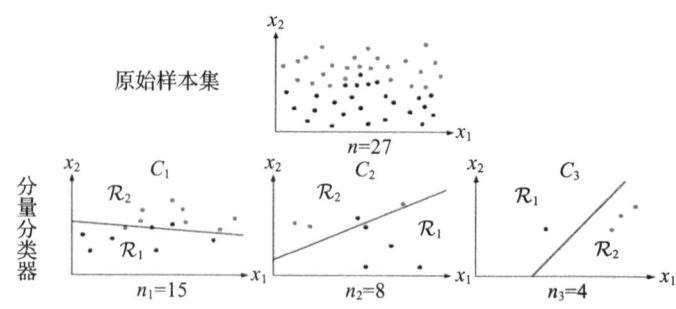

图 11-8　原始样本集和分量分类器（见彩插）

图 11-9 所示为根据上面三幅分量分类器的决策边界组合成的集成分类器的决策边界，从图中可以看出，集成分类器的决策边界能够很好地反映数据的真实情况。

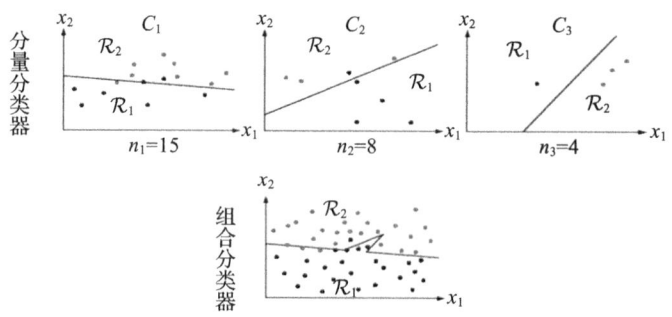

图 11-9　分量分类器和组合分类器（见彩插）

11.2.2　随机森林

1. 随机森林的定义

随机森林就是通过集成学习的思想将多棵树集成的一种算法，它的基本单元是决策树。随机森林的名称中有两个关键词：一个是"随机"，另一个就是"森林"。"森林"很好理解，一棵叫作树，成百上千棵树就可以叫作森林了，这也是随机森林的主要思想——集成思想的体现。"随机"包括随机选取训练样本集和随机选取分裂属性集，具体分为行采样和列采样两种方式。

随机森林是 Bagging 的一个特化进阶版。所谓的特化，是因为随机森林的弱学习器都是决策树；所谓的进阶，是随机森林在 Bagging 的样本随机抽样基础上，又加上了特征的随机选择，其基本思想没有脱离 Bagging 的范畴。

2. 随机森林抽样问题

（1）为什么要随机抽样训练集（基分类差异）

如果不进行随机抽样，每棵树的训练集都一样，那么最终训练出的树分类结果是完全一样的，这样就完全没有集成的必要了。

（2）为什么要有放回地抽样（基分类准确率）

如果不是有放回的抽样，那么每棵树的训练样本都是不同的，样本之间没有交集，这样每棵树都是"有偏的"，都是"片面的"。也就是说，每训练出来的树都是有很大差异的。

随机森林分类取决于多棵树（弱分类器）的投票表决，这种表决应该是"求同"，因此使用完全不同的训练集来训练每棵树对最终分类结果是没有帮助的。

3. 随机森林错误率的影响因素、关键参数与评价

（1）随机森林错误率影响因素

随机森林整体的分类效果（错误率）与两个因素有关：

1）森林中任意两棵树的相关性：相关性越大，错误率越大（说明基分类器差异性越小）。

2）森林中每棵树的分类能力：每棵树的分类能力越强，整个森林的错误率越低（基分类器准确率高）。

随机森林生成过程中，每棵树选择特征的数量 m 会对随机森林模型的错误率产生影响。减小特征选择个数 m，树的相关性和分类能力会相应降低；增大 m，两者会随之增大。所以，关键问题是如何选择最优的 m。

（2）关键参数和评价

1）每棵树选择的特征数量 m：可以选择 Square Root (K)、$\log_2 K$ 等，其中 K 为样本总特征数量；也可以使用网格搜索法（Grid Search）调参，求解出最优的 K 参数。

2）决策树的数量：一般设置为 500 或以上。

3）自测方法：一般会有约三分之一的原始数据无法得到采样，自测方法一般选择类似于交叉验证（Cross Validation）的方法。

4. 随机森林的优点

随机森林方法通过引入随机选取训练样本集和随机选取分裂属性集，并采用决策树作为基础的分类器，带来了以下的优点：

1）随机选取训练样本集和随机选取分裂属性集两个随机性的引入，使得随机森林不容易陷入过拟合。

2）随机选取训练样本集和随机选取分裂属性集两个随机性的引入，使得随机森林具有很好的抗噪声能力。

3）决策树方法的应用使数据集的适应能力强，既能处理离散型数据，也能处理连续型数据，数据集无须规范化且能够有效地运行在大数据集上。

4）通过随机分裂属性集的特点，能够处理具有高维特征的输入样本，而且不需要降维。

5）随机森林方法可以运用参数调优，对于缺省值问题也能够获得很好的结果。

11.2.3 Boosting 方法

1. Boosting 方法的提出

Boosting 方法是一个迭代的过程。Boosting 每次对训练集进行转换后得到加权训练集，重新训练出基模型，最后综合所有的基模型预测结果。Boosting 方法通过改变样本分布，使分类器聚集在那些很难分类的样本上，对那些容易错分的数据加强学习，增加错分数据的权重。这样，错分的数据在下一轮的迭代中有更大的作用。

如图 11-10 所示，通过 Boosting 的过程，不断对训练样本进行加权，并建立一系列弱分类器模型，从而构建集成分类器。

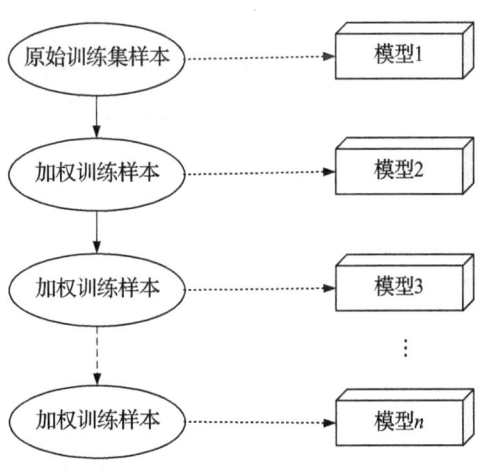

图 11-10 Boosting 原理图

图 11-11 为 Boosting 算法的过程示意图。在训练开始阶段，所有训练样本具有相同的权重，基于训练样本创建第一个弱分类器模型 1，之后检查训练集上分类正确的样本和分类错误的训练样本，提高训练错误样本的训练权重，得到弱分类器模型 2，之后重复这个步骤并建立模型 3。

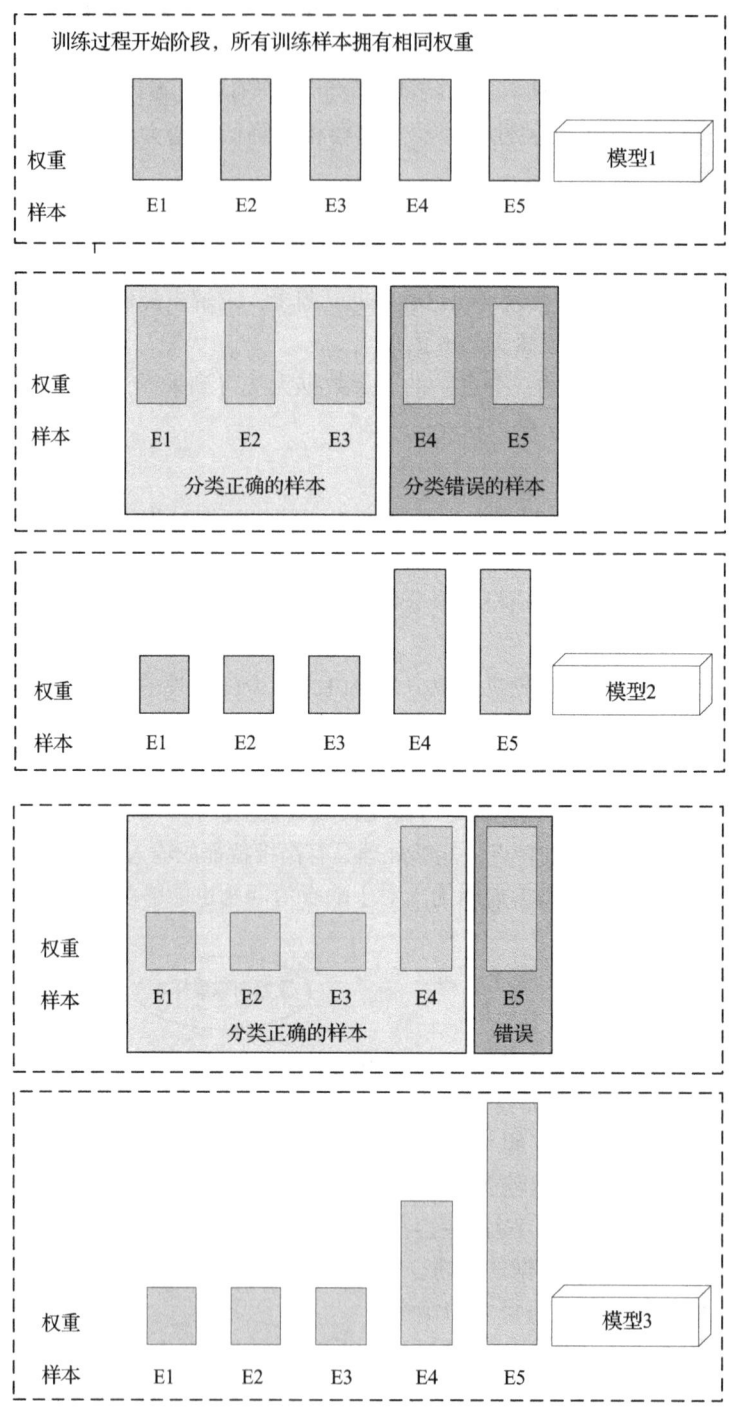

图 11-11　Boosting 过程示意图

2. 数据权重

在 Boosting 算法中，通过改变数据的权重，不断建立新的训练数据子集并创建新模型。数据的权重有两个作用：第一是能够使用这些权值作为抽样分布，对数据进行抽样，第二，分类器可以使用权值学习，有利于高权重样本的分类器，从而把一个弱分类器提升为一个强分类器。

3. 训练测试过程

Boosting 算法的训练过程和测试过程如图 11-12 所示。首先，采用 Boosting 方法训练一系列基分类器，然后在测试阶段，将单个基分类器模型按照分类器权重进行集成，得到最后的预测结果。

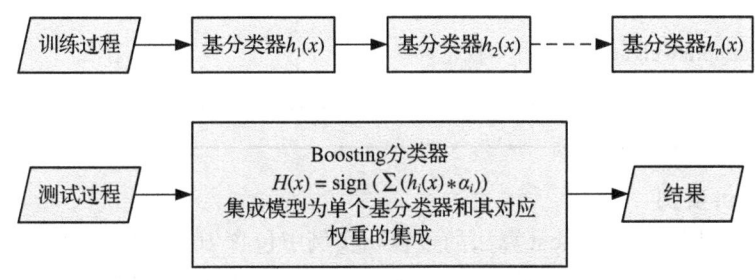

图 11-12　Boosting 分类过程

4. AdaBoost 算法

AdaBoost 算法是 Boosting 算法中的一个重要分支。之所以提出 AdaBoost，是基于如下现象：尽管集成分类器中每个基分类器只提供一些不成熟的判断，但整个集成分类器能产生较为准确的决策。

AdaBoost 通过组合多个弱学习器来解决学习问题。给定训练数据，弱学习算法（如决策树）可以训练产生弱学习器，这些弱学习器只需要比随机猜测的准确率好一些。用不同的训练数据训练可以得到不同的弱学习器。这些弱学习器作为委员会成员共同决策。为了从不同的弱学习器中聚集"智慧"，AdaBoost 解决了如下两个问题：首先，如何选择一组有不同优缺点的弱学习器，使它们可以相互弥补不足；其次，组合弱学习器的输出以获得整体更好的决策表现。

Boosting 算法的核心思想主要包括：

（1）样本的权重在没有先验知识的情况下，初始的分布应为等概率分布，也就是说，训练集如果有 N 个样本，每个样本的分布概率为 $1/N$。每次循环以后提高错误样本的分布概率，分错样本在训练集中所占权重增大，使得下一次循环的弱学习器能够集中力量对这些错误样本进行判断。

（2）弱学习器的权重

准确率越高的弱学习器将会给予更高的权重，从而提高整体集成分类器的预测权重。

（3）循环控制：损失函数达到最小

通过不断的循环，将得到的弱分类器进行加权组合，使准确率提高，损失函数值减小。

5. AdaBoost 训练过程

如算法 11-1 所示，对于一个包含 k 个分类器的集成模型，算法将进行 k 次循环。首先会基于保持现有的权重不变，创建一个弱分类器，计算分类器的加权误差。之后，计算分类器的权重值并更新样本的权重。

算法 11-1：AdaBoost 算法训练过程

for k = 1 to iterations:

$classifier_k$ = learn a weak classifier based on weights

calculate weighted error for this classifier（计算分类器加权分类误差）

$$\varepsilon_k = \sum_{i=1}^{n} w_i * 1[label_i \neq classifier_k(x_i)]$$

calculate "score" for this classifier（更新分类器权重）

$$\alpha_k = \frac{1}{2}\log\left(\frac{1-\varepsilon_k}{\varepsilon_k}\right)$$

change the example weights（更新样本权重）

$$w_i = \frac{1}{Z} w_i \exp(-\alpha_k * label_i * classifier_k(x_i))$$

6. AdaBoost 实例

本节通过实例介绍 AdaBoost 算法的过程。实例中包含 10 个训练样本，样本的初始权重均为 0.1。共有 1 和 -1 两种标签的取值，其中，1, 2, 3, 7, 8, 9 为同一类，4, 5, 6, 10 为同一类，分类依据为 x 和 y 的大小关系。求解的公式在算法 11-1 中已经给出。

步骤一：初始状态时，训练样本权重相同。

序号	i	1	2	3	4	5	6	7	8	9	10
数据	x	0	1	2	3	4	5	6	7	8	9
类别标签	y	1	1	1	-1	-1	-1	1	1	1	-1
初始权重	w_{1i}	0.1	0.1	0.1	0.1	0.1	0.1	0.1	0.1	0.1	0.1

步骤二：第一次迭代过程。

模型一为 $G_1(x) = \begin{cases} 1 & x < 2.5 \\ -1 & x > 2.5 \end{cases}$，则模型的分类结果如下表所示。

序号	i	1	2	3	4	5	6	7	8	9	10
数据	x	0	1	2	3	4	5	6	7	8	9
类别标签	y	1	1	1	-1	-1	-1	1	1	1	-1
初始权重	w_{1i}	0.1	0.1	0.1	0.1	0.1	0.1	0.1	0.1	0.1	0.1
分类结果		对	对	对	对	对	对	错	错	错	对

因此，$G_1(x)$ 的最低误差率为：

$$e_1 = P(G_1(x_i) \neq y_i) = \sum_{G_1(x_j) \neq y_i} w_{1i} = 0.1 + 0.1 + 0.1 = 0.3$$

所以，求得 $G_1(x)$ 的权重为：

$$a_1 = \frac{1}{2}\ln\frac{1-\varepsilon_1}{\varepsilon_1} = \frac{1}{2}\ln\frac{1-0.3}{0.3} \approx 0.42365$$

此时，模型分类函数为：
$$f_1(x) = a_1 G_1(x) = 0.42365 G_1(x)$$

之后，根据算法一求解，对模型中的样本权重进行更新。
首先求解规范化因子 Z_1：

$$\begin{aligned}
Z_1 &= \sum_{i=1}^{n} w_{1i} \exp(-y_i \alpha_1 G_1(x_i)) \\
&= \sum_{i=1}^{3} 0.1 \times \exp(-[1 \times 0.4263 \times 1]) \\
&\quad + \sum_{i=4}^{4-6,10} 0.1 \times \exp(-[(-1) \times 0.4263 \times (-1)]) \\
&\quad + \sum_{i=7}^{9} 0.1 \times \exp(-[1 \times 0.4263 \times (-1)]) \\
&\approx 0.3928 + 0.4582 + 0.0655 \\
&= 0.9165
\end{aligned}$$

求解经过第一次迭代后的样本权重 w_{2i}：

$$\begin{aligned}
w_{2i} &= \frac{w_{1i}}{Z_1} \exp(-y_i \alpha_1 G_1(x_i)) \\
&= \begin{cases} \frac{0.1}{0.9165} \exp(-[1 \times 0.4236 \times 1]), & i=1,2,3 \\ \frac{0.1}{0.9165} \exp(-[(-1) \times 0.4236 \times (-1)]), & i=4,5,6,10 \\ \frac{0.1}{0.9165} \exp(-[1 \times 0.4236 \times (-1)]), & i=7,8,9 \end{cases} \\
&= \begin{cases} 0.07143, & i=1,2,3 \\ 0.07143, & i=4,5,6,10 \\ 0.16666, & i=7,8,9 \end{cases}
\end{aligned}$$

更新后实例的权重为：

序号	i	1	2	3	4	5	6	7	8	9	10
数据	x	0	1	2	3	4	5	6	7	8	9
类别标签	y	1	1	1	-1	-1	-1	1	1	1	-1
初始权重	w_{1i}	0.1	0.1	0.1	0.1	0.1	0.1	0.1	0.1	0.1	0.1
更新后权重	w_{2i}	0.07143	0.07143	0.07143	0.07143	0.07143	0.07143	0.16666	0.16666	0.16666	0.07143

步骤三：第二次迭代过程。

模型二为 $G_2(x) = \begin{cases} 1 & x < 8.5 \\ -1 & x > 8.5 \end{cases}$，则模型的分类结果如下表所示：

序号	i	1	2	3	4	5	6	7	8	9	10
数据	x	0	1	2	3	4	5	6	7	8	9
类别标签	y	1	1	1	-1	-1	-1	1	1	1	-1

(续)

序号	i	1	2	3	4	5	6	7	8	9	10
更新后权重	w_{2i}	0.07143	0.07143	0.07143	0.07143	0.07143	0.07143	0.16666	0.16666	0.16666	0.07143
分类器结果		1	1	1	1	1	1	1	1	1	-1
分类结果		对	对	对	错	错	错	对	对	对	对

因此，$G_2(x)$ 的最低误差率为：

$$e_2 = P(G_2(x_i) \neq y_i) = \sum_{G_{x_i} \neq y_i} w_{2i} = 0.07143 + 0.07143 + 0.07143 = 0.21429$$

所以，求得 $G_2(x)$ 的权重为：

$$a_2 = \frac{1}{2}\ln\frac{1-\theta_2}{\theta_2} = \frac{1}{2}\ln\frac{1-0.21429}{0.21429} \approx 0.649635$$

此时，模型分类函数为：

$$f_2(x) = a_2 G_2(x) = 0.64963 G_2(x)$$

之后，根据算法一求解，对模型中的样本权重进行更新。

首先求解规范化因子 Z_2：

$$\begin{aligned}
Z_2 &= \sum_{i=1}^{n} w_{2i} \exp(-y_i \alpha_2 G_2(x_i)) \\
&= \sum_{i=1}^{3} 0.07143 \times \exp(-[1 \times 0.64963 \times 1]) \\
&\quad + \sum_{i=4}^{6} 0.07143 \times \exp(-[(-1) \times 0.64963 \times 1]) \\
&\quad + \sum_{i=7}^{9} 0.16666 \times \exp(-[1 \times 0.64963 \times 1]) \\
&\quad + \sum_{i=10}^{10} 0.07143 \times \exp(-[(-1) \times 0.64963 \times (-1)]) \\
&\approx 0.11191 + 0.41033 + 0.26111 + 0.03730 \\
&= 0.82065
\end{aligned}$$

求解经过迭代后的样本权重 w_{3i}：

$$w_{3i} = \frac{w_{2i}}{Z_2} \exp(-y_i \alpha_2 G_2(x))$$

$$= \begin{cases} \dfrac{0.07143}{0.82065} \exp(-[1 \times 0.64963 \times 1]) \approx 0.04546, & i = 1, 2, 3 \\ \dfrac{0.07143}{0.82065} \exp(-[(-1) \times 0.64963 \times 1]) \approx 0.16667, & i = 4, 5, 6 \\ \dfrac{0.16666}{0.82065} \exp(-[1 \times 0.64963 \times 1]) \approx 0.10606, & i = 7, 8, 9 \\ \dfrac{0.07143}{0.82065} \exp(-[(-1) \times 0.64963 \times (-1)]) \approx 0.04546, & i = 10 \end{cases}$$

更新后实例的权重为：

序号	i	1	2	3	4	5	6	7	8	9	10
数据	x	0	1	2	3	4	5	6	7	8	9
类别标签	y	1	1	1	−1	−1	−1	1	1	1	−1
初始权重	w_{1i}	0.1	0.1	0.1	0.1	0.1	0.1	0.1	0.1	0.1	0.1
更新1次权重	w_{2i}	0.07143	0.07143	0.07143	0.07143	0.07143	0.07143	0.16666	0.16666	0.16666	0.07143
更新2次权重	w_{3i}	0.0455	0.0455	0.0455	0.1667	0.1667	0.1667	0.1061	0.1061	0.1061	0.0455

步骤四：第三次迭代过程。

模型三为 $G_3(x) = \begin{cases} 1 & x < 5.5 \\ -1 & x > 5.5 \end{cases}$，模型的分类结果如下表所示：

序号	i	1	2	3	4	5	6	7	8	9	10
数据	x	0	1	2	3	4	5	6	7	8	9
类别标签	y	1	1	1	−1	−1	−1	1	1	1	−1
初始权重	w_{1i}	0.1	0.1	0.1	0.1	0.1	0.1	0.1	0.1	0.1	0.1
更新1次权重	w_{2i}	0.07143	0.07143	0.07143	0.07143	0.07143	0.07143	0.16666	0.16666	0.16666	0.07143
更新2次权重	w_{3i}	0.0455	0.0455	0.0455	0.1667	0.1667	0.1667	0.1061	0.1061	0.1061	0.0455
分类器结果		−1	−1	−1	−1	−1	−1	1	1	1	1
分类结果		错	错	错	对	对	对	对	对	对	错

因此，$G_3(x)$ 的最低误差率为：

$$e_3 = P(G_3(x_i) \neq y_i) = \sum_{G_3(x_j) \neq y_j} w_{3i} = 0.04546 + 0.04546 + 0.04546 + 0.04546 = 0.18184$$

所以，求得 $G_3(x)$ 的权重为：

$$a_3 = \frac{1}{2}\ln\frac{1-\varepsilon_3}{e_3} = \frac{1}{2}\ln\frac{1-0.18188}{0.18184} \approx 0.75197$$

此时，模型分类函数为：

$$f_3(x) = a_3 G_3(x) = 0.75197 G_3(x)$$

经过求解，更新后实例的权重为：

序号	i	1	2	3	4	5	6	7	8	9	10
数据	x	0	1	2	3	4	5	6	7	8	9
类别标签	y	1	1	1	−1	−1	−1	1	1	1	−1
初始权重	w_{1i}	0.1	0.1	0.1	0.1	0.1	0.1	0.1	0.1	0.1	0.1
更新1次权重	w_{2i}	0.07143	0.07143	0.07143	0.07143	0.07143	0.07143	0.16666	0.16666	0.16666	0.07143
更新2次权重	w_{3i}	0.0455	0.0455	0.0455	0.1667	0.1667	0.1667	0.1061	0.1061	0.1061	0.0455
更新3次权值	w_{4i}	0.125	0.125	0.125	0.1019	0.1019	0.1019	0.0648	0.0648	0.0648	0.125

步骤五：最终的模型如下：

$$Gm(x) = \text{sign}(0.42365 G_1(x) + 0.64963 G_2(x) + 0.75197 G_3(x))$$

7. AdaBoost 推导

已知集成学习模型为：

$$f(x) = \sum_{m=1}^{M} \alpha_m G_m(x)$$

指数损失函数为：

$$L(y, f(x)) = \exp[-yf(x)]$$

公式推导过程如下：

1）已知：$f_m(x) = f_{m-1}(x) + a_m G_m(x)$。

2）将 $f_m(x) = f_{m-1}(x) + a_m G_m(x)$ 代入损失函数可得：

$$L(y, f(x)) = \sum_{i=1}^{N} \exp[-y_i(f_{m-1}(x) + \alpha_m G_m(x))]$$

$$L(y, f(x)) = \sum_{i=1}^{N} [\exp[-y_i f_{m-1}(x)][\exp(-y_i \alpha_m G_m(x))]]$$

3）部分替换，由于 y_i 和 $f_{m-1}(x)$ 已知，可以令 $\bar{w}_{mi} = \exp[-y_i f_{m-1}(x_i)]$，得到：

$$[L(y, f(x)) = \sum_{i=1}^{N} \bar{w}_{mi} \exp(-y_i \alpha_m G_m(x))]$$

4）公式展开得到：

$$\begin{aligned} L(y, f(x)) &= \sum_{i=1}^{N} \bar{w}_{mi} \exp(-y_i \alpha_m G_m(x)) \\ &= \sum_{y_i = G_m(x_i)} \bar{w}_{mi} \mathrm{e}^{-\alpha} + \sum_{y_i \neq G_m(x_i)} \bar{w}_{mi} \mathrm{e}^{\alpha} \\ &= \sum_{y_i = G_m(x_i)} \bar{w}_{mi} \mathrm{e}^{-\alpha} + \sum_{y_i \neq G_m(x_i)} \bar{w}_{mi} \mathrm{e}^{-\alpha} - \sum_{y_i \neq G_m(x_i)} \bar{w}_{mi} \mathrm{e}^{-\alpha} + \sum_{y_i \neq G_m(x_i)} \bar{w}_{mi} \mathrm{e}^{\alpha} \\ &= \mathrm{e}^{-\alpha} \sum_{i=1}^{N} \bar{w}_{mi} + (\mathrm{e}^{\alpha} - \mathrm{e}^{-\alpha}) \sum_{y_i \neq G_m(x_i)} \bar{w}_{mi} \\ &= \mathrm{e}^{-\alpha} \sum_{i=1}^{N} \bar{w}_{mi} + (\mathrm{e}^{\alpha} - \mathrm{e}^{-\alpha}) \sum_{i=1}^{N} \bar{w}_{mi} I(y_i \neq G_m(x_i)) \end{aligned}$$

5）对 α 求导，令导函数为零，得：

$$-\mathrm{e}^{-\alpha} \sum_{i=1}^{N} \bar{w}_{mi} + (\mathrm{e}^{\alpha} + \mathrm{e}^{-\alpha}) \sum_{i=1}^{N} \bar{w}_{mi} I(y_i \neq G_m(x_i)) = 0$$

两边同时除以 $\sum_{i=1}^{N} \bar{w}_{mi}$，得：

$$-\mathrm{e}^{-\alpha} + (\mathrm{e}^{\alpha} + \mathrm{e}^{-\alpha}) \frac{\sum_{i=1}^{N} \bar{w}_{mi} I(y_i \neq G_m(x_i))}{\sum_{i=1}^{N} \bar{w}_{mi}} = 0$$

6）部分替换，令

$$\frac{\sum_{i=1}^{N} \bar{w}_{mi} I(y_i \neq G_m(x_i))}{\sum_{i=1}^{N} \bar{w}_{mi}} = \mathrm{e}_m$$

$$-e^{-\alpha} + (e^{\alpha} + e^{-\alpha})e_m = 0$$

7）求导计算：

$$-e^{-\alpha} + (e^{\alpha} + e^{-\alpha})e_m = 0$$
$$(e^{\alpha} + e^{-\alpha})e_m = e^{-\alpha}$$
$$(e^{2\alpha} + 1)e_m = 1$$
$$e^{2\alpha} + 1 = \frac{1}{e_m}$$
$$e^{2\alpha} = \frac{1}{e_m} - 1 = \frac{1-e_m}{e_m}$$
$$2\alpha = \log\frac{1-e_m}{e_m}$$
$$\alpha = \frac{1}{2}\log\frac{1-e_m}{e_m}$$

其中：

$$e_m = \frac{\sum_{i=1}^{N}\bar{w}_{mi}I(y_i \neq G_m(x_i))}{\sum_{i=1}^{N}\bar{w}_{mi}} = \sum_{i=1}^{N}w_{mi}I(y_i \neq G_m(x_i))$$

样本权重更新如下：

1）已知：

$$f_m(x) = f_{m-1}(x) + a_m G_m(x)$$

2）已知：

$$\bar{w}_{mi} = \exp[-y_i f_{m-1}(x_i)]$$

3）推导：

$$\begin{aligned}\bar{w}_{m+1,i} &= \exp[-y_i f_m(x_i)] \\ &= \exp[-y_i[f_{m-1}(x_i) + \alpha_m G_m(x_i)]] \\ &= \exp[-y_i f_{m-1}(x_i)]\exp[-y_i \alpha_m G_m(x_i)] \\ &= \bar{w}_{m,i}\exp[-y_i \alpha_m G_m(x_i)]\end{aligned}$$

8. 例子：Toy Example

图 11-13 给出了一个 Boosting 迭代过程的例子。首先为原始的数据分布，之后在第一轮迭代过程中，浅色半区的"+"样本由于错误分类，得到了权重增强；之后在第二轮中，深色半区的"-"样本得到了权重增强，之后进行了第三轮的迭代。

在最下方，最终的模型能够完成很好的模型划分。

9. Boosting 算法总结

下面对 Boosting 算法进行总结：

1）AdaBoost 的性能取决于数据和弱分类器的性能。

2）若弱分类器太过于复杂，容易出现过度拟合的问题；若弱分类器性能太差，容易出现难以拟合的问题。

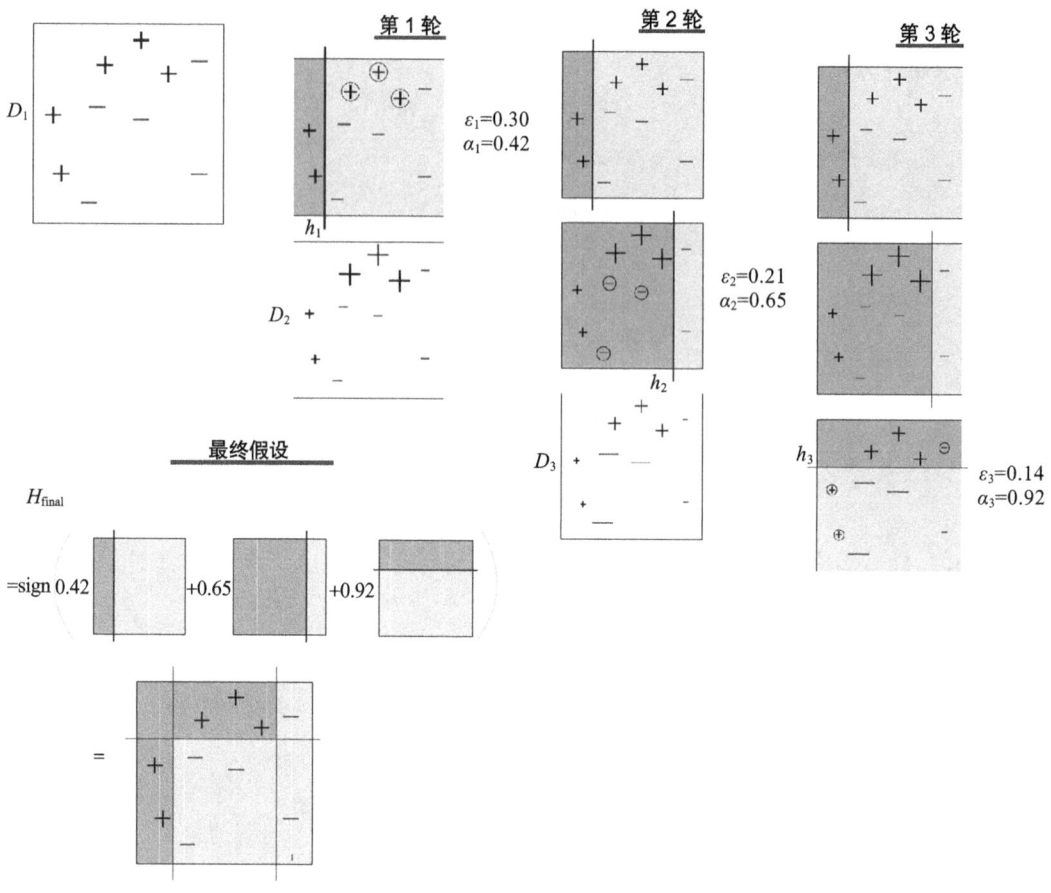

图 11-13 Toy Example 过程图

3）AdaBoost 特别容易受到均匀噪声的影响。

4）根据不同的损失函数和极小化损失函数方法，Boosting 方法主要包括以下变种（见表 11-2）。

表 11-2 Boosting 算法的变种

名称	Loss	Derivative	f^*	算法
Squared Error	$\frac{1}{2}(y_i - f(x_i))^2$	$y_i - f(x_i)$	$\mathbb{E}[y \mid x_i]$	L2 Boosting
Absolute Error	$\lvert y_i - f(x_i) \rvert$	$\text{sign}(y_i - f(x_i))$	$\text{median}(y \mid x_i)$	Gradient Boosting
Exponential Loss	$\exp(-\tilde{y}_i f(x_i))$	$-\tilde{y}_i \exp(-\tilde{y}_i f(x_i))$	$\frac{1}{2}\log\frac{\pi_i}{1-\pi_i}$	Ada Boost
Logloss	$\log(1 + e^{-\tilde{y}_i f_i})$	$y_i - \pi_i$	$\frac{1}{2}\log\frac{\pi_i}{1-\pi_i}$	LogitBoost

10. Bagging 和 Boosting 算法的对比

Bagging 算法和 Boosting 算法都是把若干个分类器整合为一个分类器的方法，只是整合的方式不一样，效果也不同。将不同的分类算法套入此类算法框架中在一定程度上会提高原单一分类器的分类效果，但是也增加了计算量。两种方法的对比如表 11-3 所示。

表 11-3 Bagging 和 Boosting 算法对比

项目	Bagging	Boosting
采样算法	均匀采样	根据错误率采样
各轮训练集选取	随机的	与前面各轮的学习结果有关
预测函数权重	没有权重	有权重
并行性	各个预测函数可以并行生成	只能顺序生成
准确性	没有 Boosting 高	在大多数数据集中，准确性高
过拟合	不会	在有些数据集中，会

11.2.4 GBDT

1. GBDT 定义

GBDT、Treelink、GBRT（Gradient Boost Regression Tree）、Tree Net、MART（Multiple Additive Regression Tree）算法都是以决策树为基分类器的集成算法，通常由多棵决策树构成，通常是上百棵树且每棵树规模都较小（即树的深度比较浅）。进行模型预测的时候，对于输入的一个样本实例 X，遍历每一棵决策树，每棵树都会对预测值进行调整修正，最后得到预测的结果。假设 F_0 是设置的初值，T_i 是一棵一棵的决策树。预测结果如下所示：

$$F(X)=F_0+\beta_1 T_1(X)+\beta_2 T_2(X)+\cdots+\beta_M T_M(X)$$

对于不同的问题和选择的不同损失函数，初值的设定是不同的。比如，对于回归问题并且选择高斯损失函数，那么这个初值就是训练样本的目标的均值。

例如，一套房子有三个价格特征：房子的面积，是否在内环，是否学区房。对于该问题，使用四棵决策树进行预测。初值设为价格的均值，即 150 万，一个面积为 120 平米的内环非学区房的价格预测值为 150+20-10+30-10=180 万。这个预测过程如图 11-14 所示。

2. GBDT 的过程和优点

GBDT 也是 Boosting 算法的一种，但是它和 AdaBoost 算法不同。区别在于：AdaBoost 算法是利用前一轮的弱学习器的误差来更新样本权重值，然后一轮一轮地迭代；GBDT 也要迭代，但是 GBDT 要求弱学习器必须是 CART 模型，而且 GBDT 在模型训练时要求模型预测的样本损失尽可能小。GBDT 可直观理解为：每一轮预测和实际值有残差，下一轮根据残差进行预测，最后将所有预测相加得到结果。

GBDT 是把所有树的结论累加起来得到最终结论的，所以可以想到每棵树的结论并不是房价本身，而是房价的一个累加量。每一棵树学习的是之前所有树结论和的残差，这个残差是一个加预测值后得到真实值的累加量。GBDT 的优点在于，防止过拟合和每一步的残差计算其实变相地增大了分错实例的权重，已经分对的实例则趋向于 0。

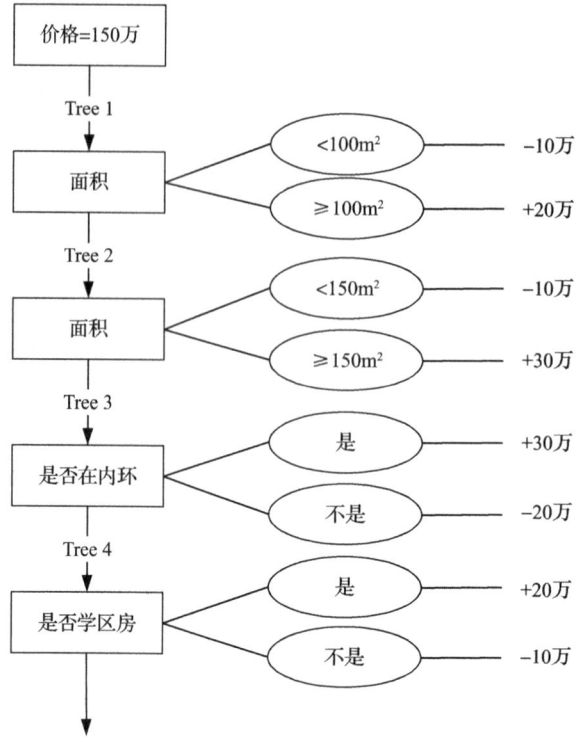

图 11-14 房价预测过程

11.3 Stacking 方法

Stacking 方法是用初始训练数据学习出若干个基学习器后，将这几个学习器的预测结果作为新的训练集，来学习一个新的学习器。Stacking 的基础层通常包括不同的学习算法，因此 Stacking 集成分类器往往是异构的。

如图 11-15 所示，首先使用不同的基分类器对数据集进行训练得到多个学习器，之后利用学习器预测的结果作为输入，训练一个新的分类器，即为通过 Stacking 方法得到的最终分类器。

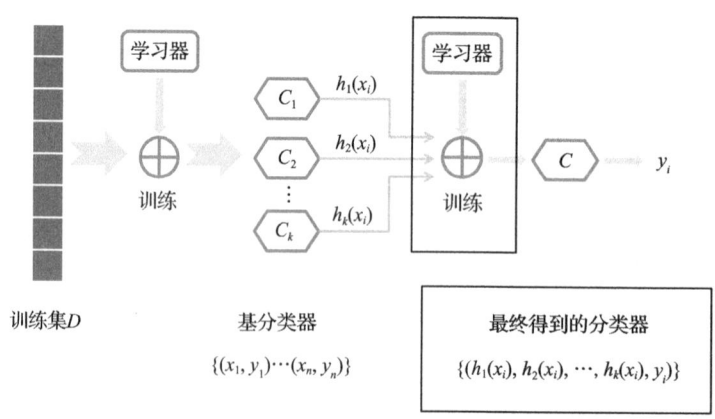

图 11-15 Stacking 方法示意图

11.4 LightGBM 方法

11.4.1 LightGBM 简介

LightGBM（Light Gradient Boosting Machine）是一种基于决策树算法的分布式梯度提升框架。为了满足工业界缩短模型计算时间的需求，LightGBM 的设计思路主要有两点：①减小数据对内存的使用，保证单个机器在不牺牲速度的情况下，尽可能地使用更多的数据；②减小通信的代价，提升多机并行时的效率，实现在计算上的线性加速。

传统的 Boosting 算法（如 GBDT 和 XGBoost）已经有相当好的效率，但是在如今大样本和高维度的环境下，传统的 Boosting 算法在效率和可扩展性上已不能满足需求。主要原因是传统的 Boosting 算法需要对每一个特征扫描所有的样本点来选择最好的切分点，这个过程非常耗时。为了解决这种在大样本高纬度数据环境下耗时的问题，LightGBM 使用了如下两种解决办法：一是基于梯度的单边采样（Gradient-based One-Side Sampling，GOSS），它不使用所用的样本点来计算梯度，而是通过对样本进行采样来计算梯度；二是互斥特征捆绑（Exclusive Feature Bundling，EFB），这里不是使用所有的特征来进行扫描以获得最佳的切分点，而是将某些特征捆绑在一起来降低特征的维度，使寻找最佳切分点的消耗减少。这样可以大大降低处理样本的时间复杂度，而且大量的实验证明，在某些数据集上使用 LightGBM 并不损失精度，有时还会提升精度。

11.4.2 GOSS

基于梯度的单边采样（Gradient-based One-Side Sampling，GOSS）方法的主要思想是，梯度大的样本点在信息增益的计算上扮演着主要的作用，也就是说，这些梯度大的样本点会贡献更多的信息增益。因此，为了保持信息增益评估的精度，当我们对样本进行下采样的时候，保留这些梯度大的样本点，而对于梯度小的样本点按比例进行随机采样即可。

1. GOSS 算法

在 AdaBoost 算法中，我们在每次迭代时更加注重上一次错分的样本点，也就是上一次错分的样本点的权重增大。而在 GBDT 中，并没有本地的权重来实现这样的过程，所以在 AdaBoost 中提出的采样模型不能应用在 GBDT 中。但是，每个样本的梯度为采样提供了非常有用的信息。也就是说，如果一个样本点的梯度小，那么该样本点的训练误差就小，并且已经经过了很好的训练。一个直接的办法就是抛弃梯度小的样本点，但是这样做会改变数据的分布并损失学习的模型精度。GOSS 的提出就是为了避免这两个问题的发生。下面是 GOSS 算法的伪代码：

算法 11-2：GOSS 算法的流程

Input: I: training data, d: iterations
Input: a: sampling ratio of large gradient data
Input: b: sampling ratio of small gradient data
Input: $loss$: loss function, L: weak learner
models←{}, fact←(1-a)/b
topN←a×len(I), randN←b×len(I)
for i=1 **to** d **do**

(续)

>   preds←models predict(*I*)
>   g←loss(*I*, preds), w←{1, 1, ⋯}
>   sorted←GetSortedIndices(abs(g))
>   topSet←sorted[1: topN]
>   randSet←RandomPick(sorted[topN: len(I)], randN)
>   usedSet←topSet + randSet
>   w[randSet]×= fact ▷ Assign weight *fact* to the small gradient data
>   newModel←L(*I*[usedSet], -g[usedSet], w[usedset])
>   models.append(newModel)

2. GOSS 算法的描述

输入：训练数据，迭代步数 d，大梯度数据的采样率 a，小梯度数据的采样率 b，损失函数和弱学习器的类型（一般为决策树）。

输出：训练好的强学习器。

1）根据样本点的梯度的绝对值对它们进行降序排序。

2）对排序后的结果，选取前 $a*100\%$ 的样本生成一个大梯度样本点的子集。

3）对剩下的样本集合，即 $(1-a)*100\%$ 的样本，随机选取 $b*(1-a)*100\%$ 个样本点，生成一个小梯度样本点的集合。

4）将大梯度样本和采样的小梯度样本合并。

5）将小梯度样本乘以一个权重系数 $(1-a)/b$。

6）使用上述采样样本，学习一个新的弱学习器。

7）不断地重复步骤 1~6，直到达到规定的迭代次数或者收敛为止。

通过上面的算法，可以在不改变数据分布且不损失学习器精度的前提下大大地减少模型学习的速率。

从上面的描述可知，当 $a=0$ 时，GOSS 算法退化为随机采样算法；当 $a=1$ 时，GOSS 算法变为采取整个样本的算法。在许多情况下，GOSS 算法训练出的模型精度要高于随机采样算法。另一方面，采样也会增加弱学习器的多样性，从而潜在地提升训练出的模型泛化能力。

11.4.3 EFB

在 LightGBM 算法实现中，不仅进行了数据采样，也进行了特征抽样，使得模型的训练速度进一步减小。但是，该特征抽样与一般的特征抽样有所不同，是将互斥特征绑定在一起从而减少特征维度。其主要思想是，通常在实际应用中，高纬度的数据往往是稀疏数据（如 one-hot 编码），这使我们有可能设计一种几乎无损的方法来减少有效特征的数量。特别是，在稀疏特征空间中，许多特征都是互斥的（例如，很少同时出现非 0 值）。这就使我们可以安全地将互斥特征绑定在一起形成一个特征，从而减少特征维度。但是，如何将互斥特征绑定在一起？LightGBM 作者使用的是基于直方图（histogram）的方法，解决了如何判断哪些特征要被绑定在一起的问题，提出了 EFB（Exclusive Feature Bundling，互斥特证绑定）算法，进一步将特征划分为更小的互斥绑定数量，可以减少特征个数，使数据规模进一步变小。

1. EFB 算法

将特征划分为更小的互斥绑定数量，这是一个 NP-hard 问题，即在多项式时间内不可能找到准确的解决办法。因此，这里使用的是一种近似的解决办法，即特征之间允许存在少数样本点不互斥（如存在某些对应的样本点之间不同时为非0值），允许小部分的冲突可以得到更小的特征绑定数量，从而进一步提高计算效率。在理论上可以证明，通过允许小部分的冲突存在，模型的精度会被影响，被影响的程度和每个绑定的最大冲突率 γ 相关。所以，当我们选择很小的 γ 时，可以在精度和效率上获得很好的平衡。下面就是 EFB 算法的流程。

算法 11-3：EFB 算法流程

Input: F: features, K: max conflict count
Construct graph G
searchOrder←G.sortByDegree()
bundles←{}, bundlesConflict←{}
for i **in** *searchorder* **do**
needNew←True
for $j = 1$ **to** $len(bundles)$ **do**
cnt←ConflictCnt(bundles[j], F[i])
if cnt + bundlesConflict[i]$\leqslant K$ **then**
bundles[j].add(F[i]), needNew ← False
break
if *needNew* **then**
Add $F[i]$ as a new bundle to *bundles*
Output: bundles

---

2. EFB 算法描述

输入：特征 F，最大冲突数 K，图 G。

输出：特征捆绑集合 bundles。

1）构造一个边带有权重的图，其权值对应于特征之间的总冲突。

2）通过特征在图中的度来降序排列特征。

3）检查有序列表中的每个特征，并将其分配给具有小冲突的现有特征捆绑集合 bundling（由 γ 控制），或创建新的特征捆绑集合 bundling。

上述算法的时间复杂度为 $O(\#feature^2)$ 且在模型训练之前被处理一次即可。在特征维度不是很大时，这样的复杂度是可以接受的。当样本维度较高时，这种方法会特别低效。所以，作者又提出了另外一种更加高效的算法：按非零值计数排序，这类似于按度数排序，因为更多的非零值会导致更高的冲突概率。这仅仅改变了上述算法的排序策略，所以只是针对上述算法将按度数排序改为按非0值数量排序，其他不变。

3. 合并互斥特征

LightGBM 关于互斥特征的合并用到了直方图（Histogram）算法。直方图算法的基本思想是先把连续的特征值离散化成 k 个整数，同时构造一个宽度为 k 的直方图。在遍历数据时，将离散化后的值作为索引在直方图中累积统计量，当遍历一次数据后，直方图累积了需要的统计量，然后根据直方图的离散值，遍历寻找最优的分割点。

由于基于直方图的算法存储的是离散的 bins 而不是连续的特征值，因此可以通过让互斥特征驻留在不同的 bins 中来构造 feature bundle，这可以通过增加特征原始值的偏移量来实现。比如，假设有两个特征，特征 A 的取值范围是 $[0, 10]$，特征 B 的取值范围是 $[0, 20]$，我们可以给特征 B 增加偏移量 10，使得特征 B 的取值范围为 $[10, 30]$，最后合并特征 A 和 B，形成新的特征（取值范围为 $[0, 30]$），从而取代特征 A 和特征 B。

当然，Histogram 算法并不是完美的。由于特征被离散化后，找到的并不是精确的分割点，因此会对结果产生影响。但在不同的数据集上的结果表明，离散化的分割点对最终的精度影响不是很大，甚至有时会提高精度。原因是决策树本来就是弱模型，分割点是不是精确并不是太重要；差一点的切分点也有正则化的效果，可以有效地防止过拟合。即使单棵树的训练误差比精确分割的算法稍大，但在 Gradient Boosting 的框架下没有太大的影响。如图 11-16 所示。

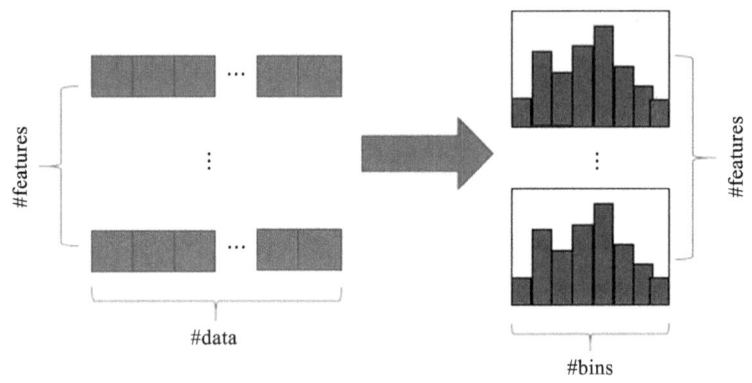

图 11-16　特征离散化方法图

Histogram 算法有如下优点：

1）减少分割增益的计算量：XGBoost 中默认使用的是 pre-sorted 算法，需要 $O(\#data)$ 次计算，而 Histogram 算法只需要计算 $O(\#bin)$ 次，并且 $O(\#bin)$ 远小于 $O(\#data)$；

2）通过直方图相减来进一步加速模型的训练：在二叉树中可以通过利用叶节点的父节点和相邻节点的直方图的相减来获得该叶节点的直方图。所以，只要为一个叶节点建立直方图（其 #data 小于它的相邻节点），就可以通过直方图的相减来获得相邻节点的直方图，而这花费的代价 $O(\#dbin)$ 很小。如图 11-17 所示。

图 11-17　直方图相减示意图

3）减少内存的使用：可以将连续的值替换为离散的 bins。如果 #bins 较小，可以利用较小的数据类型来存储训练数据并且无须为 pre-sorting 特征值存储额外的信息。

4）减少并行学习的通信代价。

11.4.4　LightGBM 的一些其他特性

1. Level-wise 的决策树生长策略

大部分决策树的学习算法通过 Level-wise 策略生长树，Level-wise 是分裂时将决策树中当前层的所有节点都进行分裂,其中可能有增益并不大的部分,没必要进行分裂,使用 Level-wise 策略带来了没必要的计算开销。如图 11-18 所示。

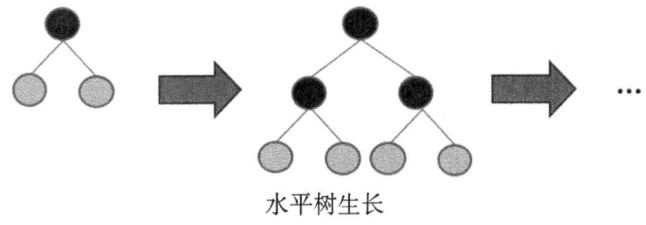

水平树生长

图 11-18　叶子节点分裂示意图

LightGBM 算法的生长树过程采用了 Leaf-wise 策略。每次从当前所有叶子中找到分裂增益最大的一个叶子,然后分裂,如此循环。因此,同 Level-wise 相比,在分裂次数相同的情况下,Leaf-wise 可以降低误差,得到更好的精度。但是,当样本量较小的时候,Leaf-wise 可能会造成过拟合。所以,LightGBM 可以利用额外的参数 max_depth 来限制树的深度并避免过拟合。

2. 类别特征值的最优分割

对于类别型的数据,我们通常将类别特征转化为 one-hot 编码。然而,对于学习树来说,这不是好的解决方案。原因是,对于一个基数较大的类别特征,学习树会生长得非常不平衡,并且需要非常深的深度才能来达到较好的准确率。如图 11-19 所示。

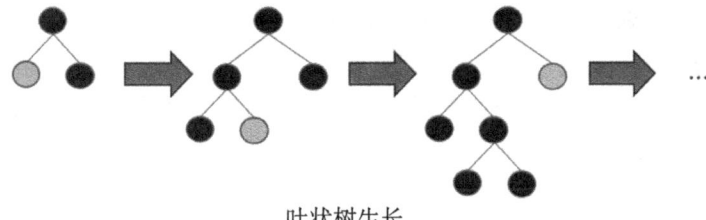

叶状树生长

图 11-19　学习树深度增加示意图

事实上,最好的解决方案是将类别特征划分为两个子集,总共有 $2^{(k-1)}-1$ 种可能的切分。比如,有一个颜色特征,每个样本的颜色特征是 {红、黄、蓝、绿} 四种类别中的一种,如果使用 one-hot 编码,这一点很好理解,这里不再叙述。但如果使用 LightGBM 的切分策略,就是将红、黄、蓝、绿对应的四类样本分为两类的所有可能策略,比如红黄一类、蓝绿一类,那么就会有 $2^{(k-1)}-1$ 种策略。这样才能充分挖掘该维特征所包含的信息,找到最优的分割策略。但是,这样寻找最优分割策略的时间复杂度很大。对于回归树问题,求解最优的划分需要大约 $k \times \log(k)$ 数量级的尝试。基本的思想是根据训练目标的相关性对类别进行重排序。更具体地说,根据累加值 (sum_gradient/sum_hessian) 重新对类别特征的直方图进行排序,然后在排好序的直方图中寻找最好的分割点。

11.4.5　LightGBM 中的并行学习

1. 特征并行

(1) 传统算法的特征并行

传统的特征并行算法旨在并行化决策树中寻找最佳切分点,主要流程如下:

① 垂直切分数据(不同的 Worker 有不同的特征集)。

② 在本地特征集中寻找最佳切分点 {特征,阈值}。

③ 在各个机器之间进行通信,拿出自己的最佳切分点,然后从所有的最佳切分点中推举出一个最好的切分点,作为全局的切分点。

④ 以最佳划分方法对数据进行划分,并将数据划分结果传递给其他 Worker。

⑤ 其他 Worker 对接收到的数据进一步划分。

(2)传统特征并行方法的主要不足

① 存在计算上的局限,传统特征并行无法加速特征切分(时间复杂度为 O(#data))因此,当数据量很大时,难以加速。

② 需要对划分的结果进行通信整合,其额外的时间复杂度约为 O(#data/8)(一个数据一个字节)。

(3)LightGBM 中的特征并行

在数据量很大时,传统并行方法无法有效地对特征进行并行。LightGBM 做了一些改变:不再垂直划分数据,即每个 Worker 都持有全部数据。因此,LighetGBM 中没有数据划分结果之间通信的开销,各个 Worker 都知道如何划分数据,而且样本量不会变得更大,从而使每个机器都持有全部数据是合理的。

LightGBM 中特征并行的流程如下:

① 每个 Worker 都在本地特征集上寻找最佳划分点 {特征,阈值}。

② 本地进行各个划分的通信整合并得到最佳划分。

③ 执行最佳划分。

然而,该特征并行算法在数据量很大时仍然存在计算上的局限。因此,建议在数据量很大时使用数据并行。

2. 数据并行

(1)传统的数据并行算法

数据并行目的是并行化整个决策学习过程。数据并行的主要流程如下:

①水平划分数据。

② Worker 以本地数据构建本地直方图。

③将所有 Worker 的本地直方图整合成全局整合图。

④在全局直方图中寻找最佳切分,然后执行此切分。

(2)传统数据并行的不足

传统数据并行的缺点在于高通信开销。如果使用点对点的通信算法,一个 Worker 的通信开销大约为 $O(\#machine \times \#feature \times \#bin)$。如果使用集体通信算法(例如" All Reduce"等),通信开销大约为 $O(2 \times \#feature \times \#bin)$。

(3)LightGBM 中的数据并行

LightGBM 通过减少数据并行过程中的通信开销来减少数据并行的开销。

① 不同于传统数据并行算法中的整合所有本地直方图以形成全局直方图的方式,LightGBM 使用 Reduce Scatter 的方式对不同 Worker 的不同特征(不重叠的)进行整合。然后,Worker 从本地整合直方图中寻找最佳划分并同步到全局的最佳划分中。

② 如上面提到的，LightGBM 通过直方图做差法加速训练。基于此，我们可以进行单叶子的直方图通信，并且在相邻直方图上使用做差法。

通过上述方法，LightGBM 将数据并行中的通信开销减少到 $O(0.5\times \#feature\times \#bin)$。

3. 投票并行

投票并行进一步地将数据并行的通信消耗减少到常数级别。它使用两阶段的投票来减少特征直方图的通信消耗。

11.4.6 LightGBM 中主要的调节参数

1. 针对 Leaf-wise（Best-first）树的参数优化

1）num_leaves：这是控制树模型复杂度的主要参数。理论上，借鉴 Depth-wise 树，可以设置 num_leaves=$2^{\text{max\_depth}}$。但是，这种简单的转化在实际应用中表现不佳。这是因为，当叶子数目相同时，Leaf-wise 树比 Depth-wise 树深得多，这有可能导致过拟合。所以，当我们试着调整 num_leaves 的取值时，应该让其小于 $2^{\text{max\_depth}}$。例如，当 max_depth=7 时，Depth-wise 树可以达到较高的准确率。但是，如果设置 num_leaves 为 128 时，有可能导致过拟合；将其设置为 70 或 80 时，会得到比 Depth-wise 树更高的准确率。其实，depth 的概念在 Leaf-wise 树中并没有多大作用，因为并不存在一个从 leaves 到 depth 的合理映射。

2）min_data_in_leaf：这是处理 Leaf-wise 树的过拟合问题的一个非常重要的参数，它的值取决于训练数据的样本个数，num_leaves 将其设置得较大可以避免生成一个过深的树，但有可能导致欠拟合。在实际应用中，对于大数据集，设置其为几百或几千就足够了。

3）max_depth：默认不限制，一般设置该值为 5~10 即可，也可以利用 max_depth 来显式地限制树的深度。

2. 针对更快的训练速度

1）通过设置 bagging_fraction 和 bagging_freq 参数来使用 Bagging 方法。
2）通过设置 feature_fraction 参数来使用特征的子抽样。
3）使用较小的 max_bin。
4）使用 save_binary 在以后的学习过程中对数据进行加速加载。

3. 针对更好的准确率

1）使用较大的 max_bin（学习速度可能变慢）。
2）使用较小的 learning_rate 和较大的 num_iterations。
3）使用较大的 num_leaves（可能导致过拟合）。
4）使用更大的训练数据。

4. 处理过拟合

1）使用较小的 max_bin（默认为 255）。
2）使用较小的 num_leaves（默认为 31）。
3）使用 min_data_in_leaf（默认为 20）和 min_sum_hessian_in_leaf（默认为 e^{-3}）。
4）通过设置 bagging_fraction（默认为 1.0）和 bagging_freq（默认为 0，意味着禁用 bagging，k 表示每 k 次迭代执行一个 bagging）来使用 Bagging。
5）通过设置 feature_fraction（默认为 1.0）来使用特征子抽样。
6）使用更大的训练数据。

7)使用 lambda_L1（默认为 0）、lambda_L2（默认为 0）和 min_split_gain（默认为 0，表示执行切分的最小增益）来使用正则。

8)尝试 max_depth 来避免生成过深的树。

11.5 本章小结

本章主要介绍了集成学习的定义和基本思想、集成学习的学习和训练方法、集成学习的模型构造方式，并分析了集成学习的优势，充分证明了集成学习方法能够有效提升单模型性能。值得注意的是，集成学习方法只有在单个基分类器模型的精度在 50% 以上时，才能起到优化模型整体性能的作用。

之后，对常用的集成学习方法进行了介绍。首先是基于 Bootstrap 随机采样的 Bagging 方法，它通过创造不同的模型训练集来综合提高集成学习模型的性能；之后介绍随机森林方法，随机森林是 Bagging 的一个特化进阶版，所谓的特化是因为随机森林的弱学习器都是决策树；接下来介绍了 Boosting 方法，它通过训练样本的反馈迭代得到优化后的集成模型。我们还介绍了基于决策树的 GBDT 方法，以及基于模型预测输出结果迭代的 Stacking 方法。

集成学习方法作为一种常用的优化模型性能方法，已经广泛应用于 KDD Cup 和 Netflix Prize 数据挖掘竞赛，以及动作检测、人物追踪、物体识别的视觉领域，基因组功能预测和癌症预测的生物领域，入侵检测、异常检测、软件缺陷检测等计算机安全领域。

第 12 章
聚类算法

扫码观看知识点讲解

从本章开始,我们将走入无监督学习——聚类的世界。那么,什么是聚类?聚类与分类的区别是什么?聚类有哪些应用?基本的聚类方法有哪些?聚类的质量该如何评估?本章将针对这些问题进行介绍,重点介绍聚类的基础概念、常见的聚类方法以及聚类评估的标准。

12.1 聚类概述

12.1.1 什么是聚类

聚类就是把数据对象集合按照相似性划分成多个子集的过程(见图 12-1)。其中,每个子集称为一个簇。聚类不仅要使簇中的对象彼此相似,而且要与其他簇中的对象不相似。聚类是无监督学习,数据不需要类标号(标注)信息。

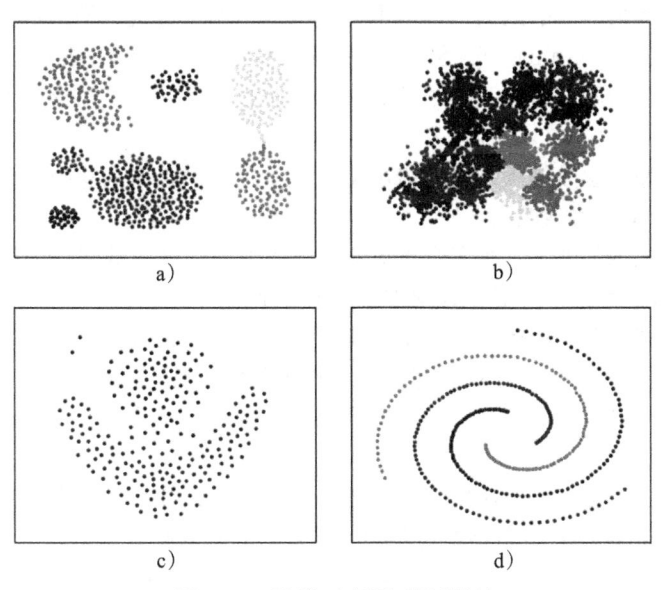

图 12-1 聚类示意图(见彩插)

聚类分析起源于分类学。在古老的分类学中，人们主要依靠经验和专业知识来实现分类，很少利用数学工具进行定量的分类。随着科学技术的发展，人们逐渐把数学工具引入分类学中，形成了数值分类学，之后又将多元分析技术引入数值分类学，从而形成聚类分析。

聚类分析又称为群分析，它是研究（样品或指标）分类问题的一种统计分析方法，也是数据挖掘的一个重要算法。聚类（cluster）分析是由若干模式（pattern）组成的，通常，模式是一个度量（measurement）的向量，或者是多维空间中的一个点。聚类分析以相似度为基础，在一个聚类中的模式比不在这个聚类中的模式有更多的相似度。

12.1.2 分类与聚类

分类（classification）是有监督学习（supervised learning），即每个训练样本的数据对象已经有类标签，通过有标签样本学习分类器。

聚类是无监督学习（unsupervised learning），即不使用训练数据进行学习，通过观察学习将数据集分割成多个簇。

12.1.3 聚类的应用

聚类主要应用于以下领域：
- **商业领域**　聚类分析用于发现不同的客户群，并且通过购买模式刻画不同客户群的特征。
- **电子商务**　聚类出具有相似浏览行为的客户，并分析客户的共同特征，可以更好地帮助电子商务的用户了解自己的客户，向客户提供更合适的服务。
- **舆情监控**　发现热点主题、话题、事件，发现未知异常等。

12.1.4 聚类的要求

1）**可扩展性**：许多聚类算法在数据对象小于几百个的小数据集合上工作得很好，而一个大规模数据库可能包含几百万个对象。

2）**处理不同数据类型的能力**：许多聚类算法专门用于数值类型的数据，而实际应用涉及不同的数据类型，如二元的、分类的、图像的，等等。

3）**发现任意形状的能力**：基于距离的聚类算法往往发现的是球形的聚类，而现实的聚类是任意形状的。

4）**用于决定输入参数的领域知识最小化**：聚类结果对于输入参数十分敏感，而参数很难决定，聚类的质量也很难控制。

5）**处理噪声数据的能力**：很多数据库都包含孤立点、缺失或错误的数据，而一些聚类算法对于这样的数据敏感，可能导致低质量的聚类结果。

6）**对输入数据的顺序不敏感和增量聚类**：同一个数据集合以不同的次序提交给同一个算法，应该产生相似的结果，并且能将新加入的数据合并到已有聚类中。

7）**高维度**：许多聚类算法擅长处理低维数据，可能只涉及两到三维，而数据库或者数据仓库可能包含若干维或属性。

8）**基于约束**：现实世界的应用可能需要在各种约束条件下进行聚类。要找到既满足特定约束，又具有良好聚类特性的数据分组是一项具有挑战性的任务。

9）**解释性 – 可用性**：用户希望聚类结果是可解释、可理解和可用的。也就是说，聚类可能需要和特定的语义解释及应用相联系。

12.2 基本的聚类方法

12.2.1 划分方法

1. 划分方法概述

划分方法（Partitioning Method）是指将有 n 个对象的数据集 D 划分成 k ($k \leq n$) 个簇，需满足两个条件：①每个簇至少包含一个对象；②每个对象属于且仅属于一个簇。

其基本思想是首先创建一个初始 k 划分（k 为要构造的划分数），然后不断迭代计算各个簇的聚类中心，并依据新的聚类中心调整聚类情况，直至收敛。

划分方法的目标有两个：①同一个簇中的对象之间尽可能"接近"或相关；②不同簇中的对象之间尽可能"远离"或不同。

启发式方法有两种：① K 均值（K-Means），每个簇用该簇中对象的均值来表示，为基于质心的技术；② K 中心点（K-Medoids），每个簇用接近簇中心的一个对象来表示，为基于代表对象的技术。

适用性：①这些启发式算法适合发现中小规模数据库中的球状聚类；②对于大规模数据库和处理任意形状的聚类，这些算法需要进一步扩展。

2. K-Means 算法

K-Means 算法是启发式算法，遵循寻优原则（见图 12-2），即每次聚类保证局部最优，随后调整聚类，利用局部最优聚类的上限来不断逼近全局最优。

具体步骤（见图 12-3）如下：

1）从数据集中随机取 K 个样本作为初始的聚类中心 $C = \{c_1, c_2, \cdots, c_k\}$。

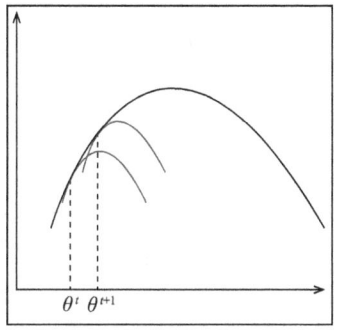

图 12-2 启发式寻优

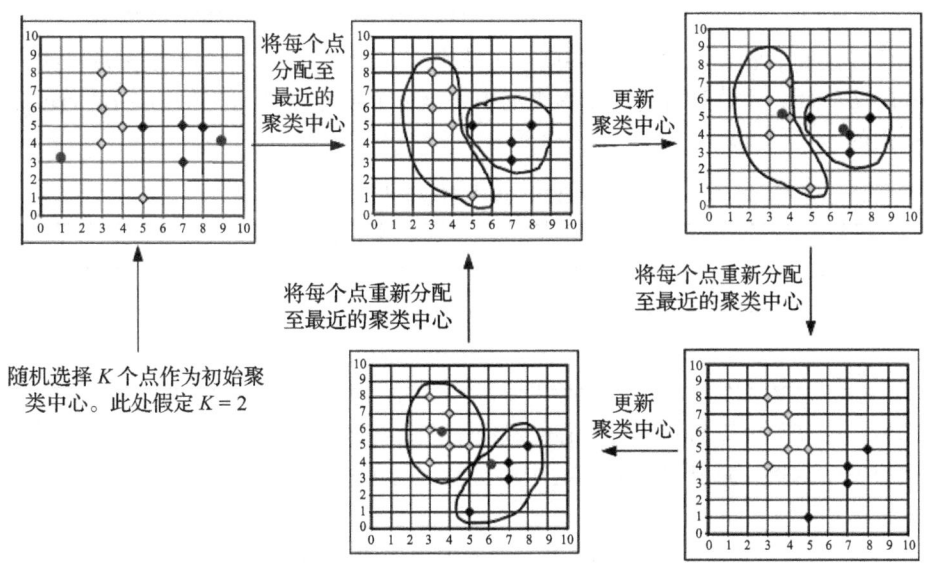

图 12-3 K-Means 的步骤

2）针对数据集中的每个样本 x_i，计算它到 K 个聚类中心的距离并将其分到距离最小的聚类中心对应的类中。

3）针对每个类别 C_i，重新计算其聚类中心 $c_i = \frac{1}{|c_i|}\sum_{x\in c_i} x$。

4）重复第 2 步和第 3 步，直到 $\sum_{i=0}^{n}\min_{c_j\in C}(\|x_j-c_i\|^2)$ 小于特定的阈值。

下面来看两个计算实例。

【例 12.1】 给定如下要进行聚类的对象：{2，4，10，12，3，20，30，11，25}，$K=2$，请使用 K 均值划分聚类。具体计算步骤如表 12-1 所示。

表 12-1 计算实例求解的步骤

m_1	m_2	K_1	K_2
2	4	{2,3}	{4,10,12,20,30,11,25}
2.5	16	{2,3,4}	{10,12,20,30,11,25}
3	18	{2,3,4,10}	{10,12,20,30,11,25}
4.75	19.6	{2,3,4,10,11,12}	{20,30,25}
7	25	{2,3,4,10,11,12}	{20,30,25}

【例 12.2】 假设我们对 A、B、C、D 四个样品分别测量两个变量，得到的结果见表 12-2，试将表中的样品聚成两类。

表 12-2 样品测量结果

样品	变量	
	X_1	X_2
A	5	3
B	−1	1
C	1	−2
D	−3	−2

第一步：按要求取 $K=2$，为了实施均值法聚类，我们将这些样品随意分成两类，比如（A、B）和（C、D），然后计算这两个聚类的中心坐标（见表 12-3）。中心坐标是通过原始数据计算得来的。

表 12-3 聚类中心坐标一

聚类	中心坐标	
	X_1	X_2
(A、B)	2	2
(C、D)	−1	−2

第二步：计算某个样品到各类中心的欧氏平方距离，然后将该样品分配给最近的一类。对于样品有变动的类，重新计算它们的中心坐标，为下一步聚类做准备。先计算 A 到两个类的平方距离：

$$d^2(A,(AB)) = (5-2)^2+(3-2)^2 = 10$$
$$d^2(A,(CD)) = (5+1)^2+(3+2)^2 = 61$$

由于 A 到（A、B）的距离小于到（C、D）的距离，因此 A 不用重新分配。计算 B 到两类的平方距离：

$$d^2(B, (AB)) = (-1-2)^2 + (1-2)^2 = 10$$
$$d^2(B, (CD)) = (-1+1)^2 + (1+2)^2 = 9$$

由于 B 到（A、B）的距离大于到（C、D）的距离，因此 B 要分配给（C、D）类，得到新的聚类是（A）和（B、C、D）。更新中心坐标如表 12-4 所示。

表 12-4 聚类中心坐标二

聚类	中心坐标	
	X_1	X_2
(A)	5	3
(B、C、D)	−1	−1

第三步：再次检查每个样品，以决定是否需要重新分类。计算各样品到各中心的距离平方，结果如表 12-5 所示。

表 12-5 样本到中心的距离平方

聚类	样品到中心的距离平方			
	A	B	C	D
(A)	0	40	41	89
(B、C、D)	52	4	5	5

到现在为止，每个样品都已经分配给距离中心最近的类，聚类过程到此结束。最终得到 $K=2$ 的聚类结果是 A 独自成一类，B、C、D 聚成一类。

下面对该算法进行一些分析。

1）算法效率分析：K-Means 算法的计算复杂度为 $O(nkt)$。其中，n 为数据集中对象的数目；K 为期望得到的簇的数目；t 为迭代的次数。因此，K-Means 算法在处理大数据库时也是相对有效的（可扩展性）。

2）优点分析：
- 聚类时间短。
- 当结果簇是密集的，而且簇间区别明显，效果较好。
- 相对可扩展和有效，能对大数据集进行高效划分。

3）缺点分析：
- 用户必须事先指定聚类簇的个数。
- 常常终止于局部最优。
- 只适用于数值属性聚类（计算均值有意义）。
- 对噪声和异常数据很敏感。
- 对于不同的初始值，结果可能不同。
- 不适合发现非凸面形状的簇。

3. K-Means 改进算法

（1）K-Mode 算法

1）用众数代替平均数。

2）使用新的相异性度量。

（2）K-Means++算法

通过尽可能选择距离远的点作为初始种子节点，从而解决K-Means初始点选择问题。具体的算法流程如下：

1）从输入的数据点集合中随机选择一个点作为第一个聚类中心。
2）对于数据集中的每一个点X，计算其与聚类中心的距离$D(X)$。
3）选择一个$D(X)$最大的点作为新的聚类中心。
4）重复步骤2和步骤3，直到K个聚类中心被选出。
5）利用K个初始聚类中心运行K-Means算法。

（3）K中心点（K-Mediods）法

在提出K中心点法之前，先看一个问题实例。

问题实例：对于一维空间的7个点：1, 2, 3, 8, 9, 10, 25（离群点），设置$K=2$，直觉应该划分为(1, 2, 3)、(8, 9, 10, 25)两个类别。

基于划分方法的聚类质量评价准则，最小化E值：$E = \sum_{i=1}^{k}\sum_{p \in C_i} d(p, C_i)^2$。

(1, 2, 3)、(8, 9, 10, 25)聚类的E值为：

$(1-2)^2 + (2-2)^2 + (3-2)^2 + (8-13)^2 + (9-13)^2 + (10-13)^2 + (25-13)^2 = 196$

(1, 2, 3, 8)、(9, 10, 25)的E值为：

$(1-3.5)^2 + (2-3.5)^2 + (3-3.5)^2 + (8-3.5)^2 + (9-14.67)^2 + (10-14.67)^2 + (25-14.67)^2 = 189.67$

由此可见，基于最小化E值的划分方法对离群点（25）十分敏感，甚至导致部分点（8）的错误聚类。于是，引入K中心点法。K中心点法（见图12-4）主要通过选用簇中位于最中心的实际对象（中心点）作为参照点并基于最小化所有对象与其参照点之间的相异度之和$E = \sum_{i=1}^{k}\sum_{p \in C_i} |p - o_i|$划分（使用绝对误差标准），解决对离群点敏感问题。

简言之，K中心点法的基本思想为：首先为每个簇随意选择一个代表对象，剩余的对象根据其与代表对象的距离分配给最近的一个簇；然后，迭代地用非代表对象来替代代表对象，以改进聚类的质量（找更好的代表对象）；聚类结果的质量用一个代价函数来估算，该函数评估了对象与其参照对象之间的平均相异度。

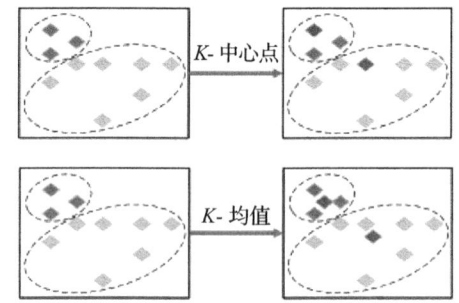

图12-4　K-中心点与K均值

4. PAM算法

PAM(Partitioning Around Medoids)算法是最早提出的K中心点算法之一。算法流程（见图12-5）如下：

1）随机选择K个对象作为初始的代表对象。
2）将每个剩余的对象指派给离它最近的代表对象所代表的簇。
3）随机地选择一个非代表对象O_{random}。
4）计算用O_{random}代替O_j的总代价S。
5）如果$S<0$，则用O_{random}替换O_j形成新的K个代表对象的集合。

6) 重复步骤 2 到步骤 6, 直到不发生变化。

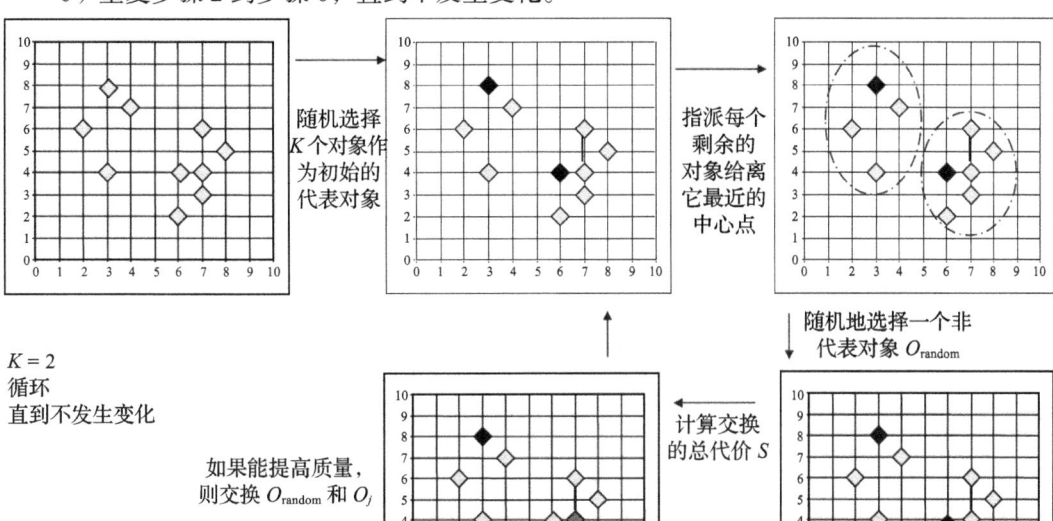

图 12-5 PAM 算法示意图（见彩插）

总代价主要依据代价函数求得。具体地，代价函数为 $TC_{jh} = \sum_{p=1}^{n} C_{pjh}$。其中，$n$ 是数据集中样本的个数，C_{pjh} 表示中心点 O_j 被非中心点 O_h 替代后样本点 P 的代价。

当非代表样本 O_{random} 替代代表样本 O_j 后，对于数据集中的每一个样本 P，它所属的簇的类别将有四种可能的变化（见图 12-6）：①中心点变换后，P 由原中心点 O_j 另寻 O_{random}，O_j 之外的点；②中心点变换后，P 由原中心点 O_j 加入新中心点 O_{random}；③中心点变换后，P 保持原位，仍属于 O_i；④中心点变换后，P 从原中心点 O_i 加入新中心点 O_{random}。其中，①、②两种情况的 P 最初属于被替换的点 O_j；③、④两种情况的 P 最初属于被替换的点 O_j。

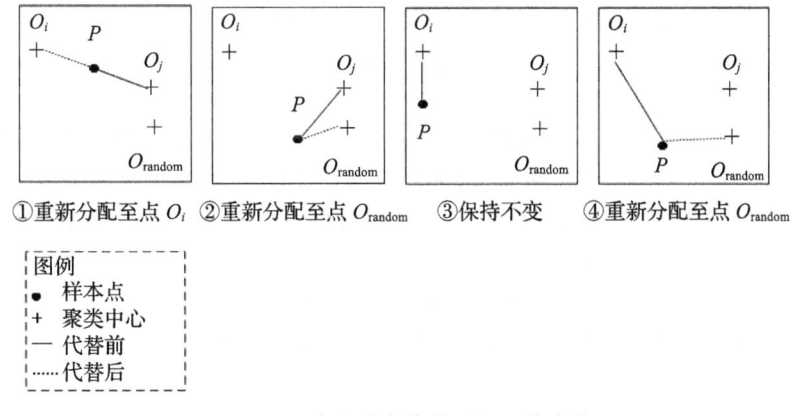

图 12-6 代表样本代替后的可能变化

下面来看 PAM 算法的计算实例。假设空间中的五个点 $\{A、B、C、D、E\}$ 如图 12-7 所示，各点之间的距离关系如表 12-6 所示，根据所给的数据对其运行 PAM 算法以实现划分聚类（设 $K=2$）。样本点间距离如表 12-6 所示。

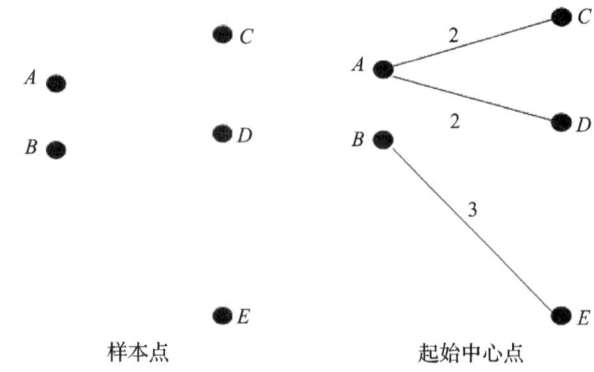

图 12-7　样本点与起始中心点

表 12-6　样本点距离

样本点	*A*	*B*	*C*	*D*	*E*
A	0	1	2	2	3
B	1	0	2	4	3
C	2	2	0	1	5
D	2	4	1	0	3
E	3	3	5	3	0

第一步：建立阶段。假如从 5 个对象中随机抽取的 2 个中心点为 $\{A, B\}$，则样本被划分为 $\{A、C、D\}$ 和 $\{B、E\}$。

第二步：交换阶段。假定中心点 A、B 分别被非中心点 C、D、E 替换，根据 PAM 算法，需要计算下列代价 TC_{AC}、TC_{AD}、TC_{AE}、TC_{BC}、TC_{BD}、TC_{BE}，即验证中心点变换后，代价如何变化。

以 TC_{AC} 为例说明计算过程：

1）当 A 被 C 替换以后，A 不再是一个中心点，因为 A 离 B 比 A 离 C 近，A 被分配到 B 中心点代表的簇，$C_{AAC}=d(A,B)-d(A,A)=1$。

2）B 是一个中心点，当 A 被 C 替换以后，B 不受影响，$C_{BAC}=0$。

3）C 原先属于 A 中心点所在的簇，当 A 被 C 替换以后，C 是新中心点：
$$C_{CAC}=d(C,C)-d(C,A)=0-2=-2$$

4）D 原先属于 A 中心点所在的簇，当 A 被 C 替换以后，离 D 最近的中心点是 C：
$$C_{DAC}=d(D,C)-d(D,A)=1-2=-1$$

5）E 原先属于 B 中心点所在的簇，当 A 被 C 替换以后，离 E 最近的中心仍然是 B，根据 PAM 算法代价函数的第三种情况 $C_{EAC}=0$。

因此，$TC_{AC}=C_{AAC}+C_{BAC}+C_{CAC}+C_{DAC}+C_{EAC}=1+0-2-1+0=-2$。

代价函数变小，说明 C 点替换以前的中心点 A，聚类更加紧凑，那么 C 作为中心点更加合理。同理，可计算 TC_{AD}、TC_{AE}、TC_{BC}、TC_{BD}、TC_{BE}，并据此选取总代价最小的点为新中心点。

12.2.2　层次方法

1. 层次方法概述

层次方法（Hierarchical Method）满足三个条件：①对给定数据对象集进行层次的分解；

②使用距离矩阵作为聚类标准；③不需要输入聚类数目 K，但需要终止条件。

有两种层次方法（见图12-8）：

1）自底向上方法（凝聚，agglomerative）：初始时将每个对象作为单独的一个簇，然后相继合并相近的对象或簇，直到所有的簇合并为一个，或者达到一个终止条件。代表算法为 AGNES 算法。

2）自顶向下方法（分裂，divisive）：初始时将所有对象置于一个簇中，在迭代的每一步，一个簇被分裂为多个更小的簇，直到每个对象在一个单独的簇中，或达到一个终止条件。代表算法为 DIANA（Divisive Analysis）算法。

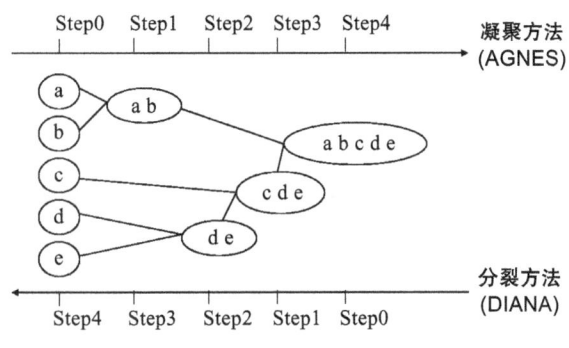

图 12-8　两种层次聚类方法示意

2. AGNES 算法简介

（1）基本步骤

首先，将数据集中的每个样本作为一个簇；然后，根据某些准则将这些簇逐步合并；合并的过程反复进行，直至不能再合并或者达到结束条件为止。

（2）合并准则

每次找到距离最近的两个簇进行合并。两个簇之间的距离由这两个簇中距离最近的样本点之间的距离来表示。

（3）算法描述

AGNES 算法属于自底向上的合并算法，其算法描述如下。

输入：包含 n 个样本的数据集，终止条件簇的数目 k；

输出：k 个簇，达到终止条件规定的簇的数目。

1）初始时，将每个样本当成一个簇；

2）REPEAT

　　根据不同簇中最近样本间的距离找到最近的两个簇；

　　合并这两个簇，生成新的簇的集合；

3）UNTIL 达到定义的簇的数目。

其中，当指定的簇数目和不同簇间的距离超过一定阈值，算法终止。

（4）距离度量

1）最小距离：单链接（single-link）方法，其每个簇可以用簇中所有对象代表，簇间的相似度用属于不同簇中最近的数据点对之间的相似度来度量。它也称为最短距离法，定义簇的邻近度为取自不同簇的所有点对的两个最近的点之间的邻近度。

形式上，设 d_{ij} 表示样本 $X_{(i)}$ 和 $X_{(j)}$ 之间的距离，D_{ij} 表示类 G_i 和 G_j 之间距离，则有：

$$D_{ij} = \min_{X_{(i)} \in G_i, X_{(j)} \in G_j} d_{ij}$$

2）最大距离：全链方法，取自不同簇中的两个最远的点之间的邻近度作为簇的邻近度，或者使用图的术语，不同的节点子集中两个节点之间的最长边，即

$$D_{ij} = \max_{X_{(i)} \in G_i, X_{(j)} \in G_j} d_{ij}$$

3）平均距离：组平均（average linkage method）类间所有样本点的平均距离，即

$$d_{avg}(C_i, C_j) = \frac{1}{n_i n_j} \sum_{p \in C_i} \sum_{p' \in C_j} \| p - p' \|$$

该方法利用了所有样本的信息，被认为是较好的系统聚类法。

下面来看一个例子。如表 12-7 所示，给定五个数据点（10, 5），（20, 20），（30, 10），（30, 15），（5, 10）。下面针对这五个数据点介绍 AGNES 算法的聚类过程（见图 12-9）。

表 12-7 样本点坐标

序号	1	2	3	4	5
坐标	(10, 5)	(20, 20)	(30, 10)	(30, 15)	(5, 10)

如图 12-9 所示，聚类过程如下：

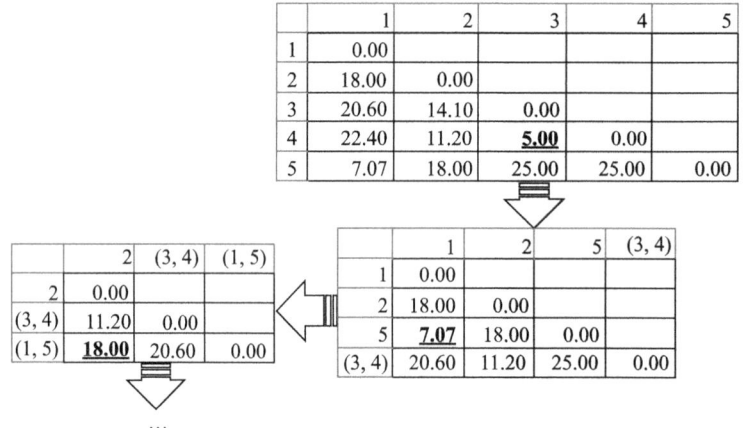

图 12-9 AGNES 算法的聚类过程

1）先将五个样本都分别看作一个簇，最靠近的两个簇是 3 和 4，因为它们具有最小的簇间距离 D（3，4）= 5.0。

2）合并簇 3 和簇 4，得到新簇集合 1, 2, (3, 4), 5，更新距离矩阵：

$D(1, (34)) = \min(D(1, 3), D(1, 4)) = \min(20.6, 22.4) = 20.6$

$D(2, (34)) = \min(D(2, 3), D(2, 4)) = \min(14.1, 11.2) = 11.2$

$D(5, (34)) = \min(D(3, 5), D(4, 5)) = \min(25.0, 25.5) = 25.0$

原有簇 1, 2, 5 间的距离不变，故在四个簇 1, 2, (3, 4), 5 中，最靠近的两个簇是 1 和 5，它们具有最小簇间距离 D（1，5）= 7.07。

3）合并簇 1 和簇 5，得到新簇集合 (1, 5), 2, (3, 4)。
如此持续下去，五个点最终会聚为一个簇。
（5）层次聚类存在的主要问题
1）决定合并或分裂需要检查和估算大量的对象或簇。
2）一个步骤一旦完成便不能被撤销。
3）避免考虑选择不同的组合，减少计算代价。
4）不能更正错误的决定。
5）不具有很好的可伸缩性。
（6）改进方法
将层次聚类和其他聚类技术进行集成，形成多阶段聚类。
1）BIRCH：使用 CF-tree 对对象进行层次划分，然后采用其他聚类算法对聚类结果求精。
2）CURE：采用固定数目的代表对象来表示每个簇，然后依据一个指定的收缩因子向着聚类中心对它们进行收缩。
3）CHAMELEON：使用动态模型进行层次聚类。

3. DIANA 算法

DIANA（Divisive Analysis）算法属于分裂的层次聚类。它首先将所有对象初始化到一个簇中，然后根据一些原则（比如最邻近的最大欧氏距离）对该簇分类，直到到达用户指定的簇数目或者两个簇之间的距离超过某个阈值。
（1）算法描述

1）输入：包含 n 个对象的数据库，终止条件簇的数目 k；
2）输出：k 个簇，达到终止条件规定簇数目；
3）将所有对象整个当成一个初始簇；
4）For (i=1;i!=k;i++) Do Begin；
　在所有簇中挑选出具有最大直径的簇；
　找出所挑出簇里与其他点平均相异度最大的一个点放入 splinter group，剩余的放入 old party 中；
5）Repeat
　在 old party 里找出到 splinter group 中点的最近距离不大于 old party 中点的最近距离的点，并将该点加入 splinter group；
6）Until 没有新的 old party 的点被分配给 splinter group；
　Splinter group 和 old party 为被选中的簇分裂成的两个簇，与其他簇一起组成新的簇集合；
7）END

（2）算法性能
该算法的缺点是已做的分裂操作不能撤销，类之间不能交换对象。如果在某步没有选择好分裂点，可能会导致低质量的聚类结果。而且，这种方法对大数据集不太适用。

12.2.3 基于密度的方法

1. 相关概念

基于密度聚类是指根据密度条件对邻近对象分组形成簇，簇的增长或者根据邻域密度，或者根据特定的密度函数（只要临近区域的密度超过某个阈值，就继续聚类）。

主要特点：①发现任意形状的聚类；②处理噪声；③一遍扫描；④需要密度参数作为终止条件。

- **ε 邻域**：给定对象半径 ε 内的邻域称为该对象的 ε 邻域（见图 12-10）。
- **核心对象**：如果对象的 ε 邻域至少包含最小数目 MinPts 个对象，则称该对象为核心对象（见图 12-10）。
- **直接密度可达**：给定对象集合 D，如果 p 在 q 的 ε-邻域内，而 q 是核心对象，则称对象 p 是从对象 q 关于 ε 和 MinPts 直接密度可达的。
- **密度可达**：如果存在一个对象链 $p_1, \cdots, p_n, p_1 = q, p_n = p$，使得 p_i+1 是从 p_i 直接密度可达的，则称对象 p 是从对象 q 关于 ε 和 MinPts 密度可达的（见图 12-11）。
- **密度相连**：如果存在对象 o，使得 p 和 q 都是从 o 关于 ε 和 MinPts 密度可达的，则称对象 p 与 q 关于 ε 和 MinPts 是密度相连的（见图 12-12）。

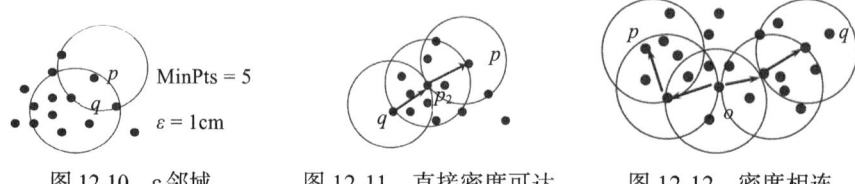

图 12-10　ε 邻域　　　图 12-11　直接密度可达　　　图 12-12　密度相连

基于密度的簇是基于密度可达性的最大的密度相连对象的集合，即簇 C 满足以下条件：①连通性：对于 C 中任意的 p 和 q，p 与 q 是关于 ε 和 MinPts 密度相连的；②极大性：对于任意的 p 和 q，如果 p 属于 C 簇，并且 q 是从 p 出发关于 ε 和 MinPts 密度可达的，则 q 也属于 C 簇。

边界点（border point）的 Eps 邻域有少于 MinPts 个对象，但它的邻域中有核心对象（见图 12-13）。

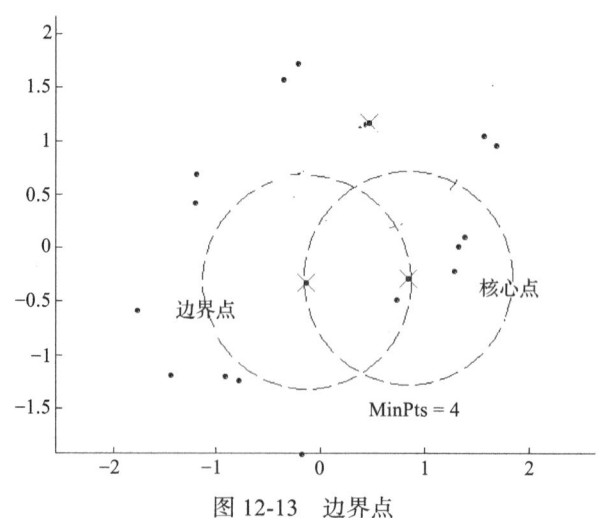

图 12-13　边界点

噪声点（noise point）是除核心对象和边界点之外的点（见图 12-14）。

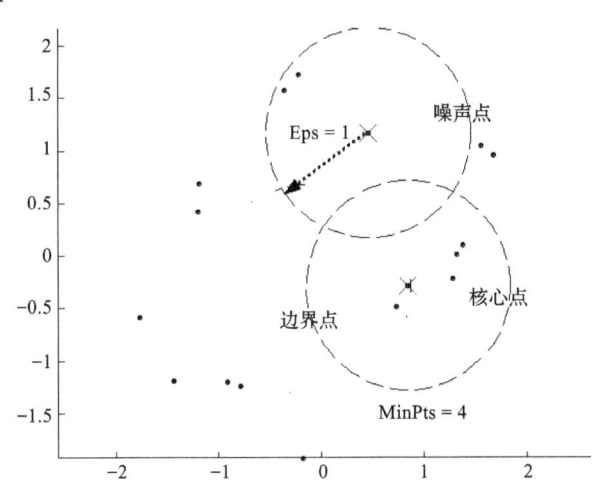

图 12-14　噪声点

基于密度的聚类方法主要有 DBSCAN、DENCLUE、OPTICS 等经典算法。下面将以 DBSCAN 算法为例，简要介绍算法流程和优缺点。

2. DBSCAN 算法
（1）算法描述

输入：包含 n 个对象的数据库，半径 ε，最少数目 MinPts。
输出：所有生成的簇，达到密度要求。
REPEAT
从数据库中抽取一个未处理过的点
　　IF 抽出的点是核心点 THEN
　　　　找出所有从该点密度可达的对象，形成一个簇
　　ELSE
　　　　抽出的点是边缘点（非核心对象），跳出本次循环，寻找下一点
UNTIL 所有点都被处理

（2）优点
1）抗噪声。
2）能处理各种形状和大小的集群（见图 12-15）。

图 12-15　复杂形状聚类

（3）缺点

1）对用户定义的参数是敏感的，参数难以确定（特别是对于高维数据），设置的细微不同可能导致差别很大的聚类（见图12-16）。

2）全局密度参数不能刻画内在的聚类结构。

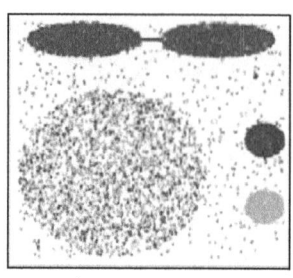 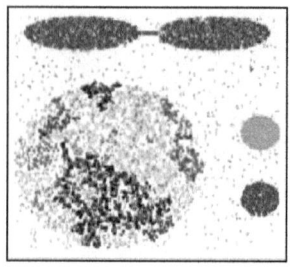

a) $\varepsilon = 0.5$, MinPts = 4　　　　b) $\varepsilon = 0.4$, MinPts = 4

图 12-16　邻近参数聚类

12.2.4　图论聚类方法

图论聚类方法的第一步是建立与问题相适应的图，图的节点对应于被分析数据的最小单元，图的边（或弧）对应于最小处理单元数据之间的相似性度量。因此，每一个最小处理单元数据之间都会有一个度量表达，这就确保了数据的局部特性易于处理。图论聚类法是以样本数据的局域连接特征作为聚类的主要信息源，其主要优点是易于处理局部数据的特性。

算法描述

1）利用prim算法构造最小支撑树；
2）给定一个阈值，在最小支撑树中移除权值大于阈值的边，形成森林（见图12-17）；
3）森林中包含剩下的所有的树；
4）每棵树视为一个聚类。

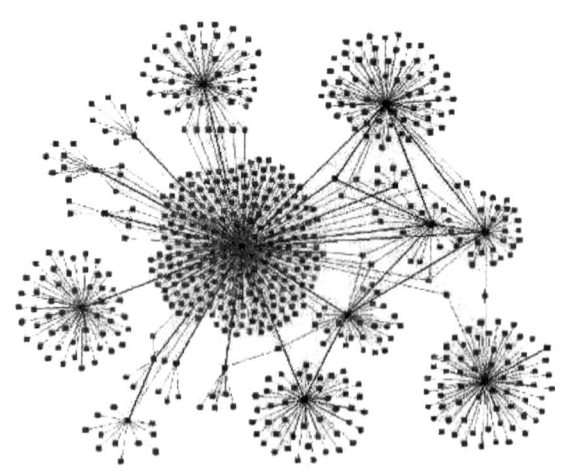

图 12-17　最小支撑树与森林

12.2.5 网格算法

1. 网格算法概述

网格算法首先将数据空间划分为有限个单元（cell）的网格结构，所有的处理都是以单个单元为对象的，这样处理的突出的优点是处理速度很快。通常这与目标数据库中记录的个数无关，只与把数据空间分为多少个单元有关。

代表性的网格算法有：STING 算法、CLIQUE 算法、WAVE-CLUSTER 算法。下文将以 STING 算法为例，简要介绍其算法流程并总结这三种算法的优缺点。

2. STING 算法

（1）核心思想

首先划分一些层次，在每个层次上根据维度或者概念分成不同的 cell。实际上，这里的每个层次对应样本的一个分辨率。每个高层的 cell 在其下一层中被对应地划分成多个 cell，每个 cell 都计算出其统计信息，估计出它的分布。利用这样的结构，很容易进行查询，比如，我们查询具有某些属性的样本，从上到下，根据 cell 的统计信息计算 query 在每个 cell 的置信区间，找出最大的 cell；然后到下一层，依次处理，直至最底层。这样做的好处是，我们不用计算所有的样本，算法每进行一层都会抛弃不相关的样本，所需的计算量会越来越少，那么速度就会很快。

（2）算法步骤

1）从一个层次开始；

2）对于这一个层次的每个单元格，计算查询相关的属性值；

3）根据计算的属性值以及约束条件，我们将每一个单元格标记成相关或者不相关（不相关的单元格不再考虑，下一个较低层的处理只检查剩余的相关单元）；

4）如果这一层是底层，那么转步骤 6，否则转步骤 5；

5）我们由层次结构转到下一层，依照步骤 2 进行；

6）查询结果得到满足，转到步骤 8，否则执行步骤 7；

7）恢复数据到相关的单元格，进一步处理以得到满意的结果，转到步骤 8；

8）停止。

3. 算法的优缺点比较

算法优缺点比较如表 12-8 所示。

表 12-8 算法优缺点比较

算　法	时间复杂度	优　点	缺　点
STING	$O(N)$	❑ 多分辨率 ❑ 查询效率高 ❑ 聚类结果不受输入数据顺序影响	❑ 参数敏感，聚类质量取决于网络结构最底层的粒度（粒度太细，则处理的代价会显著增加；粒度太粗，则聚类质量降低） ❑ 构建父亲单元时必须考虑孩子单元和其他相邻单元之间的关系，否则簇的形状不好 ❑ 对于高维数据，基于网格的聚类倾向于效果很差
CLIQUE	$O(N)$	❑ 对于给定属性的划分，单遍数据扫描就可以确定每个对象的网格单元和网格单元的计数 ❑ 只需要为非空单元创建网络 ❑ 聚类过程高效 ❑ 可处理高维数据	❑ 参数敏感，聚类结果紧密依赖密度阈值的选择（太高，簇可能丢失；太低，本应该分开的簇可能被合并） ❑ 如果存在不同密度的簇和噪声，则不可能找到适合于数据空间所有部分的值

(续)

算法	时间复杂度	优点	缺点
WaveCluster	$O(N)$	□ 多分辨率 □ 识别任意形状 □ 有效处理噪点 □ 聚类结果不受输入数据顺序影响 □ 可处理高维数据	□ 参数敏感，聚类结果紧密依赖密度阈值的选择（太高，簇可能丢失；太低，本应该分开的簇可能被合并） □ 随着维度增加，网格单元个数迅速增加（指数增长）。对于高维数据，基于网格的聚类倾向效果很差

12.2.6 模型算法

基于模型的方法为每一个聚类假设一个模型，然后寻找能够很好地满足这个模型的数据集。这样一个模型可能是数据点在空间中的密度分布函数或者其他。它的一个潜在的假设就是：目标数据集是由一系列概率分布所决定的。

通常有两种尝试方向：统计的方案和神经网络的方案。

12.3 聚类评估

聚类评估旨在估计在数据集上进行聚类的可行性和聚类结果的质量。主要包括：估计聚类趋势、确定数据集中的簇数和测定聚类质量。

12.3.1 估计聚类趋势

对于给定的数据集，聚类趋势估计确定给定的数据集是否具有可以得到有意义的聚类的非随机结构。盲目地在数据集上使用聚类方法将返回一些簇，所挖掘的簇可能会带来误导。仅当数据中存在非随机结构时，数据集上的聚类分析是有意义的。一个没有任何非随机结构的数据集，如数据空间中均匀分布的点（见图12-18），尽管聚类算法可以为该数据集返回簇，但对其进行的聚类操作都是没有意义的。

霍普金斯统计量（Hopkins Statistic）是一种空间统计量，可以检验空间分布的变量的空间随机性。

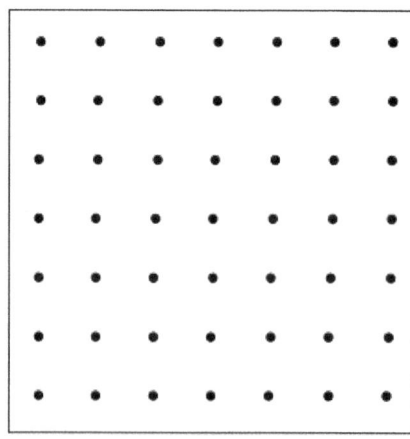

图 12-18 均匀分布的点

12.3.2 确定数据集中的簇数

K 均值这样的算法需要数据集的簇数作为参数,簇数也可以看作数据集的一个重要的概括度量,因此,在使用聚类算法导出详细的簇之前,估计簇数是可取的。

- **实验方法**:对于 n 个点的数据集,簇数 $\sqrt{n/2}$,每个簇约有 $\sqrt{n/2}$ 个点。
- **肘方法**(Elbow method):增加簇数可以降低簇内的方差之和,但是如果形成太多的簇,降低簇内方差之和的边缘效应可能下降。具体来说,该方法通过轮廓系数 ($S(o)$),综合考察簇的紧凑情况 ($a(o)$) 和簇的分离情况 ($b(o)$) 来评估聚类:

$$轮廓系数(o) = \frac{b(o) - a(o)}{\max\{a(o), b(o)\}}$$

向量到所有它所在的簇中其他点的距离:

$$a(o) = \frac{\sum_{o' \in C_i, o \neq o'} \text{dist}(o, o')}{|C_i| - 1}$$

向量到与它相邻最近的一簇内的所有点的最小距离:

$$o = \min_{C_j: 1 \leq j \leq k, j \neq i} \left\{ \frac{\sum_{o' \in C_j} \text{dist}(o, o')}{|C_j|} \right\}$$

12.3.3 聚类质量的度量

1)**外在方法**:有监督的,用某种聚类质量度量对聚类结果和基准进行比较。其中,基准为一种理想的聚类,由专家构建与标注。

2)**内在方法**:无监督的,通过考察簇的分离情况和簇的紧凑情况来评估聚类,如轮廓系数。

3)**聚类质量**:主要包括四个维度:①簇的同质性;②簇的完全性;③碎布袋性;④小簇保持性。

- **簇的同质性**。聚类中的簇越纯,聚类质量越好。假设数据集 D 中的对象可能属于类别 $L_1, \cdots, L_n$。考虑一个聚类 C_1,其中簇 $C \in C_1$ 包含来自两个类 L_i 和 $L_j(1 \leq i \leq j \leq n)$ 的对象。再考虑一个聚类 C_2,除了把 C 划分成分别包含 L_i 和 L_j 中对象的两个簇之外,它等价于 C_1。关于簇的同质性,聚类质量度量 Q 应该给 C_2 赋予比 C_1 更高的得分,即 $Q(C_2, C_g) > Q(C_1, C_g)$。
- **簇的完全性**。这与簇的同质性相辅相成。簇的完全性要求对于聚类来说,根据基准,如果两个对象属于相同的类别,则它们应该被分配到相同的簇。簇的完全性要求(根据基准)把属于相同类别的对象分配到相同的簇。考虑聚类 C_1,它包含簇 C_1 和 C_2。根据基准,它们的成员属于相同的类别。假设 C_2 除 C_1 和 C_2 合并到一个簇之外,等价于聚类 C_1。关于簇的完全性,聚类质量度量应该赋予 C_2 更高的得分,即 $Q(C_2, C_g) > Q(C_1, C_g)$。
- **碎布袋性**。把一个异构对象放到一个纯聚簇中要比把它放到一个碎布袋里(例如,"杂项"或"其他"类别)更糟糕,即噪声不被聚到已存在的聚簇中。
- **小簇保持性**。把一个小类别聚簇分成更小的聚簇比把一个大类别分成小聚簇更有害。换言之,小簇保持性更希望小类别聚簇不再被划分。

12.4 本章小结

本章从聚类的基本概念出发，简单介绍了聚类的基本概念、常用方法和质量评估。通过本章的学习，我们对聚类有了初步的了解和认识。当然，无监督学习方法绝不只是聚类那么简单。下一章我们会介绍另一种无监督学习方法——关联规则挖掘。

第 13 章
关联规则挖掘

扫码观看知识点讲解

  数据挖掘是指以某种方式分析数据源，从中发现一些潜在的有用信息，所以数据挖掘也称作知识发现，而关联规则挖掘是数据挖掘中很重要的一个任务。关联规则是从数据背后发现事物之间可能存在的关联或者联系。举个例子，比如通过调查商场里顾客购买数据可发现，30% 的顾客会同时购买床单和枕套，而购买床单的人中有 80% 购买了枕套，这里就隐藏了一条关联规则：床单→枕套。也就是说，大部分顾客会同时购买床单和枕套，那么对于商场来说，把床单和枕套放在同一个购物区可以方便顾客进行购物。

  本章将介绍关联规则中的一些重要概念，然后详细介绍从数据中挖掘出关联规则的常用算法，最后对关联分析评估进行简要介绍。

13.1 定义

13.1.1 关联分析的概念

  关联分析（association analysis）用于发现隐藏在大型数据集中的令人感兴趣的联系，所发现的模式通常用关联规则的形式表示。

  关联规则能够反映一个事物与其他事物之间的相互依存性和关联性。如果两个或者多个事物之间存在一定的关联关系，那么，其中一个事物就通过与它关联的事物进行预测。

  "尿布与啤酒"的故事就是典型的关联规则应用。在一家超市里，有一个有趣的现象：尿布和啤酒经常摆在一起出售。但是这个看似奇怪的举措使尿布和啤酒的销量双双增加了。这是发生在美国沃尔玛连锁店超市的真实案例，并一直为商家津津乐道。沃尔玛拥有大规模的数据仓库系统，为了准确了解顾客在其门店的购买习惯，沃尔玛对顾客的购物行为进行购物篮分析，想知道顾客经常同时购买哪些商品。沃尔玛数据仓库里集中了其各门店的详细原始交易数据。在这些原始交易数据的基础上，沃尔玛利用数据挖掘方法对这些数据进行分析和挖掘，一个意外的发现是：跟尿布一起购买最多的商品竟是啤酒！经过大量的实际调查和分析，揭示了一个隐藏在"尿布与啤酒"背后的美国人的一种行为模式：在美国，一些年轻的父亲下班后经常要到超市去购买婴儿尿布，而他们中有 30%～40% 的人同时为自己买一些啤酒。产生这一现象的原因是：美国的太太们常叮嘱她们的丈夫下班后为小孩购买尿布,而丈夫们在购买尿布后又随手带回了他们喜欢的啤酒。

13.1.2 频繁项集

本节通过一个简单的例子来理解频繁项集(frequent itemset)的基本概念。表 13-1 是某超市商品交易记录集示例,如该表所示,**项集** $I = \{i_1, i_2, \cdots, i_m\}$ 是包含 0 个或多个项的集合,即 I={Milk, Bread, Diaper}。如果一个项集包含 k 个项,则称为 k 项集。

表 13-1 某超市商品交易记录集示例

交易号(TID)	顾客购买商品(Items)	交易号(TID)	顾客购买商品(Items)
1	Bread, Milk	4	Bread, Milk, Diaper, Beer
2	Bread, Diaper, Beer, Eggs	5	Bread, Milk, Diaper, Coke
3	Milk, Diaper, Beer, Coke		

任务相关的数据 D 是数据库事务的集合,其中每个事务 T 是项的集合,使得 $T \subseteq I$,即 $D = \{t1, t2, t3, t4, t5\}$。

包含特定项集的事务个数称为支持度计数(support count),用符号 σ 表示为 σ = count $(X \subseteq T)$,例如 $\sigma(\{Milk, Bread, Diaper\}) = 2$。

包含项集的事务数与总事务数的比值称为支持度(support),用符号 s 表示为 $s(X \Rightarrow Y) = P(X \cup Y) = \frac{\text{count}(X \cup Y)}{|T|}$,例如 $s(\{Milk, Bread, Diaper\}) = \frac{2}{5}$。

包含 X 和 Y 的交易数与包含 X 的交易数之比为**置信度**(confidence),用百分数表示为 $c(X \Rightarrow Y) = P(B | A) = \frac{s(X \cup Y)}{s(X)} = \frac{\text{s\_count}(X \cup Y)}{\text{s\_count}(X)}$。

满足最小支持度阈值(minsup)的所有项集称为频繁项集。

13.1.3 最大频繁项集

如图 13-1 所示,**最大频繁项集**(Maximal Frequent Itemset)是这样的频繁项集:它的直接超集都不是频繁的。例如,频繁项集 $\{A, D\}$ 的直接超集 $\{A, B, D\}$、$\{A, C, D\}$ 都不是频繁项集,可以推断频繁项集 $\{A, D\}$ 为其中一个最大频繁项集。同理,可以推断 $\{A, C, E\}$ 与 $\{B, C, D, E\}$ 也为最大频繁项集。

13.1.4 关联规则挖掘问题

关联规则(association rule)是形如 $X \rightarrow Y$ 的蕴含表达式,其中 X 和 Y 是不相交的项集,例如 {Milk, Diaper}→{Beer}。关联规则的强度可以用它的支持度和置信度定义。其中,支持度 Support(s) 用于确定项集的频繁程度;置信度 Confidence(c) 用于确定 Y 在包含 X 的事务中出现的频繁程度。

关联规则挖掘问题定义为:给定事务的集合 T,关联规则挖掘是指找出支持度大于等于 minsup 并且置信度大于等于 minconf 的所有规则。其中,minsup 和 minconf 分别表示对应的支持度和置信度阈值。

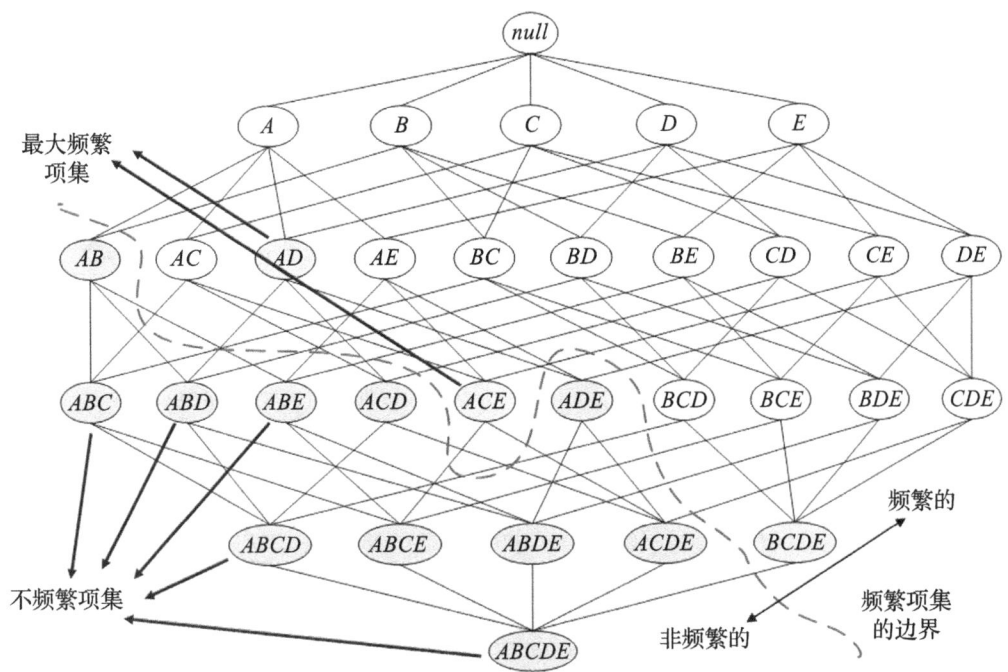

图 13-1 最大频繁项集示意图

大多数关联规则挖掘算法通常采用的一种策略是,将关联规则挖掘任务分解为如下两个主要的子任务:①**频繁项集产生**(Frequent Itemset Generation),其目标是发现满足最小支持度阈值的所有项集,这些项集称作频繁项集;②**规则的产生**(Rule Generation),其目标是从上一步发现的频繁项集中提取所有高置信度的规则,这些规则称作强规则。

13.1.5 关联规则挖掘蛮力方法

挖掘关联规则的一种蛮力方法是暴力搜索(brute force)算法。这种算法计算每个可能规则的支持度和置信度。

然而,由于暴力搜索算法的计算量过大,因此采用这种方法并不现实。格结构(lattice structure)常用来枚举所有可能的项集。图 13-2 所示为 $I = \{A, B, C, D, E\}$ 的项集格。一般来说,排除空集后,一个包含 k 个项的数据集可能产生 2^k-1 个频繁项集。由于在实际应用中 k 的值可能非常大,需要探查的项集搜索空集可能是指数规模的。

利用暴力搜索算法挖掘关联规则计算开销较大。降低产生频繁项集计算复杂度的方法主要包括 Apriori 和 FP-Growth。Apriori 利用先验原理来减少候选项集的数量;FP-Growth 是一种无须产生候选项集的深度优先搜索算法,可以减少比较的次数。

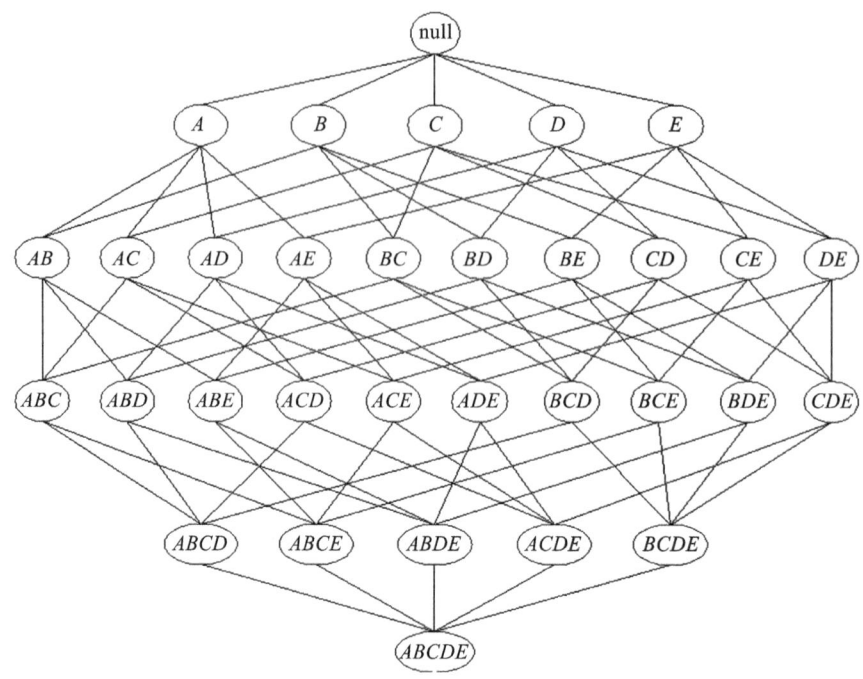

图 13-2 暴力搜索算法

13.2 Apriori 算法

Apriori 算法是第一个关联规则挖掘算法，也是经典的算法。它利用逐层搜索的迭代方法找出数据库中项集的关系，以形成规则，其过程由连接（类矩阵运算）与剪枝（去掉那些没必要的中间结果）组成。该算法中项集的概念即为项的集合。包含 K 个项的集合为 K 项集。项集出现的频率是包含项集的事务数，称为项集的频率。如果某项集满足最小支持度，则称它为频繁项集。

Apriori 先验原理如下：如果一个项集是频繁的，则它的所有子集一定也是频繁的；相反，如果一个项集是非频繁的，则它的所有超集也一定是非频繁的。也就是说，如果 {0, 1} 是频繁的，那么 {0}, {1} 也一定是频繁的。

Aprior 算法提出了一个逐层搜索的方法，如何逐层搜索呢？如图 13-3 所示，包含两个步骤：

1）**自连接获取候选集**。第一轮的候选集就是数据集 D 中的项，而其他轮次的候选集则由前一轮次频繁集自连接得到（频繁集由候选集剪枝得到）。

2）**对候选集进行剪枝**。如何剪枝呢？对于候选集的每一条记录 T，如果它的支持度小于最小支持度，那么就会被剪掉。此外，如果对于一条记录 T，它的子集有非频繁项集，也会被剪掉。

算法的终止条件是，如果自连接得到的已经不再是频繁集，那么取最后一次得到的频繁集作为结果。

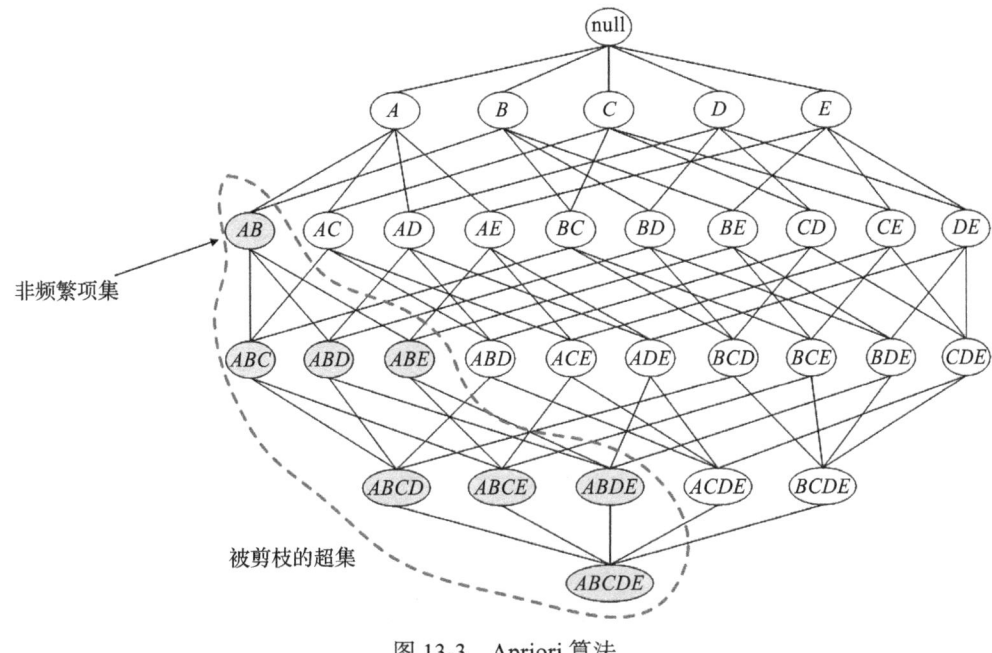

图 13-3 Apriori 算法

13.2.1 Apriori 算法的过程

本节用一个具体的例子来说明 Apriori 算法的过程。表 13-2 给出一个事务数据库 D。最初数据库里有 4 条交易：$\{A、C、D\}$，$\{B、C、E\}$，$\{A、B、C、E\}$，$\{B、E\}$，即 $|D|=4$。使用 $\sup_{\min}=2$ 作为支持度阈值，最后筛选出来的频繁集为 $\{B、C、E\}$。使用图 13-4 解释 Apriori 算法发现 D 中的频繁项集的过程。

表 13-2 事务数据样例

交易号（TID）	顾客购买商品（Items）	交易号（TID）	顾客购买商品（Items）
10	A, C, D	30	A, B, C, E
20	B, C, E	40	B, E

1）在算法的第一次迭代中，每个项都是候选 1 项集的集合 C_1 的成员。算法简单地扫描所有的事务，对每个项出现的次数计数。

2）假设最小支持度计数为 2，即 $\sup_{\min}=2$。根据最小支持度从 C_1 中删除不满足的项，可以确定频繁 1 项集的集合 L_1。

3）为了发现频繁 2 项集的集合 L_2，对 L_1 的自身连接生成的集合执行剪枝策略产生候选 2 项集的集合 C_2。然后，扫描所有事务，对 C_2 中每个项进行计数。同样的，根据最小支持度从 C_2 中删除不满足的项，从而获得频繁 2 项集 L_2。

4）对 L_2 的自身连接生成的集合执行剪枝策略产生候选 3 项集的集合 C_3。然后，扫描所有事务，对 C_3 每个项进行计数。同样的，根据最小支持度从 C_3 中删除不满足的项，从而获得频繁 3 项集 L_3。

以此类推，对 L_{k-1} 的自身连接生成的集合执行剪枝策略产生候选 k 项集 C_k。然后，扫描所有事务，对 C_k 中的每个项进行计数。之后，根据最小支持度从 C_k 中删除不满足的项，

从而获得频繁 k 项集。

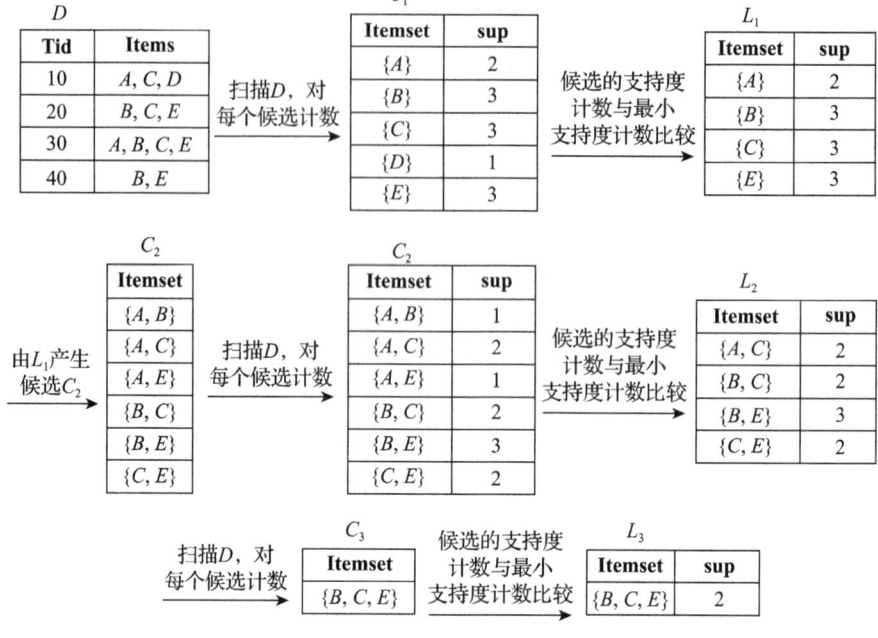

图 13-4 候选项集和频繁项集的产生，最小支持度计数为 2

13.2.2 Apriori 算法的项字典序与项连接

如表 13-1 所示，尽管集合具有无序性，但为了方便比较、计数，通常对所有商品做一个默认的排序（类似于建立一个字典索引），这就是项的字典序。

如图 13-5 所示，项的连接是指对于任何 2 个需要连接的项集，去掉第 1 个项集的首项，去掉第 2 个项集的尾项。若剩下的项一样，则可连接；反之，则不可连接。

项的连接准则的优点是能降低候选项的生成。

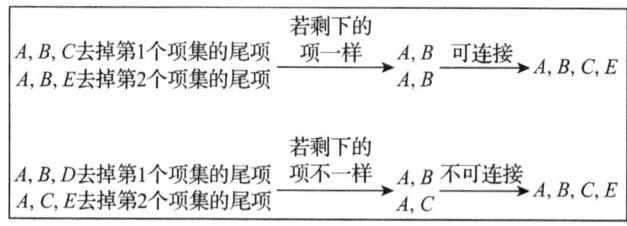

图 13-5 项的连接示意图

13.2.3 Apriori 算法的特点

Apriori 算法的候选产生 - 检查方法显著压缩了候选项集的规模，并能获得很好的性能。然而，它可能受两种非平凡开销的影响。

一是它可能仍然会产生大量候选项集。每次生成频繁项集都要生成候选项集，如果项的数目比较大，候选项的数目将呈组合爆炸式的增长。例如，如果有 10^4 个频繁 1 项集，则 Apriori 算法需要产生多达 10^7 个候选 2 项集。通过模式匹配检查候选项规模庞大。

二是它可能需要多次扫描数据库。如果最长的模式是 n 的话，则需要（$n+1$）次数据库扫描。检查数据库中每个事务来确定候选项集支持度的开销很大。

13.2.4 提高 Apriori 算法性能的方法

提高 Apriori 算法性能可以采用以下几种方法：
- 散列项集计数（hash-based itemset counting）：一种基于散列的技术，可以用于压缩候选 k 项集的集合 $C_k(k>1)$。若 k 项集在哈希树的路径上的一个计数值低于阈值，那它本身也不可能是频繁的。
- 事务压缩（transaction reduction）：不包含任何频繁 k 项集的事务不可能包含任何频繁（$k+1$）项集，下一步计算时删除这些记录。
- 划分（partitioning）：可以使用划分技术，它只需要两次数据库扫描就能挖掘频繁项集。
- 抽样（sampling）：抽样方法的基本思想是，使用小的支持度 + 完整性验证方法，在小的抽样集上找到局部频繁项集，然后在全部数据集找频繁项集。

13.3 FP-Growth 算法

频繁模式增长（Frequent-Pattern Growth，FP-Growth）算法是韩家炜等人在 2000 年提出的关联分析算法。其基本思想是：只扫描数据库两遍，构造频繁模式树（FP 树）；自底向上递归产生频繁项集。FP 树是一种输入数据的压缩表示，它通过逐个读入事务，并把每个事务映射到 FP 树中的一条路径来构造。

13.3.1 构造 FP 树

FP-Growth 算法需要对原始训练集扫描两遍以构建 FP 树。

构造 FP 树的第一遍扫描如图 13-6 所示。假设事先指定最小支持度计数为 2，过滤掉所有不满足最小支持度的项；对于满足最小支持度的项，按照全局最小支持度排序。在此基础上，为了处理方便，也可以按照项的关键字再次排序。结果集或表记为 L，$L = \{A:8, B:7, C:6, D:5, E:3\}$。

TID	Items (原始事务)
1	$\{B, F, A\}$
2	$\{B, C, D\}$
3	$\{A, C, D, E\}$
4	$\{A, D, E\}$
5	$\{A, B, C\}$
6	$\{A, B, C, D\}$
7	$\{A\}$
8	$\{A, B, C\}$
9	$\{A, B, D\}$
10	$\{B, C, E\}$
11	$\{G\}$

删除支持度小于2的项 →

Item	Count
A	8
B	7
C	6
D	5
E	3
F	1
G	1

Items 按照出现次数降序排列 →

TID	Items
1	$\{A, B\}$
2	$\{B, C, D\}$
3	$\{A, C, D, E\}$
4	$\{A, D, E\}$
5	$\{A, B, C\}$
6	$\{A, B, C, D\}$
7	$\{A\}$
8	$\{A, B, C\}$
9	$\{A, B, C\}$
10	$\{B, C, E\}$

图 13-6 第一次扫描后的结果

然后，FP 树构造如下：首先，创建树的根节点，用"null"标记。如图 13-7 所示，第二次扫描数据库 D。

参与扫描的是过滤后的数据。为了方便树的遍历，创建一个项头表（Header Table），使每项通过一个**节点链**指向它所在树中的位置。如图 13-8 所示，如果某个数据项是第一次遇到，则创建该节点，并在项头表中添加一个指向该节点的指针；否则按路径找到该项对应的节点，修改节点信息。

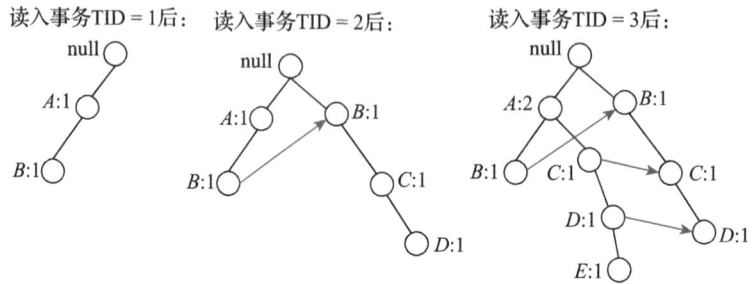

图 13-7 构造 FP 树第二遍扫描

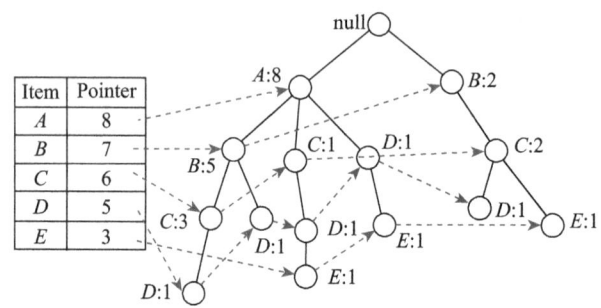

图 13-8 存放压缩的频繁模式信息的 FP 树

13.3.2 基于 FP 树的频繁项集挖掘

我们已经得到了 FP 树和项头表以及节点链表，下一步的任务就是从这棵树里挖掘出我们需要的频繁项集，而不需要再访问数据库。用 FP 树挖掘频繁集的基本思想是用 FP 树递归增长频繁集。利用分治策略从 FP 树中抽取频繁项集分三个基本步骤：

1）对每个项，生成它的**条件模式基**（Conditional Pattern Base，CPB）；

2）利用条件模式基，构建一个条件 FP 树；

3）重复步骤 1 和步骤 2，直到结果 FP 树为空或只含唯一的一个路径，即此路径的每个子路径对应的项集都是频繁集。

以节点 E 为例。如图 13-8 所示，它是 L 中的最后一项，而不是第一项。从表的后端开始的原因会随着 FP 树挖掘过程的介绍而解释清楚。E 出现在图 13-8 的 FP 树的三个分支中。这些分支形成的路径是 ⟨A, C, D, E:1⟩、⟨A, D, E:1⟩ 和 ⟨B, C, E:1⟩。因此，考虑以 E 为后缀，它的三个对应前缀路径是 ⟨A, C, D:1⟩、⟨A, D:1⟩ 和 ⟨B, C:1⟩。构成的 FP 树中，B 节点由于在条件模式基里的支持度低于阈值，被我们删除，最终除低支持度节点且不包括叶子节点后 E 的条件模式基为 {A:2, C:2, D:2}。通过它，我们很容易得到 E 的频繁 2 项集为 {A:2,

E:2}，{C:2, E:2}，{D:2, E:2}，{E:3}。

考虑新的后缀模式 AE、CE、DE。其中，AE 构建成的 FP 树对应的前缀路径为空，CE 构建的 FP 树对应前缀路径中节点支持度低于阈值，DE 构建成的 FP 树对应前缀路径为 〈A:2〉。因此，E 的频繁 3 项集为 {A:2, D:2, E:2}。

13.3.3 FP 树结构的优点

FP 树结构具有如下优点：

1）**完备**：不会打破交易中的任何模式，包含了频繁模式挖掘所需的全部信息。

2）**紧密**：FP 树结构剔除了不相关信息，不包含非频繁项，按支持度降序排列，支持度高的项在 FP 树中共享的机会也高。

如图 13-9 所示，FP-Growth 算法比 Apriori 算法在性能上快一个数量级。主要原因是：它不用生成候选集，不用候选测试；使用紧缩的数据结构；避免重复数据库扫描；基本操作是计数和建立 FP 树。

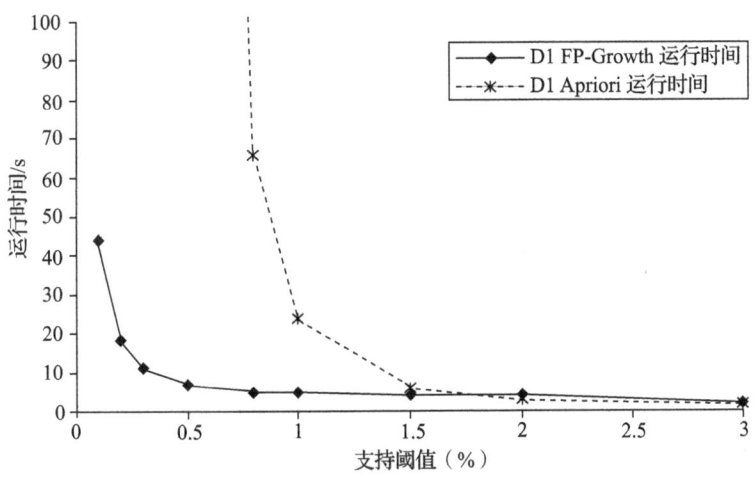

图 13-9　FP-Growth 与 Apriori 性能对比

13.4 挖掘关联规则

大多数关联规则挖掘算法通常采用的一种策略是，将关联规则挖掘任务分解为如下两个主要的子任务：频繁项集产生，其目标是发现满足最小支持度阈值的所有项集，这些项集称作频繁项集；规则的产生，其目标是从上一步发现的频繁项集中提取所有高置信度的规则，这些规则称作强规则（strong rule）。

13.4.1 关联规则生成集合

任务描述：给定频繁项集 Y，查找 Y 的所有非空真子集 $X \subset Y$，使得 $X \rightarrow Y \rightarrow X$ 的置信超过最小置信度（minconf）阈值。

例子：如果 {A, B, C} 是一个频繁项集，候选规则如下：$AB \rightarrow C$，$AC \rightarrow B$，$BC \rightarrow A$，$A \rightarrow BC$，$B \rightarrow AC$，$C \rightarrow AB$。如果 $|Y| = k$，那么会有 2^k-2 个候选关联规则（不包括 $Y \rightarrow \varnothing$ 和 $\varnothing \rightarrow Y$）。

13.4.2 关联规则生成优化方法

通常,置信度不满足反单调性(anti-monotone property)。例如,$c(ABC \rightarrow D)$ 可能大于也可能小于 $c(AB \rightarrow D)$。但是,针对同一个频繁项集的关联规则,如果规则的后件满足子集关系,那么这些规则的置信度间满足反单调性。例如,$Y(A, B, C, D)$,$c(ABC \rightarrow D) \geq c(AB \rightarrow CD) \geq c(A \rightarrow BCD)$。

如图 13-10 所示,如果 $ACD \rightarrow B$ 和 $ABD \rightarrow C$ 是两个高置信度的规则,则通过合并两个规则的后件产生候选规则。如果格中的任意节点置信度较低,则根据定理应该剪去该枝。假设 $BCD \rightarrow A$ 具有较低的置信度,则根据定理的条件剪去左右子集的枝。

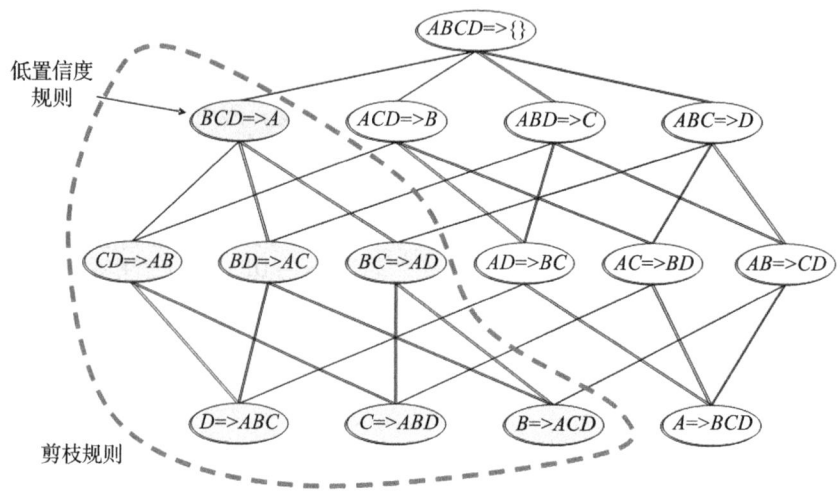

图 13-10 格规则示例

13.5 关联分析评估

"数据说谎"的问题很普遍。我们以分析学生打篮球和早餐吃麦片之间的关联关系为例。数据集共有 5000 条记录,如表 13-3 所示。

表 13-3 关联分析评估样例

	打篮球	不打篮球	总和(行)
吃麦片	2000	1750	3750
不吃麦片	1000	250	1250
总和(列)	3000	2000	5000

从表 13-3 可以得到:

support(打篮球→吃麦片) = 2000/5000 = 40%

confidence(打篮球→吃麦片) = 2000/3000 = 66.7%

support(打篮球→不吃麦片) = 1000/5000 = 20%

confidence(打篮球→不吃麦片) = 1000/3000 = 33.3%

支持度 support(打篮球→吃麦片)和置信度 confidence(打篮球→吃麦片)很高,似乎找到了一条强规则。实际上，这条规则误导了我们。在整个数据集中，学生吃麦片的概率 p = 3750/5000 = 75%，而打篮球→吃麦片的概率只有 66.7%，66.7% < 75%。相对来说，支持度 support（打篮球→不吃麦片）和置信度 confidence（打篮球→不吃麦片）虽然更低，但更准确，也更符合现实。

从上面的例子可以看到，支持度和自信度并不总能成功地过滤掉那些我们不感兴趣的规则，因此需要一些新的评价标准，比如提升度。

提升度（lift）表示含有 A 的条件下同时含有 B 的概率与不含 A 的条件下却含有 B 的概率之比，定义如下：

$$\text{lift} = \frac{P(A \cup B)}{P(A)P(B)}$$

提升度反映了关联规则中的 A 与 B 的相关性。提升度 >1 且越高表明正相关性越高，意味着每一个的出现都蕴涵另一个的出现。提升度 <1 且越低表明负相关性越高，意味着一个出现可能导致另一个不出现。提升度 = 1 表明 A 和 B 互相独立，没有相关性。以表 13-3 为例：

$$\text{lift}(打篮球, 吃麦片) = \frac{2000/5000}{3000/5000 * 3750/5000} = 0.89$$

$$\text{lift}(打篮球, 不吃麦片) = \frac{1000/5000}{3000/5000 * 1250/5000} = 1.33$$

以上结果表明，打篮球与吃麦片之间是负相关。同时，打篮球与不吃麦片之间是正相关。

13.6 本章小结

关联规则挖掘技术在数据挖掘中是一个重要的课题，最近几年已被业界广泛研究。随着大数据时代的到来，"数据海量，信息缺乏"已成为众多行业普遍面对的尴尬情况。如何对这些庞大、复杂的数据进行分析，发现数据中潜在的、有用的、有价值的信息，利用数据模式及特征为决策的制定提供科学依据？关联规则挖掘技术能够发现大量数据中项集之间有趣的关联或相关联系，可以为上述问题提供强有力工具。

本章结合作者自身的体会阐述和介绍了关联规则挖掘的基础知识及几种基本算法。通过本章的学习，读者可以掌握关联规则挖掘的基本知识，并对其有充分的认识。

第 14 章
计算网络节点影响力

扫码观看知识点讲解

评估网络中存在的节点的影响力对于网络分析具有重要的作用。本章从网络节点影响力评估涉及的基础概念开始，依次介绍基于节点邻近的影响力计算方法、基于路径的影响力计算方法、基于特征向量的影响力计算方法和基于节点移除与收缩的影响力计算方法，从而全面地涵盖网络节点影响力计算的相关知识。

14.1 基本定义

14.1.1 有向图

有向图是指由有限个元素的非空集合和它的不同元素构成的有序数对组成的结构。

例如，图 14-1 为一个有向图，记为 D，其顶点组成的集合记为 $V(D)=\{u, v, w\}$，其有序数对组成的弧集记为 $A(D)=\{(u,w),(w,u),(u,v)\}$。

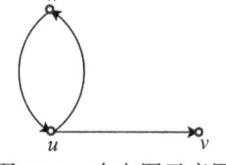

图 14-1 有向图示意图

注意：有向图 D 中，(u, w) 和 (w, u) 表示不同的弧。

若 (u, v) 是有向图 D 的一条弧，称为从 u 邻接到 v。

有向图 D 的顶点 v 的出度（out-degree）是指 D 中从 v 邻接的顶点的个数，或以 v 为起点的弧的条数，记作 $od(v)$。

有向图 D 的顶点 v 的入度（in-degree）是指 D 中邻接到 v 的顶点的个数，或以 v 为终点的弧的条数，记作 $id(v)$。

14.1.2 无向图

无向图的边是无向的。所谓无向指的是任意点对 (i, j) 与 (j, i) 对应同一条边。顶点 i 和 j 被称为无向边 (i, j) 的两个端点（endpoint）。

无向图中的边均是顶点的无序对，无序对通常用圆括号表示。

例如，图 14-2 为一个无向图，记为 U，其顶点组成的集合记为 $V(U)=\{a, b, c, d, e\}$，其有序数对组成的弧集记为 $A(D) = \{(a, b), (b, c), (b, d), (d, e), (a, e)\}$。

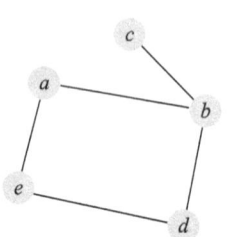

图 14-2 无向图示意图

注意：在无向图 U 中，(a, b) 和 (b, a) 表示同一条边。

无向图 U 中的顶点 v 的度（degree）是指 D 中与节点 v 关联的边的数目，记作 $\deg(v)$。

14.1.3 邻接矩阵

邻接矩阵的定义如下：

$$\boldsymbol{G} = (g_{ij}),\ 其中\ g_{ij} = \begin{cases} 1 & 如果存在总 j 到 i 的弧 \\ 0 & 其他 \end{cases}$$

对于图 14-3 所示的有向图，其邻接矩阵为：

$$\boldsymbol{G} = \begin{bmatrix} 0 & 0 & 0 & 1 & 0 & 1 \\ 1 & 0 & 0 & 0 & 0 & 0 \\ 0 & 1 & 0 & 0 & 0 & 0 \\ 0 & 1 & 1 & 0 & 0 & 0 \\ 0 & 0 & 1 & 0 & 0 & 0 \\ 0 & 0 & 1 & 0 & 1 & 0 \end{bmatrix}$$

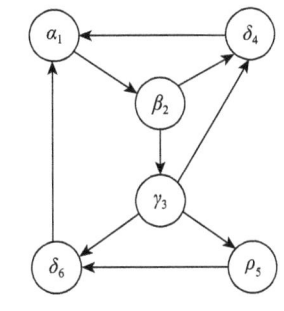

图 14-3　邻接矩阵与有向图示意图

邻接矩阵有如下性质：

- 性质 1：定义行和 $r_i = \sum_j g_{ij}$ 以及列和 $n_j = \sum_i g_{ij}$，易知：第 i 行的行和 r_i 就是第 i 个顶点的入度，第 j 列的列和 n_j 就是第 j 个顶点的出度，即邻接矩阵的行和为有向图的入度，列和为有向图的出度。
- 性质 2：$\sum_i r_i = \sum_j n_j = q(D)$，即它们都等于有向图 D 的大小（弧的个数）。

其中，$q(D)$ 邻接矩阵中元素为 1 的个数。

对于图 14-2 的无向图，其邻接矩阵为：

$$\boldsymbol{U} = \begin{bmatrix} 0 & 1 & 0 & 0 & 1 \\ 1 & 0 & 1 & 1 & 0 \\ 0 & 1 & 0 & 0 & 0 \\ 0 & 1 & 0 & 0 & 1 \\ 1 & 0 & 0 & 1 & 0 \end{bmatrix}$$

- 性质 3：定义行和 $r_i = \sum_j g_{ij}$ 和列和 $n_j = \sum_i g_{ij}$，易知：第 i 行的行和 r_i 就是第 i 个顶点的度，即邻接矩阵的行和为无向图的度。

14.2　基于节点邻近的影响力计算

网络中一个节点的影响力取决于这个节点在网络中所处的位置，位置越中心的节点，其价值越大。

14.2.1　度中心性

节点的度 k_i 是指与 v_i 直接相连的节点的数量，是节点的基本特征之一。节点的度是刻画节点特性最简单、最重要的参数，主要用于描述节点的局部特性。一个节点的度越大，这个节点在局部的重要性程度越高。度中心性（degree centrality）是指某节点在与其直接相连的邻居节点之中的中心程度，是在网络分析中刻画节点中心性的最直接的度量指标。一个节点的度越大,代表这个节点的度中心性越高,该节点在网络中就越重要。

在有向图中,由于边是有向的,节点的度划分为入度和出度。在含权网络中,节点的度又称为节点的强度,其值等于与节点相连的所有边的权重之和。为了对比不同网络规模的度,对其进行归一化处理:

$$DC(i) = \frac{k_i}{n-1}$$

其中,$k_i = \sum_i a_{ij}$,a_{ij} 即网络邻接矩阵 A 中第 i 行第 j 列元素,n 为网络的节点数目,分母 $n-1$ 为节点可能的最大度数。在有向网络中,入度和出度有不同的含义,一般在有向图中会分开计算入度中心性和出度中心性,对度中心性在不同方面进行描述。

在无向图中,节点没有出度和入度之分,直接使用下式计算度中心性即可:

$$DC(i) = \frac{k_i}{n-1}$$

度中心性的特点是直接、计算复杂度低、直观等。在一些场景下,度中心性可以很好地描述节点的重要性;但度中心性的缺点是只考虑了节点的局部信息,局限性很大。

14.2.2 半局部中心性

在半局部中心性(semi-local centrality)中定义了网络中每个节点的两层邻居度,值等于从该节点 v_i 出发两步内可达的邻居的数目,然后定义:

$$Q(j) = \sum_{w \in \Gamma(j)} N(i)$$

其中,$\Gamma(j)$ 表示节点 v_i 的一阶邻居节点的集合,$N(i)$ 为节点 v_i 的两层邻居度,最终节点 v_i 的局部中心性定义为:

$$SLC(i) = \sum_{w \in \Gamma(j)} Q(w)$$

半局部中心性通过考虑节点的两层邻居,在一定程度上将环境的信息考虑进来,并且该指标的计算复杂度较少,随网络规模增长的速度是线性的。

14.2.3 K 壳分解法

在网络中,存在如下场景:节点处于网络中较为核心的位置(见图 14-4),但是与之交互的节点数量比较少,比如后台存储数据的服务器。这类设备只和相关的应用服务器进行通信,如果只从度中心性的指标来看,核心节点具有较小的度中心性,但是从其他角度来看也是一类关键节点,因此提出了一种对网络进行逐层剥离分解的方法——K 壳分解法(Coreness),具体分解过程如下:

1)筛选网络中度为 1 的节点,除去节点和相连的边。

2)重复步骤 1,直到网络中不存在度为 1 的节点。

3)增加度的数值,并重复步骤 1 和步骤 2,直到网络中不存在节点。

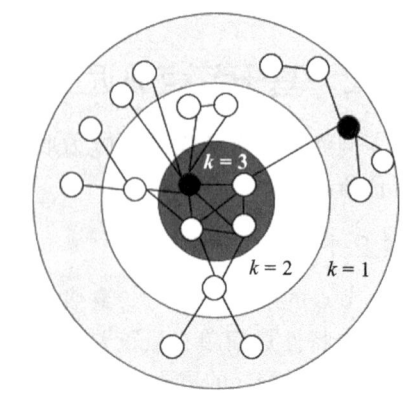

图 14-4 可分解三层 K-壳的简单网络

从图中可以看出，在最外围的层中，黑色的中心点是一个大度节点，但在K壳分解法中处于$K=1$的边缘位置，所以这两种指标分别挖掘不同类型的关键节点。

14.3 基于路径的影响力计算

在交通、通信、社交等网络中存在一些度很小但很重要的节点，这些节点是连接几个区域的"桥节点"，在流量和信息的传递中起到了重要作用。

14.3.1 离心中心性

在连通网络中，定义d_{ij}为节点v_i和v_j之间的最短路径长度，也称为最短路径。节点v_i的离心中心性（Eccentricity）为该节点和网络中其他节点的距离的最大值，即

$$\text{ECC}(i) = \max_{v_j \neq v_i}\{d_{ij}\}$$

拥有较小离心中心性的节点可以视为比其他节点更加重要。同样的，为了对不同规模的网络进行相互对比，可以对离心中心性进行归一化处理，得到如下结果：

$$\text{ECC}'(i) = \frac{\text{ECC}(i) - \text{ECC}_{\min}}{\text{ECC}_{\max} - \text{ECC}_{\min}}$$

其中，$\text{ECC}_{\max}$和$\text{ECC}_{\min}$分别表示网络中最大和最小的离心中心性的值。值得注意的是，$\text{ECC}_{\max}$会受到极值的影响，进而使得离心中心性无法有效地反映节点的重要性。

14.3.2 接近中心性

接近中心性（Closeness Centrality）所包含的基本思想是：如果一个节点与其他很多节点都很"接近"，那么该节点就是重要的。在连通网络中，节点v_i的接近中心性和节点v_i到所有其他节点的平均测地距离成反比：

$$\text{CC}(i) = \frac{n-1}{\sum_{j \neq i} d_{ij}}$$

但上述公式有个潜在的问题：当网络存在多个相互之间不连通的子团时，处于不同子团内的节点由于$d_{ij} = \infty$而无法计算距离，对公式的改进方法之一是取倒数：

$$\text{CC}(i) = \frac{1}{n-1}\sum_{j \neq i}\frac{1}{d_{ij}}$$

14.3.3 介数中心性

介数中心性（Betweenness Centrality）的基本假设是，如果有许多条最短路径穿过某个节点，那么这个节点就是关键的。假设σ_{st}为节点v_s和v_t之间的最短路径的数量，$\sigma_{st}^{(i)}$为这些最短路径中穿过节点v_i的数量，此时，节点v_i的介数中心性表示为：

$$\text{BC}(i) = \frac{1}{(N-1)(N-2)}\sum_{s \neq t}\frac{\sigma_{st}^{(i)}}{\sigma_{st}}$$

一般来说，如果信息在两个节点之间总是沿着最短路径传输，并且在存在多条最短路径的情况下，随机选择其中一条最短路径，那么节点v_s和v_t之间传输的信息经过节点v_i的概率为$\dfrac{\sigma_{st}^{(i)}}{\sigma_{st}}$。

介数刻画了节点 v_i 对于网络中节点对之间沿着最短路径传输信息的控制能力。从控制信息传输的角度而言，介数越高的节点重要性也越大，去除这些节点后对网络传输的影响也越大。

在具体含义上，和接近中心性类似，介数中心性假设网络中的流量或信息的传播只受最短路径的影响。此外，还有许多基于介数性质衍生的其他指标，如流介数中心性、连通介数中心性等。

14.4 基于特征向量的影响力计算

前面介绍的方法都是从邻居的数量上考虑对节点重要性的影响，基于特征向量的方法不仅考虑了节点邻居数量，还考虑了其质量对节点重要性的影响。

14.4.1 特征向量中心性

特征向量中心性假设如果与节点 v_i 相连的其他节点是重要的节点，则 v_i 也是相对重要的节点。也就是说，一个节点的重要性既取决于其邻居节点的数量（该节点的度），也取决于其邻居节点的重要性。对于网络中的全部节点，首先从 $s_i^{(0)}=1$ 设置统一得分，并在后续的每次迭代中，按照如下公式进行更新：

$$s_i^{(n+1)} = c\sum_j A_{ij}s_j^{(n)} = (As)_i$$

$$s = cAs$$

s 是矩阵 A 的特征向量，被称为特征向量中心性。计算向量 s 的一个基本方法就是给定初值 $s_i^{(0)}=1$，然后采用如下的迭代算法：

$$s_i^{(n+1)} = cAs_i^{(n)}, n=0,1,2,\cdots$$

上述公式中的不动点（fixed point）记作特征向量中心性得分的向量。特征向量中心性的本质是，一个节点的重要性是由其邻居的重要性之和决定的，适合用于描述节点在传播性上的长期影响力，代表了节点具有较高的影响力，是需要防范的关键节点。

14.4.2 PageRank

1. PageRank 算法

PageRank 是谷歌用于评价一个网页（节点）的重要性的一种方法。通过该方法，谷歌对各个网站（节点）进行排名。用户进行相关搜索时，符合条件的网站（节点）按排名顺序输出。

PageRank 是基于这样一个理论：若 B 节点上有连接到 A 节点的链接（称 B 为 A 的导入链接），说明 B 认为 A 有链接价值，是一个重要的节点。当 B 节点级别（重要性）比较高时，则 A 节点可从 B 节点这个导入链接分得一定的级别（重要性），并平均分配给 A 节点上的所有导出链接。如图 14-5 所示。

在 PageRank 算法中，一个节点的级别（重要

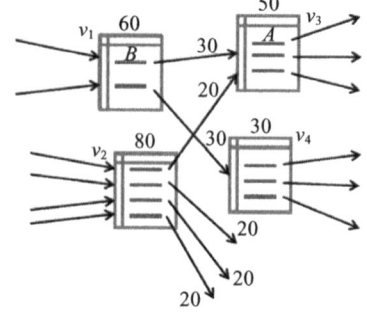

图 14-5 PageRank 导入/导出链接示意图

性）由下面两个因素决定：该网页（节点）的导入链接的数量和这些导入链接的级别（重要性）。

设 u 是某个网页（节点），其级别（重要性）为 $r(u)$，记 F_u 为 u 的导出链接的集合，B_u 为 u 的导入链接的集合，$n_u = |F_u|$ 就是 u 的导出链接总数。

设 v 是 u 的一个导入链接，根据 PageRank 理论，u 从 v 处分得的级别（重要性）为 $r(v)/n_v$。将 u 从所有导入链接处分得的重要性相加，即为网页 u 的最终级别。

$$r(u) = \sum_{v \in B_u} \frac{r(v)}{n_v}$$

设共有 m 个网页，分别编号为 $1, 2, 3, \cdots, m$，它们的级别（重要性）分别记为 $r_1, r_2, r_3, \cdots, r_m$，$G$ 表示由这些网页组成的有向图的邻接矩阵。根据有向图理论：

$$r(u) = \sum_{v \in B_u} \frac{r(v)}{n_v}$$

$$r_i = \sum_{j=1}^{m} \frac{g_{ij}}{n_j} r_j$$

将其表示为矩阵形式，则 $\boldsymbol{r} = \boldsymbol{G}_m \cdot \boldsymbol{r}$，其中 $\boldsymbol{r} = (r_1, r_2, \cdots, r_m)^\mathrm{T}$，$\boldsymbol{G}_m = \{g_{ij}/n_j\}$。$n_j$ 为 G 中第 j 列的列和。然而，PageRank 算法随机游走还存在两种问题，一种是随机游走的死循环问题，另一种是随机游走无法跳出的问题。如图 14-6 所示。

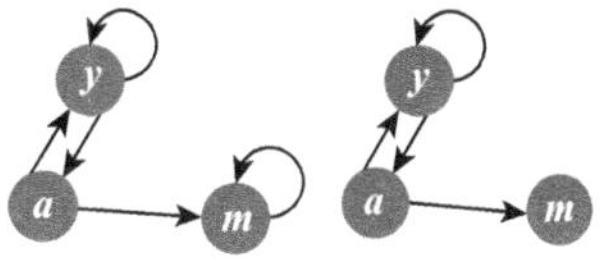

根据公式 $\boldsymbol{r} = \boldsymbol{G}_m \cdot \boldsymbol{r}$ 易知，$\boldsymbol{r}$ 是 $\boldsymbol{G}_m$ 的对应于特征值为 1 的特征向量，然而矩阵 $\boldsymbol{G}_m$ 不一定存在特征值 1，这时无法求解。

图 14-6　PageRank 算法随机游走问题示意图（死循环→无法跳出）

2. 改进 PageRank 算法

PageRank 是广为人知的网页排序算法。若将万维网视为一个图，网站是图中节点，超链接是图中的有向边。那么如何评价一个网站？PageRank 的主要思想是：一个网站的知名度来自于链接到它的其他网站的知名度。

改进的 PageRank 基本思想是：假设每个网页都具有同样的概率被随机访问，首先给每个网页设置一个基本级别，设 $\eta(u)$ 是网页 u 所获得的基本级别，即每个网页被同样的概率随机访问，改进 PageRank 的网页影响力计算如下：

$$x(u) = p \sum_{v \in B_u} \frac{x(v)}{n_v} + \eta(u)$$

其中，$x(u)$ 表示网页 u 的最终级别，p 是一个加权系数，通常取 0.85 左右，$\eta(u) = (1-p)/m \equiv \delta$，即每个网页被同样的概率随机访问。

基于改进的 PageRank 的思想，在图 14-7 所示的简单网络结构中，网站 2 有 1/3 的概率访问网站 1；网站 3 有 1/2 的概率访问网站 1。除此之外，还有用户随机进入网站 1 的概率为 1/5。因此，网站 1 的影响力由网站 2 和网站 3 随机游走决定，用公式表示为：

$$P_1 = (1-\alpha)\left(\frac{1}{3}P_2 + \frac{1}{2}P_3\right) + \alpha \frac{1}{5}$$

对于改进的 PageRank 方法，针对改进 PageRank 的网页影响力计算公式，可以计算得到对应的特征矩阵 $\boldsymbol{A}$：

$$A = \begin{bmatrix} p\dfrac{g_{11}}{n_1}+\delta & p\dfrac{g_{12}}{n_2}+\delta & \cdots & p\dfrac{g_{1m}}{n_m}+\delta \\ p\dfrac{g_{21}}{n_1}+\delta & p\dfrac{g_{22}}{n_2}+\delta & \cdots & p\dfrac{g_{2m}}{n_m}+\delta \\ \vdots & \vdots & \ddots & \vdots \\ p\dfrac{g_{m1}}{n_1}+\delta & p\dfrac{g_{m2}}{n_2}+\delta & \cdots & p\dfrac{g_{mm}}{n_m}+\delta \end{bmatrix}_{m \times m}$$

在这个公式中，矩阵 A 具有两个重要的性质。

性质 1：$A>0$，即所有元素都是正数，A 的各列（或者行）的列和等于 1。

性质 2：$x=A \cdot x, x$ 满足 $\sum_{i=1}^{n} x_i = 1$，则根据 Perron-Frobnius 定理，上述方程组的解存在且唯一。

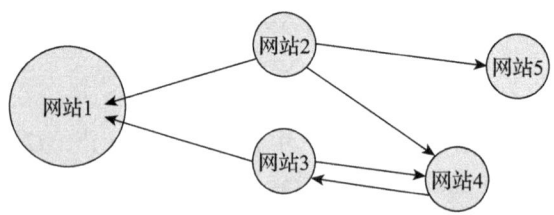

图 14-7　简单网络结构示意图

3. LeaderRank 算法

LeaderRank 算法也是对 PageRank 算法的改进。它在随机游走的过程中，添加了背景节点，并通过在该节点和网络中所有节点之间添加双向边来代替 PageRank 中的跳转概率，从而得到一个无参数且更加有效的算法：

$$LR_i(t) = \sum_{j=1}^{n+1} \frac{a_{ji}}{k_j^{out}} LR_j(t-1)$$

到达稳态时，背景节点的分数值会平均分给其他相连的 n 个节点，从而得到最终的节点 v_i 的 LeaderRank 得分为：

$$LR_i = LR_i(t_c) + \frac{LR_g(t_c)}{n}$$

LeaderRank 相较于 PageRank 有一些优势，包括收敛速度更快；识别效果更好，挖掘出的关键节点能够以更快的速度在网络中传播；鲁棒性更强，有更好的抗干扰性。

14.4.3　HITS 算法

HITS（Hypertext Induced Topic Search）算法由康奈尔大学的 Jon Kleinberg（乔恩·克莱恩伯格）提出，最初应用在搜索引擎中，根据一个网页的中心度（Hub）和权威度（Authority）来衡量网页重要性。对网络图中的每个节点 v_i，令 $a(v_i)$ 为该节点的权威度，$h(v_i)$ 为该节点的中心度，则节点权威度与中心度计算过程如下：

$$a^{(k+1)}(v_i) = \sum_{v_j \in \text{inlink}[v_i]} h^{(k)}(v_j)$$

$$h^{(k+1)}(v_i) = \sum_{v_j \in \text{outlink}[v_i]} a^{(k+1)}(v_j)$$

若一个网页被多次引用,则它可能是很重要的;即使一个网页没有被多次引用,但是被重要的网页引用,则它也可能是很重要的。一个网页的重要性被平均地传递到它所引用的网页,这种网页称为权威(Authoritive)网页。

Hub 网页是提供指向权威网页的链接集合的 Web 网页,它本身可能并不重要,或者说没有几个网页指向它,但是它提供了指向就某个主题而言最为重要的站点的链接集合,比如一个课程主页上的推荐参考文献列表。

在 HITS 算法中,对每个网页都要计算两个值:权威值(Authority)与中心值(Hub)。具体的 HITS 算法如下所示:

```
initialize authority and hub weights, a0 and h0
while (not converged)
   for each vertex i
      a^(k+1)(v_i) = Σ_{v_j∈inlink[v_i]} h^(k)(v_j)
      h^(k+1)(v_i) = Σ_{v_j∈outlink[v_i]} a^(k+1)(v_j)
   end
end
```

图 14-8 给出了 HITS 算法的计算示意图,其中个体 v_1 的权威值由 v_2、v_3、v_4 的中心值决定,个体 v_1 的中心值由 v_5、v_6、v_7、v_8 的权威值决定,即:

$$a(v_1) = h(v_2) + h(v_3) + h(v_4)$$
$$h(v_1) = a(v_5) + a(v_6) + a(v_7) + a(v_8)$$

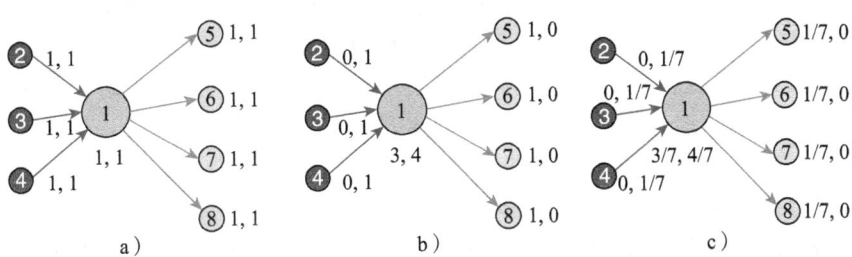

图 14-8 HITS 算法的计算示意图(初始状态→一次迭代→一次迭代归一化)

初始状态下,所有节点的权威值和中心值都设置为 1(a 图)。之后进行第一次迭代(b 图),接下来进行归一化得到一次迭代结果(c 图)。

然后,进行二次迭代并进行归一化,得到最终的结果(见图 14-9)。其判别标准为循环迭代,直到每个节点的权威值与中心值与上一次迭代得到的结果之差小于一定阈值,即

$$\text{until } \| \boldsymbol{a}_k - \boldsymbol{a}_{k-1} \|_1 < \varepsilon_a \text{ and } \| \boldsymbol{h}_k - \boldsymbol{h}_{k-1} \|_1 < \varepsilon_h$$

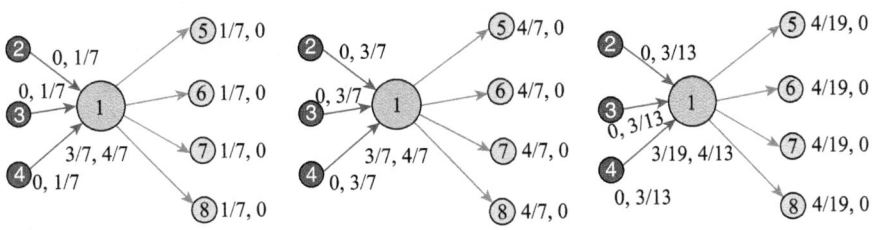

图 14-9 HITS 算法的计算示意图(一次迭代归一化→二次迭代→二次迭代归一化)

14.4.4 自动信息汇集算法

Kleinberg 与其合作者对 HITS 算法进行了改进,提出了自动信息汇集(Automatic Resource Compilation, ARC)算法。HITS 算法仅考虑网页之间的链接关系(即仅考虑网络结构),ARC 算法在此基础上还考虑了页面内容与搜索主题的相关性,给每个链接赋予不同的权值,提高页面排序的真实可靠性。算法的具体过程如下:取一个含有搜索主题 T 的网页的增广集,这个集合中的网页抽象为节点,它们之间的链接抽象为节点之间的连边。每个节点 v_i 都有权威值 a_i 和枢纽值 h_i,所有节点的初始权威值设为 1。假设某一个页面上有一个指向另一个页面的链接,如果链接周围有较多关于搜索主题 T 的内容,则认为链接的权值较大,记 t 为链接前后 B 字节范围内关于主题 T 的内容出现的次数,定义链接的权值 $w_{ij} = t+1$,在每步迭代之后进行归一化。算法设计者提出 ARC 算法时建议 $B = 50$。接下来,通过下面的迭代过程使权威值和枢纽值达到稳定:

$$a = Wh$$
$$h = W^{\mathrm{T}} a$$

14.4.5 SALSA 算法

SALSA 算法,即链接结构的随机分析法(Stochastic Approach for Link Structure Analysis),是 HITS 算法的另一种改进。SALSA 算法不仅考虑了用户在浏览网页时顺着网页之间的链接方向访问网页,还考虑了逆着链接方向访问原来的网页的情况。SALSA 算法用随机游走的方法,通过访问网页的马尔科夫过程来确定网页的权威值和枢纽值的大小。将万维网用有向网络 G 表示,所有入度不为零的节点构成权威集合 S_A,所有出度不为零的节点构成枢纽集合 S_H,两类节点之间的关系用无向边来表示:图 G 中从节点 v_i 指向 v_j 的边表示为边 (i_H, j_A),由此将原始网络 G 转换为无向二分网络 $\tilde{G}$。

用 $\tilde{G}$ 中长度为 2 的路径模拟用户上网的随机游走过程,每一个随机游走的路径都是从集合 S_A 到集合 S_H 再到集合 S_A 或从集合 S_H 到集合 S_A 再到集合 S_H,其中每一个从集合 S_H 到集合 S_A 的路径都是沿着链接方向访问,每一个从集合 S_A 到集合 S_H 的路径都表示逆着链接方向访问。每一个随机游走过后,节点上的权值都会进行重新分配。于是,可以根据枢纽值和权威值定义两个随机游走过程。对于计算枢纽值而言,初始时刻给枢纽集合中的每个节点赋予一个初始权值,用向量 h^0 表示,权值转换的过程可表示为 $h^t = \tilde{H} h^{t-1}$,其中权值转换矩阵 $\tilde{H}$ 的元素 $(\tilde{H})_{ij} = \tilde{h}_{ij}$ 表示节点 v_j 将其枢纽值传给节点 v_i 的概率,即:

$$\tilde{h}_{ij} = \sum_{i,j \in S_H, \alpha \in S_A} \frac{\alpha_{i\alpha}}{k_j} \cdot \frac{\alpha_{j\alpha}}{k_\alpha}$$

其中,$\alpha_{i\alpha}$ 为二分网络 $\tilde{G}$ 的邻接矩阵元素,如果节点 $v_i(\in S_A)$ 与节点 $v_\alpha(\in S_H)$ 相连接,则 $\alpha_{i\alpha} = 1$,否则 $\alpha_{i\alpha} = 0$。k_c 表示二分图中节点 v_c 的度,当 $v_c \in S_A$ 时,k_c 相当于节点 v_c 在图 G 中的入度,当 $v_c \in S_H$ 时,k_c 相当于节点 v_c 在图 G 中的出度。类似地,权威值的转换过程为 $\alpha^t = \tilde{A} \alpha^{t-1}$,其中转移矩阵 $\tilde{A}$ 的元素 $(\tilde{A})_{\alpha\beta} = \tilde{h}_{ij}$ 表示节点 v_β 将其权威值传给节点 v_α 的概率,即:

$$\tilde{\alpha}_{\alpha\beta} = \sum_{\alpha,\beta \in S_A, i \in S_H} \frac{\alpha_{i\alpha}}{k_\beta} \cdot \frac{\alpha_{i\beta}}{k_i}$$

多次迭代后,每个节点上的值都达到稳定时停止迭代,得到节点最终的权威值和枢纽值。由于计算枢纽值和权威值的随机过程是相互独立的,因此不会出现两者相互增强的情况,相比 HITS 算法而言,SALSA 算法能够更好地避免主题漂移的问题。SALSA 算法实际上考虑的是一个基于二部分图的随机游走过程,这一思路也被成功地应用在信息挖掘的另外两个领域中,即基于网络结构的链路预测问题和个性化推荐算法。实际上,这里介绍的 SALSA 算法和推荐算法中的物质扩散算法如出一辙,其区别在于以下几点:①推荐系统中的物质扩散算法通常只考虑扩散两步的结果,并不考虑稳态的结果;②在个性化推荐中,初始向量的设定根据目标用户不同而异,而 SALSA 算法不会针对某一个节点设置不同的初始向量值;③在推荐算法中,通常只考虑用户没有选择过的产品的排序结果,而 SALSA 考虑的是对所有节点的排序结果。

14.5 基于节点移除和收缩的影响力计算

节点(集合)的移除和收缩方法与系统科学中确定一个系统的核心的思路相贴合。其突出特点为,在重要节点排序的过程中,网络的结构会处于动态变化中,节点的重要性体现在该节点被移除之后对网络的破坏性。这是从衡量网络的健壮性角度来进行判断的。比较典型的有核度的测量方法,它研究了网络核度与节点数、边数的关系,并根据关系设计规则网络构造定理;李鹏翔等人认为,直接的连接往往是间接连接的必经之路,并利用节点集被删除后行程的所有不直接相连的节点对之间的最短距离的倒数之和来反映节点删除对网络连通的破坏程度;Restrepo 等人提出通过考察网络最大特征值在移除节点之后的变化来衡量节点重要性的方法,并且还可以应用于刻画网络连边的重要性。基于节点移除和收缩的排序算法主要有节点删除的最短距离法、节点删除的生成树法、节点收缩法、残余接近中心性等。

14.5.1 节点删除的最短距离法

节点删除的最短距离法认为节点移除后的破坏性与所引起的距离变化有关,最差的情况是,删除某个节点之后网络不再连通。如果用 $N_k(k=1, 2, \cdots, s)$ 表示节点 v_i 被删除后,网络分化的 s 个连通子图中第 k 个连通子图的节点数,则该节点被删除后所形成的不再连通的节点对的数目为 $\sum_{t=1}^{s}\sum_{r=t+1}^{s} N_t N_r$,由于删除该节点而造成的不相连的节点对记为集合 E,那么节点 v_i 的重要性为:

$$\mathrm{DSP}(i) = \sum_{(j,k)\in E} \frac{1}{d_{jk}}$$

式中,d_{jk} 为删除节点之前 v_j 和 v_k 之间的最短距离。在实际网络中,该方法对测试节点集的重要性方面要更加有效,因为有时仅仅删除一个节点并不会对网络造成直接或间接损失,而在删除一些节点的集合时才会暴露出问题。

14.5.2 节点删除的生成树法

在通信网络中,节点删除后网络中节点对之间最短距离会发生变化,但一般对网络时延影响不大,用最短距离法不一定准确。这时可通过考察节点删除后网络拓扑图的生成树个数来衡量节点的重要性。在图论中,一个图的树是该图的一个连通的无环子图,一个图的生成树定义为拥有该图的所有顶点的树。节点删除的生成树法认为,一个节点删除后对应的网络的生成树数目越少,该节点越重要。给定一个无向连通图,其邻接矩阵为 A,网络拉普拉斯矩阵 $L = D - A$(将矩阵 A 主对角线上的元素 a_{ii} 替换为节点 v_i 的度值,非对角线上的元素值全部乘以 1)。那么,这个连通无向图的生成树个数 t_0 为矩阵 L 的任意一个元素 l_{pq} 的余子式 M_{pq} 的行列式,即 $t_0 =$ 删除任意一个节点 v_i,网络的邻接矩阵变为 A_i,然后用上面的方法计算网络的生成树个数为 t_i。由此可定义节点 v_i 的中心性指标为:

$$\text{DST}(i) = 1 - \frac{t_{-i}}{t_0}$$

在移除节点对网络的连通性影响不大的网络中,节点删除的生成树法优于最短距离法。但节点删除的生成树法有一些缺点,例如,只能用在连通网络中。若一个节点删除后网络变得不再连通,那么这些节点的重要性就难以判断了,这时可采用节点收缩法评估节点的重要性。

14.5.3 节点收缩法

节点收缩法指的是不断将节点和与其相邻的节点收缩成一个节点,从而通过其对网络造成的影响来判断该节点的重要性。越重要的节点,在和邻居节点收缩之后,应该会使得网络变得更加紧凑。因此,首先定义网络的凝聚度:

$$\partial[G] = \frac{1}{n \cdot d} = \frac{1}{n \cdot \frac{\sum_{i \ne j} d_{ij}}{n(n-1)}} = \frac{n-1}{\sum_{i \ne j} d_{ij}}$$

其中,d_{ij} 表示节点 v_i 和 v_j 的最短路径长度。该方法主要是通过判断节点收缩前后网络凝聚度的变化,因此在节点收缩法中,节点 v_i 的重要性定义为:

$$\text{IMC}(i)1 - \frac{n \cdot d(G) = (n - k_i) \cdot d(G_{-v_i})}{n \cdot d(G)}$$

可见,节点重要性由邻居节点的数量和与节点在网络中的位置共同决定,并且由于对网络平均路径长度的计算,使得该算法时间复杂度比较高。

由于复杂网络受到关注并持续发展的时间较长,因此现有的节点排序算法都比较成熟,针对不同的应用场景基本上都可以找到对应的一些算法。但随着网络规模不断增大,一些传统的度量指标或者排序算法的效率可能会随之下降,并且网络不断在发展和演化,时间信息与多重结构往往也是很重要的参考,而这在静态网络中无法有效地反映出来。

14.5.4 残余接近中心性

为了研究网络的抗毁性,Dangalchev 提出了残余接近中心性(residual closeness centrality),用来衡量节点的移除对网络带来的影响。残余接近中心性认为,若一个节点的删除使网络变得更加脆弱,该节点就是重要的。该方法对接近中心性的改进使得接近中心性应用的范围从连通图扩展到了非连通图。它将分母取以 2 为底的指数,相当于提升了短路径的影响力,同时使算法更易计算和扩展。在移除一个节点之后,定义其残余接近中心性为:

$$\text{RCC}(i) = \sum_j \sum_{k \ne j} \frac{1}{2^{d_{jk}(-i)}}$$

其中，$d_{jk}(-i)$ 为删除节点 v_i 之后，节点 v_j 与 v_k 的最短距离。残余接近中心性在测度网络的脆弱性方面比坚韧度（graph toughness）、离散数（scattering number）等方法表现要好，因为该方法可以定义出边的残余接近中心性和节点集、边集的残余接近中心性。

14.6 本章小结

本章首先介绍了图论的基本知识，然后介绍了网络节点影响力计算相关的定义和方法。主要包括基于节点邻近的影响力计算、基于路径的影响力计算、基于特征向量的影响力计算与基于节点移除和收缩的影响力计算相关的算法。

第 15 章 信息推荐算法

扫码观看知识点讲解

本章从"信息过载"的背景出发，重点为读者介绍三种常用的信息推荐算法，主要包括基于内容的推荐算法、协同过滤算法和混合推荐算法。除此之外，本章还将介绍推荐评价指标的内容，主要有准确性指标、排序加权指标、多样性和创新性评价指标以及覆盖率评价指标。

15.1 背景

随着移动互联网、大数据的发展，人们逐渐从信息匮乏的时代进入了"信息过载"的时代。在此背景下，消费者和生产者面临着需求不明确和"信息过载"的双重挑战。没有明确需求的用户面对海量的商品信息会茫然无措。为了自动、高效地为用户推荐喜爱、适用的商品，更好地匹配消费者和商品，推荐系统（见图 15-1）应运而生。

图 15-1 推荐系统示意图

目前，推荐算法主要包括：基于内容的信息推荐、基于协同过滤的信息推荐以及混合信息推荐。在发展过程中，陆续出现了很多新应用，以及面向特定场景的算法和推荐模型，大多数都是对这三类算法所做的改进。

15.2 基于内容的信息推荐

如图 15-2 所示，基于内容的信息推荐算法（Content-based Recommendation，CB）主要基于用户画像（User Profile）中挖掘的偏好和商品画像（Item Profile）进行商品推荐。它可以根据用户过去喜欢的商品为用户推荐与其过去喜欢的商品相似的商品。例如，一个推荐饭店的系统可以根据某个用户之前喜欢的很多烤肉店来为其推荐其他烤肉店。

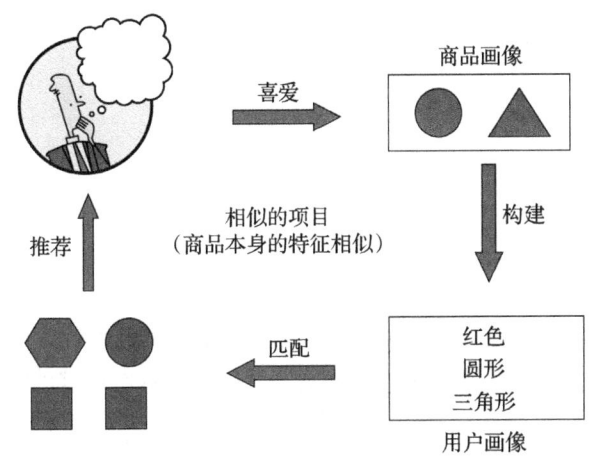

图 15-2　基于内容的信息推荐

在基于内容的信息推荐系统中，关键词常作为描述商品的标签，通过建立用户画像来表示用户的商品偏好。换言之，基于内容的信息推荐算法将商品的标签与用户画像进行比对，若能匹配则将商品放入该用户的推荐列表中。因此，包含商品标签的商品画像和用户画像是基于内容的信息推荐系统的关键所在。

1. 商品画像

构建商品画像（Item Profile）就是为每件商品建立一个画像（商品的属性特征）。简单来说，画像是特征的集合，如电影的编剧、导演、标题、演员等特征构成的集合。根据表达方式的不同，特征一般可以分为文本特征和非文本特征。针对文本特征，通常有一系列方法来进行处理。以关键词为例，其常用的启发式方法为 TF-IDF（Term Frequency - Inverse Document Frequency）。而对于非文本特征，目前仍缺乏行之有效的自动化解决方案。工业界通常会采取邀请用户标记（词语、短语）的方式进行。下面着重介绍面向文本特征的 TF-IDF 表示。

一般而言，一个文档可以用词频向量来表示（见图 15-3）。

文档	球队	教练	曲棍球	棒球	足球	罚球	得分	胜利	失败	赛季
文档 1	5	0	3	0	2	0	0	2	0	0
文档 2	3	0	2	0	1	1	0	1	0	1
文档 3	0	7	0	2	1	0	0	3	0	0
文档 4	0	1	0	0	1	2	2	0	3	0

图 15-3　文档的词频向量表示

基于词频向量表示的文档可以基于余弦相似度（$\cos(\boldsymbol{d}_1, \boldsymbol{d}_2) = (\boldsymbol{d}_1 \cdot \boldsymbol{d}_2) / \|\boldsymbol{d}_1\| \|\boldsymbol{d}_2\|$）等度量

方式对不同文档的相似性进行度量。然而,简单的词频向量表示通常会认为"今天/的/天气/很好"和"今天/的/天气/很糟糕"是十分相似的。而这样的结果是难以度量其相反的含义的。针对这一问题,TF-IDF 被提出。TF-IDF 实际上就是 TF * IDF,即如果某个词或短语在一篇文档中出现的频率高(即 TF 高),并且在其他文档中很少出现(即 IDF 高),则认为此词或者短语具有很好的类别区分能力,适合用于分类。

具体地,TF(Term Frequency,词频)表示一个给定词语 t 在一篇给定文档 d 中出现的频率。TF 越高,则词语 t 对文档 d 越重要;TF 越低,则词语 t 对文档 d 越不重要。对于在某一文档 d_j 里的词语 t_i 而言,t_i 的词频 $\text{tf}_{i,j}$ 可表示为:

$$\text{tf}_{i,j} = \frac{n_{i,j}}{\sum_k n_{k,j}}$$

其中,$n_{i,j}$ 是词语 t_i 在文档 d_j 中的出现次数;$n_{i,j}$ 则是文档 d_j 中所有词语的出现次数之和。注意,这里的文档总词数作为分母,只是做了一个标准化,有时也用其他数字作为分母,进行标准化。

IDF(Inverse Document Frequency,逆向文件频率)的主要思想是,如果包含词语 t 的文档越少,则 IDF 越大,说明词语 t 在整个文档集层面上具有很好的类别区分能力。例如,常用的中文词语,如"我""了""是"等,几乎在每篇文档中都有非常高的词频。那么,对于整个文档集而言,这些词几乎都是不重要的。因此,对于整个文档集而言,评价词语重要性的标准就是 IDF。某一特定词语的 IDF 可以由总文档数除以包含该词语的文件数,再将得到的商取对数得到,即

$$\text{idf}_i = \log \frac{|D|}{|\{j : t_i \in d_j\}|}$$

其中,$|D|$ 是语料库中所有文档的总数,分母是包含词语 t_i 的所有文档数。

如此一来,文档可以表示为有最高 TF-IDF 值的词汇及其对应分数的集合(商品画像)。

2. 用户画像

用户画像(user profile)用于反映用户的商品偏好,主要根据用户评价过的商品的画像加权平均得到。以常用的启发式预测为例,给定用户模型 x 和商品模型 i,可以采用以下公式估计用户 x 对于商品 i 的效用值:

$$u(x, i) = \cos(x, i) = \frac{x \cdot i}{\|x\| \cdot \|i\|}$$

除了启发式预测,还可以使用其他复杂的方法(如贝叶斯分类器、聚类分析、决策树、人工神经网络等)来预测用户会喜爱某一物品的概率。

最后,只要把模型预测的用户最可能感兴趣的前 n 个商品作为推荐列表推荐给用户即可。

3. 优点

1)不需要其他用户的数据。
2)冷启动或者稀疏性的问题不明显。
3)能给喜好一致(项的特征相似)的用户推荐。
4)能给新商品或不流行商品推荐,不存在需要第一个评价者的问题。

5）能够提供解释，可以对推荐商品给出对应的内容特征描述。

4. 缺点

1）有限的内容分析：只能分析一些容易提取的文本类内容（新闻、网页、博客等），自动提取多媒体数据（图形、视频流、声音流等）的内容特征则具有技术上的困难。

2）过度规范问题：因内容相似性问题容易导致推荐结果的单一化，不利用挖掘用户的潜在兴趣。

3）新用户问题：基于内容的推荐很依赖用户本身的浏览数据。对于一个拥有很少反馈数据的新用户，该方法很难为用户进行有效的推荐。

15.3 基于协同过滤的信息推荐

协同过滤推荐算法（Collaborative Filtering Recommendations，CF）是目前流行的推荐方法，已经被广泛研究并应用于许多电商企业。协同过滤方法是基于收集和分析已有用户的历史行为记录、活动和偏好兴趣，然后根据用户之前的某些相似度来预测当前待推荐用户可能喜欢什么或对什么商品感兴趣。协同过滤最大的优点是它不需要依赖对文本的分析就可以进行推荐，即使不知道要推荐的商品是什么，也可以根据人和人或人和商品之间的相似度来准确地推荐复杂的东西。为了研究相似度问题，许多优质的相似度衡量算法被用在推荐系统中，如基于用户的最近邻算法（K-Nearest Neighbor，KNN）、Allen 首先提出的皮尔逊相关算法等。

协同过滤的基本假设是：每个用户的行为是有规律的，用户过去的行为数据会与将来的行为保持一致性，无规律无偏好的用户则无法做出高效的推荐。考虑用户 x，协同过滤首先找到与 x 有相似评分的用户集合 N；之后根据 N 中用户对各种商品的评分来估计用户 x 的评分。其特点在于考虑了大众喜好，而不是简单地从个人喜欢的商品特征入手来推荐。根据协同过滤的主要依据不同，基于协同过滤的信息推荐可以分为基于用户的协同过滤推荐和基于内容的协同过滤推荐。

15.3.1 基于用户的协同过滤推荐

如图 15-4 所示，基于用户的协同过滤推荐的基本步骤为：首先根据用户 A 的历史偏好，计算得到一个相似用户 C；然后将用户 C 喜欢的商品 D 推荐给用户 A。因此，问题的关键变成了如何计算相似用户和相似用户商品的预测评分。

1. 相似用户

相似用户是指与目标用户相比，对商品偏好的相似性达到一定程度的其他用户。由此可见，问题的关键在于相似性度量。一般而言，常用的相似性度量主要有：杰卡德相似性（Jaccard Similarity）、余弦相似性（Cosine Similarity）和皮尔逊相关系数（Pearson Correlation Coefficient）。以用户 x 和 y 为例，令 r_x、r_y

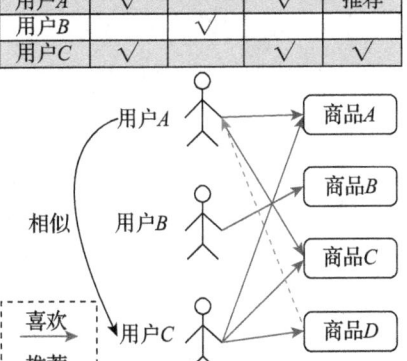

图 15-4 基于用户的协同过滤推荐

分别为用户 x 和 y 的评分矢量,且满足:

$$r_x = [\ *,\ \_,\ \_,\ *,\ ***\ ]$$
$$r_x = [\ *,\ \_,\ **,\ **,\ \_\ ]$$

则以上相似性度量的计算公式依次如下。

（1）杰卡德相似性

首先将 r_x 和 r_y 分别转化为两个集合:

$$r_x = \{1\ 4\ 5\}$$
$$r_y = \{1\ 3\ 4\}$$

再根据以下杰卡德相似性公式计算:

$$J(r_x, r_y) = \frac{|r_x \cap r_y|}{|r_x \cup r_y|}$$

其中,$|\cdot|$ 表示集合元素的个数。显然,杰卡德相似性的计算忽略了评分的分值,容易导致较大的信息损失。

（2）余弦相似性

先将 r_x 和 r_y 转化为如下的点向量形式:

$$r_x = \{1\ 0\ 0\ 1\ 3\}$$
$$r_y = \{1\ 0\ 2\ 2\ 0\}$$

再根据余弦相似性公式计算:

$$\text{sim}(x, y) = \cos(r_x, r_y) = \frac{r_x \cdot r_y}{\|r_x\|\|r_y\|}$$

余弦相似性的问题在于,将缺失视为"否定"。

（3）皮尔逊相关系数

首先假设 S_{xy} 为用户 x 和用户 y 共同评价过的商品集合,然后根据以下公式便可计算出相似度:

$$\text{sim}(x, y) = \frac{\sum_{s \in S_{xy}}(r_{xs} - \overline{r_x})(r_{ys} - \overline{r_y})}{\sqrt{\sum_{s \in S_{xy}}(r_{xs} - \overline{r_x})^2 (r_{ys} - \overline{r_y})^2}}$$

【例 15.1】如图 15-5 所示,$\text{sim}(A, B)$ 与 $\text{sim}(A, C)$ 哪个更相似?

	HP1	HP2	HP3	TW	SW1	SW2	SW3
A	4			5	1		
B	5	5	4				
C				2	4	5	
D		3					3

图 15-5　原始评分矢量

直觉上,$\text{sim}(A, B) > \text{sim}(A, C)$。然而,杰卡德相似性为 1/5 < 2/4,余弦相似性为 0.386 > 0.322(接近)。原因在于,不管是杰卡德相似性还是余弦相似性,都将缺失分量视为"否定"(取 0 值,意味最低评价)。针对这一问题,减去（行）均值——中心化的解决措施被提出。

具体来说，中心化后的相似度如图 15-6 所示。

	HP1	HP2	HP3	TW	SW1	SW2	SW3
A	2/3			5/3	−7/3		
B	1/3	1/3	−2/3				
C				−5/3	1/3	4/3	
D		0					0

图 15-6　中心化后的评分矢量

此时，$\text{sim}(A, B) = 0.092 > \text{sim}(A, C) = -0.559$，问题迎刃而解。完成相似性度量后，是目标用户对商品的评分预测。

2. 评分预测

假设 r_x 为用户 x 的评分矢量，N 为对商品 i 的评分与用户 x 最相似的 k 个用户的集合，则用户 x 对商品 s 的评分预测可以借助简单算术平均求得：

$$r_{xi} = \frac{1}{k} \sum_{y \in N} r_{yi}$$

显然，这样的方式太过于简单粗暴，难以产生很好的预测结果。针对这一问题，还可以进一步考虑用户之间的相似性 $S_{xy} = \text{sim}(x, y)$，采取如下公式计算评分预测结果：

$$r_{xi} = \frac{\sum_{y \in N} s_{xy} \cdot r_{yi}}{\sum_{y \in N} s_{xy}}$$

15.3.2　基于内容的协同过滤推荐

除了基于用户的协同过滤推荐之外，还可以进行基于内容的协同过滤推荐。基于内容的协同过滤原理和基于用户的协同过滤类似。不同的是，基于内容的协同过滤推荐只是在计算邻居时采用商品本身，而不需要考虑相似用户的因素。

从计算的角度看，就是将所有用户对某个商品的偏好作为一个向量来计算商品之间的相似度。得到商品的相似商品后，根据用户历史的偏好预测当前用户还没有表示偏好的商品，计算得到一个排序的商品列表作为推荐。简言之，根据用户对已有的商品偏好和商品之间的相似性为用户推荐商品。此处同样涉及相似性的计算问题，也同样采取与基于用户的协同过滤推荐一样的相似性计算方法。

流程上，基于内容的协同过滤推荐包含以下基本操作：

1）定义商品 i 和 j 的相似度 s_{ij}。
2）选择 k 个最近的相似商品 $N(i; x)$，即选择用户 x 评价过的最类似 i 的商品。
3）以加权平均估计评分 r_{xi}：

$$r_{ix} = \frac{\sum_{j \in N(i; x)} s_{ij} \cdot r_{jx}}{\sum s_{ij}}$$

实际上，基于内容的协同过滤推荐的效果往往比基于用户的协同过滤推荐好得多。这或许与基于内容的推荐算法可以发现用户的未表达偏好有很大关系。

总体上，基于协同过滤的信息推荐主要有以下优缺点。

1）**优点**：适合任何商品，且不需要特征选择。
2）**缺点**：
- 冷启动：需要大量的历史用户数据作为基础，才能做出比较精准的推荐。
- 可扩展性：像天猫、京东等在线商城，有数以亿计的用户和商品。在这样的系统中进行信息推荐对计算能力的要求必然较高，随着数据量增加算法的可扩展性要求更高。
- 稀疏性：在推荐系统中，待推荐的商品数量往往很多，而每个用户只对很少一部分商品进行了打分或评价。因此，即使是流行的商品，往往也只有少量的用户评价（打分）数据。

15.4 混合推荐方法

针对以上两种信息推荐方法的局限，研究者们提出了新的推荐方法——混合推荐方法。混合推荐方法主要有以下几种实现方式：①先分别进行基于内容和基于协作的预测，然后组合它们；②将基于内容的能力添加到基于协作的方法中（或者相反）；③将这些方法统一为一个模型。混合推荐方法能较好地避免单方法各自的缺点，并克服推荐系统中的一些常见问题，例如冷启动和稀疏问题。Netflix 是一个使用混合推荐系统的很好的例子，它通过比较相似用户的观看记录和搜索习惯（协同过滤）以及用户对电影的打分（基于内容的过滤）来给用户推荐电影。

随着推荐系统的发展，多种技术开始广泛应用于推荐系统，除了上文介绍过的协同过滤、基于内容的方法外，还有基于知识、基于人口统计学、基于关联规则等多种方法。表 15-1 所示为主要信息推荐方法的比较，这些主要的信息推荐方法都有可能作为混合推荐方法的一部分。

表 15-1 主要信息推荐方法对比

推荐方法	基本思路	优点	缺点
基于内容推荐	基于用户已有的记录给用户推荐相似的商品	没有冷启动和稀疏问题，没有新商品问题，透明性	存在新用户问题，不能显式利用其他用户的数据
协同过滤推荐	利用已有用户群的历史行为数据来预测当前用户最可能对哪些商品感兴趣或喜欢哪些东西	挖掘用户新的潜在的兴趣，推荐能较好地匹配兴趣，能处理复制的非结构化对象	存在冷启动问题，质量取决于历史数据，初始推荐质量差
混合推荐方法	结合多种推荐算法结合来进行推荐	能够综合不同算法的优点，如基于内容与协同过滤的混合推荐算法既能避免冷启动和稀疏问题，也能较好地实现推荐的多样性与新颖性	存在多种算法的选择和结合问题，不合适的使用可能使推荐效果比单种方法更差
基于效用推荐	根据用户画像来创建相应的效用函数，并基于效用函数做推荐	无冷启动和稀疏问题，对用户偏好变化敏感，加入考虑非产品特性问题	需要用户提供各种信息来进行填充，才能形成有效的效用函数；推荐是静态的，灵活性差
基于知识推荐	根据用户知识结构建模从而进行推荐	能考虑非产品特性	知识难以获取，推荐是静态的

15.5 信息推荐的评价指标

推荐系统的核心是推荐算法，推荐算法的效率直接决定了推荐系统的效果。关于推荐系统的评测，最近有很多文献全面地对各种评价指标进行了详细介绍和总结。为了评估推荐算法，数据经常会被分成训练集和测试集两部分。训练集被认为是已知的信息，测试集中的数据用来做推荐。

基于对推荐系统中评测指标现状的研究，本节主要对准确性指标、排序加权指标、多样性和创新性、覆盖率四个方面进行介绍。

15.5.1 准确性指标

一般而言，准确性是推荐系统最关键的评测指标。准确性不高的推荐甚至不能称为推荐。

1. 评级准确性

衡量一个推荐系统的推荐质量有多种指标，其中最常用也是最容易想到的两个指标是：①平均绝对误差（Mean Absolute Error，MAE）；②均方根误差（Root Mean Squared Error，RMSE）。MAE 是通过计算所有待评价用户和测试集中的商品的推荐得分，并与实际得分之间求平均差；而 RMSE 则更看重较大偏差。对于真实评级矩阵和预测评级值的接近程度的评测，它们都有较好的效果。如果 r_{ua} 是用户 i 对项 α 真实的值，那么，$\tilde{r}_{i\alpha}$ 就是预测评级值，E^P 就是隐藏的用户–项评级值的集合。MAE 和 RMSE 的定义如下：

$$\text{MAE} = \frac{1}{|E^P|} \sum_{(i,\alpha) \in E^P} |r_{i\alpha} - \tilde{r}_{i\alpha}|$$

$$\text{RMSE} = \left(\frac{1}{|E^P|} \sum_{(i,\alpha) \in E^P} (r_{i\alpha} - \tilde{r}_{i\alpha})^2 \right)^{1/2}$$

式中，E^P 表示测试数据集；训练数据集用 E^T 表示。对于这两个指标而言，较低的 MAE 和 RMSE 意味着较高的预测精度。由于 RMSE 在求和之前对误差进行了平方化处理，因此倾向于赋予大误差更大的惩罚项。由于这些评价指标可以平等对待所有评级，无论指标在推荐列表中的位置如何，因此 MAE 和 RMSE 对于某些常见任务（比如找到少量可能被给定用户偏好的商品）来说并不是最理想的选择。然而，由于其简单性，RMSE 和 MAE 被广泛用于推荐系统的评价。

2. 排名准确性

评估预测精度的另一个方法是计算预测评级值和真实评级值之间的相关性。对于相关性的测评，主要有以下三种经典的方法：① Pearson 相关系数（Pearson product-moment correlation）；② Spearman 相关系数（Spearman correlation）；③ Kendall 相关系数（Kendall's Tau）。其中，Pearson 相关系数主要用来衡量两个评级集合的线性相关的程度，它的定义为：

$$\text{PCC} = \frac{\sum_{\alpha}(\tilde{r}_\alpha - \tilde{r})(r_\alpha - \tilde{r})}{\sqrt{\sum_{\alpha}(\tilde{r}_\alpha - \tilde{r})^2} \sqrt{\sum_{\alpha}(r_\alpha - \tilde{r})^2}}$$

式中，r_α、$\tilde{r}_\alpha$ 分别指真实和预测的评级值。Spearman 相关系数的定义方式和 Pearson 相关系数相似，唯一不同之处在于 r_α 和 $\tilde{r}_\alpha$ 分别被各自的对象等级替换。与 Spearman 相关系数相同，Kendall 相关系数也估计了真实评级值和预测评级值对于评级值所达成的一致程度。它的定义为：

$$\tau = (C-D)/(C+D)$$

式中，C 为系统预测排序与实际按特定等级属性排序一致的同序对（concordant pair）数量；D 为系统预测排序与实际按特定等级属性排序完全相反的异序对（discordant pair）数量。当预测排序和真实排序相同时，$\tau=1$，反之 $\tau=-1$。对于两个评级集合的序对中存在具有相同的真实评级值或者预测评级值的情况，Kendall 提出了修正后的相关系数：

$$\tau = \frac{C-D}{\sqrt{(C+D+S_T)(C+D+S_P)}}$$

式中，S_T 为具有相同的真实评级值的序对数量，S_P 为具有相同的预测评级值的序对数量。Kendall 相关系数对于连续排序对之间的任意位置交换赋予相同的权重。但不同位置的交换可能会产生不同的影响，例如在 1 和 2、100 和 101 之间的交换。所以，修正后的 Kendall 相关系数可能会赋予预测正确评级中排名靠前的序对更高的权重。

3. 分类精度指标

分类精度指标适用于"寻找好商品"之类的任务，特别是只有隐含的评级可参考时（例如，我们知道用户喜欢哪些商品但不知道他们对商品的喜爱程度）。当给出排序推荐的商品列表时，由于推荐系统的阈值是不明确的或者可变的，因此我们无法做到为用户精准推荐。为了解决这种问题，一个较为经典的评估指标就是 AUC（Area Under ROC Curve），其中 ROC 表示被推荐者的行为特性。AUC 可以用来衡量推荐系统如何成功地区分相关项（用户所喜爱的对象）与非相关项（所有其他对象）。计算 AUC 的最简单方式就是将相关项被推荐的概率与不相关项被推荐的概率进行比较。计算方式如下：

$$\text{AUC} = \frac{n' + 0.5n''}{n}$$

每次比较包括一个相关项和一个非相关项，n'、n'' 分别表示在 n 次独立比较中相关项被推荐的概率高于或者等于不相关项被推荐的概率的次数。显然，如果所有相关项都比非相关项被推荐的概率高，则 AUC = 1，即这是一个完美的推荐结果。对于随机排名的推荐列表，AUC = 0.5。因此，AUC 值超过 0.5 就表示推荐算法具有识别相关项的能力。

真实用户往往只关注推荐列表排名靠前的一小部分，所以推荐中更可靠高效的方式是考虑用户相关项在推荐列表中 Top-L 的位置。

准确率与召回率是两个著名的分类衡量指标，两者均是以正确推荐给用户的相关商品的数量的比例来计算的。对于任意目标用户 i，推荐的准确率 $P_i(L)$ 和召回率 $R_i(L)$ 的计算公式如下：

$$P_i(L) = \frac{d_i(L)}{L}, R_i(L) = \frac{d_i(L)}{D_i}$$

式中，$d_i(L)$ 表示推荐列表中预测会与用户 i 具有相关性的商品数量，D_i 表示实际和用户具有相关性的商品总数。对于至少拥有一个相关商品的用户，通过平均所有用户相关项的准确率和召回率，即可得到针对用户 i 的平均准确率 $P(L)$ 和平均召回率 $R(L)$。将二者与随机推荐产生的准确率和召回率进行对比，就能得到 $P_i(L)$、$R_i(L)$ 的加强：

$$e_P(L) = P(L)\frac{MN}{D}, e_R(L) = R(L)\frac{N}{L}$$

式中，M 和 N 分别表示用户和商品的数量，D 表示相关商品的总数量。当 $P(L)$ 随着 L 的降低而降低时，$R(L)$ 随着 $d_i(L)$ 的增加而增加。因此，考虑将准确率和召回率相结合，形成一个 L-dependent 评价指标：

$$F_1(L) = \frac{2PR}{P+R}$$

这个指标称为 F_1-score。目前，还有很多类似的评价指标可用于评估信息检索的有效性，也有一些会应用于评估推荐算法，比如平均准确率（Average Precision）、R- 精度（R-Precision）、Reciprocal Rank、Binary Preference Measured 等。大多数情况下，准确率和召回率能更直观地评价推荐系统的好坏，因为这直接反映了用户对推荐的接受程度，而不是对商品的预测评分。由于 MAE 所有的偏差都得到相同的加权，因此它不一定是好的指标，而且从用户的角度看，他们关注的也只是商品是否被推荐。

15.5.2 排序加权指标

用户体验的满意度往往会受到用户喜欢的商品在推荐列表中位置的影响。基于这一点，基于排序加权指标的推荐评价方法被提出。因为篇幅有限，本节重点介绍 3 个具有代表性的排序加权评价指标：半衰期效用指标（Half-Life Utility）、折扣累计利润（Discounted Cumulative Gain，DCG）和排序偏差准确率（Rank-Biased Precision，RBP）。

1. 半衰期效用指标

半衰期效用指标是在用户浏览商品的概率与该商品在推荐列表中的具体排序值呈指数递减的假设下提出的。它度量的是推荐系统对一个用户的实用性，即用户真实评分和系统默认评分值的差别。具体地，用户 u 的期望效用定义为：

$$\text{HL}_u = \sum_\alpha \frac{\max(r_{u\alpha} - d, 0)}{2^{(l_{u\alpha}-1)/(h-1)}}$$

式中，$r_{u\alpha}$ 为用户 u 对商品 α 的实际评分；$l_{u\alpha}$ 为商品 α 在用户 u 的推荐列表中的排名；d 为默认评分（如平均评分值）；h 为系统的半衰期，即用户有 50% 的概率会浏览的推荐列表的位置。显然，当用户喜欢的商品都被放在推荐列表的前面时，该用户的半衰期效用指标达到最大值。其中，系统的半衰期效用值定义为：

$$\text{HL}_u = 100 \frac{\sum_u \text{HL}_u}{\sum_u \text{HL}_u^{\max}}$$

式中，HL_u 为用户 u 的期望效用能达到的最大值。目前，半衰期效用指标的使用仍然有很大的局限性：①参数的选取尚未有统一的标准，不同的学者可能会选择不同的参数，这样难免造成混乱；②用户的浏览概率与商品在推荐列表中的位置呈指数递减，这一假设并不是在所有系统中都适用。

2. 折扣累计利润

折扣累计利润（Discounted Cumulative Gain，DCG）的主要思想是，用户喜欢的商品被排在推荐列表前面比排在后面更能改善用户体验，形式化定义为：

$$\text{DCG}(b, L) = \sum_{i=1}^{b} r_i + \sum_{i=b+1}^{L} \frac{r_i}{\log_b i}$$

式中，r_i 表示排在第 i 位的商品是否是用户喜欢的；$r_i = 1$ 表示用户喜欢该商品；$r_i = 0$ 表示用户不喜欢该商品；b 是自由参数，多设为 2；L 为推荐列表长度。

3. 排序偏差准确率

与 DCG 指标不同，排序偏差准确率（Rank-Biased Precision，RBP）假设用户先浏览排在推荐列表首位的商品，然后依次以固定的概率 p 浏览下一个商品，以 $1-p$ 的概率不再看此推荐列表。其中，RBP 的形式化定义为：

$$\text{RBP}(p, L) = (1-p)\sum_{i=1}^{L} r_i p^{i-1}$$

RBP 和 DCG 的唯一不同点在于，RBP 把推荐列表中商品的浏览概率按等比数列递减，而 DCG 则是按照 log 调和级数形式递减。

15.5.3 多样性和创新性评价指标

通常，对推荐系统的研究中最受人关注的是推荐算法的准确度。但是，准确度也不是衡量推荐效果的唯一指标。有时，即使是一个成功的推荐项，也不一定能收到好的效益。例如，在音乐推荐中，即使我们正确地分析出听众喜欢的音乐类型，但如果我们总是推荐这一类音乐，听众也会感到厌烦。因此，为了避免用户被同类型的推荐信息所充斥，近几年来，学者们也提出了不少有关多样性和创新性的评价指标，本节将围绕这两种评价指标进行介绍。

1. 多样性

用户往往对商品更多样化的推荐感到更满意。给定两个不同用户 i 和 j，他们的 Top-N 的推荐列表之间的多样性通过汉明距离（Hamming distance）来测量：

$$H_{ij}(N) = 1 - \frac{Q_{ij}(N)}{N}$$

式中，$Q_{ij}(N)$ 是指用户 i 和用户 j 的 Top-N 的推荐列表中共同的推荐项。如果推荐列表中的结果一样，那么 $H_{ij}(N) = 0$；相反，当两个列表完全不同时，$H_{ij}(N) = 1$。平均所有用户对的 $H_{ij}(N)$，就能够获得平均汉明距离 $H(N)$。它的值越大，说明推荐系统的推荐结果越多样化。

推荐给用户 i 的商品表示为 $\{O_1, O_2, \cdots, O_N\}$，这些商品之间的相似度 $S(O_\alpha, O_\beta)$ 可用于衡量用户内分集的多样性。给用户 i 的推荐项的平均相似度为：

$$I_i(N) = \frac{1}{N(N-1)} \sum_{\alpha \neq \beta} S(O_\alpha, O_\beta)$$

它能平均所有用户获得推荐列表 $I(N)$ 的项的平均相似度，尤其是推荐列表之间的差异性。通过避免连续相同项的推荐，能够改进更新推荐的结果。通过引入推荐列表中项排名的损失函数，能获得对排序敏感的版本。

2. 创新性

有些推荐项是用户以前不知道的，当这些项出现在推荐列表中时，用户的评价往往很高，并欣然接受推荐，这就是创新性。评价创新性最简单直接的方式就是衡量推荐项的平均流行度，公式如下：

$$N(L) = \frac{1}{ML} \sum_{i=1}^{M} \sum_{\alpha \in O_R^i} k_\alpha$$

式中，O_R^i 表示用户 i 被推荐的商品列表，k_α 表示商品 α 的流行程度。较低的 k_α 对应较高的创新性。衡量被推荐商品创新性的另一个指标是自信息。给定商品 α，在随机选择的用户中收藏 α 的可能性是 k_α/M，那么用户 i 的自信息可表示为：

$$U_\alpha = \log_2(M/k_\alpha)$$

可以通过将观测值限制到目标用户，即计算目标用户被推荐列表中商品的平均自信息来定义用户的相对创新性。通过计算所有用户自信息的平均值，我们可以得到平均创新度。类似地，P. Castells 通过考虑某一商品是否被任一随机用户熟悉的概率，提出了一种基于启发式的算法计算推荐列表的创新度。

15.5.4 覆盖率评价指标

覆盖率可以衡量推荐算法能够成功推荐给用户的商品数量占所有商品数量的百分比。将所有位于推荐列表中不同商品的总数定义为 N，则覆盖率可表示为：

$$\mathrm{COV}(L) = N_d / N$$

式中，N_d 为所有推荐列表中在 Top-L 位置上不同项的总条数。

低覆盖率意味着该推荐算法只能推荐一小部分不同的商品（通常是最受欢迎的商品）给用户，这会导致推荐结果不够多样化。反之，覆盖率较高的推荐算法就倾向于提供不同的推荐建议。由此可见，覆盖率在某种程度上也可以被认为是一种衡量多样性的评价指标。另外，覆盖率能够辅助准确率指标更好地评估推荐结果。推荐流行的商品可能具有高准确率，但覆盖率低。理想的推荐方法是既具有高准确率，又拥有高覆盖率。

如何选择一个合适的指标来评价推荐系统，取决于该系统想要达到的推荐目标。实际上，针对新用户或者老用户的不同需求，推荐系统可能会选择不同的推荐方式，这使得评估过程更加复杂。推荐系统中各类评测指标如表 15-2 所示。

表 15-2 推荐系统的各个评测指标

评测指标		名称	英文缩写	偏好	是否依赖于推荐列表长度	适用
准确度	预测评分准确度	平均绝对误差	MAE	小	否	对准确度要求高的推荐
		平均平方误差	MSE	小		
		均方根误差	RMSE	小		
		标准平均绝对误差	NMAE	小		
	预测评分关联	Pearson 关联	PCC	大		不关注准确度
		Spearman 关联	ρ	大		
		Kendall's Tau	τ	大		
		基于距离的标准指标	NDPM	大		
	分类准确率	准确度	P(L)	大	是	除 AUC 外，其他不适用于没有明确二分喜好的系统
		召回率	R(L)	大		
		F-score	$F_1(L)$	大		
		ROC 曲线面积	AUC	大	否	
	排序准确度	平均排序分	RS	小	否	排序准确度要求高的推荐

(续)

评测指标	名称	英文缩写	偏好	是否依赖于推荐列表长度	适用
基于排序加权的指标	半衰期效用指标	HL(L)	大	是	
	折扣累计利润	DCG(b, L)	大		
	排序偏差准确率	RBP(p, L)	大		
覆盖率	用户覆盖率	U_{cov}	大	否	不单独使用，结合其他指标一起改进推荐系统
	产品目录覆盖率	C_{cov}	大		
多样性	Inter-user 多样性	H(L)	大		
	Intra-user 多样性	I(L)	小		
创新性	推荐商品平均度	N(L)	小	—	
	系统的自信息量	U(L)	大		
	推荐的新颖率	UE	大		
	考虑排序的推荐新颖率	UER	大		

15.6 本章小结

本章主要介绍了信息推荐的相关算法，包括基于内容的信息推荐和基于协同过滤的信息推荐，最后介绍了几种评价信息推荐系统的相关指标。通过本章，读者可以很好地了解推荐系统及效果评价，为后面学习推荐模型算法的评估奠定基础。

第 16 章
自然语言处理中常用的神经网络模型

扫码观看知识点讲解

本章首先以经典的全连接神经语言模型为例,介绍基于神经网络的自然语言处理基本框架,然后介绍分布式词向量、循环神经网络、卷积神经网络模型以及 BERT 模型。由于目前常用的神经网络模型均是由简单的全连接神经网络演化而来,因此本章将其统一到一个框架上来阐述不同模型演化的过程和方式。

16.1 基于神经网络的自然语言处理基本框架

如图 16-1 所示,基于神经网络的自然语言处理基本框架一般包括输入层、特征嵌入层、隐含结构层和输出层。输入层处理模型的输入,可以是词、句子、段落等,一般表示为词的序列。

特征嵌入层的目的是将词或字符嵌入连续的向量中,以便进行后续的计算。图像声频的输入往往在连续空间上有意义。与图像和声频领域的输入不同,文本的输入往往是离散的词的序列,在连续空间的改变无法对应到实际的词意,因此在自然语言处理中,一般在输入层和隐含层之间加入特征嵌入层。由于嵌入特征可以通过离

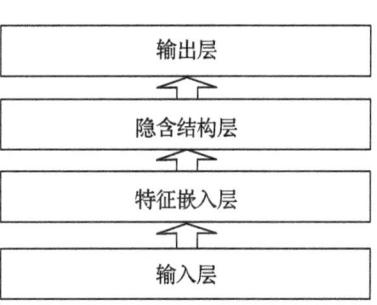

图 16-1 基于神经网络的自然语言处理基本框架示意图

线训练得到,也可以作为模型参数参与模型训练,因此常常被归入输入层或者隐含层。另外,嵌入特征层不仅可以包含训练得到的嵌入特征,也可以加入人工特征,在部分任务中,加入人工特征可使效果得到显著提升。特征嵌入层常用的分布式词向量的基本原理和训练方法将在 16.2 节具体介绍。

隐含结构层是整个神经网络的核心,其结构决定了神经网络的计算方式(也可看作神经网络的"思维方式",往往也是设计的重点)。虽然理论上足够大的全连接网络可以拟合出任何函数,但过多的参数往往难以摆脱噪声和过拟合的困扰。与数据和任务相适应的神经网络结构能够在更少的参数量下取得很好的效果。因此,根据任务与数据的特点总结任务的关键点并根据其进行神经网络结构设计是基于神经网络的应用研究的关键点。自然语言处理中常用的循环神经网络和卷积神经网络的基本结构和原理将在 16.3 节和 16.4 节中详细介绍。

输出层通过计算将神经网络的计算结果表示为任务需要的输出形式，从而得到模型结果。自然语言处理的任务常常被表示为回归、分类与序列标记三种输出。回归型输出主要用于相似度、打分等连续数值输出，一般在输出层使用 sigmoid 函数进行输出归一化。分类型输出最常用，主要用于分类等离散数值型输出。神经网络的输出一般是连续值，分类型输出一般在输出层采用 sigmoid 函数进行二分类或使用 softmax 函数进行多分类，在训练过程中采用连续数值计算损失和梯度，在预测过程中对结果进行采样得到分类结果。序列标记型输出可以对一个序列中的每一个节点进行输出，从而对每一个节点进行标记，常见任务包括分词、词性标注、命名实体识别等。序列标记可看作每一个节点上的分类任务，即在每一个节点上实际是分类型输出。因此，序列标记型输出的输出层一般是在序列的每一个节点上独立的多个 sigmoid 或 softmax 函数。

下面以一个单隐含层全连接神经网络为例对各个层的计算方法进行具体介绍。如图 16-2 所示，该网络的输入层为一个词序列 $[w_1, w_2, \cdots, w_n]$，特征嵌入层通过词向量矩阵 $\boldsymbol{E} \in \Re^{d \times |V|}$（其中 $|V|$ 为词表长度）将每一个词 w_i 映射为固定长度 d 的向量 $\boldsymbol{e}_{w_i}$，然后将这 n 个词的分布式向量相接形成隐含层输入向量：

$$\boldsymbol{x} = [\boldsymbol{e}_{w_1}, \boldsymbol{e}_{w_2}, \cdots, \boldsymbol{e}_{w_n}]$$

式中，$\boldsymbol{x} \in \Re^{nd}$，隐含结构层为一个简单的全连接网络，通过一次线性变换和一个激活函数计算隐含层结果：

$$\boldsymbol{h} = f(\boldsymbol{W}\boldsymbol{x} + \boldsymbol{b}_h)$$

式中，$\boldsymbol{W} \in \Re^{d_h \times nd}$ 为权重矩阵；$\boldsymbol{b}_h \in \Re^{d_h}$ 是偏置向量；f 是激活函数；d_h 是隐含层的维度，$\boldsymbol{h} \in \Re^{d_h}$。常用的激活函数包括 sigmoid、Tanh 和 ReLU 等。最后，输出层通过一次线性变换和一个非线性输出函数计算模型输出：

$$\boldsymbol{y} = g(\boldsymbol{U}\boldsymbol{h} + \boldsymbol{b}_y)$$

其中，$\boldsymbol{U} \in \Re^{d_y \times d_h}$ 为权重矩阵；$\boldsymbol{b}_y \in \Re^{d_y}$ 是偏置向量；g 是输出函数；d_y 是输出维度。输出层首先通过线性变化将隐含层的计算结果变换到输出的维度，再通过输出函数计算输出结果。

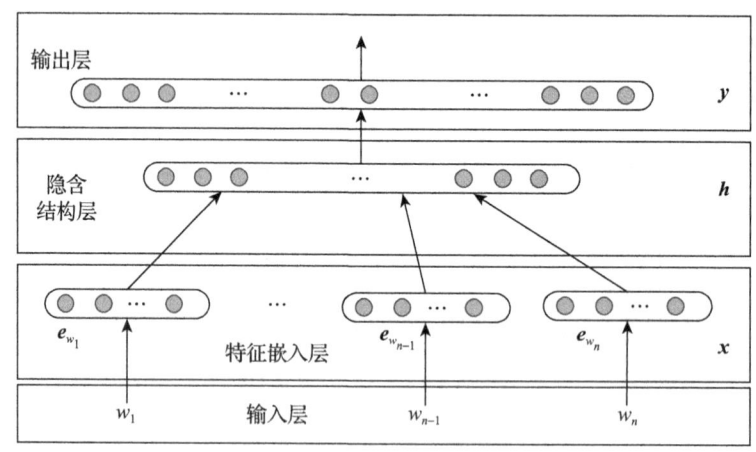

图 16-2 自然语言处理中单隐含层全连接神经网络示意图

随着输入与输出的不同，该模型可用于完成多种自然语言处理任务。例如，用于语言模型的训练，目的在于预测 $P(w_t | w_{t-n+1}, \cdots, w_{t-1})$，那么输入的词序列为 $[w_{t-n+1}, \cdots, w_{t-2}, w_{t-1}]$，输出维度 d_y 为词表长度 $|V|$，输出函数 g 为 softmax 函数：

$$\text{softmax}(z)_i = \frac{\exp(z_i)}{\sum_j \exp(z_j)}$$

那么，有 $P(w_t|w_{t-n+1}, \cdots, w_{t-2}, w_{t-1}) = y_i$。另外，也可以将该模型用于词性标注、命名实体识别等序列标记任务，以词性标注为例，模型将词 w_t 所在的（$2n+1$）长度的窗口 $[w_{t-n}, \cdots, w_t, \cdots, w_{t+n}]$ 作为上下文预测词 w_t 的词性，那么输入为 $[w_{t-n}, \cdots, w_t, \cdots, w_{t+n}]$，输出维度 d_y 为所有词性的种类数，输出函数 g 同样为 softmax 函数，通过滑动（$2n+1$）长度的窗口，可以预测所有词的词性（当窗口超出句子时，采用空值代替）。

当词序列 $[w_1, w_2, \cdots, w_n]$ 为整个句子或者文本时，该模型理论上可用于句子或者文本分类。但由于文本长度不统一以及文本长度过长会带来巨大参数量，因此当用于文本分类问题时一般会改变隐含结构层的结构，从而解决这个问题。

16.2 分布式词向量

分布式词向量（Distributed Representation of Word）又称为词嵌入（Word Embedding），是由 Hinton 在 1986 年提出的一种词特征嵌入方式，目前已成为基于深度学习的文本分析方法中基础的词特征表示方法。

传统的文本表示一般以词为最小单元，通过特征选择的方式选择部分词作为特征，然后以每一个词为独立特征维，采用向量空间模型来表示文本。这种方式一方面认为词与词之间相互独立，因而无法表示词与词的相似性，只能挖掘词的同现统计特征，导致无法在语义上得到很好效果；另一方面，由于词的数量庞大，造成特征维度很高并且非常稀疏，在解决一些复杂任务时会受到维数灾难的困扰。

举个例子。要描述 { 红，绿，蓝，粉红 }，可以用 one-hot 编码表示，则有 {1000, 0100, 0010, 0001}。构建的词典的顺序不同，每个词的编码也不同，因此前后两个词并不能体现关系；如果词典中词很多，则每个编码长度就很长，即维数灾难。

分布式词向量在表示词的特征时采用特征嵌入的思想，即将所有词嵌入一个相对低维的特征空间中，每一个特征维度并无明显的实际意义。在这个低维特征空间中，每一个词对应该空间的一个点，用一个特征向量表示，如图 16-3 所示。词向量的相似度可以表示词之间的相似关系，向量的加减可以表示词之间的语义关系。具体地，一个词表具有一个嵌入矩阵 $E \in \Re^{d \times |V|}$，其中 d 为分布式词向量的长度，E 中的每一列 e_{w_i} 对应词 w_i 的特征向量。嵌入矩阵 E 可通过语言模型进行无监督训练得到，也可以作为模型参数在具体任务中进行训练。由于嵌入矩阵 E 的训练一般需要较大数据集，因此当具体任务的标记数据集较小时，一般先通过语言模型进行无监督的词嵌入矩阵预训练，再将其作为初始化参数用于具体任务相关的学习。

词嵌入向量的获得一般包含基于统计数据的方法和基于神经网络的方法。基于统计数据的方法以数据集的全局统计特征为基础获取词向量，一般首先获取数据集中的整体统计信息，再在这些统计信息上进行词向量的求解。比如，隐语义分析（Latent Semantic Analysis, LSA）通过对"文档 – 词"矩阵进行矩阵分解获取词向量，全局向量（Global Vector, GloVe）在词的同现矩阵上定义词的相似性并训练体现数据集全局信息的词向量。基于神经网络的方法一般构建一定的神经网络模型，利用词的局部上下文信息进行词向量学习。比如，全连接神经网络将词向量作为模型参数，通过训练语言模型来同时训练词向量；Word2Vec 是当前在文本分析中常用的分布式词向量学习方法，它对 Bengio 提出的基于全连接神经网络的语言模型进行了大量简化。模型的主要目的是训练词向量（即特征嵌入层参数），输入层与特征嵌入层不变，简化主要着眼于计算量较大的隐含结构层和输出层。对于隐含结构层的简化，Word2vec 提出两种模型，即 CBOW 模型（Continuous Bag-of-words Model）和 Skip-gram 模型。此外，还采取层次化 softmax 和负采样（Negative Sampling）两种方法来减少模型的运算量，对于输出层进行简化。

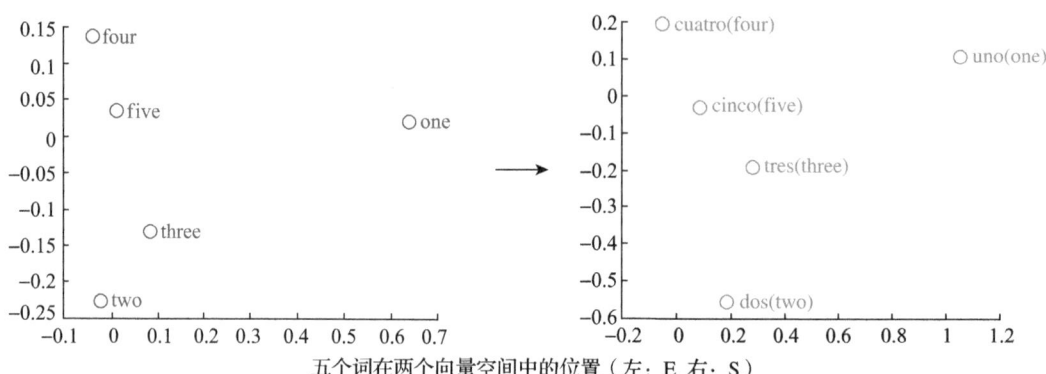

图 16-3 在机器翻译中单词的分布式表示方法示例

16.2.1 CBOW 模型

CBOW 模型是在全连接神经语言模型的基础上简化而来，如图 16-4 所示。首先，在任务上，从语言模型中已知的前 n 个词来预测 $P(w_t | w_{t-n+1}, \cdots, w_{t-2}, w_{t-1})$，变为已知上下文 $\text{context}(w_t) = [w_{t-k}, \cdots, w_{t-1}, w_{t+1}, \cdots, w_{t+k}]$ 来预测 $P(w_t | \text{context}(w_t))$。在模型上，对隐含层的计算进行了参数和运算上的简化，包括两方面：一方面将线性变换简化为求和，另一方面去掉了激活函数 f，即：

$$h = \sum_{w_i \in \text{context}(w_t)} e_{w_i}$$

对于输出层，去掉了线性变换中的偏置向量 b_y，仍然采用 softmax 函数作为输出，那么有：

$$P(w_i | \text{context}(w_t)) = \frac{\exp(u_{w_i}^T h)}{\sum_{w_j \in V} \exp(u_{w_j}^T h)}$$

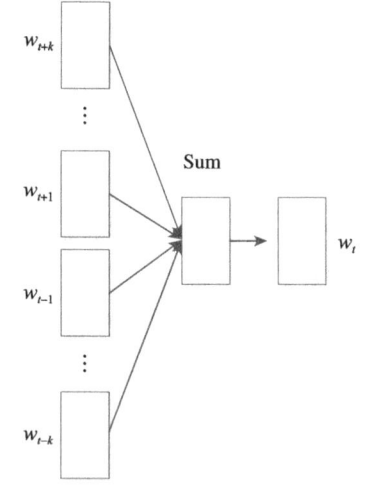

图 16-4 Word2Vec 的 CBOW 模型结构

经过简化，CBOW 模型去掉了全连接网络隐含层的参数，使模型得到简化，但是由于将线性变换变为求和，CBOW 模型失去了词与词的顺序信息，因此也是一种词袋模型。

16.2.2 Skip-gram 模型

如图 16-5 所示，Skip-gram 模型在任务上进行了改变，其任务是在已知中心词 w_t 的条

件下预测其上下文 $P(\text{context}(w_t)|w_t)$。与 CBOW 相同，Skip-gram 并未考虑上下文中词的先后顺序和相互关系，而是认为每个词是独立的：

$$P(\text{context}(w_t)|w_t) = \prod_{w_i \in \text{context}(w_t)} P(w_i|w_t)$$

对于 $\text{context}(w_t)$ 中每一个词的预测，Skip-gram 进行一次神经网络计算。由于输入词的特征向量就是该词向量本身，Skip-gram 在 CBOW 的基础上去掉了隐含结构层，即

$$h = e_{w_t}$$

那么输出层计算为

$$P(w_i|w_t) = \frac{\exp(\boldsymbol{u}_{w_i}^{\mathrm{T}} e_{w_t})}{\sum_{w_j \in V} \exp(\boldsymbol{u}_{w_j}^{\mathrm{T}} e_{w_t})}$$

同样，Skip-gram 只考虑了文本中词之间的邻域同现特性，并没有考虑词的先后顺序，也是一种词袋模型。

16.2.3 Word2Vec 的负采样训练方法

CBOW 模型和 Skip-gram 模型实际上都是在隐含结构层对全连接的神经语言模型进行了简化。然而，输出层的参数量和计算量也是巨大的，因为词表长度往往很大，在全连接的输出层计算过程中必须对每一个词都计算一个值，然后通过 softmax 函数进行归一化。负采样的目的就是简化输出层的计算以提高训练速度。

负采样的方法是对 NCE（Noise-Constrastive Estimation）采样方法的简化，基本思路是在输出层中并不对词表中所有的词进行计算和对比，而是通过随机采样的方式从词表中随机选取一些其他词作为负样本，并将其与目标词一起

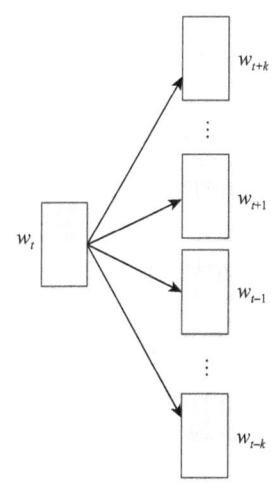

图 16-5 Word2Vec 的 Skip-Gram 模型结构

进行模型训练，每一个词的预测只需要对正样本和采样的负样本进行计算。由于负样本采样的数量远远小于词表中词的数量，因此负采样的方法可以大大减少输出层的计算量。由于篇幅限制以及考虑与本文的相关性，此处并不介绍推理细节，仅仅介绍如何使用负采样方法训练两种 Word2Vec 模型。

具体地，对于 CBOW 模型，当已知 $\text{context}(w_t)$ 预测 w_t 时，词 w_t 为正样本，通过一定的采样方法从词表中随机选取一定数量的其他词作为负样本，记为 $\text{NEG}(w_t)$，进一步将对正样本和负样本中每一个词的预测转化为一个独立的二分类任务：

$$P(w_i|\text{context}(w_t)) = \sigma(u_{w_i}^{\mathrm{T}} h)$$

其中，σ 为 sigmoid 函数。模型的训练目的在于使正样本的预测概率更大，负样本的预测概率更小。那么每一个预测窗口的损失为：

$$\mathcal{L}(w_t) = -\log(P(w_t|\text{context}(w_t))) - \sum_{w_i \in \text{NEG}(w_t)}^{\Sigma_{it}} \log$$

$$= -\log(\sigma(u_{w_t}^{\mathrm{T}} h)) - \sum_{w_i \in \text{NEG}(w_t)}^{\Sigma_{w_i}^{\mathrm{T}}} \log$$

若计算在数据集 $\mathbb{C}$ 的总损失函数，则需要计算数据集中每一个预测窗口损失值，然后

取平均值：

$$\mathcal{L} = \frac{1}{|C|} \sum_{w_t \in \mathbb{C}} \mathcal{L}(w_t)$$

同理，对 Skip-gram，已知 w_t 预测 $\text{context}(w_t)$ 中的一个词 w_i 的概率为：

$$P(w_i | w_t) = \sigma\left(u_{w_i}^{\mathrm{T}} e_{w_t}\right)$$

那么一个预测窗口的损失值为：

$$\begin{aligned}\mathcal{L}(w_t) &= -\sum_{\tilde{w} \in \text{context}(w_t)}^{\Sigma} \left(\log(P(\tilde{w} | w_t)) + \sum_{w_i \in \text{NEG}(\tilde{w})}^{\Sigma_{l_t}} \log() \right) \\ &= -\sum_{\tilde{w} \in \text{context}(w_t)}^{\Sigma} \left(\log(\sigma(u_{\tilde{w}}^{\mathrm{T}} e_{w_t})) + \sum_{w_i \in \text{NEG}(\tilde{w})}^{\Sigma_{w_i}^{\mathrm{T}} w_t} \log() \right)\end{aligned}$$

16.3 循环神经网络

循环神经网络（Recurrent Neural Network，RNN）是一种特殊结构的神经网络，它通过共享参数的循环结构来记忆序列中多个节点的信息。由于其参数量少并且能够处理任意长度的序列，循环神经网络成为理想的序列分析模型，并被广泛应用于各种序列分析任务中。循环神经网络的结构如图 16-6 所示。

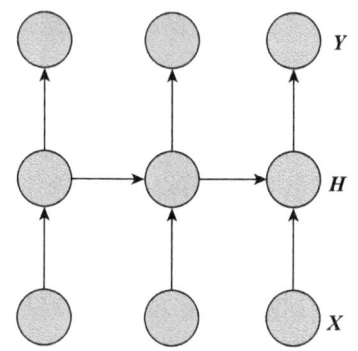

图 16-6　循环神经网络结构示意图

循环神经网络的结构也是由普通的全连接网络演化形成的。普通的全连接网络在处理序列问题时具有三个明显的问题：一是随着输入长度的增加，全连接网络的参数量和计算复杂度会大大增加，引起的过拟合现象和巨大计算量均难以承受。二是全连接网络的输入数量是固定的，无法很好地处理变长序列问题。以文本为例，每个句子或者文档的词数量不同，若要将整个文档的词序列作为全连接网络的输入，需对较短文本进行空白补全（padding）或者截断长文本的部分信息以保证所有输入的长度相同。同时，输入层的长度为文本整体的长度，造成隐含层和特征嵌入层的连接参数量和计算量均非常大，难以训练。三是全连接网络无法得到变长的输出，对于一些任务，如句子翻译、文本生成等任务，其输出的长度也是一个变长的序列，全连接网络只能处理固定长度的输出，难以处理这些问题。

循环神经网络首先通过循环结构解决变长输入和变长输出的问题，然后在循环结构中的每一步共享参数，使得模型参数量与简单全连接网络参数量相当，从而可以很好地处理序列分析问题。以文本为例，循环神经网络将文本看作词的序列，那么其输入为输入词序列的特征向量（一般为分布式词向量）：

$$X = [e_{w_1}, e_{w_2}, \cdots, e_{w_n}]$$

其中，$X \in \Re^{d \times n}$，d 是词向量维度。与全连接网络不同的是，循环神经网络并不是将所有词向量接起来作为一个特征向量，而是作为矩阵，每次只输入当前词对应的特征向量。模型循环层的第一步只与第一个词的信息相关：

$$h_1 = f(Wx_1 + b_h)$$

其中，$W \in \Re^{d_h \times d}$ 为权重矩阵；$b_h \in \Re^{d_h}$ 是偏置向量，后续隐藏节点由上一隐藏节点的结果与当前节点的输入计算：

$$h_i = f(Wx_i + Vh_{i-1} + b_h)$$

其中，$i \in \{2, 3, \cdots, n\}$，$V \in \Re^{d_h \times d_h}$。为了使后续公式简洁，此处将隐含层计算公式简化。令 $H = [h_1, h_2, \cdots, h_n]$，记隐藏层计算为：

$$H = \text{SRNN}(X)$$

注意，由于循环神经网络有多种改进结构，本文使用 SRNN 单独表示简单的循环神经网络，下文使用

$$H = \text{RNN}(X)$$

泛指一层单向循环神经网络的计算，但并未指定具体的网络类型。RNN 可包括 LSTM、GRU 等改进循环单元的神经网络。

可以看出，每一个隐藏层节点都包含当前节点和之前所有节点的信息，那么最后一个节点 h_n 包含了整个序列的信息。模型的输出一般有两种方式，一种是向量输出，即只输出包含整体信息的最后节点信息：

$$y = g(Uh_n + b_y)$$

其中，$U \in \Re^{d_y \times d_h}$，$d_y$ 是输出向量维度，g 是输出激活函数。该输出一般用于对序列整体的表示和特征提取相关任务。另一种输出为序列输出（见图 16-5），即在序列每一个节点都输出当前节点计算得到的信息：

$$y_i = g(Uh_i + b_y)$$

整体输出为 $Y = [y_1, y_2, \cdots, y_n] \in \Re^{d_y \times n}$。序列输出可用于序列标记、语言模型等任务或作为一个中间过程将结果输入后续的序列分析模型中。

当采用序列输出时，循环神经网络中每个节点的输出都只与当前节点及其之前的节点相关，与后续节点无关。当处理上下文相关的数据时，中间节点的输出只涉及当前节点和前期节点的信息，因而无法捕捉后续节点的信息。例如，对于文本序列标注任务，每一个词的标注往往与词的上文和下文均相关，只提取上文信息无法得到准确的标注判断。为了使模型的每个节点都包含序列整体的信息，Schuster 提出了双向循环神经网络（见图 16-7）。

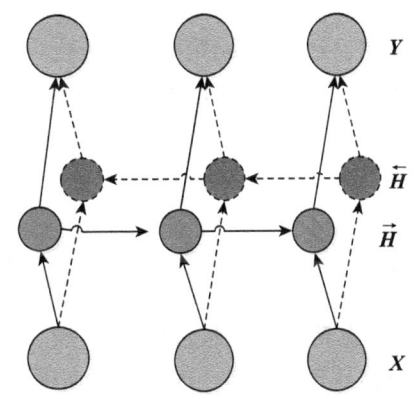

图 16-7 双向循环神经网络结构示意图

双向循环神经网络在 SRNN 的基础上增加了一个平行的反向隐含层，正向和反向两个隐含层相互独立：

$$\vec{h}_1 = f(\vec{W}x_1 + \vec{b}_h)$$
$$\overleftarrow{h}_n = f(\overleftarrow{W}x_n + \overleftarrow{b}_h)$$
$$\vec{h}_i = f(\vec{W}x_i + \vec{V}\vec{h}_{i-1} + \vec{b}_h), i \in \{2, 3, \cdots, n\}$$
$$\overleftarrow{h}_i = f(\overleftarrow{W}x_i + \overleftarrow{V}\overleftarrow{h}_{i+1} + \overleftarrow{b}_h), i \in \{n-1, \cdots, 2, 1\}$$

其中，$\vec{W}, \overleftarrow{W} \in \Re^{d_h \times d}$，$\vec{V}, \overleftarrow{V} \in \Re^{d_h \times d_h}$，$\vec{b}_h, \overleftarrow{b}_h \in \Re^{d_h}$ 是线性变换参数。最后将每个节点在两个方

向上的隐含层输出向量相连接后作为每一个节点的隐含层输出：

$$\vec{h}_i = [\vec{h}_i; \overleftarrow{h}_i]$$

同样，令 $\overline{H} = [\vec{h}_1, \vec{h}_2, \cdots, \vec{h}_n] \in \Re^{2d_h \times n}$，将隐含层计算简写为：

$$\overline{H} = \text{BiSRNN}(X)$$

与 SRNN 相同，此处 BiSRNN 特指简单循环神经网络的双向模型，下文中使用

$$\overline{H} = \text{BiRNN}(X)$$

来泛指双向循环神经网络，可表示不同循环单元的双向循环神经网络模型。

双向循环神经网络的输出层计算与普通循环神经网络相同，有

$$y_i = g(U\vec{h}_i + b_y)$$

在此结构下，每一个节点的输出均包含整个序列的信息。

另外，与全连接神经网络一样，循环神经网络也可以通过叠加层构成深度网络以学习更加复杂的信息。除最后一个循环层外，深度循环神经网络的各个循环层均采用序列输出，序列输出方式使模型不改变序列的长度，上一个循环层的输出可直接作为下一个循环层的输入（见图 16-8），从而构建多层循环神经网络。

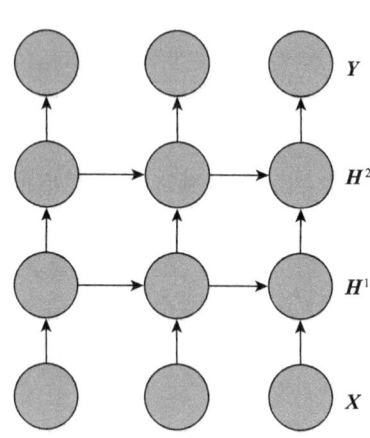

图 16-8 深度循环神经网络结构图

多层循环神经网络的表达式为：

$$H^1 = \text{RNN}^1(X)$$
$$H^{j+1} = \text{RNN}^{j+1}(H^j), j \in \{1, 2, \cdots\}$$

其中，RNN^j 表示第 j 个循环层。由于每一个循环层的一般参数不同，公式中使用上标进行区分。同样也可以采取相同方式对双向循环神经网络构建深度网络，如图 16-9 所示。

$$\overline{H}^1 = \text{BiRNN}^1(X)$$
$$\overline{H}^{j+1} = \text{BiRNN}^{j+1}(\overline{H}^j), j \in \{1, 2, \cdots\}$$

注意，对于双向循环神经网络，一般记每一个双向隐含层（包含一个正向循环层和一个反向循环层）为双向循环神经网络的一层。在后面内容中，双向循环神经网络的深度为双向循环层的个数，即为总共循环层的 2 倍。

16.4 卷积神经网络

卷积神经网络（Convolutional Neural Network，CNN）由 Yan Lecun 在 1998 年提出，目前广泛用于图像、视频和声频处理领域。近年来，深度学习在文本领域的研究逐渐增多，卷积神经网络也被大

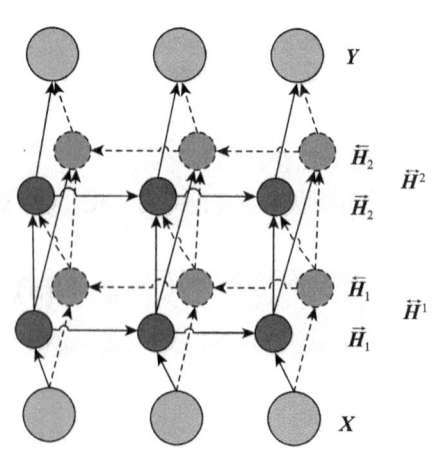

图 16-9 深度双向循环神经网络结构图

量用于文本分析领域，并取得了一定的突破。文本一般被表示为一个词序列，因此分析领域的卷积神经网络一般是在一维上进行卷积，是图像领域常用的二维卷积的简化。为了更好地介绍卷积神经网络，本节首先介绍图像领域常用的二维卷积，再介绍文本领域的一维卷积。

卷积神经网络的提出主要是为了解决全连接网络在输入数量和隐藏层节点数增大时参数大量增加的问题，采用的方式仍然是参数共享，只是参数共享方式与循环神经网络不同。对一个 $m \times n$ 的图像，输入维度为 mn，若隐藏层长度为 l，那么输入层与隐藏层间的参数数量为 mnl。若图像的长宽以及隐藏层节点数增加为原来的 10 倍，那么参数数量将增加为原来的 1000 倍。卷积神经网络的提出基于对图像特性的观察与总结，是对全连接神经网络的简化，具体为：①图像的特征提取总是可以通过在不同尺度上不断抽象而得到，而每一个尺度上的特征均可以通过邻域特征来表示；②自然图像具有一些固有特征，这些特征在不同位置的表现是相同的，那么局部特征提取的参数是可以共享的。以人体检测为例，图像要提取的整体特征是人体的特征，但是人体的特征可以表示为在一定区域内头部、躯干、四肢等的存在和位置关系，头部的特征又可看作更小的区域中五官的特征和位置关系。因此，通过对不同尺度上的邻域特征的提取与汇总，可以最终汇总成图像整体的特征。同时，其中大部分的特征（如人脸、眼睛、鼻子等）不会因为其在图像中位置的变化而产生变化。

如图 16-10 所示，卷积神经网络一般包含卷积（convolution）和池化（pooling）两种网络结构。卷积操作用于在不同的地方提取稳定的局部特征，而池化操作用于综合一个较大区域提取到的局部特征，以保持特征的不变性。

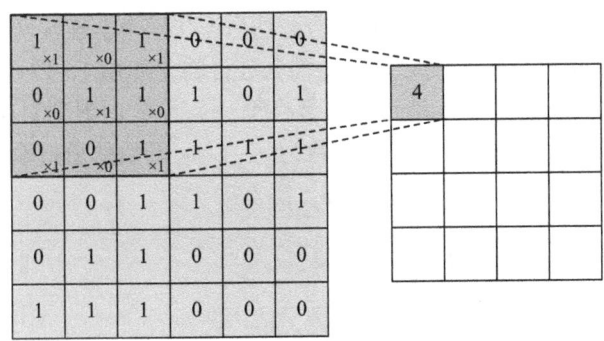

图 16-10 卷积神经网络的卷积操作示意图

卷积层包含多个卷积核，每一个卷积核负责一种特征的提取，多个核的特征组合形成某一位置的一个特征向量。图 16-10 是一个卷积核（粗线框内的数字是该卷积核的参数）在一个窗口计算的示意图，用一组参数 $W^{(k)} \in \Re^{m^{(k)} \times n^{(k)}}$ 表示，那么在该卷积核下隐藏层中某一节点的计算为：

$$\tilde{h}_{i,j}^{(k)} = f(W^{(k)} \circ \tilde{X}_{i,j})$$

其中 $\circ$ 表示矩阵对应位置值相乘的和：

$$A \circ B = \sum_i \sum_j a_{ij} b_{ij}$$

激活函数 f 一般使用修正线性单元（Rectified Linear Unit，ReLU）：

$$\text{ReLUu}(x) = \max\{0, x\}$$

$$\tilde{X}_{i,j} = \begin{pmatrix} x_{i,j} & \cdots & x_{i,j+n^{(k)}} \\ \vdots & \ddots & \vdots \\ x_{i+m^{(k)},j} & \cdots & x_{i+m^{(k)},j+n^{(k)}} \end{pmatrix}$$

$\tilde{X}_{i,j}$ 表示输入 X 中以 i, j 为起点,大小为 $m^{(k)} \times n^{(k)}$ 的一个邻域,$1 \leq i \leq m - m^{(k)}, 1 \leq j \leq n - n^{(k)}$。通过滑动这样的窗口可以提取不同位置的特征,使用多个卷积核进行滑动可获取各个位置的多种特征。

池化操作如图 16-11 所示,一个池化层一般跟随在一个卷积层之后,用于对一个较大区域中各个窗口提取的各种局部特征进行选择与综合。图中左边为卷积操作后的特征矩阵,池化操作将该矩阵分为 2×2 的窗口并取该窗口的最大值或者平均值作为该窗口的特征(图中为最大值)。通过池化操作,可选择出一个区域中的显著特征,从而减少在非显著特征区域提取的特征对模型的干扰,同时也使得特征维度大大减小。

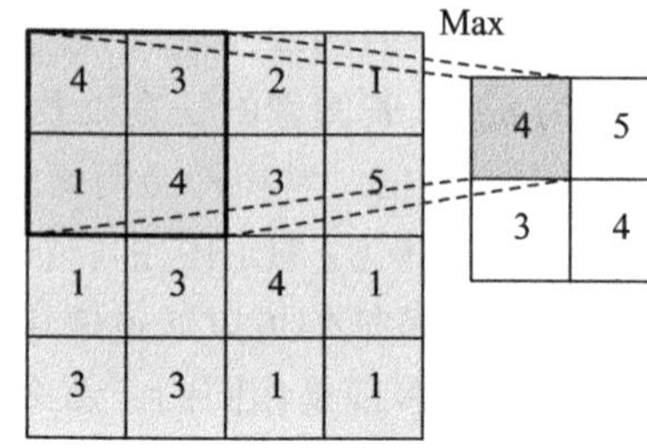

图 16-11 卷积神经网络的池化操作示意图

根据以上对两个操作的介绍,卷积操作的参数量仅仅与卷积核的大小及数量有关,与输入大小无关。池化层没有需要训练的参数。一个卷积层的参数与一个相同大小的全连接网络参数相当,当输入变大时,卷积神经网络的参数不产生变化,而全连接网络的参数会大大增加。因此,当输入变大时,卷积神经网络较全连接神经网络参数大大减小,可以构建多层网络对不同粒度上的特征进行抽象。多层卷积神经网络通过交替进行卷积和池化操作来实现,最后将各个卷积核的特征进行结合,然后连接一个全连接网络作为输出层。

在文本领域,卷积核池化操作均是在一维上进行的,如图 16-12 所示。具体地,对于一条文本 $T = \{w_1, w_2, \cdots, w_{|T|}\}$,首先通过词向量将每一个词 w_i 映射到对应的词向量 $e_{w_i} \in \Re^d$。在卷积层,记卷积核的大小为 m,卷积核个数为 n,以 w_i 开始的窗口输入记为:

$$\tilde{X}_i = [e_{w_i}, e_{w_{i+1}}, \cdots, e_{w_{i+m-1}}]$$

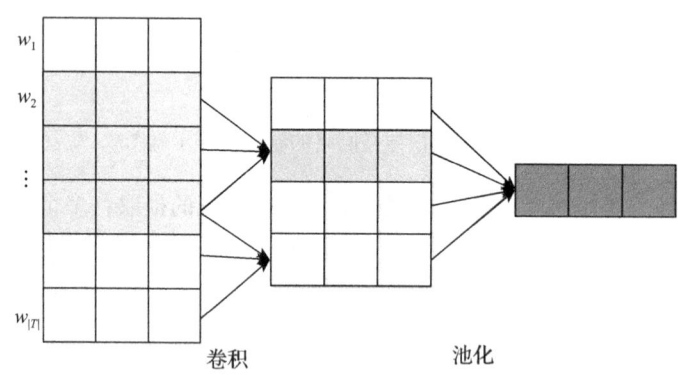

图 16-12 文本卷积与池化示意图

那么第 j 个卷积核在该窗口的计算为:

$$h_{ji} = f(W_j \circ \tilde{X}_i + b_j)$$

其中,$W_j \in \Re^{d \times m}$ 为卷积核权重矩阵,$b_j \in \Re$ 为偏置量。通过在各个位置上采用多个卷积核进行卷积,可计算得到不同位置上的卷积结果:

$$H_c = \begin{pmatrix} h_{11} & \cdots & h_{1(|T|-m+1)} \\ \therefore & \ddots & \therefore \\ h_{n1} & \cdots & a_{n(|T|-m+1)} \end{pmatrix}$$

自然语言处理中的池化计算一般用于对输入文本进行向量表示时使用，在卷积层后，在词序列上对每一个卷积核在不同位置上的计算结果取平均值或最大值。平均池化计算为：

$$h_p = \left(\frac{1}{|T|-m} \sum_{j=1}^{|T|-m} h_{ij} \; \frac{1}{|T|-m} \sum_{j=1}^{|T|-m} h_{2j} \cdots \frac{1}{|T|-m} \sum_{j=1}^{|T|-m} h_{nj} \right)^{\mathrm{T}}$$

最大池化计算为：

$$h_p = (\max\{h_{11}, h_{12}, \cdots, h_{1(|T|-m)}\} \cdots \max\{h_{n1}, h_{n2}, \cdots, h_{n(|T|-m)}\})^{\mathrm{T}}$$

文本的卷积操作可以很好地提取文本的局部特征。每一次卷积操作对相邻的 m 个词进行特征提取，采用不同的卷积核对同一窗口的卷积相当于对传统 N-gram 模型的向量表示，而平均池化可看作对文本中各种词组特征的综合。最大池化实际上是对从文本中通过不同位置卷积得到的多个 N-gram 特征进行选择。由于文本并没有类似图像中较为固定的空间金字塔抽象特性，对文本很少出现多层的卷积和池化交替，一般是在句子、段落、文本三个层级分别做卷积和池化。

16.5　BERT 模型

2018 年，BERT 模型（Bidirectional Encoder Representation from Transformer）被谷歌提出后就得到业界的关注，其在机器阅读理解顶级水平测试 SQuAD1.1 中表现惊人，在两个衡量指标上全面超越人类，并且在 11 种不同 NLP 测试中创出最佳成绩，如图 16-13 所示。BERT 使 GLUE 的基准高达 80.4%（绝对改进 7.6%），使 MultiNLI 任务（Multi-Genre Natural Language Inference Task）的准确度上升到 86.7%（绝对改进率 5.6%）。

SQuAD1.1 Leaderboard

Since the release of SQuAD1.0, the community has made rapid progress, with the best models now rivaling human performance on the task. Here are the ExactMatch (EM) and F1 scores evaluated on the test set of v1.1.

Rank	Model	EM	F1
	Human Performance *Stanford University* (Rajpurkar et al. '16)	82.304	91.221
1 Oct 05, 2018	BERT (ensemble) *Google A.I.*	**87.433**	**93.160**
2 Oct 05, 2018	BERT (single model) *Google A.I.*	85.083	91.835
2 Sep 09, 2018	nlnet (ensemble) *Microsoft Research Asia*	85.356	91.202
2 Sep 26, 2018	nlnet (ensemble) *Microsoft Research Asia*	85.954	91.677

图 16-13　BERT 在顶级水平测试 SQuAD1.1 中的表现

BERT是自然语言处理领域的里程碑,极大推动了该领域的发展。与ELMo模型(Embeddings from Language Model)和Fine-Tuning Transformer等预训练模型相比,BERT在训练双向语言模型时会以较小的概率把少量词替换为随机的词或者替换为Mask,这有利于增强模型对上下文的记忆。BERT模型的第二个预训练任务是下一句预测任务,这个任务主要是让模型能够更好地理解句子间的关系。BERT模型具有窄而深的特点,BERT的深度有12层,其中间层宽度只有1024,与Transformer模型的中间层有2048相比,BERT模型更加窄。这又印证了计算机图像处理的一个观点:"深而窄"比"浅而宽"的模型更好。

16.5.1 预训练模型

什么是预训练?简单来说,就是利用训练集A对网络进行训练,得到对应的网络参数;当面对新的任务B时,其网络结构不变,网络参数初始化的时候,低层的网络参数固定为在任务A上训练的数据,同时高层参数初始化是随机的。然后,用B任务来训练调整高层的网络参数。初始化参数不变的网络层称为frozen层,随着对B任务的训练而调整高层网络参数的步骤叫作微调(fine-tuning),即对网络中的部分层参数进行微调,使其更加适合当前的任务。这样做的优点是对B训练集要求少,在A训练集的基础下训练B,训练效果更好。预训练主要有以下两个任务:

(1)遮挡语言模型

BERT与其他语言模型不同,它旨在通过联合调节所有层中的上下文来预先训练深度双向表示,因此可以通过一个额外的输出层来进行微调,无须对模型架构进行大规模修改就可以应用。而标准的语言模型都是单向的,训练模型的过程中使用的架构类型有限,因此提出遮盖语言模型(Mask Language Model,MLM)来克服上面所提到的单向局限性。这与从左到右的语言模型预训练不同,它可以结合上下文的信息。

为了训练双向特征,把句子中的部分token随机地替换为[mask],然后通过训练好的模型来预测这些token,具体的操作为:把语料中15%的token替换为[mask],然后把masked token位置输出的final hidden vectors送入softmax,以便预测masked token。

但是,如果都用标记的[mask]来代替token,模型效果会受到影响,Transformer不知道哪些单词已被随机单词替换,也不知道它被要求预测哪些单词,因此,它的每个输入词块都要用分布式语义表示。另外,针对语料中需要被替换的15%的token,选择10%保持不变,10%随机替换为其他词块,剩余的80%才用[MASK]替换。所以,只有1.5%的词块会被随机替换为其他词块,这不会影响模型对语言的理解能力,举例如下:

有10%的单词不变　　　　　　　　my dog is hairy → my dog is hairy
10%的单词会用任意词来代替　　　my dog is hairy → my dog is apple
80%的词用[mask]来代替　　　　　my dog is hairy → my dog is [MASK]

(2)下一句预测任务

预测下一句(Next Sentence Prediction, NSP)模型通过添加Next Sentence Prediction的预训练方法来捕获两个句子的联系,如表16-1所示,有A和B两个句子,B有50%的可能是A的下一句,训练模型是为了预测B是不是A的下一句,使模型增强对上下文联系的能力。

表 16-1　NSP 任务的输入输出情况

句子 A（input）	句子 B（input）	Label
[CLS] the man went to [MASK] store [SEP]	he bought a gallon [MASK] milk [SEP]	IsNext
[CLS] the man [MASK] to the store [SEP]	penguin [MASK] are flight ## less birds [SEP]	NotNext

16.5.2　BERT 模型的架构

BERT（Bidirectional Encoder Representation from Transformer，双向的转换解码器）的模型架构基于多层双向转换解码，因为 BERT 模型的主要创新点在于使用了预训练的方法，即使用了 MLM 来捕捉词语级别的表示，用 NSP 任务来捕捉句子级别的表示。其中，"双向"是指利用这个词前面的词和后面的词的信息一起来处理这个词。与传统的语言模型不同的是，BERT 模型还会随机遮盖一些词，使用没有被遮盖的词进行预测。将 BERT 模型参数与 GPT 模型参数设置相同，对比三者 GPT、ELMo 和 BERT 之间的区别，如图 16-14 所示。

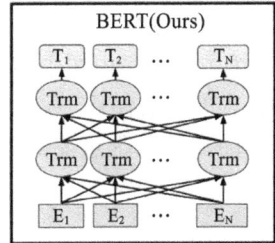
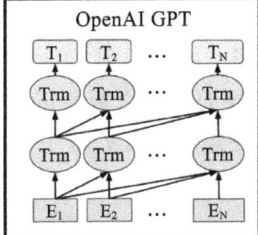
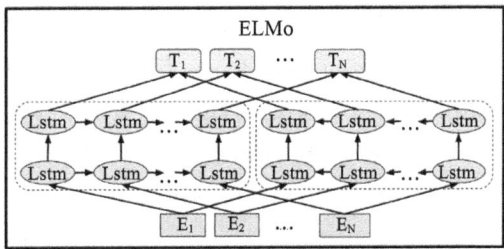

图 16-14　GPT，ELMo 和 BERT 模型架构对比

BERT 的模型架构本质上是一个多层双向的 Transformer 编码器，如图 16-15 所示。其中一个是 base 模型，有 1.1 亿个参数，另一个是 large 模型，有 3.4 亿个参数，如图 16-16 所示。

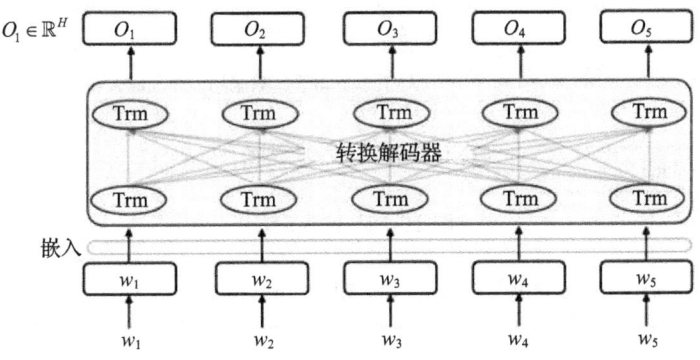

图 16-15　BERT 模型架构

Model	Transformer 层数 (L)	Hidden units(H)	self-attention heads(A)	总参数
BERT(base)	12	768	12	1.1 亿
BERT(large)	24	1024	16	3.4 亿

图 16-16　模型参数对比

16.5.3 BERT 模型的输入表征

BERT 通过线性序列的形式进行输入,两个句子之间通过分隔符来分割,在序列的最前面和最后面增加两个标识符,每一个单词的输入由三部分信息组成,如图 16-17 所示。各部分作用如图 16-18 所示。

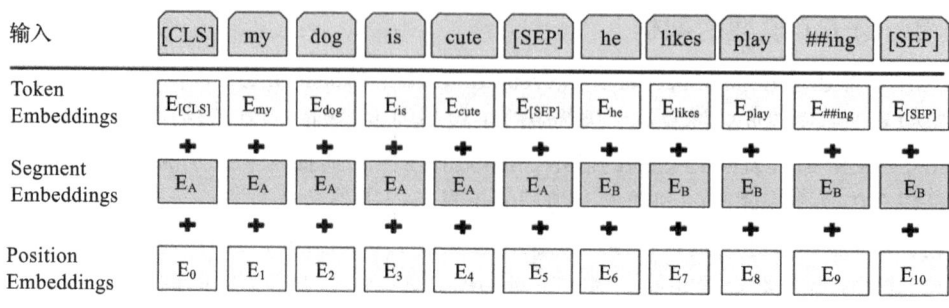

图 16-17 BERT 输入

1)Token embeddings 指词向量,第一个单词的词向量表示为 CLS,用于进行分类。

2)Segment embeddings 用来区别两种句子,前面提到 BERT 的训练数据都是由两个句子构成的,预训练在执行语言模型任务的同时还要执行以两个句子为输入的分类任务。

3)Position embeddings 表示位置信息,在自然语言处理中,单词的顺序是很重要的,所以需要对位置信息进行编码。

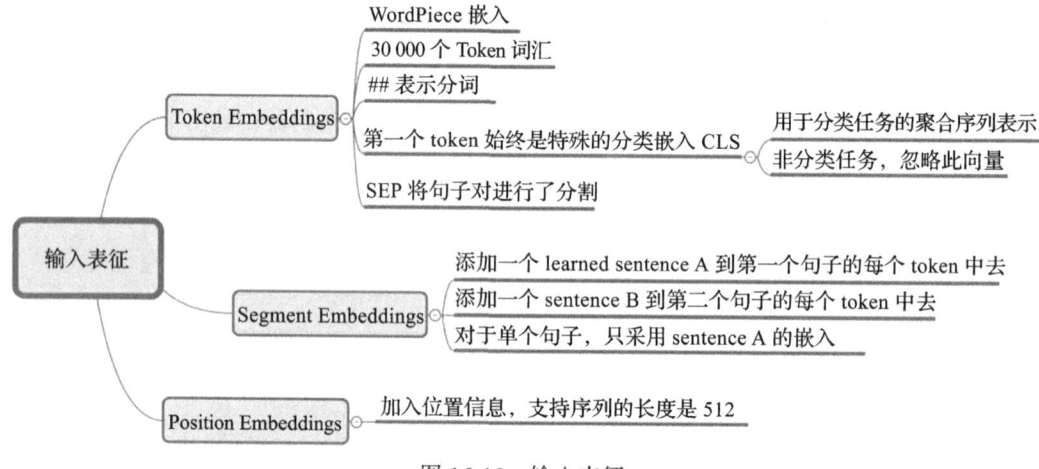

图 16-18 输入表征

当输入 A 句 [my dog is cute] 和 B 句 [he likes playing] 时,由于神经网络只能对数值进行计算,所以需要把特殊符号和单词转换为词嵌入向量。特殊符 [SEP] 用于把句子切割为前后两句,分别加上分隔码 A 和 B。在建模句子间的关系时,通过 AB 句最前面的 [CLS] 特殊符来实现预测 B 是不是 A 的下一句,这个特殊符也可以看作输入序列的表征。另外,位置编码是由架构本身决定的,采用基于注意力的方法,可以无视距离长短对两个词的关系来建模,所以只需要对词添加位置信息。

16.5.4 BERT 模型的应用

前面提到过 BERT 的出色表现。目前,BERT 在 11 项自然语言处理任务中的表现都很突出,下面介绍几个实验结果,如图 16-19 所示。其中 a 和 b 属于序列级任务,c 和 d 属于 token 级任务。E_i 为输入嵌入,[CLS] 是用于分类输出的特殊符号,T_i 为 $token_i$ 的上下文表示,[SEP] 是用来分隔非连续 token 序列的特殊符号。在面对特定的任务时,模型只需要与一个外加的输出层结合就可以。

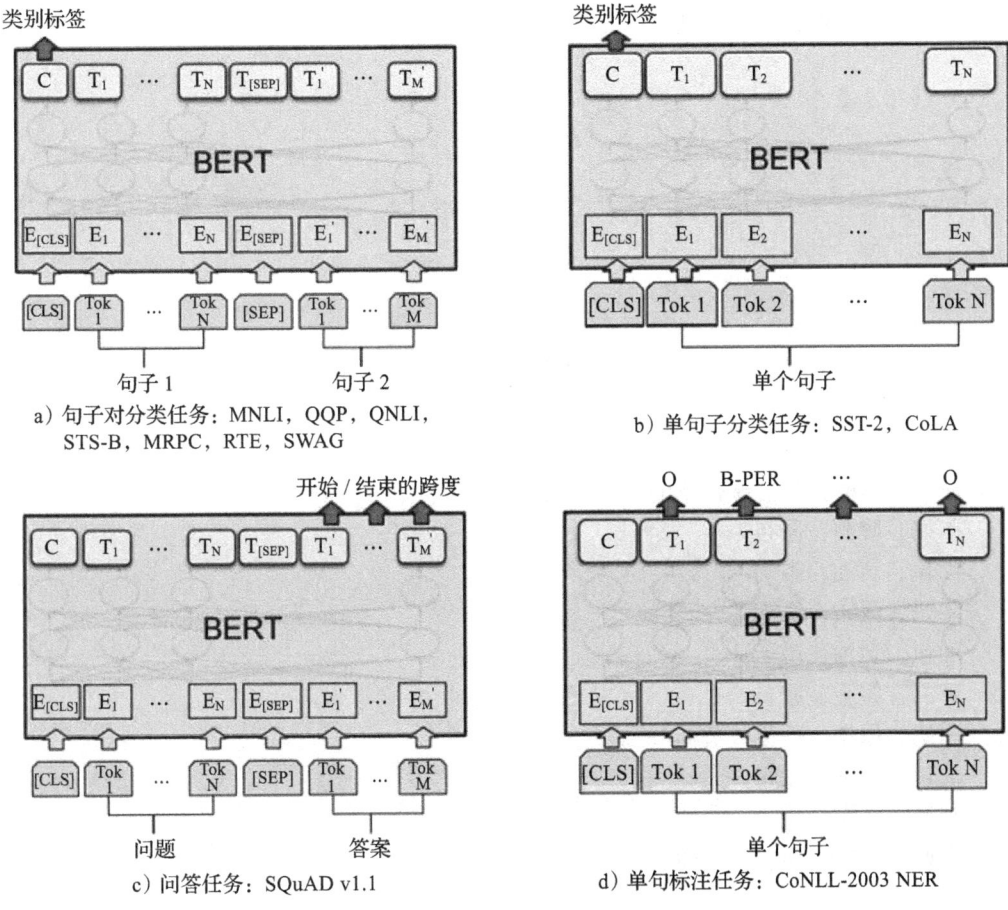

图 16-19 BERT 实验结果

16.6 本章小结

本章从自然语言处理任务出发,概述了神经网络的基本框架以及框架每个结构的基本特点。针对自然语言处理过程中文本表示的基本问题,因为 one-hot 表示方法不能很好地表示词与词之间的相似性以及会导致维度爆炸等问题,所以重点论述了分布式词向量表示方法,包含 BOW 模型、Skip-gram 模型等词嵌入方法,以及使用 Word2Vec 的负采样方法对 2 种模型进行简化,以提高计算效率。最后,分别对循环神经网络和卷积神经网络在自然语言处理领域中的基本理论和应用方法进行了描述并针对目前应用广泛的 BERT 模型进行了介绍。

附录

试题精选

试题精选一

一、选择题（可多选）

1. 从下面的购物篮能够提取的 3 项集的最大数量是多少？（　　）

   牛奶，啤酒，尿布

   面包，黄油，牛奶

   牛奶，尿布，饼干

   面包，黄油，饼干

   啤酒，饼干，尿布

   牛奶，尿布，面包，黄油

   面包，黄油，尿布

   啤酒，尿布

   牛奶，尿布，面包，黄油

   啤酒，饼干

   A. 1　　　　　　　B. 2　　　　　　　C. 3　　　　　　　D. 4

2. 简单地将数据对象集划分成不重叠的子集，使得每个数据对象恰在一个子集中，这种聚类类型称作（　　）。

   A. 层次聚类　　　B. 划分聚类　　　C. 非互斥聚类　　　D. 模糊聚类

3. 下表是一个购物篮，假设支持度阈值为 40%，其中（　　）是频繁闭项集。

TID	项
1	abc
2	abcd
3	bce
4	acde
5	de

   A. abc　　　　　　B. ad　　　　　　C. cd　　　　　　D. de

4. 假设属性 income 的最大值和最小值分别是 12 000 元和 98 000 元。利用最大 / 最小规范化的方法将属性的值映射到 0～1 的范围内。对属性 income，73 600 元将被转化为（　　）。

A. 0.821　　　　　B. 1.224　　　　　C. 1.458　　　　　D. 0.716

5. 在一所大学内，各年级人数分别为：一年级 200 人，二年级 160 人，三年级 130 人，四年级 110 人，则年级属性的众数是（　　）：

A. 一年级　　　　B. 二年级　　　　C. 三年级　　　　D. 四年级

二、卡方相关检验

使用 χ^2 的标称属性的相关分析。

χ^2 用式（A.1）计算：

$$\chi^2 = \sum_{i=1}^{c}\sum_{j=1}^{r}\frac{(o_{ij}-e_{ij})^2}{e_{ij}} \tag{A.1}$$

假设调查了 1500 个人，记录了每个人的性别。每个人对他们喜爱的阅读材料类型是否为小说进行投票。这样，我们得到两个属性 gender 和 preferred_reading。每种可能的联合事件的观测频率（或计数）汇总在下表中，括号中的数是期望频率。期望频率根据各个属性的数据分布，用式（A.2）计算：

$$e_{ij} = \frac{\text{count}(A=a_i) \times \text{count}(B=b_i)}{n} \tag{A.2}$$

	男	女	合计
小说	250	200	450
非小说	50	1000	1050
合计	300	1200	1500

请计算上表中的 χ^2 值。

三、简答题

试分析回归（regression）和分类（classification）的区别。

四、FP-Growth 算法

数据表中有 5 个事物，设 min_sup = 60%，min_conf = 80%，并有下表所示信息：

TID	购买的商品	TID	购买的商品
T100	{M, O, N, K, E, Y}	T400	{M, U, C, K, Y}
T200	{D, O, N, K, E, Y}	T500	{C, O, K, I, E}
T300	{M, A, K, E}		

请用 FP-Growth 算法找出频繁项集。

五、决策树分类器

下表的数据集包含两个属性 X 与 Y，两个类标号"+"和"-"。每个属性取三个不同的值策略：0、1 或 2。"+"类的概念是 $Y=1$，"-"类的概念是 $X=0$ 和 $X=2$。

X	Y	实例数	
		+	−
0	0	0	100
1	0	0	0
2	0	0	100
1	1	10	0
2	1	10	100
0	2	0	100
1	2	0	0
2	2	0	100

（1）建立该数据集的决策树。该决策树能捕捉到"+"和"−"的概念吗？

（2）决策树的准确率、精度、召回率和 $F1$ 各是多少？（注意，精度、召回率和 $F1$ 量均是对"+"类的定义。）

（3）使用下面的代价函数建立新的决策树，新决策树能捕捉到"+"的概念吗？

$$C(i,j) = \begin{cases} 0 & i = j \\ 1 & i = +, j = - \\ \dfrac{-\text{实例个数}}{+\text{实例个数}} & i = -, j = + \end{cases}$$

（提示：只需改变原决策树的节点。）

六、K-Means

假定我们对 A、B、C、D 四个样品分别测量两个变量，得到的结果见下表。

样品	变量	
	X_1	X_2
A	5	3
B	−1	1
C	1	−2
D	−3	−2

利用 K-Means 方法将以上的样品聚成两类。为了实施均值法聚类，首先将这些样品随意分成两类（A、B）和（C、D）。请详细给出每次聚类的中心坐标，计算样品到中心坐标的欧氏平方距离。

七、离群点检测

假设正常对象被分类为离群点的概率是 0.01，而离群点被分类为离群点的概率为 0.99，如果 99% 的对象都是正常的，那么检测率和假警告率各为多少？（使用下面的定义。）

$$检测率 = \frac{检测出的离群点个数}{离群点的总数}$$

$$假警告率 = \frac{假离群点的个数}{被分类为离群点的个数}$$

八、基于密度的聚类

给定圆的半径为 e，令 MinPts = 3，考虑下面两幅图。

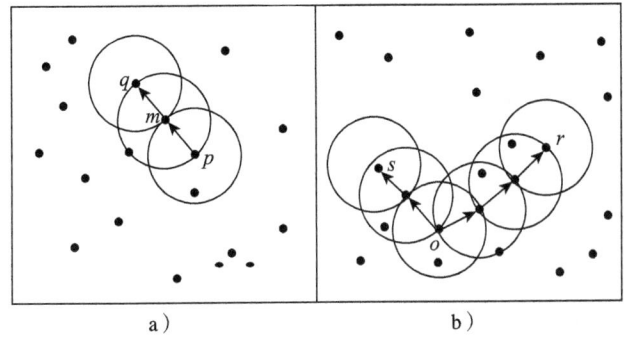

(1) 哪些对象是核心对象？
(2) 哪些对象是直接密度可达的？
(3) 哪些对象是密度可达的？
(4) 哪些对象是密度相连的？

九、基于正态分布的离群点检测

假设某城市过去10年中7月份的平均温度按递增序排列，结果为24℃、28.9℃、28.9℃、29℃、29.1℃、29.1℃、29.2℃、29.2℃、29.3℃和29.4℃。假定平均温度服从正态分布，由两个参数决定：均值和标准差。假设数据分布在这个区间之外，该数据对象即为离群点。

(1) 利用最大似然估计求均值和标准差。
(2) 寻找上述10个对象中的所有离群点。

试题精选二

一、相异性计算
给定两个元组 (22, 1, 42, 10) 和 (20, 0, 36, 8)：
（1）计算这两个对象之间的欧几里得距离。
（2）计算这两个对象之间的曼哈顿距离。
（3）使用 $q = 3$，计算这两个对象之间的闵可夫斯基距离。
（4）计算这两个对象之间的上确界距离。

二、基本概念
请简要描述 Hadoop、Spark、MPI 三种计算框架的特点，并说明它们分别适用于什么样的场景。

三、Apriori 算法：通过限制候选产生发现频繁项集
数据表中有 5 个事物，设 min_sup = 60%，min_conf = 80%，并有下表所示信息。

TID	购买的商品
T100	{M, O, N, K, E, Y}
T200	{D, O, N, K, E, Y}
T300	{M, A, K, E}
T400	{M, U, C, K, Y}
T500	{C, O, K, I, E}

请用 Apriori 算法找出频繁项集。

四、频繁序列
请给出如下 3 频繁序列的 4 候选项。

⟨{1}{2}{3}⟩
⟨{1} {2 5}⟩
⟨{1} {5} {3}⟩
⟨{2} {3} {4}⟩
⟨{2 5}{3}⟩
⟨{3} {4} {5}⟩
⟨{5} {3 4}⟩

五、属性选择度量
下表给出了一个标记类的元组的训练集 D，随机地从 AllElectronics 顾客数据库中选取。在这个例子中，每个属性都是离散值的，连续值属性已经被泛化。类标号属性 buys_computer 有两个不同值（即 {yes, no}），因此有两个不同的类（即 $m = 2$）。设 C1 类对应于 yes，C2 类对应于 no。

RID	age	income	student	credit_rating	Class: buys_computer
1	youth	high	no	fair	no
2	youth	high	no	excellent	no
3	middle_aged	high	no	fair	yes

(续)

RID	age	income	student	credit_rating	Class: buys_computer
4	senior	medium	no	fair	yes
5	senior	low	yes	fair	yes
6	senior	low	yes	excellent	no
7	middle_aged	low	yes	excellent	yes
8	youth	medium	no	fair	no
9	youth	low	yes	fair	yes
10	senior	medium	yes	fair	yes
11	youth	medium	yes	excellent	yes
12	middle_aged	medium	no	excellent	yes
13	middle_aged	high	yes	fair	yes
14	senior	medium	no	excellent	no

（1）计算属性 income 的信息增益。
（2）计算属性 income 的信息增益率。
（3）计算属性 income 的基尼指数。

六、朴素贝叶斯分类

给定第五题的表格数据，我们希望使用朴素贝叶斯分类预测未知原则的类标号。训练数据也是第五题中的表格数据。数据元组用属性 age，income，student 和 credit_rating 描述。类标号属性 buys_computer 有两个不同值。

请用朴素贝叶斯方法对 X 进行分类：

X = (age = youth, Income = medium, Student = yes, Credit_rating = Fair)

七、ROC 曲线

下表中的数据元组已经按分类器返回概率值的递减序排序。对于每个元组：
（1）计算真正例（TP），假正例（FP），真负例（TN）和假负例（FN）。
（2）计算真正例率（TPR），假正例率（FPR）。
（3）用该数据绘出 ROC 曲线。

Tuple#	Class	Probability	Tuple#	Class	Probability
1	P	0.95	6	P	0.55
2	N	0.85	7	N	0.53
3	P	0.78	8	N	0.52
4	P	0.66	9	N	0.51
5	N	0.6	10	P	0.4

八、K 均值与 K 中心点

K 均值和 K 中心点算法都可以进行有效的聚类。
（1）概述 K 均值和 K 中心点的优缺点。
（2）概述这两种方法与层次聚类方法相比较有何优缺点。

试题精选三

一、单选题

1. 一组数据，均值 > 中位数 > 众数，问这组数据（　　）。
   A. 左偏　　　　B. 右偏　　　　C. 钟型　　　　D. 对称

2. Nave Bayes 是一种特殊的贝叶斯分类器，特征变量是 X，类别标签是 C，它的一个假定是：（　　）。
   A. 各类别的先验概率 $P(C)$ 是相等的
   B. 以 0 为均值，sqr(2)/2 为标准差的正态分布
   C. 特征变量 X 的各个维度是类别条件独立随机变量
   D. $P(X|C)$ 是高斯分布

3. 某超市研究销售记录数据后发现，买啤酒的人很大概率也会购买尿布，这属于数据挖掘的哪类问题？（　　）
   A. 关联规则发现　　B. 聚类　　　　C. 分类　　　　D. 自然语言处理

4. 在 Logistic 分类中，L1 正则化和 L2 正则化的引入能解决什么问题？（　　）
   A. 数据量不充分　　B. 训练数据不匹配　　C. 训练过拟合　　D. 训练速度太慢

5. 以下算法属于有监督算法的是？（　　）
   A. LDA（Latent Dirichlet Allocation）
   B. PLSA（Probabilistic Latent Semantic Analysis）
   C. KNN
   D. SOM(Self-Organizing Maps)

6. ID3 算法在分类树构建中，使用哪个度量来进行节点分类？（　　）
   A. gini 指标　　B. 信息增益　　C. 信息增益率　　D. 准确率

7. 下列方面不能防止过拟合的是（　　）。
   A. 加入正则项
   B. 增加样本
   C. 建立更加复杂的模型
   D. Bootstrap 重采样

8. 语言模型的参数估计经常使用最大似然估计，但面临的一个问题是没有出现的项概率为 0，这会导致语言模型的效果不好。为了解决这个问题，需要使用（　　）。
   A. 平滑　　　　B. 去噪　　　　C. 随机插值　　D. 增加白噪声

9. 印度电影《宝莱坞机器人之恋》中的机器人七弟采用的智能算法最有可能是以下哪一种？（　　）
   A. 神经网络　　B. 遗传算法　　C. 模拟退火　　D. 穷举算法

10. 以下哪些方法不可以直接用来对文本分类（　　）。
    A. K-Means　　B. 决策树　　C. 支持向量机　　D. KNN

11. （　　）是一个观测值，它与其他观测值的差别很大，以至于怀疑它是由不同的机制产生的。
    A. 边界点　　B. 离群点　　C. 核心点　　D. 质心

12. 评论分类模型好坏的指标是（　　）。
    A. 准确率与召回率
    B. 准确率与置信度
    C. 准确率与提升度
    D. 置信度与提升度

13. 一般来说，KNN 最近邻方法在（　　）的情况下效果较好。
   A. 样本较多但典型性不好　　　　　　B. 样本较少但典型性好
   C. 样本呈团状分布　　　　　　　　　D. 样本呈链状分布

14. 一单位使用人脸识别准入系统来识别待进入人员的身份，此系统一共包括识别 4 种不同的人员：狱警，小偷，送餐员，其他。下面哪种学习方法适合此种应用需求（　　）。
   A. 二分类问题　　　　　　　　　　　B. 多分类问题
   C. 层次聚类问题　　　　　　　　　　D. k- 中心点聚类问题

15. 下列哪个选项不属于常用的文本分类的特征选择算法？（　　）
   A. 卡方检验值　　B. 互信息　　C. 信息增益　　D. 主成分分析

二、不定项选择题

1. 影响聚类算法效果的主要原因有（　　）。
   A. 特征选取　　　　　　　　　　　　B. 模式相似性测度
   C. 分类准则　　　　　　　　　　　　D. 已知类别的样本质量

2. 在分类问题中，我们经常会遇到正负样本数据量不等的情况，比如正样本有 10 万条数据，负样本只有 1 万条数据，以下最合适的处理方法是（　　）。
   A. 将负样本重复 10 次，生成 10 万样本量，打乱顺序参与分类
   B. 直接进行分类，可以最大限度地利用数据
   C. 从 10 万正样本中随机抽取 1 万参与分类
   D. 将负样本每个权重设置为 10，正样本权重为 1，参与训练过程

3. 已知两个一维模式类别的类概率密度函数为：

$$p(x/\omega_1) = \begin{cases} x & 0 \leqslant x < 1 \\ 2-x & 1 \leqslant x \leqslant 2 \\ 0 & 其他 \end{cases}$$

$$p(x/\omega_2) = \begin{cases} x-1 & 1 \leqslant x < 2 \\ 3-x & 2 \leqslant x \leqslant 3 \\ 0 & 其他 \end{cases}$$

先验概率 $P(\omega_1) = 0.6$；$P(\omega_2) = 0.4$，则样本 $\{x_1 = 1.35, x_2 = 1.45, x_3 = 1.55, x_4 = 1.65\}$ 各属于哪一类别？（　　）
   A. $X_4 \in w_2$　　B. $X_3 \in w_1$　　C. $X_2 \in w_1$　　D. $X_1 \in w_1$

4. 以下关于随机森林（Random Forest，RF）说法错误的是（　　）。
   A. RF 中的每棵子树都是独立同分布的
   B. RF 中模型方差随着子树的增加而减少
   C. RF 主要通过增加子树之间的相关性来减少模型的方差
   D. RF 中模型偏差随着子树的增加而减少

5. 在数据清理中，处理缺失值的方法是（　　）。
   A. 估算　　　　B. 整列删除　　　　C. 变量删除　　　　D. 成对删除

三、决策树分类器

有下表所示的数据集。请写出按属性 A 和 B 划分时的信息增益的计算表达式（不需要计算出最后结果），并回答计算信息增益在分类算法中的作用。

A	B	类标号
T	F	*
T	T	*
T	T	*
T	F	#
T	T	*
F	F	#
F	F	#
F	F	#
T	F	#
T	F	#

四、分析题

某学校对入学的新生进行性格问卷调查（没有心理学家的参与），根据学生对问题的回答，把学生的性格分成了8个类别。请说明该数据挖掘任务是属于分类任务还是聚类任务？为什么？并利用该例说明聚类分析和分类分析的异同点。

五、认识数据

对于数据：{12，9，7，6，20，100，35，21，11，18，25，37}，完成以下任务：

（1）计算它的平均值、20%的截断均值和中位数，并说明这三个统计特征在描述数据集方面的特点。

（2）使用最小－最大规范方法将其中的6，100，35转换到 [0,1]。

（3）对数据按照深度为4进行划分，再写出按边界值进行平滑后的结果。

六、简答题

欠拟合和过拟合的原因分别有哪些？如何避免？

七、思考题

最近，某公司被爆出泄漏用户数据，而另一家分析公司利用该数据操控大选。

请推测该分析公司操控的过程。

（1）可能用到了哪些方面的数据？

（2）如果由你来做这件事情，你准备如何构建模型？（请描述从数据分析到实现操控的过程。）

试题精选四

一、单选题

1. 运用云计算、数据挖掘以及模糊识别等人工智能技术,对海量的数据和信息进行分析和处理,对物体实施智能化的控制,指的是（　　）。
   A. 可靠传递　　　　B. 全面感知　　　　C. 智能处理　　　　D. 互联网

2. 以下算法属于有监督算法的是（　　）。
   A. LDA（Latent Dirichlet Allocation）　　B. PLSA（Probabilistic Latent Semantic Analysis）
   C. KNN　　　　　　　　　　　　　　　D. SOM(Self-Organizing Maps)

3. Apriori 算法的计算复杂度受（　　）影响。
   A. 项数（维度）　　B. 事务平均宽度　　C. 事务数　　D. 支持度阈值

4. 在关联规则中,有三个重要的指标：支持度（support）、可信度（confident）、提升度（lift）,则对于规则 $X \to Y$ 的三个指标说法错误的是（　　）。其中,N 表示所有的样本 item 数目。
   A. support = freq(X,Y)/N
   B. confident = freq(X,Y)/freq(x)
   C. lift = freq(X,Y)/freq(Y)
   D. lift = freq(X,Y)*N/(freq(X)*freq(Y))

5. 以下关于过拟合和欠拟合说法正确的是（　　）。
   A. 过拟合一般表现为偏差较大
   B. 欠拟合一般表现为方差较大
   C. 过拟合可以通过减少变量来缓解
   D. 欠拟合可以通过正则化来解决

6. SVM 模型通过最大化边界实现线性分类,以下哪种方法可以使 SVM 实现非线性分类（　　）。
   A. kernel　　　B. 松弛变量　　　C. 对偶空间求解　　　D. SMO 算法

7. 以下哪种距离会侧重考虑向量的方向（　　）。
   A. 欧氏距离　　B. 海明距离　　　C. Jaccard 距离　　　D. 余弦距离

8. 当不知道数据所带标签时,可以使用哪种技术促使带同类标签的数据与带其他标签的数据相分离（　　）。
   A. 聚类　　　B. 关联分析　　　C. 分类　　　D. 隐马尔科夫

9. 以下关于谱聚类说法错误的是（　　）。
   A. K-Mean 无法很好地处理非凸的聚类簇,而谱聚类作为一种扩展可以较好地处理
   B. 谱聚类是一种基于图论的聚类算法,将带权无向图划分为两个或两个以上的最优子图,使子图内部尽量相似,而子图间距离尽量较远,以达到常见的聚类的目的
   C. 谱聚类中可以通过 SVD 进行降维,降维后的特征维度与聚类簇的数量一致
   D. 谱聚类通过将离散问题连续化,通过 Rayleigh quotient 将特征向量和特征值与最小割问题建立联系

10. 在 ID3 算法中,信息增益是指（　　）。
    A. 信息的溢出程度　　　　B. 信息的增加效益
    C. 熵增加的程度最大　　　D. 熵减少的程度最大

11. 下列有关 SVM 说法不正确的是（　　）。
    A. SVM 使用核函数的过程实质上是进行特征转换的过程
    B. SVM 对线性不可分的数据有较好的分类性能

C. SVM 因为使用了核函数，因此它没有过拟合的风险

D. SVM 的支持向量是少数几个数据点向量

12. 决策树中不包含以下哪种节点（　　）。

　　A. 根节点　　　　B. 内部节点　　　　C. 叶节点　　　　D. 外部节点

13. 关于支持向量机 SVM，下列说法错误的是（　　）。

　　A. $L2$ 正则项，作用是最大化分类间隔，使得分类器拥有更强的泛化能力

　　B. Hinge 损失函数，作用是最小化经验分类错误

　　C. 分类间隔为 $1/\|w\|$，$\|w\|$ 代表向量的模

　　D. 参数 C 越小时，分类间隔越大，分类错误越多，趋于欠学习

14. 在 HMM 中，如果已知观察序列和产生观察序列的状态序列，那么可用以下哪种方法直接进行参数估计？（　　）

　　A. EM 算法　　　B. 维特比算法　　　C. 前向后向算法　　　D. 极大似然估计

15. 在 Logistic 回归中，如果同时加入 $L1$ 和 $L2$ 范数，会产生什么效果？（　　）

　　A. 可以做特征选择，并在一定程度上防止过拟合

　　B. 能解决维度灾难问题

　　C. 能加快计算速度

　　D. 可以获得更准确的结果

二、不定项选择题

1. 假设某同学使用 Naive Bayesian（NB）分类模型时，不小心将训练数据的两个维度弄重复了，那么下面关于 NB 的说法中，正确的是（　　）。

　　A. 这个被重复的特征在模型中的决定作用会被加强

　　B. 模型效果相比无重复特征的情况精确度会降低

　　C. NB 可以用来进行最小二乘回归

　　D. 当两列特征高度相关时，无法用两列特征相同时得到的结论来分析问题

2. 下列方法中，可以用于特征降维的方法包括（　　）。

　　A. 主成分分析（PCA）　　　　　　B. 线性判别分析（LDA）

　　C. 深度学习 SparseAutoEncoder　　D. 矩阵奇异值分解（SVD）

　　E. 最小二乘法

3. 关于线性回归的描述，以下正确的是（　　）。

　　A. 基本假设包括随机干扰项是均值为 0，方差为 1 的标准正态分布

　　B. 基本假设包括随机干扰项是均值为 0 的同方差正态分布

　　C. 在违背基本假设时，普通最小二乘法估计量不再是最佳线性无偏估计量

　　D. 在违背基本假设时，模型不再可以估计

　　E. 可以用 DW 检验残差是否存在序列相关性

　　F. 多重共线性会使得参数估计值方差减小

4. 下列哪些方法可以用来对高维数据进行降维（　　）。

　　A. LASSO　　　　　B. 主成分分析法　　　C. 聚类分析

　　D. 小波分析法　　　E. 线性判别法　　　　F. 拉普拉斯特征映射

5. 影响聚类算法效果的主要原因有（　　）。

　　A. 特征选取　　　　　　　　　　B. 模式相似性测度

C. 分类准则　　　　　　　　　　　D. 已知类别的样本质量

6. 下列时间序列模型中，哪一个模型可以较好地拟合波动性的分析和预测（　　）。

　　A. AR 模型　　　B. MA 模型　　　C. ARMA 模型　　　D. GARCH 模型

7. 下面有关序列模式挖掘算法的描述，正确的是（　　）。

　　A. AprioriAll 算法和 GSP 算法属于 Apriori 类算法，都会产生大量的候选序列

　　B. FreeSpan 算法和 PrefixSpan 算法不生成大量的候选序列，不需要反复扫描原数据库

　　C. 在时空的执行效率上，FreeSpan 比 PrefixSpan 更优

　　D. 和 AprioriAll 相比，GSP 的执行效率比较高

8. 有两个样本点，第一个点为正样本，它的特征向量是（0，-1）；第二个点为负样本，它的特征向量是（2，3），以这两个样本点组成的训练集构建一个线性 SVM 分类器的分类面方程是（　　）。

　　A. $2x+y=4$　　　B. $x+2y=5$　　　C. $x+2y=3$　　　D. 以上都不对

9. 以下属于线性分类器最佳准则的是（　　）。

　　A. 感知准则函数　　B. 贝叶斯分类　　C. 支持向量机　　D. Fisher 准则

10. 假设属性 income 的最大／最小值分别是 12 000 元和 98 000 元。利用最大／最小规范化的方法将属性的值映射到 0~1 的范围内。对属性 income，73 600 元将被转化为：（　　）

　　A. 0.821　　　B. 1.224　　　C. 1.458　　　D. 0.716

11. 在统计模式识分类问题中，当先验概率未知时，可以使用（　　）。

　　A. 最小损失准则　　　　　　　　B. N-P 判决

　　C. 最小／最大损失准则　　　　　D. 最小误判概率准则

12. 以下几种模型方法中属于判别式模型的是（　　）。

　　A. 混合高斯模型　　　　　　　　B. 条件随机场模型

　　C. 区分度训练　　　　　　　　　D. 隐马尔科夫模型

13. 以下说法中正确的是（　　）。

　　A. SVM 对噪声（如来自其他分布的噪声样本）鲁棒

　　B. 在 AdaBoost 算法中，所有被分错的样本的权重更新比例相同

　　C. Boosting 和 Bagging 都是组合多个分类器投票的方法，二者都是根据单个分类器的正确率决定其权重

　　D. 给定 n 个数据点，如果其中一半用于训练，一半用于测试，则训练误差和测试误差之间的差别会随着 n 的增加而减少

14. 只有非零值才重要的二元属性被称作（　　）。

　　A. 计数属性　　　　　　　　　　B. 离散属性

　　C. 非对称的二元属性　　　　　　D. 对称属性

15. 将原始数据进行集成、变换、维度规约、数值规约是以下哪个步骤的任务？（　　）

　　A. 频繁模式挖掘　　　　　　　　B. 分类与预测

　　C. 数据预处理　　　　　　　　　D. 数据流挖掘

三、分析题

小王在用 SVM 做一个垃圾邮件分类器，如果一个邮件为垃圾邮件，则 $y=1$，否则 $y=0$。

（1）小王应该提取哪些特征？

（2）在小王的训练集合中，有 99% 都是非垃圾邮件，1% 是垃圾邮件，如果最后训练

的模型将所有的邮件都判定为非垃圾邮件,请问在训练集中,准确率为多少?召回率为多少?

(3) 如果在应用场景中,希望尽可能地召回垃圾邮件,应该怎么办?

四、认识数据

假设描述学生的信息包含以下属性:性别,籍贯,年龄。记录 p, q 和 C_1, C_2 的信息如下,分别求出记录和簇彼此之间的距离。

p = {男,广州,18}

q = {女,韶关,20}

C_1 = {男:25,女:5;广州:20,深圳:6,韶关:4;20}

C_2 = {男:3,女:12;汕头:12,深圳:1,韶关:2;24}

五、简单题

请描述 K-Means 的原理,说明选择聚类中心的方法。

试题精选五

一、判断题
1. 离群点可以是合法的数据对象或者值。   （ ）
2. 离散属性总是具有有限个值。   （ ）
3. 关联规则挖掘过程是发现满足最小支持度的所有项集代表的规则。   （ ）
4. K 均值是一种产生划分聚类的基于密度的聚类算法，簇的个数由算法自动确定。（ ）
5. 如果一个对象不属于任何簇，那么该对象是基于聚类的离群点。   （ ）

二、贝叶斯分类
考虑到如下顾客训练集，请利用朴素贝叶斯方法判断顾客（青年，低收入，非学生，中等信用度）是否有购买电脑的倾向。

ID	年龄	收入	学生	信用	购买
1	青	高	否	中	否
2	青	高	否	优	否
3	中	高	否	中	是
4	老	中	否	中	是
5	老	低	是	中	是
6	老	低	是	优	否
7	中	低	是	优	是
8	青	中	否	中	否
9	青	低	是	中	是
10	老	中	是	中	是
11	青	中	是	优	是
12	中	中	否	优	是
13	中	高	是	中	是
14	老	中	否	优	否

试题精选六

一、单选题

1. 某超市研究销售记录数据后发现，买啤酒的人很大概率也会购买尿布，这种属于数据挖掘的哪类问题？（　　）
   A. 关联规则发现　　B. 聚类　　C. 分类　　D. 自然语言处理

2. 以下两种描述分别对应哪两种对分类算法的评价标准？（　　）
   （1）警察抓小偷，描述警察抓的人中有多少个是小偷的标准。
   （2）描述有多少比例的小偷被警察抓到的标准。
   A. Precision, Recall　　B. Recall, Precision
   C. Precision, ROC　　D. Recall, ROC

3. 将原始数据进行集成、变换、维度规约、数值规约是在以下哪个步骤的任务？（　　）
   A. 频繁模式挖掘　　B. 分类和预测　　C. 数据预处理　　D. 数据流挖掘

4. 当不知道数据所带标签时，可以使用哪种技术促使带同类标签的数据与带其他标签的数据相分离？（　　）
   A. 分类　　B. 聚类　　C. 关联分析　　D. 隐马尔科夫链

5. 什么是KDD？（　　）
   A. 数据挖掘与知识发现　　B. 领域知识发现
   C. 文档知识发现　　D. 动态知识发现

6. 建立一个模型，根据这个模型已知的变量值来预测其他某个变量值属于数据挖掘的哪一类任务？（　　）
   A. 根据内容检索　　B. 建模描述　　C. 预测建模　　D. 寻找模式和规则

7. 下面哪种不属于数据预处理的方法？（　　）
   A. 变量代换　　B. 离散化　　C. 聚集　　D. 估计遗漏值

8. 假设12个销售价格记录组已经排序如下：5, 10, 11, 13, 15, 35, 50, 55, 72, 92, 204, 215，使用如下每种方法将它们划分成四个箱子。等频（等深）划分时，15在第几个箱子内？（　　）
   A. 第一个　　B. 第二个　　C. 第三个　　D. 第四个

9. 上题中，等宽划分时（宽度为50），15又在哪个箱子里？（　　）
   A. 第一个　　B. 第二个　　C. 第三个　　D. 第四个

10. 下面哪个不属于数据的属性类型（　　）。
    A. 标称　　B. 序数　　C. 区间　　D. 相异

11. 在上题中，属于定量的属性类型是（　　）。
    A. 标称　　B. 序数　　C. 区间　　D. 相异

12. 只有非零值才重要的二元属性被称作（　　）。
    A. 计数属性　　B. 离散属性　　C. 非对称的二元属性　　D. 对称属性

13. 假设属性income的最大和最小值分别是12 000元和98 000元。利用最大最小规范化的方法将属性的值映射到0~1的范围内。对属性income, 73 600元将被转化为（　　）。
    A. 0.821　　B. 1.224　　C. 1.458　　D. 0.716

14. 设 $X = \{1, 2, 3\}$ 是频繁项集，则可由 X 产生（　　）个关联规则。
    A. 4　　B. 5　　C. 6　　D. 7

15. 以下哪些算法是分类算法？（　　）
    A. DBSCAN　　　B. C4.5　　　　　C. K-Mean　　　　D. EM
16. 通过聚集多个分类器的预测来提高分类准确率的技术称为（　　）。
    A. 组合（ensemble）　　　　　　B. 聚集（aggregate）
    C. 合并（combination）　　　　　D. 投票（voting）
17. 考虑两队之间的足球比赛：队 0 和队 1。假设 65% 的比赛队 0 胜出，剩余的比赛队 1 获胜。队 0 获胜的比赛中只有 30% 是在队 1 的主场，而队 1 取胜的比赛中 75% 是主场获胜。如果下一场比赛在队 1 的主场进行队 1 获胜的概率为（　　）。
    A. 0.75　　　　B. 0.35　　　　　C. 0.4678　　　　D. 0.5738
18. 简单地将数据对象集划分成不重叠的子集，使得每个数据对象恰在一个子集中，这种聚类类型称作（　　）。
    A. 层次聚类　　B. 划分聚类　　　C. 非互斥聚类　　D. 模糊聚类
19. （　　）将两个簇的邻近度定义为不同簇的所有点对的平均逐对邻近度，它是一种凝聚层次聚类技术。
    A. MIN（单链）　B. MAX（全链）　C. 组平均　　　　D. Ward 方法
20. 一个对象的离群点得分是该对象周围密度的逆。这是基于（　　）的离群点定义。
    A. 概率　　　　B. 邻近度　　　　C. 密度　　　　　D. 聚类

二、多选题

1. 数据挖掘的预测建模任务主要包括哪几大类问题？（　　）
    A. 分类　　　　B. 回归　　　　　C. 模式发现　　　D. 模式匹配
2. 以下哪些学科和数据挖掘有密切联系？（　　）
    A. 统计　　　　B. 计算机组成原理　C. 矿产挖掘　　　D. 人工智能
3. 在现实世界的数据中，元组在某些属性上缺少值是常有的情况。处理该问题的方法有：（　　）。
    A. 忽略元组
    B. 使用属性的平均值填充空缺值
    C. 使用一个全局常量填充空缺值
    D. 使用与给定元组属于同一类的所有样本的平均值
    E. 使用最可能的值填充空缺值
4. 对于数据挖掘中的原始数据，存在的问题有（　　）。
    A. 不一致　　　B. 重复　　　　　C. 不完整
    D. 含噪声　　　E. 维度高
5. 利用 Apriori 算法计算频繁项集可以有效降低计算频繁集的时间复杂度。在以下的购物篮中产生支持度不小于 3 的候选 3 项集，在候选 2 项集中需要剪枝的是（　　）。

ID	项集
1.	面包、牛奶
2.	面包、尿布、啤酒、鸡蛋
3.	牛奶、尿布、啤酒、可乐
4.	面包、牛奶、尿布、啤酒
5.	面包、牛奶、尿布、可乐

    A. 啤酒、尿布　B. 啤酒、面包　　C. 面包、尿布　　D. 啤酒、牛奶

三、判断题

1. 数据挖掘的主要任务是从数据中发现潜在的规则,从而能更好地完成描述数据、预测数据等任务。( )
2. 数据挖掘的目标不在于数据采集策略,而在于对已经存在的数据进行模式的发掘。( )
3. 离群点可以是合法的数据对象或者值。( )
4. 离散属性总是具有有限个值。( )
5. 用于分类的离散化方法之间的根本区别在于是否使用类信息。( )
6. 特征提取技术并不依赖于特定的领域。( )
7. 定量属性可以是整数值或者是连续值。( )
8. 关联规则挖掘过程是发现满足最小支持度的所有项集代表的规则。( )
9. 利用先验原理可以帮助减少频繁项集产生时需要探查的候选项个数。( )
10. 先验原理可以表述为:如果一个项集是频繁的,则包含它的所有项集也是频繁的。( )
11. 具有较高的支持度的项集具有较高的置信度。( )
12. 聚类(clustering)是这样的过程:它找出描述并区分数据类或概念的模型(或函数),以便能够使用模型预测类标记未知的对象类。( )
13. 分类和回归都可用于预测,分类的输出是离散的类别值,而回归的输出是连续数值。( )
14. 贝叶斯法是一种在已知后验概率与类条件概率的情况下的模式分类方法,待分样本的分类结果取决于各类域中样本的全体。( )
15. 分类模型的误差大致分为两种:训练误差(training error)和泛化误差(generalization error)。( )
16. 在决策树中,随着树中节点数变得太大,即使模型的训练误差还在继续减低,但是检验误差开始增大,这是出现了模型拟合不足的问题。( )
17. 在聚类分析当中,簇内的相似性越大,簇间的差别越大,聚类的效果就越差。( )
18. 聚类分析可以看作一种非监督的分类。( )
19. K均值是一种产生划分聚类的基于密度的聚类算法,簇的个数由算法自动地确定。( )
20. 给定由两次运行K均值产生的两个不同的簇集,误差的平方和最大的那个应该被视为较优。( )

试题精选七

一、单选题

1. 使用交互式和可视化的技术，对数据进行探索属于数据挖掘的哪一类任务？（　　）
   A. 探索性数据分析　　　　　　　　B. 建模描述
   C. 预测建模　　　　　　　　　　　D. 寻找模式和规则

2. 为数据的总体分布建模，把多维空间划分成组等问题属于数据挖掘的哪一类任务？（　　）
   A. 探索性数据分析　　　　　　　　B. 建模描述
   C. 预测建模　　　　　　　　　　　D. 寻找模式和规则

3. 用户有一种感兴趣的模式并且希望在数据集中找到相似的模式，属于数据挖掘哪一类任务？（　　）
   A. 根据内容检索　　B. 建模描述　　C. 预测建模　　D. 寻找模式和规则

4. 以下哪种方法不属于特征选择的标准方法？（　　）
   A. 嵌入　　　　　　B. 过滤　　　　C. 包装　　　　D. 抽样

5. 下面不属于创建新属性的相关方法的是（　　）。
   A. 特征提取　　　　　　　　　　　B. 特征修改
   C. 映射数据到新的空间　　　　　　D. 特征构造

6. 考虑值集 {1、2、3、4、5、90}，其截断均值（$p=20\%$）是（　　）。
   A. 2　　　　　　　B. 3　　　　　C. 3.5　　　　D. 5

7. 下面哪个方法属于映射数据到新的空间的方法？（　　）
   A. 傅里叶变换　　　B. 特征加权　　C. 渐进抽样　　D. 维归约

8. 熵是为消除不确定性所需要获得的信息量，投掷均匀正六面体骰子的熵是（　　）。
   A. 1 比特　　　　　B. 2.6 比特　　C. 3.2 比特　　D. 3.8 比特

9. 假设用于分析的数据包含属性 age。数据元组中 age 的值如下（按递增序）：13，15，16，16，19，20，20，21，22，22，25，25，25，30，33，33，35，35，36，40，45，46，52，70，问题：使用按箱平均值平滑方法对上述数据进行平滑，箱的深度为3。第二个箱的值为（　　）。
   A. 18.3　　　　　　B. 22.6　　　　C. 26.8　　　　D. 27.9

10. 考虑值集 {12 24 33 2 4 55 68 26}，其四分位数极差是（　　）。
    A. 31　　　　　　　B. 24　　　　　C. 55　　　　　D. 3

11. 一所大学内的各年级人数分别为：一年级200人，二年级160人，三年级130人，四年级110人，则年级属性的众数是（　　）。
    A. 一年级　　　　　B. 二年级　　　C. 三年级　　　D. 四年级

12. 下列哪个不是专门用于可视化时间/空间数据的技术？（　　）
    A. 等高线图　　　　B. 饼图　　　　C. 曲面图　　　D. 矢量场图

13. 在抽样方法中，当合适的样本容量很难确定时，可以使用的抽样方法是（　　）。
    A. 有放回地简单随机抽样　　　　　B. 无放回地简单随机抽样
    C. 分层抽样　　　　　　　　　　　D. 渐进抽样

14. 数据仓库是随着时间变化的，下面的描述不正确的是（　　）。
    A. 数据仓库随时间的变化不断增加新的数据内容
    B. 捕捉到的新数据会覆盖原来的快照

C. 数据仓库随时间变化不断删去旧的数据内容

D. 数据仓库中包含大量的综合数据，这些数据会随着时间的变化不断地进行重新综合

15. 基本数据的元数据是指（　　）。

A. 基本元数据与数据源、数据仓库、数据集市和应用程序等结构相关的信息

B. 基本元数据包括与企业相关的管理方面的数据和信息

C. 基本元数据包括日志文件和简历执行处理的时序调度信息

D. 基本元数据包括关于装载和更新处理，分析处理以及管理方面的信息

16. 下面关于数据粒度的描述不正确的是（　　）。

A. 粒度是指数据仓库小数据单元的详细程度和级别

B. 数据越详细，粒度就越小，级别也就越高

C. 数据综合度越高，粒度也就越大，级别也就越高

D. 粒度的具体划分将直接影响数据仓库中的数据量以及查询质量

17. 有关数据仓库的开发特点，不正确的描述是（　　）。

A. 数据仓库开发要从数据出发

B. 数据仓库使用的需求在开发出去就要明确

C. 数据仓库的开发是一个不断循环的过程，是启发式的开发

D. 在数据仓库环境中，并不存在操作型环境中所固定的和较确切的处理流，数据仓库中数据分析和处理更灵活，且没有固定的模式

18. 有关数据仓库测试，下列说法不正确的是（　　）。

A. 在完成数据仓库的实施过程中，需要对数据仓库进行各种测试，测试工作中要包括单元测试和系统测试

B. 当数据仓库的每个单独组件完成后，就需要对它们进行单元测试

C. 系统的集成测试需要对数据仓库的所有组件进行大量的功能测试和回归测试

D. 在测试之前没必要制订详细的测试计划

19. OLAP 技术的核心是（　　）。

A. 在线性　　　B. 对用户的快速响应　　　C. 互操作性　　　D. 多维分析

20. 关于 OLAP 的特性，下面正确的是（　　）。

(1) 快速性　(2) 可分析性　(3) 多维性　(4) 信息性　(5) 共享性

A. (1) (2) (3)　　　　　　　　　　B. (2) (3) (4)

C. (1) (2) (3) (4)　　　　　　　　D. (1) (2) (3) (4) (5)

21. 关于 OLAP 和 OLTP 的区别描述，不正确的是（　　）。

A. OLAP 主要是关于如何理解聚集的大量不同的数据，它与 OTAP 应用程序不同

B. 与 OLAP 应用程序不同，OLTP 应用程序包含大量相对简单的事务

C. OLAP 的特点在于事务量大，但事务内容比较简单且重复率高

D. OLAP 是以数据仓库为基础的，但其最终数据来源与 OLTP 一样均来自底层的数据库系统，两者面对的用户是相同的

22. OLAM 技术一般简称为"数据联机分析挖掘"，下面说法正确的是（　　）。

A. OLAP 和 OLAM 都基于客户机/服务器模式，只有后者有与用户的交互性

B. 用于 OLAM 的立方体和用于 OLAP 的立方体有本质的区别

C. 基于 Web 的 OLAM 是 Web 技术与 OLAM 技术的结合

D. OLAM 服务器通过用户图形接口接收用户的分析指令，在元数据的指导下对超级立方体作一定的操作

23. 关于 OLAP 和 OLTP 的说法，下列不正确的是（　　）。

　　A. OLAP 事务量大，但事务内容比较简单且重复率高

　　B. OLAP 的最终数据来源与 OLTP 不一样

　　C. OLTP 面对的是决策人员和高层管理人员

　　D. OLTP 以应用为核心，是应用驱动的

24. 下面选项中 t 不是 s 的子序列的是（　　）。

　　A. $s = <\{2,4\},\{3,5,6\},\{8\}>$　$t = <\{2\},\{3,6\},\{8\}>$

　　B. $s = <\{2,4\},\{3,5,6\},\{8\}>$　$t = <\{2\},\{8\}>$

　　C. $s = <\{1,2\},\{3,4\}>$　$t = <\{1\},\{2\}>$

　　D. $s = <\{2,4\},\{2,4\}>$　$t = <\{2\},\{4\}>$

25. 在图集合中发现一组公共子结构，这样的任务称为（　　）。

　　A. 频繁子集挖掘　　　　　　　　B. 频繁子图挖掘

　　C. 频繁数据项挖掘　　　　　　　D. 频繁模式挖掘

26. 下列度量不具有反演性的是（　　）。

　　A. 系数　　　　B. 概率　　　　C. Cohen 度量　　　　D. 兴趣因子

27. 下列（　　）不是将主观信息加入模式发现任务中的方法。

　　A. 与同一时期其他数据对比　　　B. 可视化

　　C. 基于模板的方法　　　　　　　D. 主观兴趣度量

28. 下面购物篮能够提取的 3 项集的最大数量是多少（　　）。

ID	购买项
1.	牛奶，啤酒，尿布
2.	面包，黄油，牛奶
3.	牛奶，尿布，饼干
4.	面包，黄油，饼干
5.	啤酒，饼干，尿布
6.	牛奶，尿布，面包，黄油
7.	面包，黄油，尿布
8.	啤酒，尿布
9.	牛奶，尿布，面包，黄油
10.	啤酒，饼干

　　A. 1　　　　　B. 2　　　　　C. 3　　　　　D. 4

29. 决策树中不包含以下哪种节点？（　　）

　　A. 根节点（root node）　　　　　B. 内部节点（internal node）

　　C. 外部节点（external node）　　D. 叶子节点（leaf node）

30. 如果规则集 R 中不存在两条规则被同一条记录触发，则称规则集 R 中的规则为（　　）。

　　A. 无序规则　　B. 穷举规则　　C. 互斥规则　　D. 有序规则

二、多选题

1. （　　）都属于簇有效性的监督度量。

　　A. 轮廓系数　　B. 共性分类相关系数　　C. 熵　　D. F 度量

2. 簇有效性的面向相似性的度量包括（　　）。
    A. 精度   B. Rand 统计量   C. Jaccard 系数   D. 召回率
3. 数据特性（　　）是对聚类分析具有很强影响的。
    A. 高维性   B. 规模   C. 稀疏性   D. 噪声和离群点
4. 在聚类分析当中，（　　）等技术可以处理任意形状的簇。
    A. MIN（单链）   B. MAX（全链）   C. 组平均   D. Chameleon
5. （　　）都属于分裂的层次聚类算法。
    A. 二分 K 均值   B. MST   C. Chameleon   D. 组平均
6. 下面属于维归约常用的线性代数技术的有（　　）。
    A. 主成分分析   B. 特征提取   C. 奇异值分解
    D. 特征加权   E. 离散化
7. 下面列出的条目中，哪些是数据仓库的基本特征？（　　）
    A. 数据仓库是面向主题的
    B. 数据仓库的数据是集成的
    C. 数据仓库的数据是相对稳定的
    D. 数据仓库的数据是反映历史变化的
    E. 数据仓库是面向事务的
8. 以下各项均是针对数据仓库的不同说法，你认为正确的有（　　）。
    A. 数据仓库就是数据库
    B. 数据仓库是一切商业智能系统的基础
    C. 数据仓库是面向业务的，支持联机事务处理（OLTP）
    D. 数据仓库支持决策而非事务处理
    E. 数据仓库的主要目标就是帮助分析，做长期性的战略制定
9. 数据仓库在技术上的工作过程是（　　）。
    A. 数据的抽取   B. 存储和管理   C. 数据的表现
    D. 数据仓库设计   E. 数据的表现
10. 联机分析处理包括以下哪些基本分析功能？（　　）
    A. 聚类   B. 切片   C. 转轴
    D. 切块   E. 分类

试题精选八

一、单选题

1. "8000"和"10000"表示（　　）。
   A. 数据　　　　　　B. 信息　　　　　　C. 知识　　　　　　D. 智慧

2. 所谓高维数据，指的是（　　）。
   A. 数据对象很多　　　　　　　　B. 数据属性很多

3. 所谓特征选择，是指（　　）。
   A. 从数据中选择有代表性的属性　　B. 从数据中选择有代表性的数据对象

4. 中位数、平均数、众数三者的关系是（　　）。
   A. 中位数 = 平均数 = 众数　　　　B. 中位数 > 平均数 > 众数
   C. 平均数 > 中位数 > 众数　　　　D. 中位数 < 平均数 < 众数

5. 数据库中某属性缺失值比较多时，数据清理采用的方法是（　　）。
   A. 忽略元组　　　　B. 平均值填充　　　　C. 盒状图法

6. 决策树算法特征构造适合采用的方法是（　　）。
   A. 单调变换　　　　B. 线性组合　　　　C. 绝对值

7. 下列哪种聚类算法对聚簇的形状不敏感？（　　）。
   A. K-Means　　　　B. K 中心点　　　　C. AGNES　　　　D. DBSCAN

8. 根据规则集，灰熊属于什么类别？（　　）
   规则集：
   r_1：（胎生 = 否）∧（飞行动物 = 是）→ 鸟类
   r_2：（胎生 = 否）∧（水生动物 = 是）→ 鱼类
   r_3：（胎生 = 是）∧（体温 = 恒温）→ 哺乳类
   r_4：（胎生 = 否）∧（飞行动物 = 否）→ 爬行类
   r_5：（水生动物 = 半）→ 两栖类

   A. 鸟　　　　　　B. 鱼　　　　　　C. 哺乳　　　　　　D. 爬行

9. KNN 分类属于下面哪一类？（　　）
   A. 急切学习　　　　　　　　　　B. 惰性学习

10. 当训练集规模较大时，更适合采用下列哪种优化算法估计权值？（　　）
    A. 批处理梯度下降　　　　　　　B. 随机梯度下降

11. 在逻辑回归中，用下述两个公式描述同一条直线，哪个好？（　　）

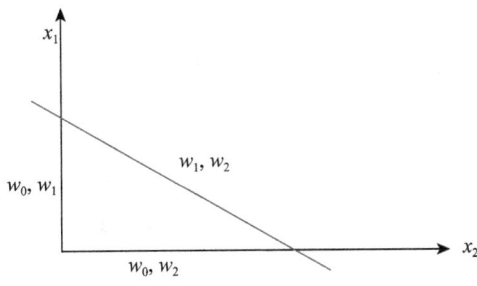

    A. $0.5x_1 + 0.4x_2 + 0.3 = 0$　　　　　　B. $5x_1 + 4x_2 + 3 = 0$

12. Logistic 回归是否对噪声敏感？（　　）

A. 是 B. 否
13. SVM 分类器中，若支持向量太多，说明训练的模型（　　）。
A. 过拟合 B. 欠拟合
14. 基于软裕量的 C-SVM，如果 C 过大，将会（　　）。

$$\min_{(w,b)} \left\{ \frac{1}{2} \|w\|^2 + C \sum_{i=1}^{n} \xi_i \right\}$$

s.t. $(y_i(wx_i + b) \geq 1 - \xi_i)$ 且 $(\xi_i \geq 0), \forall i = 1, \cdots, n$

A. 松弛变量过大，导致样本误分较多，但模型泛化能力强
B. 松弛变量过小，导致过分拟合训练数据，导致过拟合
15. SVM 是否对噪声点敏感？（　　）
A. 是 B. 否
16. Bagging 算法的优点包括（　　）。
A. 降低噪声数据的影响 B. 易过拟合
17. 设 $X = \{1, 2, 3\}$ 是频繁项集，则可由 X 产生（　　）个关联规则。
A. 4 B. 5 C. 6 D. 7
18. "8000m 是飞机飞行最大高度"与"10 000m 的高山"表示（　　）。
A. 数据 B. 信息 C. 知识 D. 智慧
19. 创建时间 = 1 月 2 日是指（　　）。
A. 创建时间表示属性，1 月 2 日表示属性
B. 创建时间表示属性值，1 月 2 日表示属性值
C. 创建时间表示属性，1 月 2 日表示属性值
D. 创建时间表示属性值，1 月 2 日表示属性
20. 以下哪些算法是分类算法？（　　）
A. DBSCAN B. C4.5 C. K-Means D. EM

二、多选题

1. 协同过滤算法的优点包括（　　）。
A. 不需要特征选择 B. 利用其他用户的优质判断
C. 考虑用户多方面的兴趣 D. 可以很好解决冷启动问题
2. 下列关于 AdaBoost 算法，说法正确的是（　　）。
A. 比较适合于关注疑难数据的分类 B. 弱分类器太复杂，容易过拟合
C. 弱分类器太简单，容易欠拟合 D. 对噪声数据敏感
3. 神经网络分类器的特点包括（　　）。
A. 普适近似，精度较高 B. 噪声敏感
C. 训练非常耗时
4. 随机森林中，每个子树中减少特征选择个数 m，则（　　）。
A. 树的相关性降低 B. 分类能力降低
C. 树的相关性升高 D. 树的相关性升高
5. TPR 是指（　　）。
A. 真阳性 B. 灵敏度 C. 漏报率 D. 查全率
6. 下列说法正确的是（　　）。

A. 过拟合是由于训练集多，模型过于简单
B. 过拟合是由于训练集少，模型过于复杂
C. 欠拟合是由于训练集多，模型过于简单
D. 欠拟合是由于训练集少，模型过于简单

7. 导致过拟合的原因包括（　　）。
   A. 训练集规模太大
   B. 训练集中存在大量噪声数据
   C. 训练集规模太小，训练模型过于复杂

8. 规则分类具有下列哪些特征？（　　）
   A. 互斥规则集　　　B. 非互斥规则集　　　C. 穷举规则集　　　D. 非穷举规则集

9. 一个决策树包括如下哪些要素？（　　）
   A. 测试节点　　　B. 分支　　　C. 叶子

10. 采用决策树分类算法，连续数据如何处理？（　　）
    A. 连续数据离散化
    B. 选择最佳划分点分裂
    C. 连续数据每 2 个值之间形成分裂

11. 下列说法正确的是（　　）。
    A. K-Means 能够解决有离群点的聚类问题
    B. K-Modes 能够解决离散数据的聚类问题
    C. K-Means++ 能够解决初始点影响聚类效果的问题
    D. K 中心点能够解决有离群点的聚类问题

12. 层次聚类法计算 2 个簇之间的距离有哪些方法？（　　）
    A. 最小值　　　B. 最大值　　　C. 平均值

13. 时间序列数据特征构造方法主要包括（　　）。
    A. 傅里叶变换　　　B. 小波变换　　　C. 单调变换

14. 下列哪些是非监督数据离散化方法？（　　）
    A. 等宽法　　　B. 等频法　　　C. 聚类法　　　D. 决策树法

15. 属性的别名是（　　）。
    A. 元组　　　B. 维度　　　C. 特征　　　D. 字段

试题精选九

一、单选题

1. 有下表所示的病例数据，Gender 是对称属性，其余都是非对称属性，假设只计算非对称属性，则 Jack 和 Mary 的相异度为（　　）。

Name	Gender	Fever	Cough	Test-1	Test-2	Test-3	Test-4
Jack	M	Y	N	P	N	N	N
Mary	F	Y	N	P	N	P	N
Jim	M	Y	P	N	N	N	N

　　A. 0.67　　　　　B. 0.33　　　　　C. 0.75　　　　　D. 45

2. 标称类型数据可以利用的数学计算为（　　）。

　　A. 众数　　　　　B. 中位数　　　　C. 均值　　　　　D. 方差

3. 一组数据的最小值为 12 000，最大值为 98 000，利用最小最大规范化将数据规范到 [0, 1]，则 73 000 规范化的值为（　　）。

　　A. 0.513　　　　　B. 0.612　　　　　C. 0.716　　　　　D. 0.845

4. 如下图所示，假设 Minpts = 3，则 x_2 与 x_1 关系，x_3 与 x_1 关系，x_3 与 x_4 关系分别为（　　）。

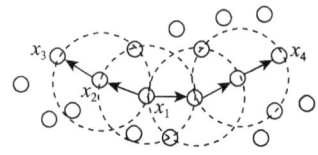

　　A. 密度可达，密度相连，直接密度可达

　　B. 密度相连，直接密度可达，密度可达

　　C. 密度相连，密度可达，直接密度可达

　　D. 直接密度可达，密度可达，密度相连

5. 下列关于降维的说法错误的是（　　）。

　　A. 降维能够减小训练的时间复杂度

　　B. 降维能够减小预测的时间复杂度

　　C. 维数灾难不会引起过拟合

　　D. 根据原始数据挖掘出新特征后，特征数量较多，可能会引发维数灾难

6. 在无人驾驶中，希望程序能够根据路况决策汽车的方向盘的旋转角度，那么该任务是（　　）。

　　A. 分类　　　　　B. 回归　　　　　C. 聚类　　　　　D. 降维

7. 有两个样本点，第一个点为正样本，它的特征向量是（0, −1）；第二个点为负样本，它的特征向量是（2, 3），从这两个样本点组成的训练集构建一个线性 SVM 分类器的分类面方程是（　　）。

　　A. $2x + y = 4$　　B. $x + 2y = 5$　　C. $x + 2y = 3$　　D. 以上都不对

8. 考虑如下数据集，其中 Customer ID（顾客 ID），Transaction ID（事务 ID），Items Bought（购买项）。如果将每个事务 ID 看作一个购物篮，计算项集 {e}，{b, d}，{b, d, e} 的支持度为（　　）。

顾客 ID	事物 ID	购买项
1	0001	{a, d, e}
1	0024	{a, b, c, e}
2	0012	{a, b, d, e}
2	0031	{a, c, d, e}
3	0015	{b, c, e}
3	0022	{b, d, e}
4	0029	{c, d}
4	0040	{a, b, c}
5	0033	{a, d, e}
5	0038	{a, b, e}

A. $s(\{e\}) = 0.8\ s(\{b, d\}) = 0.2\ s(\{b, d, e\}) = 0.2$
B. $s(\{e\}) = 0.7\ s(\{b, d\}) = 0.3\ s(\{b, d, e\}) = 0.3$
C. $s(\{e\}) = 0.6\ s(\{b, d\}) = 0.4\ s(\{b, d, e\}) = 0.3$
D. $s(\{e\}) = 0.8\ s(\{b, d\}) = 0.1\ s(\{b, d, e\}) = 0.1$

9. 一般情况下，KNN 最近邻方法在（　）情况下效果最好。
   A. 样本呈现团状分布　　　　　　　　B. 样本呈现链状分布
   C. 样本较多但典型性不好　　　　　　D. 样本较少但典型性好

10. 二分类任务中，有三个分类器 h_1, h_2, h_3，三个测试样本 x_1, x_2, x_3。假设 1 表示分类结果正确，0 表示错误，h_1 在 x_1, x_2, x_3 的结果分别（1, 1, 0），h_2, h_3 分别为（0, 1, 1），（1, 0, 1），按投票法集成三个分类器，下列说法正确的是（　）。
    A. 集成提高了性能　　　　　　　　　B. 集成没有效果
    C. 集成降低了性能　　　　　　　　　D. 集成效果不能确定

11. 考虑两队之间的足球比赛：队 0 和队 1。假设 65% 的比赛队 0 胜出，$P(Y = 0) = 0.65$；剩余的比赛队 1 胜出，$P(Y = 1) = 0.35$；队 0 获胜的比赛中只有 30% 在队 1 的主场，$P(X = 1|Y = 0) = 0.3$；而队 1 获胜的比赛中 75% 是主场获胜，$P(X = 1|Y = 1) = 0.75$。那么，队 1 在主场获胜的概率即 $P(Y = 1|X = 1)$ 为（　）。
    A. 0.57　　　　　B. 0.42　　　　　C. 0.69　　　　　D. 0.28

12. 假设某同学使用贝叶斯分类模型时，由于失误操作，致使训练数据中两个维度重复表示。下列描述中正确的是（　）。
    A. 被重复的维度在模型中作用被加强
    B. 模型效果精度降低
    C. 如果所有特征都被重复一遍，则预测结果不发生变化
    D. 以上说法均错误

13. Bootstrap 数据是什么意思？（　）
    A. 有放回地从总共 M 个特征中抽样 m 个特征
    B. 无放回地从总共 M 个特征中抽样 m 个特征
    C. 有放回地从总共 N 个样本中抽样 n 个样本
    D. 无放回地从总共 N 个样本中抽样 n 个样本

14. 在其他条件不变的前提下，以下哪种做法容易引起过拟合问题？（ ）

   A. 增加训练集量

   B. 减少神经网络隐藏层节点数

   C. 删除稀疏的特征

   D. SVM 算法中使用高斯核/RBF 核代替线性核

15. 以下说法正确的是（ ）。

   A. 一个机器学习模型，如果有较高准确率，总是说明这个分类器是好的

   B. 如果增加模型复杂度，那么模型的测试错误率总是会降低

   C. 如果增加模型复杂度，那么模型的训练错误率总是会降低

   D. 我们不可以使用聚类"类别 ID"作为一个新的特征项，然后再用监督学习分别进行学习

16. 在进行聚类分析之前，给出少于所需数据的数据点，下面哪种方法最适合用于数据清理？（ ）

   （1）剔除或增加变量；（2）去除异常值

   A.（1）   B.（2）   C.（1）和（2）   D. 都不能

17. 数据科学家可能会同时使用多个算法（模型）进行预测，并且最后把这些算法的结果集成起来进行最后的预测（集成学习），以下关于集成学习说法正确的是（ ）。

   A. 单个模型之间有高相关性

   B. 单个模型之间有低相关性

   C. 在集成学习中使用"平均权重"而不是"投票"会比较好

   D. 单个模型都是用的一个算法

18. 关于 K-Means 算法，正确的描述是（ ）。

   A. 能找到任意形状的聚类

   B. 初始值不同，最终结果可能不同

   C. 每次迭代的时间复杂度是 $O(n^2)$，其中 n 是样本数量

   D. 不能使用核函数

19. 决策树的父节点和子节点的熵的大小关系是什么？（ ）

   A. 决策树的父节点更大

   B. 子节点的熵更大

   C. 两者相等

   D. 根据具体情况而定

20. 对于地震的预测，我们希望的是召回率非常高，也就是说每次地震我们都希望预测出来，这时我们可以牺牲精确率。我们宁可发出 1000 次警报，把 10 次地震都预测正确了，那么请问此时地震预测的假阳例（FP）等于多少？（ ）

   A. 10   B. 0   C. 990   D. 1000

21. 对于如下 ROC 曲线中，坐标（1,1）表示（ ）。

   A. 任何分类都是阴性   B. 任何分类都是阳性

   C. 分类均正确   D. 分类均错误

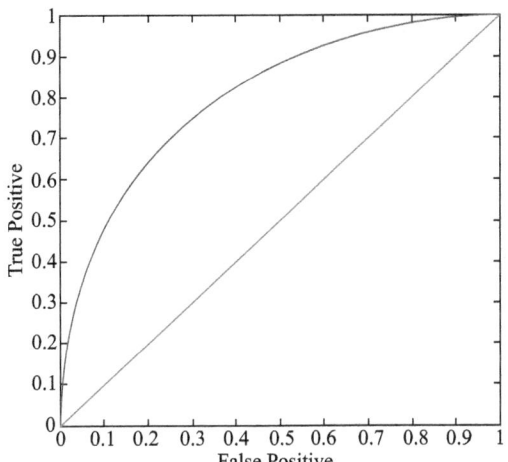

22. 假设 12 个销售价格记录组已经排序如下：5, 10, 11, 13, 15, 35, 50, 55, 72, 92, 204, 215，使用如下每种方法将它们划分成四个箱。等频划分时，15 在第几个箱内？（ ）
   A. 第一个　　　　B. 第二个　　　　C. 第三个　　　　D. 第四个

23. 检测一元正态分布中的离群点，属于异常检测中的基于（ ）的离群点检测。
   A. 统计方法　　　B. 邻近度　　　　C. 密度　　　　　D. 聚类技术

24. （ ）将两个簇的邻近度定义为不同簇的所有点对的平均逐对邻近度，它是一种凝聚层次聚类技术。
   A. MIN（单链）　　B. MAX（全链）　　C. 组平均　　　　D. Ward 方法

25. 考虑下面的频繁 3 项集的集合：{1, 2, 3}, {1, 2, 4}, {1, 2, 5}, {1, 3, 4}, {1, 3, 5}, {2, 3, 4}, {2, 3, 5}, {3, 4, 5}，假设数据集中只有 5 个项，采用合并策略，由候选产生过程得到 4 项集不包含（ ）。
   A. 1, 2, 3, 4　　　B. 1, 2, 3, 5　　　C. 1, 2, 4, 5　　　D. 1, 3, 4, 5

26. 设 $X = \{1, 2, 3\}$ 是频繁项集，则可由 X 产生几个关联规则？（ ）
   A. 4　　　　　　B. 5　　　　　　C. 6　　　　　　D. 7

27. 考虑以下问题：假设我们有一个 5 层的神经网络，这个神经网络在使用一个 4GB 显卡时需要花费 3h 来完成训练。而在测试过程中，单个数据需要花费 2s。如果我们现在把架构变换一下，当评分是 0.2 和 0.3 时，分别在第 2 层和第 4 层添加 Dropout，那么新架构的测试所用时间会变为多少？（ ）
   A. 少于 2s　　　　B. 大于 2s　　　　C. 仍是 2s　　　　D. 说不准

28. 以下哪些算法是基于规则的分类器？（ ）
   A. KNN　　　　　B. ANN　　　　　C. Naive Bayes　　D. C4.5

29. 使用以下模型解决分类问题时，一般情况下对输入数据内的噪声、离群点（outlier）最敏感的是（ ）。
   A. Ada Boost　　　B. 软间隔 SVM　　C. Lasso 回归　　　D. 随机森林

30. 在一个 n 维的空间中，最好的检测离群点（outlier）的方法是（ ）。
   A. 作正态分布概率图　　　　　　　B. 作盒形图
   C. 马氏距离　　　　　　　　　　　D. 作散点图

二、不定项选择题
1. 下列哪些数据挖掘算法不需要做数据归一化处理？（ ）

A. K均值　　　　　B. 线性回归　　　　C. 决策树　　　　　D. 朴素贝叶斯
2. 影响聚类算法效果的主要原因有（　　）。
    A. 特征选取　　　　　　　　　　　B. 模式相似性测度
    C. 聚类准则　　　　　　　　　　　D. 已知类别的样本质量
3. 下面关于支持向量机的说法正确的是（　　）。
    A. 支持向量机的最终模型仅仅与支持向量有关
    B. 支持向量机的最终模型由所有的训练样本共同决定
    C. 支持向量机的最终模型由离决策边界最近的几个点决定
    D. 训练集越大，支持向量机的模型就越准确
4. 下列关于模型的评价说法正确的是（　　）。
    A. 相比自助法，在初始数据量较小时交叉验证更常用
    B. 自助法对集成学习方法有很大的好处
    C. 使用交叉验证能够增加模型泛化能力
    D. 在数据难以划分训练集测试集时，可以使用自助法
5. 在数据挖掘中需要划分数据集，常用的划分测试集和训练集的划分方法有哪些？（　　）
    A. 留出法　　　　B. 交叉验证法　　　　C. 自助法　　　　D. 评分法
6. 下面哪种情况会影响 K-Means 聚类的效果？（　　）
    A. 数据点密度分布不均　　　　　　B. 数据点呈圆形状分布
    C. 数据中有异常点存在　　　　　　D. 数据点呈非凸形状分布
7. 给定两个特征向量，以下哪些方法可以计算这两个向量相似度？（　　）
    A. 欧氏距离　　　　　　　　　　　B. 夹角余弦（Cosine）
    C. 信息熵　　　　　　　　　　　　D. 曼哈顿距离
8. 数据挖掘算法主要有聚类算法、关联算法、决策树算法和回归分析等，各种算法用于解决不同的实际问题，某分行拟通过对县域机构数量与存款市场竞争力的相关性分析，进而建立两者之间的函数表达式，用新思维拓展县域市场，提升县域存款的市场竞争力。那么可以采用以下哪种方法？（　　）
    A. 关联算法　　　　B. 决策树算法　　　　C. 聚类分析　　　　D. 回归分析
9. 下面属于维归约常用的线性代数技术有（　　）。
    A. 主成分分析　　　B. 特征提取　　　　C. 奇异值分解　　　D. 特征加权
10. 下面哪些属于可视化高维数据技术？（　　）
    A. 平行坐标系　　　B. 直方图　　　　　C. 散点图矩阵　　　D. 切尔诺夫脸

三、Apriori 算法在数据挖掘中被广泛使用，已知有 5000 名球迷看奥运会，看乒乓球比赛和看篮球比赛的人数分别如下表所示：

	看乒乓球	没看乒乓球	合计（行）
看篮球	2000	1750	3750
没看篮球	1000	250	1250
合计（列）	3000	2000	5000

计算"看乒乓球→看篮球"的支持度比例（Support）、置信度比例（Confidence）、提升度（Lift）。

四、已知：训练集合中垃圾邮件的比例为 $P(h+) = 0.2$；训练集合中正常邮件的比例为 $P(h-) = 0.8$；单词出现频率表如下：

分词	在垃圾邮件中出现的比例	在正常邮件中出现的比例
免费	0.3	0.01
奖励	0.2	0.01
网站	0.2	0.2

求解：判断一封邮件 D=<"免费""奖励""网站"> 是否是垃圾邮件？

五、关联规则挖掘的置信度比例不满足反单调性（anti-monotone property），例如：$c(ABC \to D)$ 可能大于也可能小于 $c(AB \to D)$。但是，针对同一个频繁项集的关联规则，如果规则的后件满足子集关系，那么这些规则的置信度间满足反单调性。

针对频繁项集合 $Y = \{A, B, C, D\}$，请利用置信度比例的计算步骤比较置信度比例 $c(ABC \to D)$、置信度比例 $c(AB \to CD)$、置信度比例 $c(A \to BCD)$ 的大小关系，给出具体计算过程。

六、神经网络中为什么用激活函数？请推导 sigmoid 函数 $f(x) = \dfrac{1}{1+e^{-x}}$ 一阶导数，并求出在 $x = 0$ 处的一阶导数值。

七、小梅和小雷是某公司的实习生，他们刚入职就接受了一项任务：用数据挖掘的方法来预测某个行业 query 和广告之间的点击率。该模型将会用于对广告展现时，根据点击率对展现的广告做重排序。他们两个都采用了 LR 方法（Logistic Regression）来解决问题，具体的做法是：

（1）根据该行业一个月的日志找到每次搜索时展现的所有广告（一次展现固定三条广告）。他们把每个广告的每次展现当作样本，当时是否点击为 LR 的 y 值：0 或者 1。这样一共获得了 50 万个样本（比如在一次搜索 query A 下展现了三条广告 a，b，c，其中 a 被点击了一次，那么这次搜索一共对应 3 个样本，其中第一个样本的 y 为 1，后面两个样本的 y 为 0）。

（2）对样本做均匀抽样，分成两份，70% 为训练样本，30% 为测试样本，抽取了 100 种特征，其中一个特征是当时广告在网页中的排序（1，2 或者 3）。

（3）使用公司的 LR 在训练样本上进行训练，在测试样本中进行检测，认为 LR 模型给出的 p 即为广告的点击率。

请回答如下问题：

1. 对于广告在网页中的排序，小梅使用的方法是离散 0-1 特征，即将排序离散成（是否为第一名，是否为第二名，是否为第三名），如果样本的排序是第一名，对应的特征为（1, 0, 0）；如果样本的排序为第二名，对应的特征为（0, 1, 0）。而小雷的方法是直接对排序做归一后当作特征的取值，如第一名为 0，第二名为 0.5，第三名为 1，请问谁的方法效果会更好，为什么？

2. 一般大型 LR 模型都是使用随机梯度下降的方式，所以需要选择初始值，小梅把截距 beta() 的初始值设置成了广告的平均点击 0.01，而小雷把截距 beta() 设置为 1，问在实际线上应用时，谁的方法效果会更好，为什么？

3. 在直接使用 LR 模型时 $\left(\ln L = \sum\limits_{i=1}^{n} [y_i \ln p_i + (1-y_i) \ln(1-p_i)] \right)$，小梅和小雷发现在训练样本中拟合得很好，但是在测试样本中效果比较差，这可能是什么原因导致？怎么解决呢？

4. 在测试的时候，他们使用 AUC 来评估效果，请问 AUC 是怎么计算的？

试题精选十

一、单选题

1. 某超市研究销售记录数据后发现，买面包的人很大概率也会购买牛奶，这种属于数据挖掘的哪类问题？（　　）
   A. 关联规则发现　　B. 聚类　　　　　　C. 分类　　　　　　D. 自然语言处理
2. 下面哪个不属于数据的属性类型？（　　）
   A. 标称　　　　　　B. 序数　　　　　　C. 区间　　　　　　D. 相异
3. OLAP 技术的核心是（　　）。
   A. 在线性　　　　　B. 对用户的快速响应　C. 互操作性　　　　D. 多维分析
4. 在图集合中发现一组公共子结构，这样的任务称为（　　）。
   A. 频繁子集挖掘　　B. 频繁子图挖掘　　C. 频繁数据项挖掘　D. 频繁模式挖掘
5. 下列关于降维的说法错误的是（　　）。
   A. 降维能够减小训练的时间复杂度
   B. 降维能够减小预测的时间复杂度
   C. 维数灾难不会引起过拟合
   D. 根据原始数据挖掘出新特征后，特征数量较多，可能会引发维数灾难
6. 决策树中不包含一下哪种节点？（　　）
   A. 根节点　　　　　B. 内部节点　　　　C. 外部节点　　　　D. 叶节点
7. 以下哪个分类方法可以较好地避免样本的不平衡问题？（　　）
   A. KNN　　　　　　B. SVM　　　　　　C. Bayes　　　　　　D. 神经网络
8. DBSCAN 在最坏情况下的时间复杂度是（　　）。
   A. $O(m)$　　　　　B. $O(m^2)$　　　　C. $O(\log m)$　　　D. $O(m \log m)$
9. 在抽样方法中，当合适的样本容量很难确定时，可以使用的抽样方法是（　　）。
   A. 有放回地简单随机抽样　　　　　　B. 无放回地简单随机抽样
   C. 分层抽样　　　　　　　　　　　　D. 渐进抽样
10. 如果规则集 R 中不存在两条规则被同一条记录触发，则称规则集 R 中的规则为（　　）。
    A. 无序规则　　　　B. 穷举规则　　　　C. 互斥规则　　　　D. 有序规则
11. 下面选项中 t 不是 s 的子序列的是（　　）。
    A. $s = <\{2,4\}, \{3,5,6\}, \{8\}>$　　$t = <\{2\}, \{3,6\}, \{8\}>$
    B. $s = <\{2,4\}, \{3,5,6\}, \{8\}>$　　$t = <\{2\}, \{8\}>$
    C. $s = <\{1,2\}, \{3,4\}>$　　　　　　$t = <\{1\}, \{2\}>$
    D. $s = <\{2,4\}, \{2,4\}>$　　　　　　$t = <\{2\}, \{4\}>$
12. 采用 LOF 方法进行离群点检测时，下列描述中正确的是（　　）。
    A. LOF 值越小越疑似离群点　　　　　B. LOF 值越大越疑似离群点
    C. LOF 值越接近 1 越疑似离群点　　　D. LOF 值越接近 0.5 越疑似离群点
13. 在 PCA 变换中，应尽量把数据向什么方向投影？（　　）
    A. 数据集中的方向　　　　　　　　　B. 数据散布大的方向
    C. 数据分组特征明显的方向　　　　　D. 平行于原始坐标轴的方向
14. 以下关于感知机说法正确的是（　　）。
    A. 在 Batch Learning 模式下，权重调整出现在学习每个样本之后
    B. 只要参数设置得当，感知机理论上可以解决各种分类问题

C. 感知机的训练过程可以看作在误差空间进行梯度下降
D. 感知机的激励函数必须采用门限函数

15. 如图所示，若神经元的误差对某输入的权重的偏导大于零，说明（　　）。
    A. 该权重应增加
    B. 该权重应减少
    C. 应增加神经网络层数
    D. 应调整激活函数

16. 已知池中有两种鱼，比例为 7 : 3，若随机捞上一条，按照 70% 和 30% 概率随机猜测其种类，则整体误差最接近于（　　）。
    A. 20% B. 30% C. 40% D. 50%

17. 在误差逆传播算法中，隐含层节点的误差信息应当（　　）。
    A. 根据自身的期望输出和实际输出的差值计算
    B. 根据所有输出层神经元的误差的均值计算
    C. 根据自身下游神经元的误差进行加权计算
    D. 根据自身下游神经元的误差的均值计算

18. AdaBoost 中核心参数 alpha 的取值为（　　）(e 为模型错误率)。
    A. $\frac{1}{2}\ln\frac{1-e}{e}$ B. $\ln\frac{1-e}{e}$ C. $\frac{1}{2}\ln\frac{e}{1-e}$ D. $\ln\frac{e}{1-e}$

19. 所谓 Kernel trick，指的是：（　　）
    A. 利用在原始空间定义的函数替代高维空间的向量内积操作
    B. 利用在高维空间定义的函数替代原始空间的向量内积操作
    C. 核函数的导数具有简单的解析解，简化了运算
    D. 核函数具有固定的上下界，可以输出（−1, +1）区间中的连续值

20. PCA 变换中不包含以下哪一种操作？（　　）
    A. 取均值   B. 矩阵特征值分解
    C. 属性值标准化   D. 坐标变换

21. 朴素贝叶斯分类器的朴素之处在于（　　）。
    A. 只能处理低维属性   B. 只能处理离散型属性
    C. 分类效果一般   D. 属性之间的条件独立性假设

22. K-Means 算法中的初始中心点（　　）。
    A. 可随意设置   B. 必须在每个簇的真实中心点的附近
    C. 必须足够分散   D. 直接影响算法的收敛结果

23. 适合可视化高维数据的方法是（　　）。
    A. 圆饼图   B. 散点图   C. 平行坐标   D. 直方图

24. 决策树模型中应如何妥善处理连续型属性？（　　）
    A. 直接忽略   B. 利用固定阈值进行离散化
    C. 根据信息增益选择阈值进行离散化
    D. 随机选择数据标签发生变化的位置进行离散化

25. 考虑下面的频繁 3 项集的集合：{1, 2, 3}，{1, 2, 4}，{1, 2, 5}，{1, 3, 4}，{1, 3, 5}，{2, 3, 4}，{2, 3, 5}，{3, 4, 5}，假设数据集中只有 5 个项，采用合并策略，由候选产生过程得到 4 项集不包含（　　）。

A. 1,2,3,4   B. 1,2,3,5   C. 1,2,4,5   D. 1,3,4,5

26. 在层次型聚类中，两个点集之间的距离计算方法通常不包括（　　）。
    A. 由点集间距离最近的一对点的距离决定
    B. 由点集间距离最远的一对点的距离决定
    C. 由点集间随机的一对点的距离决定
    D. 由点集间所有点的平均距离决定

27. 在混合高斯模型中，每一个数据点（　　）。
    A. 只能被某一个高斯生成
    B. 可以被所有高斯等概率生成
    C. 可以被任一高斯生成但概率可能不等
    D. 可以被任一高斯生成且概率由高斯的权重决定

28. 在 Box Plots 当中，一个盒子越扁，说明在该维度上（　　）。
    A. 25%～75% 之间的数据分布较为集中
    B. 25%～75% 之间的数据分布较为分散
    C. 离群点较少
    D. 离群点较多

29. 在 SVM 当中，主要的运算形式是（　　）。
    A. 向量内积   B. 矩阵乘法   C. 矩阵转置   D. 矩阵分解

30. 关于分支定界法，不正确的描述是（　　）。
    A. 树状搜索算法
    B. 随机搜索算法
    C. 依赖属性的单调性假设
    D. 能够减少搜索空间

二、判断题

1. 线性回归模型由于自身的局限性只能描述变量间的线性关系。（　　）
2. 熵衡量的是系统的不确定性，熵值越大（接近于1）说明系统的不确定性越低。（　　）
3. 离群点可以是合法的数据对象或者值。（　　）
4. OLAP 技术侧重于对数据库中的数据进行分析、转换成辅助决策信息，是继数据库技术发展之后迅猛发展起来的一种新技术。（　　）
5. 具有较高的支持度的项集具有较高的置信度。（　　）
6. 在聚类分析当中，簇内的相似性越大，簇间的差别越大，聚类的效果就越差。（　　）
7. 基于模型的聚类与基于分割的聚类相比，对数据分布有更好的描述性。（　　）
8. 皮尔逊相关系数（Pearson's correlation coefficient）可用来判断 X 和 Y 之间的因果关系。（　　）
9. 奥卡姆的剃刀指的是：Entities are not to be multiplied beyond necessity。（　　）
10. 在决策树中，随着树中节点数变得太大，即使模型的训练误差还在继续降低，但是检验误差开始增大，这是出现了模型拟合不足的问题。（　　）

三、不定项选择题

1. 在大数据分析中，利用采样技术可以（　　）。
    A. 降低获取数据的成本
    B. 减少需要处理的数据量
    C. 有助于处理不平衡数据
    D. 提高数据的稳定性

2. 哪些情况下必须停止树的增长？（　　）
    A. 当前数据子集的标签一致
    B. 没有更多可用属性
    C. 当前数据子集为空
    D. 当前训练误差已经较低

3. 采用 sigmod 函数作为激励函数的主要原因是（　　）。
   A. 有固定的输出上下界　　　　　　B. 导数存在解析解
   C. 计算复杂度较低　　　　　　　　D. 处处可导
4. 对 AdaBoost 描述正确的是（　　）。
   A. 可以集成出训练误差任意低的分类器
   B. 基础分类器可以任意弱（准确率高于 50%）
   C. 通过对样本进行加权达到改变训练集的效果
   D. 被当前基础分类器分错的样本的权重将会减小
5. 与 K-Means 相比，基于密度的 DBSCAN 的优点包括（　　）。
   A. 能妥善处理噪声点和离群点　　　B. 能处理不规则的数据分布
   C. 不需要预先设定簇的个数　　　　D. 较低的计算复杂度

四、聚类算法有哪几种？请描述 K-Means 算法的计算原理，及聚类后的数据状态。

五、在分类模型的训练过程中，什么是过拟合？如何防止模型的过拟合？

六、假设医院检测随机选择的 18 个成年人年龄和身体脂肪数据，得到如下结果：

年龄	23	23	27	27	39	41	47	49	50
脂肪（%）	9.5	26.5	7.8	17.8	31.4	25.9	27.4	27.2	31.2
年龄	52	54	54	56	57	58	58	60	61
脂肪（%）	34.6	42.5	28.8	33.4	30.2	34.1	32.9	41.2	35.7

1）请计算年龄和脂肪百分比的均值、中位数和标准差。
2）请绘制年龄和脂肪百分比的盒图。
3）请绘制年龄和脂肪百分比的散布图。
4）请根据 z-score 规范化来规范化这两个属性。
5）请计算两个属性相关系数（皮尔逊相关系数），并说明它们是正相关还是负相关？

七、对于如下的前馈神经网络，假设现在有一个训练样本，$X = \{1, 0, 1\}$，其对应的类标号（标签）为 1，节点 4、5、6 的激活函数为 sigmoid 函数，结构如下图所示：

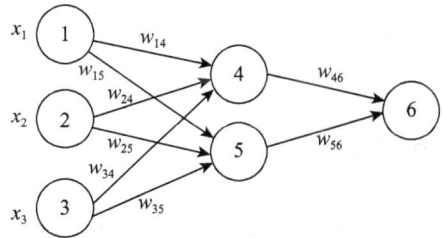

网络的初始输入、权值（w）和偏置值（4、5、6 节点分别为 θ_4、θ_5、θ_6）如下表所示：

x_1	x_2	x_3	w_{14}	w_{15}	w_{24}	w_{25}	w_{34}	w_{35}	w_{46}	w_{56}	θ_4	θ_5	θ_6
1	0	1	0.2	−0.3	0.4	0.1	−0.5	0.2	−0.3	−0.2	−0.4	0.2	0.1

1）请计算节点 4、5、6 的净输入 I_j 和输出 O_j。
2）请计算节点 4、5、6 的误差 Err_j。
3）假设学习率为 0.9，请计算上表中所有权值和偏置的一次更新。
4）请问什么是梯度消失？

试题精选十一

一、单选题

1. 当不知道数据所带标签时，可以使用哪种技术促使带同类标签的数据与带其他标签的数据相分离（　　）？
   A. 聚类　　　　　B. 关联分析　　　　C. 分类　　　　　D. 隐马尔科夫

2. 朴素贝叶斯是一种特殊的贝叶斯分类器，特征变量是 X，类别标签是 C，它的一个假定是（　　）。
   A. 各类别的先验概率 $P(C)$ 是相等的
   B. 以 0 为均值，sqr(2)/2 为标准差的正态分布
   C. 特征变量 X 的各个维度是类别条件独立随机变量
   D. $P(X|C)$ 是高斯分布

3. 下列说法错误的是（　　）。
   A. K-Means 算法能够解决有离群点的聚类问题
   B. K-Modes 能够解决离散数据的聚类问题
   C. K-Means++ 能够解决初始点影响聚类效果的问题
   D. K 中心点能够解决有离群点的聚类问题

4. 只有非零值才重要的二元属性被称作（　　）。
   A. 计数属性　　　B. 离散属性　　　C. 非对称的二元属性　　D. 对称属性

5. 以下哪些方法不可以直接用于对文本分类（　　）。
   A. K-Means　　　B. 决策树　　　　C. 支持向量机　　D. k-NN

6. 在 Logistic 分类中，L1 正则化和 L2 正则化的引入为了解决什么问题？（　　）
   A. 数据量不充分　B. 训练数据不匹配　C. 训练过拟合　　D. 训练速度太慢

7. 标称类型数据可以实现数学计算（　　）。
   A. 众数　　　　　B. 中位数　　　　C. 均值　　　　　D. 方差

8. 对于数据组：200，300，500，700，1000，使用最小－最大规范化，将数据规约到区间 [5, 10]，其中数据 500 将变换为（　　）。
   A. 7.375　　　　B. 5.52　　　　　C. 6.875　　　　 D. 7

9. 主成分分析（PCA）中各因子的关系是（　　）。
   A. 互相独立　　　B. 线性相关　　　C. 非线性相关　　D. 都有可能

10. 数据科学家可能会同时使用多个算法（模型）进行预测，并且把这些算法的结果集成起来进行最后的预测（集成学习），以下对集成学习说法正确的是（　　）。
    A. 单个模型之间有高相关性
    B. 单个模型之间有低相关性
    C. 在集成学习中使用"平均权重"而不是"投票"会比较好
    D. 单个模型使用的是一个算法

11. 训练神经网络时，以下哪种激活函数最容易造成梯度消失？（　　）
    A. Tanh　　　　　B. sigmoid　　　　C. ReLU　　　　　D. leaky ReLU

12. 在训练 Lasso 回归模型时，训练数据集有 N 个特征（$X_1, X_2, \cdots, X_N$）。在模型调优阶段的数据预处理时，无意中将某个特征 X_X 扩大了 20 倍，然后用相同的正则化参

数对 Lasso 回归进行修正。那么，下列说法正确的是（　　）。
　　A. 特征 XX 很可能被排除在模型之外　　B. 特征 XX 很可能还包含在模型之中
　　C. 无法确定特征 XX 是否被舍弃　　D. 其他选项都不对

13. 在以下模型中，进行数据预处理时，不需要考虑归一化处理的是（　　）
　　A. Logistic 回归　　B. SVM　　C. 树形模型　　D. 神经网络

14. 关于数据预处理，以下说法错误的是（　　）。
　　A. 可以通过聚类分析方法找出离群点
　　B. 数据质量的三个基本属性（指标）是正确性、精确性和完整性
　　C. 聚类和回归算法可在数据预处理中做数据规约操作
　　D. 数据集成包括内容集成和结构集成

15. 如果对相同的数据进行逻辑回归，将花费更少的时间，并给出比较相似的精度（也可能不一样），怎么办？（假设在庞大的数据集上使用 Logistic 回归模型。可能遇到一个问题，Logistic 回归需要很长时间才能训练。）（　　）
　　A. 降低学习率，减少迭代次数　　B. 降低学习率，增加迭代次数
　　C. 提高学习率，增加迭代次数　　D. 增加学习率，减少迭代次数

16. 小明想通过逻辑回归预测用户点击某广告的可能性，他使用了变量 $x1$，$x2$ 作为输入特征。两个变量量纲差异巨大，且 $x1$ 本身呈双峰分布，两个分布中心数值差异巨大，请问小明应该怎么做特征工程？（　　）
　　A. 对 $x1$，$x2$ 做最小 – 最大归一化
　　B. 对 $x1$ 做 z-score 归一化，对 $x2$ 做最小 – 最大归一化
　　C. 对 $x1$，$x2$ 做 z-score 归一化
　　D. 以上皆不对

17. 关于逻辑回归和 SVM 算法，说法不正确的是（　　）。
　　A. 逻辑回归的目标是最小化后验概率
　　B. 逻辑回归可以用于预测事件发生概率的大小
　　C. SVM 的目标是最小化结构风险
　　D. SVM 可以有效避免模型过拟合

18. 以下关于逻辑回归的说法不正确的是（　　）。
　　A. 逻辑回归必须对缺失值做预处理
　　B. 逻辑回归要求自变量和目标变量是线性关系
　　C. 逻辑回归比决策树更容易过度拟合
　　D. 逻辑回归只能做二值分类，不能直接做多值分类

19. 有如下 6 条记录的数据集：t1 = [O, P, B], t2 = [P, B, M], t3 = [M, A], t4 = [O, P, M], t5 = [O, P, B, A], t6 = [O, P, B, M,]，则支持度大于 50% 的频繁 3 项集为（　　）。
　　A. OPB　　B. OPM　　C. PBM　　D. OBM

20. 通常可以通过关联规则挖掘来发现啤酒和尿布的关系，那么对于一条规则 A → B，如果同时购买 A 和 B 的顾客比例是 4/7，而购买 A 的顾客中也购买了 B 的顾客比例是 1/2，而购买 B 的顾客中也购买了 A 的顾客比例是 1/3，则对于规则 A → B 的支持度 (support) 和置信度 (confidence) 分别是多少？（　　）
　　A. 4/7，1/3　　B. 3/7，1/2　　C. 4/7，1/2　　D. 4/7，2/3

21. 下面关于关联规则的描述错误的是（　　）。

A. 关联规则经典的算法主要有 Apriori 算法和 FP-Growth 算法

B. FP-Growth 算法主要采取分而治之的策略

C. FP-Growth 对不同长度的规则都有很好的适应性

D. Apriori 算法不需要重复地扫描数据库

22. DBSCAN 算法适用于哪种样本集（　　）。

A. 凸样本集　　　　　　　　　B. 非凸样本集

C. 凸样本集与非凸样本集　　　D. 无法判断

23. 在 K 均值算法中，以下哪个选项可用于获得全局最小值？（　　）

A. 尝试为不同的质心（centroid）初始化运行算法

B. 调整迭代的次数

C. 找到集群的最佳数量

D. 以上选项都对

24. 两个种子点为 A(-1, 0)，B(-1, 6)，其余点为 (0, 0)，(2, 0)，(0, 6)，(2, 6)。利用 K-Means 算法，点群中心按坐标平均计算，最终同类点到种子点 A 和同类点到种子点 B 的距离和分别为（　　）。

A. 1, 1　　　　B. 2, 2　　　　C. 4, 4　　　　D. 6, 6

25. 一般情况下，KNN 最近邻方法在（　　）情况下效果最好。

A. 样本呈现团状分布　　　　　B. 样本呈现链状分布

C. 样本较多但典型性不好　　　D. 样本较少但典型性好

26. 在使用朴素贝叶斯进行文本分类时，待分类语料中有部分语句中的某些词汇在训练语料中的 A 类中从未出现过，下面哪些解决方式是正确的？（　　）。

A. 按照贝叶斯公式计算，这些词汇并未在 A 类出现过，那么语句属于 A 类的概率为零。

B. 这种稀疏特征属于噪声，它们的加入会严重影响分类效果，把这类特征从所有类别中删除。

C. 这种特征可能会起作用，不宜简单删除，使用一些参数平滑方式使它起到作用。

D. 这种稀疏特征出现在某类别时，该句更有可能属于该类，应该把特征从它未出现的类别中删除。

27. 下面关于贝叶斯分类器描述错误的是（　　）。

A. 以贝叶斯定理为基础

B. 基于后验概率，推导出先验概率

C. 可以解决有监督学习的问题

D. 可以用极大似然估计法解贝叶斯分类器

28. 我们想在大数据集上训练决策树，为了使用较少的时间，我们可以（　　）。

A. 增加树的深度　　　　　　　B. 增加学习率

C. 减少树的深度　　　　　　　D. 减少树的数量

29. 在使用数据挖掘解决现实问题时，有时出现分类问题的正负样本集不均衡的现象。在这种情况下，以下哪种指标不合理？（　　）

A. F-Measure　　　B. Accuracy　　　C. AUC　　　D. G-Mean

30. 神经网络模型是受人脑的结构启发发明的。神经网络模型由很多神经元组成，每个神经元都接受输入，进行计算并输出结果，那么以下选项描述正确的是（　　）。

A. 每个神经元只有单一的输入和单一的输出

B. 每个神经元有多个输入而只有一个输出

C. 每个神经元只有一个输入而有多个输出

D. 每个神经元有多个输入和多个输出

二、不定项选择题

1. 采用决策树分类算法，连续数据如何处理？（　　）。
   A. 连续数据离散化　　　　　　　　　B. 选择最佳划分点分裂
   C. 连续数据每2个值之间形成分裂　　D. 以上均不正确

2. 主成分分析（PCA）是一种重要的降维技术，以下对于PCA的描述正确的是（　　）。
   A. 主成分分析是一种无监督方法
   B. 主成分数量一定小于等于特征的数量
   C. 各个主成分之间相互正交
   D. 原始数据在第一主成分上的投影方差最小

3. 影响基本K均值算法的主要因素有（　　）。
   A. 样本输入顺序　　B. 模式相似性测度　　C. 聚类准则　　D. 初始类中心的选取

4. 关于K均值和DBSCAN的比较，以下说法正确的是（　　）。
   A. K均值使用簇的基于原型的概念，而DBSCAN使用基于密度的概念
   B. K均值很难处理非球形的簇和不同大小的簇，DBSCAN可以处理不同大小和不同形状的簇
   C. K均值可以发现不是明显分离的簇，即便簇有重叠也可以发现，但是DBSCAN会合并有重叠的簇
   D. K均值丢弃被它识别为噪声的对象，而DBSCAN一般聚类所有对象

5. 贝叶斯分类器的训练中，最大似然法估计参数的过程包括以下哪些步骤？（　　）
   A. 写出似然函数
   B. 求导数，令偏导数为0，得到似然方程组
   C. 对似然函数取对数，并整理
   D. 解似然方程组，得到所有参数即为所求

6. 决策树中属性选择的方法有（　　）。
   A. 信息值　　　　　B. 信息增益　　　　C. 信息增益率　　　D. GINI系数

7. 在数据挖掘中需要划分数据集，常用的划分测试集和训练集的划分方法有（　　）。
   A. 留出法　　　　　B. 交叉验证法　　　C. 自助法　　　　　D. 评分法

8. 下列有关机器学习中L1正则化和L2正则化说法正确的是（　　）。
   A. 使用L1可以得到稀疏的权值　　　　B. 使用L2可以得到稀疏的权值
   C. 使用L1可以得到平滑的权值　　　　D. 使用L2可以得到平滑的权值

9. 下列哪些因素会对BP神经网络的训练效果产生影响（　　）。
   A. 权值初始值　　　B. 阈值初始值　　　C. 学习率　　　　　D. 隐藏层神经元个数

10. 下列关于随机森林和Adaboost说法正确的是（　　）。
    A. 和Adaboost相比，随机森林对错误和离群点更鲁棒
    B. 随机森林准确率不依赖于个体分类器的实例和它们之间的依赖性
    C. 随机森林对每次划分所考虑的属性数很敏感
    D. Adaboost初始时每个训练元组被赋予相等的权重

三、判断题（正确的写"T"，错误的写"F"）
1. 具有较高的支持度的项集具有较高的置信度。（　）
2. 利用先验原理可以帮助减少频繁项集产生时需要探查的候选项个数。（　）
3. 可以利用概率统计方法估计数据的分布参数，再进一步估计待测试数据的概率，以此来实现贝叶斯分类。（　）
4. 数据库中某属性缺失值比较多时，数据清理可以采用忽略元组的方法。（　）
5. K-Means++ 能够解决初始点影响聚类效果的问题。（　）
6. 逻辑回归等同于一个使用交叉熵 loss，且没有隐藏层的神经网络。（　）
7. 朴素贝叶斯分类器不存在数据平滑问题。（　）
8. 逻辑回归分析需要对离散值做预处理，决策树则不需要。（　）
9. 在 AdaBoost 算法中，所有被分错的样本的权重更新比例相同。（　）
10. 分类和回归都可用于预测，分类的输出是连续数值，而回归的输出是离散的类别值。（　）

四、假设正常对象被分类为离群点的概率是 0.01，而离群点被分类为离群点概率为 0.99，如果 99% 的对象都是正常的，那么检测率和假警告率各为多少？（使用下面的定义）

$$检测率 = \frac{检测出的离群点个数}{离群点的总数}$$

$$假警告率 = \frac{假离群点的个数}{被分类为离群点的个数}$$

五、小明开了一家餐厅卖炒饭。每份炒饭售价 10 元，成本 8 元，每天要以 10 份为单位提前准备炒饭，按每天可能需求 40，50，60，70 份炒饭做出下面的支付矩阵：

炒饭的需求量	炒饭的供应量			
	40 份	50 份	60 份	70 份
40 份	80 元	0 元	-80 元	-160 元
50 份	80 元	100 元	20 元	-60 元
60 份	80 元	100 元	120 元	40 元
70 份	80 元	100 元	120 元	140 元

通过观察发现，每天需求 40 份的概率为 10%，需求 50 份的概率为 30%，需求 60 份的概率为 40%，需求 70 份的概率为 20%，做出下方部分决策树：

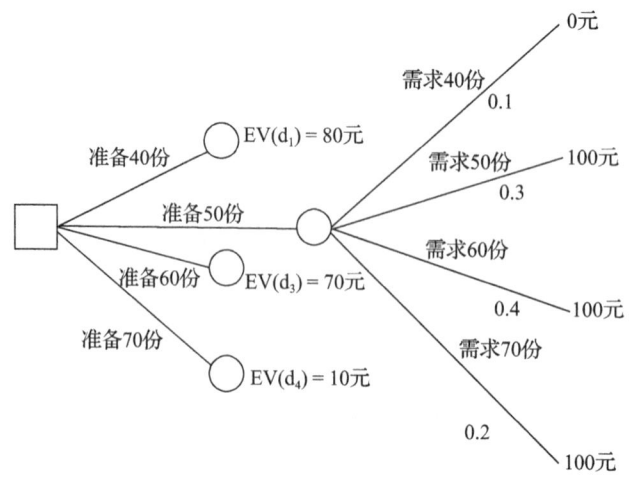

请计算准备 50 份炒饭的利润的期望值。

六、从某超市顾客中随机抽取 5 名，他们的购物篮数据的二元 0/1 表示如下：

顾客号	面包	牛奶	尿布	啤酒	鸡蛋	可乐
1	1	1	0	0	0	0
2	1	0	1	1	1	0
3	0	1	1	1	0	1
4	1	1	1	1	0	0
5	1	1	1	0	0	1

某学生依据这些数据做关联分析，考虑规则 { 牛奶，尿布 }→{ 啤酒 }，请计算该规则的支持度（support）、置信度（confidence）。

七、下表的数据集包含两个属性 X 与 Y，两个类标号 "+" 和 "-"。每个属性取三个不同值策略：0，1 或 2。"+" 类的概念是 Y=1，"-" 类的概念是 X = 0 and X = 2。

X	Y	实例数	
		+	-
0	0	0	100
1	0	0	0
2	0	0	100
1	1	10	0
2	1	10	100
0	2	0	100
1	2	0	0
2	2	0	100

（1）建立该数据集的决策树。该决策树能捕捉到 "+" 和 "-" 的概念吗？（注意：纯度度量采用 Classification Error，$Error(t) = 1 - \max_i P(i|t)$）

（2）决策树的准确率、精度、召回率和 F1 各是多少？（注意：精度、召回率和 F1 量均是对 "+" 类的定义。）

试题精选十二

一、单选题

1. 在 ID3 算法中，信息增益是指（　　）。
   A. 信息的溢出程度　　　　　　　　B. 信息的增加效益
   C. 熵增加的程度最大　　　　　　　D. 熵减少的程度最大

2. 下面哪种情况不会影响 K-Means 聚类的效果？（　　）
   A. 数据点密度分布不均　　　　　　B. 数据点呈圆形状分布
   C. 数据中有异常点存在　　　　　　D. 数据点呈非凸形状分布

3. 下列哪个不是数据对象的别名（　　）。
   A. 样品　　　　B. 实例　　　　C. 维度　　　　D. 元组

4. 人从出生到长大的过程中，是如何认识事物的？（　　）
   A. 聚类过程　　B. 分类过程　　C. 先分类，后聚类　　D. 先聚类，后分类

5. 决策树模型中应如何妥善处理连续型属性？（　　）
   A. 直接忽略
   B. 利用固定阈值进行离散化
   C. 根据信息增益选择阈值进行离散化
   D. 随机选择数据标签发生变化的位置进行离散化

6. 假定用于分析的数据包含属性 age。数据元组中 age 的值如下（按递增序）：13，15，16，16，19，20，20，21，22，22，25，25，25，30，33，33，35，35，36，40，45，46，52，70。问题：使用按箱平均值平滑方法对上述数据进行平滑，箱的深度为 3。第二个箱的值为（　　）。
   A. 18.3　　　　B. 22.6　　　　C. 26.8　　　　D. 27.9

7. 建立一个模型，通过这个模型根据已知的变量值来预测其他某个变量值属于数据挖掘的哪一类任务？（　　）
   A. 根据内容检索　　B. 建模描述　　C. 预测建模　　D. 寻找模式和规则

8. 如果现在需要对一组数据进行样本个体或指标变量按其具有的特性进行分类，寻找合理的度量事物相似性的统计量，应该采取（　　）。
   A. 聚类分析　　B. 回归分析　　C. 相关分析　　D. 判别分析

9. 时间序列数据更适合用（　　）做数据规约。
   A. 小波变换　　B. 主成分分析　　C. 决策树　　D. 直方图

10. 下面哪些场景适合使用 PCA？（　　）
    A. 降低数据的维度，节约内存和存储空间
    B. 降低数据维度，并作为其他有监督学习的输入
    C. 获得更多的特征
    D. 替代线性回归

11. 数字图像处理中常使用主成分分析（PCA）来对数据进行降维，下列关于 PCA 算法说法错误的是（　　）。
    A. PCA 算法是用较少数量的特征对样本进行描述以达到降低特征空间维数的方法
    B. PCA 本质是 KL 变换

C. PCA 是最小绝对值误差意义下的最优正交变换

D. PCA 算法通过对协方差矩阵做特征分解获得最优投影子空间，从而消除模式特征之间的相关性、突出差异性

12. 将原始数据进行集成、变换、维度规约、数值规约是以下哪个步骤的任务？（ ）
    A. 频繁模式挖掘   B. 分类和预测   C. 数据预处理   D. 数据流挖掘

13. 假设使用维数降低作为预处理技术，使用 PCA 将数据减少到 k 维度。然后使用这些 PCA 预测作为特征，以下哪个声明是正确的？（ ）
    A. 更高的"k"意味着更正则化   B. 更高的"k"意味着较少的正则化
    C. 以上都不对   D. 以上都正确

14. 为减少神经网络模型的训练时间，神经网络模型的权重和偏移参数一般初始化为（ ）。
    A. 0   B. 0.5   C. 1   D. 随机值

15. 在逻辑回归输出与目标对比的情况下，以下评估指标中哪一项不适用？（ ）
    A. AUC-ROC   B. 准确度   C. Logloss   D. 均方误差

16. 假设给数据提供一个逻辑回归模型，得到训练精度 X 和测试精度 Y。在数据中加入新的特征值，则下列哪一项是正确的？（提示：其余参数是一样的。）（ ）
    A. 训练精度总是下降   B. 训练精度总是上升或不变
    C. 测试精度总是下降   D. 测试精度总是上升或不变

17. SVM（支持向量机）与 LR（逻辑回归）在数学上的本质区别是什么？（ ）
    A. 损失函数   B. 是否有核技巧   C. 是否支持多分类   D. 以上选项皆错

18. 逻辑回归为什么是一个分类算法而不是回归算法？（ ）
    A. 是由于激活函数 sigmod 把回归问题转化成了二分类问题
    B. 是由于激活函数 maxsoft 把回归问题转化成了二分类问题
    C. 是由于激活函数 Tanh 把回归问题转化成了二分类问题
    D. 是由于激活函数 Relu 把回归问题转化成了二分类问题

19. 以下关于逻辑回归说法错误的是（ ）。
    A. 特征归一化有助于模型效果
    B. 逻辑回归是一种广义线性模型
    C. 逻辑回归相比最小二乘法分类器对异常值更敏感
    D. 逻辑回归可以看成只有输入层和输出层且输出层为单一神经元的神经网络

20. Apriori 算法的计算复杂度受（ ）影响。
    A. 项数（维度）   B. 事务平均宽度   C. 事务数   D. 支持度阀值

21. 考虑下面的频繁 3 项集的集合：{1, 2, 3}，{1, 2, 4}，{1, 2, 5}，{1, 3, 4}，{1, 3, 5}，{2, 3, 4}，{2, 3, 5}，{3, 4, 5}。假定数据集中只有 5 个项，采用合并策略，由候选产生过程得到 4 项集不包含（ ）。
    A. 1, 2, 3, 4   B. 1, 2, 3, 5   C. 1, 2, 4, 5   D. 1, 3, 4, 5

22. 在关联规则中，有三个重要的指标：支持度（support）、置信度（confident）、提升度（lift），对于规则 X→Y 的三个指标，说法错误的是（ ），其中 N 表示所有的样本 item 数目。
    A. support = freq(X,Y)/N   B. confident = freq(X,Y)/freq(x)
    C. lift = freq(X,Y)/freq(Y)   D. lift = freq(X,Y)*N/(freq(X)*freq(Y))

23. 在基本K均值算法里，当邻近度函数采用（　　）的时候，合适的质心是簇中各点的中位数。
    A. 曼哈顿距离　　　　　　　　　　B. 平方欧几里德距离
    C. 余弦距离　　　　　　　　　　　D. Bregman散度

24. 一共5个点：A(0, 0)，B(1, 0.3)，C(3, 0.5)，D(2, 1)，E(1.8, 1.5)，采用K-means方法如果选取A，D为种子点，B、C、E分别属于（　　）种子点。
    A. A, D, D　　　B. A, A, D　　　C. D, D, A　　　D. D, A, D

25. 关于图像中应用的K-Means算法，以下说法错误的是（　　）。
    A. K-Means算法有效的前提假设是数据满足高斯分布
    B. K-Means需要手工指定类别的数目K
    C. 对于多维实数数据，K-Means算法最终一定是收敛的
    D. K-Means算法可以直接得到类别分布的层级关系

26. 以下关于KNN的描述，不正确的是（　　）。
    A. KNN算法只适用于数值型的数据分类
    B. KNN算法对异常值不敏感
    C. KNN算法无数据输入假定
    D. 其他说法都正确

27. 假定某同学使用贝叶斯分类模型时，由于操作失误，致使训练数据中两个维度重复表示。下列描述中正确的是（　　）。
    A. 在模型中的作用被重复加强
    B. 模型效果精度降低
    C. 如果所有特征都被重复一遍，则预测结果不发生变化
    D. 以上均正确

28. 在其他条件不变的前提下，以下哪种做法容易引起模型中的过拟合问题？（　　）
    A. 增加训练集量
    B. 减少神经网络隐藏层节点数
    C. 删除稀疏的特征
    D. SVM算法中使用高斯核/RBF核代替线性核

29. 下列哪一项在神经网络中引入了非线性？（　　）
    A. SGD　　　B. 激活函数　　　C. 卷积函数　　　D. 都不正确

30. 下列哪个神经网络结构会发生权重共享？（　　）
    A. 卷积神经网络　　B. 循环神经网络　　C. 全连接神经网络　　D. 选项A和B

二、不定项选择题

1. 下列哪些是非监督数据离散化方法？（　　）
    A. 等宽法　　　B. 等频法　　　C. 聚类法　　　D. 决策树法

2. 在现实世界的数据中，元组在某些属性上缺少值是常有的情况。描述处理该问题的各种方法有（　　）。
    A. 忽略元组　　　　　　　　　　B. 使用属性的平均值填充空缺值
    C. 使用一个全局常量填充空缺值　　D. 使用最可能的值填充空缺值

3. 序数类型数据可以实现数学计算（　　）。

A. 众数 B. 中位数 C. 均值 D. 方差

4. 应用 PCA 后，以下哪项可以是前两个主成分？（ ）
   A. (0.5, 0.5, 0.5, 0.5) 和 (0.71, 0.71, 0, 0)
   B. (0.5, 0.5, 0.5, 0.5) 和 (0, 0, −0.71, 0.71)
   C. (0.5, 0.5, 0.5, 0.5) 和 (0.5, 0.5, −0.5, −0.5)
   D. (0.5, 0.5, 0.5, 0.5) 和 (−0.5, −0.5, 0.5, 0.5)

5. 贝叶斯分类器是一种（ ）。
   A. 基于贝叶斯公式的分类器   B. 一种无监督的学习
   C. 一种概率预测模型   D. 可处理小样本数据的方法

6. 下面关于贝叶斯分类器说法正确的是（ ）。
   A. 贝叶斯的思想是"由因推果"   B. 贝叶斯的思想是"执果溯因"
   C. 可以用极大似然估计法解贝叶斯分类器   D. 可以解决无监督学习的问题

7. 对于信息增益，决策树分裂节点，下面说法正确的是（ ）。
   A. 纯度高的节点需要更多的信息去区分
   B. 信息增益可以用"1 比特 − 熵"获得
   C. 如果选择一个属性具有许多归类值，那么这个信息增益是有偏差的
   D. 上述说法均错误

8. 下列哪些机器学习算法不需要做数据归一化处理？（ ）
   A. K 均值   B. 线性回归   C. 决策树   D. 朴素贝叶斯

9. 对于 PCA 说法正确的是（ ）。
   A. 我们必须在使用 PCA 前规范化数据
   B. 我们应该选择使得模型有最大 variance 的主成分
   C. 我们应该选择使得模型有最小 variance 的主成分
   D. 我们可以使用 PCA 在低维度上做数据可视化

10. 逻辑回归有哪些处理非线性关系特征的方法？（ ）
    A. 特征离散化   B. 特征交叉   C. 引入高阶项   D. 引入核函数

三、判断题（正确的写"T"，错误的写"F"）

1. "飞机的飞行高度 3000 米"表示信息。   (   )
2. 皮尔逊相关系数可用来判断 X 和 Y 之间的因果关系。   (   )
3. 熵衡量的是系统的不确定性，熵值越大（接近于 1）说明系统的不确定性越低。(   )
4. 样品是数据对象的别名。   (   )
5. 在决策树中，若树中结点数变得太大，即使模型的训练误差还在继续减低，但是检验误差开始增大，这是出现了模型拟合不足的问题。   (   )
6. 杰卡德系数用来度量非对称的二进制属性的相似性。   (   )
7. K 均值聚类的核心目标是将给定的数据集划分为 K 个簇，并给出每个数据对应的簇中心点。   (   )
8. 决策树算法只能做 2 值分类，不能做多值分类。   (   )
9. 决策树通过预剪枝和后剪枝提升模型的泛化能力。   (   )
10. 杰卡德系数用来度量非对称的二进制属性的相似性。   (   )

四、已知两个一维模式类别的类概率密度函数为：

$$p(x/\omega_1) = \begin{cases} x & 0 \leq x < 1 \\ 2-x & 1 \leq x \leq 2 \\ 0 & \text{其他} \end{cases}$$

$$p(x/\omega_2) = \begin{cases} x-1 & 1 \leq x < 2 \\ 3-x & 2 \leq x \leq 3 \\ 0 & \text{其他} \end{cases}$$

先验概率 $P(\omega_1) = 0.6$；$P(\omega_2) = 0.4$，则样本 $\{x = 1.65\}$ 属于哪一类别？

五、对于数据：{12，9，7，6，20，100，35，21，11，18，25，37}

（1）计算它的平均值，20% 的截断均值和中位数。

（2）使用最小－最大规范方法将值其中的 6，100，35 转换到 [0, 1]。

（3）对数据按照深度为 4 进行划分，再写出按边界值进行平滑后的结果。

六、假设我们手上有 60 个正样本，40 个负样本，我们要找出所有的正样本，系统查找出 50 个，其中只有 40 个是真正的正样本，计算上述各指标。

请计算：

（1）TP（将正类预测为正类数）

（2）FN（将正类预测为负类数）

（3）FP（将负类预测为正类数）

（4）TN（将负类预测为负类数）

（5）准确率（accuracy）

（6）精确率（precision）

（7）召回率（recall）

七、逻辑回归中，常用优势比 OR（Odds Ratio）衡量因素作用大小的比数，即：

$$OR_j = \frac{P_1/(1-P_1)}{P_0/(1-P_0)}$$

在一个具有 17 个家庭的样本里，共有 3 家的收入为 10 000 元，5 家的收入为 11 000 元，9 家的收入为 12 000 元。在收入为 10 000 元的家庭里，1 个主妇不工作，2 个主妇工作；在收入为 11000 元的家庭里，1 个主妇不工作，4 个主妇工作；在收入为 12000 元的家庭里，1 个主妇不工作，8 个主妇工作。

收入（单位：千）	主妇工作状况		总计
	0（不工作）	1（工作）	
10	1	2	3
11	1	4	5
12	1	8	9
总计	3	14	17

令收入为变量 X，类别标签为工作状态。

（1）计算 X 为 10 和 11 时，优势比 OR 等于多少？

（2）计算 X 为 11 和 12 时，优势比 OR 等于多少？